자랑스러운
우리의 역사

김숙복·정윤화·정일동 공저

1

우리 민족의 우수성과 문화적 힘

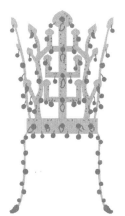

ⓑ (주)백산출판사

머리말

본 저서는 이전에 발간하였던 『한국사의 이해』 1, 2, 3은 내용이 너무나 조잡하고 부실하여 다시금 집필하고자 하였다. 즉 이전의 책은 내용 정리나 내용의 순서가 뒤죽박죽되어 어딘가 모르게 어설픈 느낌이 들게 되었다. 따라서 한국사의 교재로서는 다소 무리가 있어 다시 이를 고치고자 하였다.

2021년 교양과목으로서 한국사를 강의한 지 벌써 몇 해가 지나자 이제야 한국사에 대한 이해가 정리되기 시작하여 어느 정도 자신감이 들기 시작했다. 자신감만 가지고 한국사를 강의하면서 나 자신이 너무나 초라하고 부끄러운 점도 있었다. 단순히 지식만을 가지고 학생들에게 전달만 하는 것이 최선이라는 생각은 오늘날 학생들에게 너무나 죄송스러운 마음이 들었다. 따라서 학생들에게 대한민국 국민이라면 이 정도는 반드시 교양으로서 알아야 할 내용들을 다시 정리하기 시작하여 좀 더 정리가 되고 흥미와 야사를 중심으로 전개하였다.

오늘날 대한민국은 어려운 세계 환경 속에서 여전히 국제정세에 발맞추어 지구촌의 일원으로서 자리를 잡고 있다. 어려웠던 지난 세월을 기억하면서 정치(政治), 경제(經濟), 스포츠, 대중문화(大衆文化, 예를 들면 K-Pop)를 통하여 대한민국(大韓民國)은 세계로 향하고 있다. 과거(過去) 우리가 느끼고 있는 대한민국(大韓民國)과는 너무나 다른 세상(世上)에 살고 있다.

불과 30년 전만 하더라도 대한민국은 교육 분야 이외에 서서히 경제, 정치, 문화 등이 자리를 잡기 시작하더니 과거의 가난하고 정치의 불안정, 전쟁의 위험, 폭력과 정치적 야합 등으로 어려운 시절을 이겨내고 어느덧 원조받던 나라에서 세계의 중심 국가로 정치, 경제 등 관련분야에서 세계를 놀라게 하는 나라로 성장했다.

당시 우리가 부러워했던 일본은 선진국으로 우리가 신경을 쓰지 않았던 중국은 어느덧 세계 경제를 이끌어 가고 있으며 일부 아시아 국가들은 이제 신흥 국가로 성장을 가속하고 있다.

따라서 우리는 그 동안 양적 성장에서 벗어나 질적 성장으로 기지개를 펼쳐야 할 때이다.

그러나 아무리 나라가 부강하더라도 우리는 잊어서는 되지 말아야 할 것은 있다. 과거의 역사와 다가올 미래 역사인 역사철학을 기억해야만 한다. 아무리 물질, 황금만능이 우선이 되는 시대라 할 지라도 우리가 살아왔던 우리의 역사 그리고 그것을 통해 앞으로 가야 할 역사를 분명하게 인식해야만 그 나라는 성장하고 존속할 것이라는 점이다. 이러한 점을 우리는 분명하게 간과해서는 안 된다.

이러한 예는 우리 주위에서 나타나고 있다. 오늘날 일본(日本)은 과거(過去)의 화려함만을 내세운 채 잘못된 역사 인식(歷史認識)으로 군국주의(軍國主義)와 국수주의(國粹主義)를, 중국(中國)은 거대(巨大)한 국가로 성장하여 국가안보(國家安保)나 경제 대국(經濟大國), 군사대국(軍事大國)으로서 우리를 위협(威脅)하기 시작(始作)하였고, 북한(北韓)은 정치(政治), 경제(經濟) 등 아직도 사회주의(社會主義)에 매달려 국민(國民)을 고통(苦痛)스럽게 하거나, 핵(核)을 내세워 대한민국과 세계(世界) 평화(平和)에 위협을 주고 있다. 러시아도 마찬가지로 과거에 알았던 구소련(舊蘇聯)이 해체(解體)되어 민주화(民主化)로 진행(進行)되는 듯하였으나 잘못된 역사관으로 우리 안보(安保)를 위협(威脅)하고 있다.

이러한 상황에서 우리는 선진대국에 이르렀으나 물질만능주의가 우리 사회를 지배하고 있다. 즉 개인주의화로 인하여 우리가 가지고 있는 역사적 가치를 인식하지 못하고 무조건적 서양의 문물만 선호하는 것이 생활 곳곳에까지 지배하고 있음을 알 수가 있다.

이러한 시기에 대한민국은 과거(過去)의 양적 성장 위주(爲主)에서 벗어나 새로운 길을 선택(選擇)해야 하는 기로(岐路)에 서 있다. 물론 세계는 경제전쟁(經濟戰爭)으로 인한 무역전쟁(貿易戰爭)으로 어느 국가도 우리의 우방(友邦)이나 적국(敵國)으로 생각(生覺)하여야 하는 처지(處地)가 아니다. 자국(自國)의 이익(利益)을 위해서는 어떠한 국가도 우방이 될 수 없는 것이, 오늘날 우리의 현실(現實)이다. 북한(北韓)은 경제적으로는 세계에 손을 내밀려고는 하지만 여전히 정치적으로 장벽(障壁)을 세우고 있고, 일본은 경제, 역사 등에는 아직도 우리의 우방이 아니라 우방보다도 더한 군국주의(軍國主義)를 내세우고 있다. 중국은 자국(自國)의 힘을 내세워 정치적(政治的), 경제적(經濟的), 군사적(軍事的) 그리고 역사적(歷史的)으로 공정(工程)을 내세워 주위 국가를 우려(憂慮)하게 한다.

우리 주변(周邊) 환경(環境)이 어려울수록 우리 나름대로 국력(國力)을 신장(伸張)해야 하고 균형외교(均衡外交)를 통해 평화를 공존(共存)하는 시대(時代)를 열어야 하는 것이 당면(當面)한 과제(課題)이다. 이를 위해서는 대한민국을 올바로 바라보는 역사적 시각(視覺)을 가져야 한다. 물론 역사는 과거이면서 사실적이고 객관성(客觀性)을 가져야 하지만 이를 토대(土臺)로 미래지향적(未來指向的)인 세계로 나가는 역사철학(歷史哲學)을 가질 필요성(必要性)이 있다.

오늘날은 정치, 경제, 문화 등 세계화 시대로 가고 있다. 과거의 좁은 시각으로는 살아갈 수 없고 세계사(世界史)에서 도태(淘汰)될 수 있다. 그렇다고 해서 과거를 버리라는 것이 아니라 그 토대(土臺) 위에 현재(現在)와 미래(未來)를 밝힐 수 있는 세계를 보는 태도가 필요하다는 것이다.

우리의 역사를 살펴볼 때 홍익인간(弘益人間)이라는 거대(巨大)한 가치 아래 대한민국을 이끌어 왔다. 단군 조선 이후(檀君 朝鮮 以後) 이러한 가치는 절대(絕對)로 가져야 하는 우리의 정신(精神)이다. 이러한 정신은 오늘날 서구사상(西歐思想)의 도입(導入)으로 약화(弱化)는 되었지만, 어느 나라도 가지고 있지 않은 우리만의 가치로 자랑스럽게 여겨야 한다. 이를 통해 자유민주주의(自由民主主義)와 세계평화를 주도(主導)할 수 있다.

위에서 말했듯이 대한민국(大韓民國)의 역사(歷史)는 문화(文化)의 우수함을 토대로 하였다. 이러한 문화의 힘은 군사적 강대국보다도 매우 강한 힘을 가지고 있다. 오늘날 대한민국이 세계의 중심(中心)이 된 것도 우리만의 문화적 우수성과 세계에서 유래를 찾아볼 수 없는 교육열(敎育熱) 때문이다.

본(本) 한국사(韓國史)의 내용(內容)은 우리 민족(民族)의 우수성(優秀性)과 문화적 힘을 가감 없이 학생(學生)들에게 전달(傳達)하고자 한다. 따라서 『자랑스러운 우리 역사』 1, 2권은 한반도의 정착에서부터 조선 말까지를 정리하였다. 그 이유는 근, 현대사는 여전히 평가할 부분이 남아 있기에 본 저자는 조심할 필요가 있어서이기 때문이다. 본 집필은 역사적으로나 연구 업적으로는 충분하지는 않으나 교양과목(敎養科目)으로서 한국사를 조금이라도 이해(理解)하는 데 도움이 되고자 하였다.

이 글을 함께 집필(執筆)해 준 대표로서 출판사 관계자들과 경북과학대학교 간호학과 정윤화 교수님, 군사학과 정일동 교수님에게 감사(感謝)를 드린다.

2025년 저자 일동

차 례

자랑스러운 우리의 역사

제1장

한반도에서의 인류의 생활과 국가의 출현

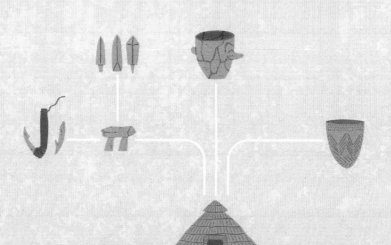

자랑스러운 우리의 역사

제**1**장 한반도에서의 인류의 생활과 국가의 출현

1. 인류의 시작, 구석기시대(舊石器時代)

　인류의 역사는 약 500~450만 년 전, 오스트랄로피테쿠스(Oustrlo-Phithecus)가 출현하여 오늘날의 인류로 진화하였다. 즉 그들은 아프리카 지역을 중심으로 열대초원과 그 주변지역으로 새로운 환경에 적응하고 진화하면서 지역을 넓혀가게 되었다. 그러나 오늘날과 같이 도구를 사용하거나 불을 사용한 것은 약 200만년 뒤로서 이때부터 각 지역으로 흩어져 살게 되었다.

　즉, 고인류(古人類)의 범주(範疇)로 분류되는 오스트랄로피테쿠스(Oustrlo-Phithecus)가 지구상에 나타나 열대우림에서 동부 아프리카 대협곡지대의 열대초원에서 새로운 주변 환경에 적응하며 무리를 이루어 삶을 영위해 갔다. 그러나 도구를 사용하기 시작한 것은 약 250만 년 전이고 불을 발견하고 두 발로 서서 다니는 인류(homo erectus)가 등장한 것은 150~180만 년 전의 일이다. 이들이 아프리카 대륙을 벗어나 유라시아 대륙 각지로 흩어졌고 직립보행과 불을 사용하며 석기 도구(石器道具)를 만들어 사용하기 시작했다.

　인간은 오랜 기간 자연환경에 적응하며 변화하고 원인(猿人)에서 호모사피엔스로, 호모사피엔스사피엔스로 진화하여 현재의 사람의 모습으로 변화하였다. 더욱 세분화한다면 인류의 진화는 사람이 하나의 구분된 종으로 나타나게 되는 과정과 발전 또는 진화 과정이다. 이러한 변화와 발전의 형성은 넓은 자연 과학적 방법론을 사용하여 기술하며 이해된다. 인류의 진화에 관한 연구는 수많은 학문을 포괄하는 데 그중 핵심적인 것은 자연인류학과 유전학이다.

인류 진화에서 인간이라는 용어는 현생인류와 그 직계 조상을 포함하는 분류인 사람속을 의미하나, 인류의 진화에 관한 연구는 일반적으로 진화 단계상 존재하였던 오스트랄로피테쿠스 등의 다른 사람과도 포함한다. 사람 속은 오스트랄로피테쿠스로부터 230만 년 전에서 240만 년 전 사이에 아프리카에서 분리되었다. 그러나 주된 관심사는 대개 호모 에렉투스, 호모 에르가스터와 같은 사람 속의 생물들의 진화에 대한 것이다. 그 후로 몇 몇의 사람 속이 진화했고, 지금은 멸종했다. 그들은 아시아에서 살았던 호모 에렉투스 그리고 유럽에서 살았던 호모 네안데르탈렌시스들을 포함한다. 옛 인류는 40만 년 전에서 25만 년 전에 진화했다.

해부학(解剖學) 상(上) 현생(現生) 인류의 기원(起源)에 대한 과학자들의 가장 지배적인 견해는 '아프리카 기원설'이다. 이 가설은 인간이 아프리카에서 진화하여 5만 년에서 1만 년 사이에, 아시아에서의 호모 에렉투스와 유럽에서의 호모 네안데르탈렌시스의 인구를 대체하면서, 이주했다고 주장한다. 대안적인 가설인 '다지역 발생설'을 지지하는 과학자들은 인간은 지역적으로 나뉘면서 250만 년 전에 이루어진 아프리카에서 전 세계로의 호모 에렉투스의 이주로부터 분리되고 진화했다고 생각하고 있다.

하여튼 이러한 진화 과정은 한반도에서도 마찬가지이다. 인류는 자연환경에 따라 변화하고 진화해 왔다. 이러한 자연환경에 살아남기 위해서 추위와 배고픔 등을 피해 옮겨 살면서 진화했다는 것이다. 이러한 흔적은 유물을 통해 알 수 있는데 한반도에서는 여러 지역에서 구석기 유물이 나타나고 있다. 구석기(舊石器)는 인류가 처음으로 만든 도구(道具)를 뜻한다. 쉽게 말하면 돌을 깨거나 자연석을 이용해서 삶을 살았다는 의미이다. 구석기는 약 250만 년 전이지만 한반도에서 나타난 구석기 문화는 약 70만 년 전에서 비롯되었다. 대표적인 유적은 평안남도 상원의 검은모루동굴, 평양의 용곡동 동굴, 경기도 연천 전곡리, 충청남도 공주 석장리, 충청북도 단양의 금굴, 임진강 유역의 금파리(파주), 한강 유역의 점말(제천), 제주의 빌에 못 등 한반도 전역의 두만강, 임진강, 한탄강, 금강, 섬진강에서 강가나 동굴에서 많이 나타나고 있다.

구석기시대의 유물로는 동물의 뼈와 사람의 뼈들이 발견되었는데 털코끼리, 큰뿔사슴, 곰, 물소, 원숭이, 쥐, 토끼 등의 동물의 뼈와 덕천 승리산 동굴(덕천인), 평양 역포(역포인), 청원 두루봉 동굴(흥수아이), 단양 상시리(상시인) 등에서 출토되었다.

특히 한반도에서는 지금은 사라진 동물과 열대, 한대지방의 동물의 뼈가 출토된 것으로 보아 한반도의 자연환경은 지금과는 다르다는 것을 알 수 있다. 왜냐하면, 구석기는 워낙 긴 시간에 걸치므로 기후가 달랐다는 것이다. 기후변화에 따라 북쪽으로 한대 동물들이 옮겨가고 작고 빠른 동물들이 옮겨옴으로써 활과 화살 그리고 작은 돌날 조각 여러 개를 나무나 뼈에 꽂아서 만든 이음 도구를 이용하였다. 이것을 잔석기(細石器)라 하며 신석기로 넘어가는 과정이라 하겠다. 이러한 유물은 전남 순천 주암댐 수몰 지역, 강원도 홍천, 경남 통영 상내대도(욕지도 근처의 섬지방) 등에서 출토되었다.

구석기인들의 생활은 수렵이나 채집으로 먹을 것을 구하였고, 동굴이나 바위 그늘에서 생활하였다. 이는 한반도가 높은 산이 별로 없고 낮은 구릉지가 많으며 물이 많이 흘러 가능하였다. 구석기인들은 무리를 이루어 살았기 때문에 손짓이나 발짓 그리고 소리를 지르며 의사소통하였다. 처음에는 나무막대나 돌을 사용하다가 돌을 내리쳐서 깨트리거나 떼어내 만든 찍개, 손에 쥐기 쉽게 하기 위한 주먹도끼 등을 만들었으며, 긁개, 밀개, 찌르개, 새기개 같은 날카로운 도구들도 만들어 냈다.

중기 구석기시대에는 불을 사용하였는데 이는 자연 불을 채집함으로써 이를 통해 추위와 맹수를 물리쳤고 음식물은 자연식에서 화식(火食)으로 변화하였다. 이러한 화식은 인류의 삶에 많은 영향을 주었는데 단백질을 보충하고 소화 기능이 좋아지면서 인류의 건강에 획기적인 변화를 가져올 수 있었다.

또한, 식물 열매를 채집하거나 동물을 사냥하여 얻은 수확물은 공동노동의 소산이고 또 장기간 보관이 어려워서 집단 구성원들이 나누어 먹었을 것이다. 함께 일하고 더불어 살아가는 공동체 삶을 영위하였기에 개인은 집단을 떠나 살 수 없었을 것이다. 왜냐하면, 수렵은 도구가 빈약하여 무리를 지어서 나서야만 포획하거나 획득할 수 있기 때문이다.

2. 신석기시대(新石器時代)의 출현과 농경사회(農耕社會)로의 진입

약 1만 년 전에 있었던 마지막 빙하기가 지나자, 한반도는 오늘날과 같은 자연환경과 유사하였다. 이러한 변화 과정은 생태계가 한대에서 아열대(亞熱帶)로 바뀌면서 농업에 적합한 여건이 갖추게 되었으며 자연히 온대 식물이 자라면서 인류의 먹거리가 다양화되었다. 예를 들면 노루, 토끼 같은 육상의 작은 동물과 바다에서는 고래와 같은 물고기나 포유동물들이 자연히 서식하여 새로운 시대가 도래되는데, 이를 신석기시대(新石器時代)라한다. 가장 특징적인 것은 인류가 진화되면서 돌을 갈아서 날카롭게 사용하거나 그릇을만들 수 있는 지혜를 갖추기 시작하였다.

신석기시대의 주요한 변화 중 하나는 농경사회로의 진입이다. 지구상의 모든 지역에서 신석기시대에 들어서면서 농경을 한 것은 아니지만 대부분 농경사회로 진입하게 되었다. 농경이 시작되면서 인류는 비로소 유목 생활을 접고 정착 생활하게 되었다. 이러한 변화에 대하여 차일드(V.G Child)는 이렇게 설명하였다(노태돈에서 재인용).

> 촌락이 형성되고, 인구가 증가하고, 농한기를 이용한 문화 창조가 활발해졌다. 장기간 저장할수 있는 곡물과 같은 농산물의 잉여생산이 가능해졌으며, 그에 따라 지역적, 사회적 분업이 촉진되었고, 계층분화가 되었다. 그와 함께 사회적 갈등이 발생하였다. 이런 변화를 가져온농경이 지닌 인류사적인 의의를 강조하여 '신석기 혁명', '농업 혁명'이라고 하였다.

한반도의 신석기문화는 기원전 8,000~6,000년 전으로 기원(起源)이 되며 주로 이들의 유적은 전국적으로 분포하는데 압록강, 두만강, 대동강, 한강, 낙동강 및 바닷가나 섬지방등에서 주로 나타나고 있다. 정착 생활을 한 인류 최초의 혁명이라는 '신석기 혁명'이라고도 한다. 이 시기는 주로 농경과 목축을 시작하였으며 토기를 만들어 쓰기 시작하였다. 토기는 주로 식량을 운반하거나 음식을 조리하거나 하는 데 사용되었으며 토기의 유형은 3가지가 발견된다.

첫째는 민무늬토기, 덧무늬토기, 찍은(누른) 무늬 토기로서 특히 민무늬토기는 표면이 깨끗하며 바닥이 둥근 것이 특징이다. 나머지 두 가지의 토기는 무늬를 넣어 미끄럼을 방지하였고 종교적 감정을 표현하였으며 부산의 동삼동, 의주 미송리, 양양 오산리, 제주 고산리 등에서 발견되었다.

두 번째는 기원전 5,000~4,000년경부터 나타나기 시작한 것은 빗살무늬토기이다. 이 토기는 말 그대로 표면에다 빗살처럼 무늬를 새겨놓고 밑이 둥근 것이 아니라, 뾰족한 것으로 보아 땅에 고정하거나, 박아 놓고 사용하였다. 이 토기는 주로 암사동과 미사리(서울), 황해도 봉산 지탑리, 대동강 유역의 청호리 그리고 일본, 시베리아 몽골 지방 등에서도 유사한 토기가 나타나고 있다.

세 번째로는 중국과의 문화권이 유사하다고 생각이 되는 밑이 평평하고 물결무늬, 번개무늬, 타래 무늬 등이 표면에 그려져 있는 색다른 토기가 나타나기 시작했다.

이러한 토기의 발견은 농경이 시작되었다는 것을 증명하는 것이다. 이는 원시 숲을 불을 사용하며 화전을 함으로써 돌을 이용하여 밭고랑을 만들어 씨앗을 뿌리거나 뿌리를 심어 가꾸는 농경문화의 혁명을 가져오게 되었다. 이때 사용한 도구는 잔석기로서 돌삽, 돌보습, 돌괭이 등이 이용되었으며 다양한 농산물인 조, 수수, 피 등을 재배하였다.

또한, 정착 생활을 함으로써 가축을 기르기 시작하였고 해안이나 강가에 살면서 물고기를 잡아먹었으며, 조개를 채취하는 등 어로작업도 병행하였다. 이는 신석기인들의 유적에서 나타나는데 조개더미가 발견된다. 생활 터전은 작은 움집이지만 바닥에 땅을 파고 기둥을 세워 지붕을 덮는 주거 형태가 나타나기 시작하였으며 생활은 4~5명이 모여 가운데 온돌을 갖추어 난방하였으며 식량을 저장하기 위하여 바깥에 흙을 파서 창고를 지은 흔적들이 발견되고 있다. 이러한 유적이 주위에 여러 개가 있는 것으로 볼 때 마을이 있었음을 알 수 있다. 이러한 마을은 주로 씨족으로 이루어졌으며 생산 활동과 종교적 의식을 공동으로 하여 식량난을 해결하였다. 이를 '원시공동체 사회(原始共同體社會)'라고 한다.

'원시공동체 사회'는 모계 혈연을 기초로 하는 공동체로서 여성이 경제생활의 주체가 되어 식물을 가지고 방추(紡錘, spindle)라는 도구를 사용하여 옷감을 짜는 것도 여성의 몫이었다. 방추는 실을 뽑는 도구이다. 가락바퀴의 회전력을 이용하여 섬유를 비틀어 뽑아내어 실로 만드는 것이다. 긴 나무막대의 끝부분에 회전력을 강하게 유지하여 주는 추인 가락바퀴가 붙어 있다. 팽이의 축이 위로 길게 늘어진 것 같은 모양이다. 긴 막대는 실을 감아 꺼내는 회전축이며, 추의 반대쪽 끝에는 실을 거는 고리가 있다. 가락바퀴가 따로 붙어 있는 것 외에도, 막대의 아래쪽이 볼록하게 되어 추의 역할을 하기도 한다. 정리하면 은 여성의 임무는 토기를 만들거나, 수확물을 거두거나, 씨앗을 저장하거나 하는 등의 일 이었다. 다산과 풍요의 상징인 풍만한 여인상이 이를 대변(代辯)하여 주고 있다.

이 시기부터 여러 씨족이 서로 혼인을 통한 족외혼(族外婚)이 성행하였고 이를 통해 부 족(部族)을 형성하였다. 이렇게 주거 지역이 확대되면서 더 많은 식량이 필요로 하여 경작 지를 확보해야 하였고 또한 질서 유지를 하기 위해 씨족들이 합의를 통해 부족장을 선출 하게 됨으로써 자연히 생산 노동은 여성에게서 남성으로 옮겨져 갔으며 여성은 육아에만 전념할 수 있었다. 이즈음에 서로 간의 물물교환이 이루어지기 시작하였는데 처음에는 부족 간에 교환하다가 주위 국가들과 교류를 확대하기 시작하였다. 주요한 교환물(交換物) 은 의식류가 대부분이었는데, 품목으로는 털가죽, 삼베, 그물, 짐승, 생선(말린 것), 짐승 뼈로 만든 도구 등과 조개팔찌와 같은 장신구도 거래되었다.

신석기인들은 자연환경에 매우 관심이 높았다. 그 이유는 농경과 의식주와 관련이 있 기 때문이다. 따라서 자연환경에 관련된 신앙이 생겨나기 시작하는데 이것이 애니미즘, 토테미즘과 샤머니즘이다. 그리고 사람에게도 영혼이 존재한다는 조상숭배와 영혼숭배가 나타나게 되었다. 이는 크리스트교, 불교, 이슬람교 등 오늘날 우리가 믿고 있는 종교가 등장하기 훨씬 이전부터 인류는 다양한 형태의 신앙을 가지고 있었다는 것을 반증한다. 이런 신앙을 원시 신앙이라 한다. 여전히 우리 생활 주변에 사라지지 않고 신앙으로서 남아 있다.

애니미즘(animism)은 모든 동물과 식물들, 예를 들면, 해, 달, 산, 강, 나무, 바위 등의 무생물, 또는 천둥과 번개, 불 등의 자연 현상들에도 정령(精靈, 육체를 떠난 혼백)이 깃들어 있다고 믿고 숭배하는 원시 신앙을 말한다. 자연계의 모든 사물에는 영적, 생명이 있다고 믿는 것을 말하는데 자연계의 여러 현상도 영적, 생명의 작용으로 보는 것이다.

토테미즘(totemism)은, 특정 동물이나 식물을 자기 부족과 연결해서 자기 부족의 기원을 설명하고, 그 동물이나 식물을 숭배하는 신앙이다. 튀르크인은 자신들을 늑대의 후손이라 고 여기며 늑대를 숭배했고, 우리 한민족은 곰을 숭배하였다. 각 부족의 상징물을 그림이 나 조각으로 표현한 물건을 토템이라고 했다. 다시 말하면, 혈연적, 지연적 집단이 동·식 물이나 자연물과 공통의 기원을 갖는다고 믿거나 결합 관계에 있다고 믿으며 그것을 집단의 상징으로 삼고 숭배하는 것이다.

샤머니즘(shamanism)은 신과 인간을 잇는 특별한 존재인 무당, 즉 샤먼을 통해 신과 소통할 수 있다고 믿는 신앙을 말하며, 샤먼은 격렬한 춤과 주문으로 인간에게 행복을 주는 착한 영혼은 불러들이고, 불행을 주는 나쁜 영혼은 쫓아낸다. 우리나라의 굿이 좋은 예라고 할 수 있다. 굿은 샤머니즘의 의식이고, 샤먼은 무당이라고 보면 된다. 정리하여 본다면, 초자연적인 존재와 직접적인 소통하는 샤먼을 중심으로 하는 주술이나 종교를 말하는 것이다.

무당은 동아시아 한자 문명권의 샤머니즘인 무에 종사하는 사제자(師弟子)를 말한다. 굿판에서 무당은 신의 대리자로서 역할을 한다. 무당은 통상 여성을 뜻하며 무인(巫人), 무(巫)·무격(巫覡), 무녀(巫女), 단골, 심방 등으로 불린다. 남자 무당을 지칭할 때는 격(覡), 박수, 화랭이, 양중(兩中, 남자 무당) 등으로 일컬어진다. 무당은 한국의 샤머니즘 성격의 전통 종교인 무(巫, 무속)의 샤먼(Shaman, 신령과 사람을 잇는 중재자)이다. 하지만 엄밀하게 말하면 무당은 장군 신(최영 장군)이나 왕자 신(사도세자) 등의 신령과 인간을 연결하는 중재자 역할 외에도 미래의 일을 내다보는 예언(豫言)과 치병(治病) 기능도 있어서 조선 시대에도 무당들은 일종의 의사로 대우받기도 하였다.

이와 같은 예가 고구려 유리왕 때(기원전 1년 9월) 왕이 병에 걸렸을 때 무당의 말을 듣고 그대로 행하여 병이 나았다는 기록이 『삼국사기』에 전한다(유동식). 무의 치병 기능은 조선 사회에서도 여전히 발휘되었다. 세종 때 열병이 유행하게 되자 세종은 무격들을 동원시켜 병을 고치도록 하였다. 그리고 구병(救病) 활동에 힘쓰지 않는 무격들을 크게 논죄(論罪)하면서 한편으로는 구병(救病)에 힘쓴 무격에 대해서는 무세(巫稅)를 감하여 주고 부역을 면제하여 주었던 일도 있었다. 그리하여 왕 자신이나 궁중의 사람이 병을 얻으면 무당을 자주 불러서 이르게 하였고, 일반 민중들 역시 질병이 발생하면 무당으로 하여 쾌유를 빌게 하였다. 이처럼 병이 발생하면 무격에 의하여 그 병을 고칠 수 있는 것으로 믿었기 때문에 무당은 그들의 사회로부터 치병의 기능을 인정받을 수 있었다.

따라서 무당을 도성 안의 병자 구호를 주 임무로 하는 동서활인원(東西活人院)에 소속시켜 관에서 직접 무당들을 지휘 통솔하기도 하였다. 이는 무당들을 구병(救病) 행위에 쉽게 동원하기 위한 목적에서였다(이인화 역).

무당은 크게 강신무(降神巫, 어느 순간 신내림을 받아 무당이 되는 것)와 세습무(世襲巫, 조상 대대로 신분을 이어받아 무당이 되는 것)로 나뉘며, 강신무는 무병(巫病)을 앓고 신내림을 받는 즉, 신령을 몸 주신으로 모시게 되는 굿인 내림굿을 통해 일반인에서 무당으로 각성한 무당이고, 세습무는 조정래의 대하소설 『태백산맥』에 나오는 무당 소화처럼 집안에서 대대로 무당 일을 해온 무당으로, 전통적으로 강신무는 이북, 세습무는 이남에서 전해져 왔다.

때로는 무당이 몸 주신(수호신)으로 모시는 데 이를 신장 할머니라 부르기도 한다. 장님이 신장 신을 모시고 경문을 읽는다고 하여도 그 신을 거느리는 것이지 몸 주신은 아니다. 원래 이 신은 도교의 신으로서 오방오제설(五方五帝說)을 기초로 한 전설적 성격이 있으며, 이것이 무속과 민간신앙에 영향을 끼치고 있는 것이라 할 수 있다.

그래서 흔히 오방신장(五方神將)이라 하며, 집이나 동네의 동서남북과 중앙의 오방을 막아주는 수호신으로 모셔진다. 오방(五方)의 신들은 각각 부인을 거느린 신으로 나타나고 장군, 원수의 위엄을 가진 신으로 무가에 구전되고 있다. 무당들은 이 신의 위엄을 나타내기 위하여 장군의 복장을 하고 작두를 타거나 사슬 세우기(청룡도라는 신 칼을 상 위에 세우는 것)를 하며 강원도·경상도 지방에서는 군웅 굿(軍雄祭)이라 하여 놋 동이(놋쇠로 만든 동이)를 입에 물고 춤을 추어 위엄을 나타낸다. 서울의 굿에서 가장 특징적인 것은 오방신장기(五方神將旗)를 가지고 춤을 추고 신점(神占)을 친다. 오방신장기는 청·홍·백·황·흑의 다섯 개의 기로 춤을 추고 나서 깃대를 한군데 모아 기폭으로 감아쥐고 의뢰자나 손님에게 내밀어서 하나를 선택하게 한다. 이를 '기 뽑기'라고 하며 뽑은 기를 보아서 운수를 점친다. 홍 기가 가장 좋고 흑 기가 가장 나쁘다. 흑 기를 뽑았을 경우 무당은 주술적으로 잡귀를 쫓은 다음에 다시 뽑게 하여 홍 기가 나오도록 한다.

도교적인 의미로는 사방을 의미하는 청·홍·백·흑보다 중앙을 상징하는 황색이 가장 중요하고 이를 강조하는 황제신앙(黃帝信仰)이 있으나 무당에게 있어서는 오히려 붉은색이 가장 길(吉)한 색으로 인식되고 있다. 오방신장이라 하여 동에는 청제신장, 서에는 백제 신장, 남에는 적제 신장, 북에는 흑제 신장, 중앙에는 황제 신장이라는 다섯 신장이 있다고 하지만 실제로는 하나의 신격으로 인식되는 것이 무속신앙의 일반이다. 무신도(巫神圖)에 다섯의 신장이 함께 하나의 화폭에 그려진 것처럼 하나의 신격으로 추앙된다. 때로는 그 중에서 황제 신장이 대표적인 신격이 되어 집을 수호하여 주는 신으로 풀이되기도 한다.

오방신장이 상징적인 동물로 등장할 경우에는 흔히 방위를 상징하는 색채와 결부되는 것이 흔하다. 주작(朱雀)·백호(白虎)·현무(玄武)·청룡(靑龍)이 곧 그러한 사례이다. 오방을 지킨다는 장군도 동의 청제(靑帝), 서의 백제(白帝), 남의 적제(赤帝), 북의 흑제(黑帝), 중앙의 황제(黃帝)로 나타나며, 『악학궤범(樂學軌範)』이나 현재의 처용무(處容舞)를 보면, 오방처용(五方處容)이 나타나서 동서남북의 오방잡귀를 쫓고 있다.

예를 들어, '성주풀이'라는 무가는 일명 '황제풀이'라 하는데 이것은 황제를 중심으로 집을 지키는 기능을 말하는 구전신화라고 할 수 있다. 이 신화는 무속에서 오장신장을 지역 수호신으로 모시는 것보다는 가옥을 수호하는 신으로서 기능한 이야기이다. 즉, '성주풀이'가 바로 가택 수호신인데 오방신장의 하나인 황제가 이 기능을 맡고 있는 것으로 되어있다. 여기서 황제를 제외한 사제(四帝)가 방위를 수호하고 있는지에 대한 것은 불명확하다. 장님(盲人을 말함)이 경문을 읽을 때 신장대(서낭대)를 사용한다. 대개 마른 버드나무나 참나무 가지에 백지의 술을 매어서 쥐고 흔들기 적당한 40~50cm 정도의 신간(神竿)이다. 장님은 『신장경(神將經)』 등을 읽으면서 신장대에 신장을 내리게 하여 신으로 하여 잡귀를 쫓아서 병을 치료하는 의례를 한다.

병을 치료하는 의례를 행할 때 무당과 다른 것은 무당은 신장 기를 가지고 굿을 할 때 무당 자기의 몸에 신장이 내리지만, 장님의 경우는 내리지 않고 신장대에 실린다는 것이다. 이런 점에서 장님은 신장을 부린다고 할 수 있다. 즉 장님의 제삼자인 물체에 신을 내리게 하는 것이 다르다. 이 신장은 수호신도 아니고 장님이 부리는 신이 된다(『한국민족문화대백과사전(신장(神將)』).

태양을 섬기는 의식을 집행하는 사람을 '중' 또는 '무'라고 칭하였다. 그런데 『단군신화』에서 나오는 삼신(三神, 우리나라에서 땅을 마련했다는 桓因, 桓雄, 檀君)을 우리 민속에서는 '삼신 할매'로 부르는 데서 '중' 또는 '무'는 여성이었을 가능성이 있다. 따라서 어느 학자는 단군은 여성이었을 가능성이 있다고 주장하기도 한다(한영우, 다시 찾는 우리 역사 1).

이와 같은 가설로는 일본의 경우가 있는데 일본의 하느님은 천조대신(天照大神)이라 부르는데 여성이다. 제사장(祭司長)이 하는 의식은 생명, 곡식, 질병 치료, 선악 판단, 형벌 등을 비는 것으로 이러한 것들은 태양이 맡고 있다고 믿기 때문이다.

3. 청동기시대의 도래와 인류의 진화

인간의 능력은 무궁(無窮)하다는 것이 인간은 도구의 진화에서 나타난다. 이는 인간의 경험과 지식이 오랜 세월을 거쳐서 새로운 도구를 만들어 냈는데 이것이 금속(金屬)을 발명케 했다. 금속은 이전의 도구보다도 더욱 견고하고 날카로우며 수명이 긴 도구이다. 이것이 청동기이다. 이는 금속을 녹여 주물(鑄物)을 통해 형태를 만들어 낸 도구로서 주된 금속은 구리에다 주석이나 합금(合金)을 한 것이 바로 청동(靑銅)이며 이렇게 만든 것이 기구가 청동기이다.

청동기 문명이 일어난 계기는 우연이라 할 수 있다. 아마도 지구로 떨어진 운석(雲石)의 영향을 받은 것으로 운석은 지구의 돌보다 단단하고 이를 직접 녹여서 도구를 만들다가 후에 광석을 채취한 것으로 추정된다. 이를 대표하는 도구가 화순 대곡리 출토 유물인 국보 143호인 청동 칼과 청동거울, 그리고 청동방울, 옥 등이라 할 수 있다.

청동기를 사람의 손으로 만들기 시작한 것은 지역에 따라 차이를 보이는데 중국 동북부 지역과 한반도에서는 기원전 2000년과 기원전 1000년 전이며 서양에서 이집트와 수메르지역은 우리보다 빠른 기원전 3000년 전으로 거슬러 올라간다. 그리고 한반도 이남은 더 늦게 시작되었다. 이로 볼 때 청동기는 중국을 통하여 한반도로 유입되었을 가능성이 매우 크다. 위에서 발견된 화순 대곡리에서 출토된 청동 칼은 그 모양이 비파(琵琶)를 닮았다고 하여 비파형 동검(琵琶型 銅劍)이라고도 하며 랴오닝(요령성) 지방에서 출토되었다고 하여 '랴오닝 동검'이라고 불리기도 한다.

이는 제사용으로 사용하였는데 하늘에 제사를 지냈던 의식용 칼이라 할 수 있다. 비파(琵琶)는 동아시아의 악기(樂妓)로서 중앙아시아 지역에서 기원한 동아시아 전통 현악기를 말한다. 이로 미루어 보아 청동기는 실크로드를 통해 중국으로 전해진 뒤 한국, 일본, 동남아시아로 퍼진 것으로 보인다.

비파라는 이름은 원래 서역 말로 된 이름을 음차한 것인데 중국의 『석명』이라는 책에서는 "현을 밖으로 내어 타는 것을, 비(琵)라고 하고, 안으로 들여 타면 파(琶)라고 하므로 '비파'라 이름을 명명했다." 청동거울이든 청동 칼이든 모두 쓰임새는 제사를 지낼 때 제사장이 의식용으로 사용하였고 모양은 매우 다양하다. 이에 대하여 한영우(다시 찾는 우리 역사 1)는 이러한 제사 도구를 만든 이유에 대하여 밝혔다.

> 이런 것들은 무당이 굿을 할 때 쓰는 도구이기도 하다. 무당이 굿을 하면서 하느님과 대화할 때 거울로 하느님의 얼굴을 보고, 방울이나 옥구슬로 하느님의 목소리를 듣고, 칼은 악귀를 쫓아내는 도구로 쓴다. 그런데 『단군신화』를 보면 환웅이 하늘에서 내려올 때 천부인(天符印) 세 개를 받아왔다고 한다. 추측이지만, 천부인 세 개는 바로 칼, 거울, 방울(혹은 옥구슬)로 보인다.

요동 동쪽과 한반도의 청동기는 다른 지역의 청동기와 구별되어 이때 청동기 문화를 누렸던 예맥과 맥족, 곧 예맥족(濊貊族)이 우리의 조상으로 추정된다. 청동기는 빛이 나고 강한 데다가 제조 기술이 일반화되지 않아 아무나 가질 수 없는 물건이었다. 이것을 소유한 자들은 주로 집단의 족장으로 권위를 가지기 위해서 사용하였으며 사회를 통합하는 데 주로 이용하였다.

족장들의 권위는 대단하였다. 그들의 무덤은 고인돌에 묻혔으며 때로는 돌을 모아 네모난 방을 만들고 시체를 넣은 석관묘(石棺墓, 돌널무덤)에 안치되었는데 이것을 만들기 위하 수백 명의 노동력이 동원되는 등 권위를 자랑하였다. 고인돌은 한반도와 중국 그리고 일본에서도 발견되는 것으로 보아 같은 문화권임을 알 수 있다. 대표적인 유적으로는 우리나라의 고창지역 그리고 요서 우하량의 적석총(赤石冢)이라 할 수 있다. 이후에는 독무덤을 사용하였는데 이는 철기시대의 대표적인 무덤 형식으로 큰 옹기에다 사람의 뼈를 추려서 넣는 형식이다. 이것은 한반도 남부지역과 일본의 일부 지역(규슈)에서 발견되고 있다.

청동기인들의 생활상이 암각화(岩刻畵, 바위에 그린 그림)에 의해서 드러나고 있는데, 대표적인 것이 1972년에 발견된 울산 반구대(국보 285)이다. 여기에서는 고래, 거북, 사슴, 호랑이, 작살에 꽂힌 고래, 덫에 걸린 동물, 울타리에 가두어진 동물 등이 새겨져 있는 것으로 보아 사냥과 고기잡이, 가축 사육 등 당시의 사회상을 엿보는 데 도움이 될 것이다. 또한, 보물 605호로 지정된 경북 고령에서 발견된 암각화에서는 기하학적인 무늬가 새겨진 것이 발견되었다.

이 암각화는 1971년 낙동강 하류에서 발견된 것으로서 동심형, 십자형, 삼각형 등의 무늬가 새겨진 것을 보아 동심원은 태양을 상징하며, 네모는 땅을 상징하는데 이는 풍요를 비는 것이라 추측된다. 이러한 암각화는 영일 칠포리, 영천 보성리 등 여러 곳에서 발견되고 있다.

청동기시대의 또 하나의 특징은 생산물의 확대로 인해 남성의 역할이 늘어나게 되며 이에 따라 남성의 권한이 커져 수확물이나 도구 그리고 여기에서 남는 잉여물(剩餘物)에 대한 개인재산을 취하게 되었다는 것이다. 따라서 석기시대까지 존재하였던 원시공동체가 서서히 무너지는 경향을 보였으며 가부장적인 권위와 빈부의 격차가 생겨났으며 이러한 개인재산은 부계에 의해 상속을 취하는 경향을 보인다.

이러한 경향은 많이 가진 자와 못 가진 자들 간에 전쟁이 발발하게 되었으며 마을에는 목책이나 성(城) 같은 방어시설들이 생겨나기 시작했다. 따라서 이 시기는 여러 부족장이 모여 지도자를 선출하고 나라를 세워 임금이 선출되었다. 삼국시대 이전의 열국(列國)이 이에 해당하는데 학자에 따라 '성읍국가(城邑國家)', '읍락국가(邑落國家)', '추방사회(酋邦社會)'로 부르기도 한다. 이를 '부족연맹국가(部族聯盟國家)'라고도 한다. 이로써 재산을 수호하기 위하여 전쟁은 더욱 발발하였고 다른 주변 국가들을 복속시켰으며 나라를 세우기 시작하였다. 이와 같은 과정을 통해 고대국가의 면모를 갖추기 시작하였으며 군대를 보유하고 법과 형벌을 집행하는 감옥, 세금을 거둬들이는 관료 체제를 갖추기 시작했다(송찬섭 외, 한국사의 이해).

청동기시대가 오면서 농경이 석기시대보다도 더욱 확대되고 생업의 기본이 되었다. 소박한 굴봉(掘棒: 땅속을 뒤져 식물의 뿌리나 열매를 캐는 데 쓰던 나무나 뼈로 만든 연장, 가장 원시적인 농경 도구로, 기다란 막대기에 옆에는 발로 밟아 누를 수 있도록 작은 가지가 달려 있다). 농경에서 벗어나 대형화가 되었고 경작하였으며 각종 목제 농기구를 만들었다. 작물로는 조, 피, 수수, 팥, 기장 따위를 재배하고 쌀농사도 지었다. 노태돈은 우리나라 쌀농사의 경로를 다음과 같이 적고 있다.

벼농사의 전파경로는 반월형 석도를 비롯한 농기구와 함께 요동 반도 남단과 북한지역을 거쳐 남한 전역으로 확산(擴散)된 것으로 보는 북방 경로설(北方經路說)이 유력하다, 당시 수전개발은 쉬운 일이 아니었을 것이다. 자연 극히 제한된 지역에서 소규모 농사를 지은 것으로 보인다. 실제 당시의 논 유적을 보면, 평지에선 대체로 자그마한 방형(方形)이나 장방형 구획 형태로 만들어져 있다.

이러한 농경문(農耕紋, 무늬, 주름살) 청동기에는 청동기시대나 철기시대(鐵器時代)로 보이는 모습들이 나타나고 있다. 즉, 농경문 청동기에는 고랑과 이랑이 뚜렷한 밭, 괭이와 따비(풀뿌리를 뽑거나 밭을 가는 데 쓰는 농기구, 쟁기보다 조금 작고 보습이 좁게 생겼다. 청동기시대의 유물에서 발견되는 점으로 미루어 농경을 시작하면서부터 사용한 것으로 추측 됨)를 가지고 사용하여 밭을 가는 남자와 그것을 내려다보며 나무에 앉아있는 새 등이 새겨져 있는데 실제 진주 대평리 유적에는 농경문 청동기에 새겨진 것과 같은 모습의 이랑과 고랑을 갖춘 밭이 발견되었다.

이러한 농경문(農耕紋) 청동의기(靑銅儀器)가 대전에서도 출토되었고, 대구 동천동과 논산지역의 마천리에서 논에 물을 대기 위해 판 것으로 추정되는 우물도 발견되었다. 특히 마천리의 나무 우물에서는 풍요를 기원하는 모종의 제의를 올린 것으로 추정되는데, 홍도와 새 모양의 목제품이 발견되었다. 새는 샤머니즘에서 인간계(人間界)와 영계(靈界)를 연결해 주는 존재로 여겼고, 조상의 혼령을 상징하기도 했다. 무덤에 새 모양 토기를 부장(副葬)한 것이나 『삼국지, 동이전』에서 큰 새 깃털을 사용해 죽은 자를 보낸다는 언급 등은 그런 면을 나타낸다. 특히 농경의례에서 새는 곡령(穀靈, 죽은 이를 높여 부르는 말)을 상징하며 풍요를 가져주는 영물(靈物)로 여겼다는 것이다.

이 시기에 농경법(農耕法)은 휴경농법(休耕農法)이나 휴한농법(休閑農法)을 사용하였다고 추측된다. 휴경농법(休耕農法)은 잡목이나 풀을 태운 뒤 나무로 된 경작 도구로 땅을 일구어 곡식 낱알을 심어 수확하는 형식을 말한다. 몇 해 경작하다가 지력이 다하면 그 땅을 버리고 다른 곳으로 옮겨 새로 경작지를 개간해 농사짓는 것을 말한다. 휴한농법은 지력이 좋은 땅일 경우 일정 기간 경작한 뒤 몇 년 동안 묵혀놓았다가 땅이 지력을 회복하면 다시 일구어 농사를 짓는 것을 말한다.

4. 최초의 국가인 고조선(古朝鮮)의 건국과 단군신화(檀君神話)

한국인들은 오랫동안 건국 신화를 가지고 살아왔으며 오늘날에도 이를 귀하게 여기고 있다. 고조선은 우리 역사에서 처음 나온 고대국가이다. 13세기 말 승려인 일연이 지은 『삼국유사』의 기록을 살펴보면 고조선의 건국 상황이 사실적으로 기록되어 있다. 『위서(魏書)』에서는 2000년 전 단군왕검이 아사달에 도읍을 정하고 나라를 세워 조선이라 하였고, 『고기(古記)』를 보면 환웅이 인간 세상을 탐하여 천부인과 함께 내려와 다스리며 곰과 범 한 마리가 인간이 될 수 있게 도움을 주며 인간이 되기에 성공한 곰과의 결혼으로 단군왕검을 낳았는데, 이가 조선을 세웠다고 기록되어 있다. 이 시기가 요(堯)나라의 시기와 일치한다고 한다.

> 옛날에 환인(桓因, ?~?)이 있었는데 서자 환웅(桓雄, ?~?)은 하늘 아래 관심을 갖고, 인간 세상을 구원하고자 하는 마음이 있었다. 아버지가 아들의 뜻을 알고 삼위태백(三危太伯, 봉우리가 세 개가 있는 태백산)을 내려다 보니 인간을 널리 이롭게 할 만한 땅이었다. 그래서 천부인(天符印) 세 개를 주어 다스리라고 보냈다. 환웅은 3천 명의 무리를 데리고 태백산 꼭대기 신단수(神壇樹) 아래로 내려왔다. 이곳을 신시(神市)라고 하고 이분을 환웅천왕(桓雄天王)이라고 부른다. 환웅은 풍백(風伯, 바람을 몰고 오는 사람), 우사(雨師, 비를 내리게 하는 사람), 운사(雲師, 구름을 몰고 오는 사람)를 데리고 곡식, 생명, 질병, 형, 선악 등 360여 가지 일을 주관하면서 인간 세상을 이치로 다스렸다.

이를 세부적으로 설명하자면 어느 날 곰과 호랑이가 찾아와 인간이 되게 해 달라고 부탁했다. 환웅은 쑥과 마늘만을 먹고 동굴에서 100일을 견디면 인간이 될 수 있다고 했다. 그러나 호랑이는 이를 견디지 못해 동굴에서 나왔고, 곰은 21일 만에 인간이 되었다. 환웅은 인간 여자로 변한 곰(웅녀)과 결혼해 아들을 낳았는데, 그가 바로 단군왕검이다. 단군은 태백산에 나라를 세우고 이름을 조선이라고 했다. 당서의 『배구전』에는 고려는 본시 고죽국인 데 주가 기자를 봉하여 조선이라고 하였고 한은 삼군을 분치(分置, 나누어 설치)하여 현도, 낙랑, 대방이라고 하였다.

이렇게 해서 최초의 국가라고 할 고조선이 건국되었는데 오늘날 학계에서 논의되고 있는 고조선에 관한 쟁점을 간추려 보면 위와 같은 단군신화의 내용에 대한 많은 엇갈린 해석, 그리고 건국에 대한 문제, 다음으로 고조선이 통치하였다고 생각되는 영역과 그 중 심지에 대한 문제 등이 있다. 단군조선, 기자조선, 위만조선을 합쳐 고조선이라고 한다.

위에서 보듯이 이주민 집단이 하늘의 자손임을 내세워 농업생산과 사회 전반을 이끌었는데 토착민들을 아우르고 사회를 주도하는 모습이다. 또한, 환웅이 하늘 신에게서 받은 천부인은 지배자의 권능을 나타내는 청동기 유물로 볼 수 있으며 곰과 범이 나타나 사람이 되게 해 달라고 청하는 것을 볼 때 토테미즘이라는 민속신앙이 나타나는 것을 볼 수 있다. 이는 어느 나라에서도 나오는 건국 신화는 지배자들의 통치 능력을 합리화하기 위하여 신성시하는 건국신화라고 볼 수 있다.

고조선은 기원전 2333년에 건국되었으며, 고조선의 건국과 관련된 역사적 사건들이 신화적으로 정리된 단군신화를 통해 살펴볼 수 있는데 고조선의 건국 시기는 『삼국유사』를 통해 요(堯)와 같은 시기, 즉위 50년 경인년(庚寅年)에 건국되었음을 살펴볼 수 있고, 『제왕운기』에서는 무진년(戊辰年), 『동국통감』에서는 요 즉위 25년 무진년(戊辰年)에 건국되었음을 알 수 있지만 이처럼 고고학적 자료와 맞지 않아 고조선의 정확한 건국 시기는 확인할 수 없다.

그러함에도 불구하고 우리는 단군신화에 관하여 관심을 가질 필요가 있다. 이 신화 속에는 다음의 세 가지의 사건으로 인하여 비현실성과 우주관, 건국이념이 들어가 있다. 첫째는 1500여 년간 나라를 다스렸다는 것이다. 단군왕검이 기원전 2283년에 조선을 건국했는데 이 시기가 요임금이 즉위한 지 50년이 된다는 것이다. 수명이 1908년이 된다는 것은 아사달로 돌아와서 산신이 되었다는 것이다.

둘째는 환웅은 환인(하느님)의 서자라고 표현되었는데 이것도 허황된 것이다. 하느님이 첩을 두었다는 것은 어불성설(語不成說)이다. 이는 첩의 아들이 아니라 여러 아들 가운데 맏아들이 아니라고 해석해도 무방할 것이다. 또한 홍익인간(弘益人間)의 사상을 엿볼 수 있다는 것이다. 이 사상은 건국이념을 나타내고 있는데 인간에게 곡식을 주고, 생명을 주고, 질병을 고쳐주고, 선과 악을 가려주고, 악한 자를 벌주는 것이다.

세 번째는 단군왕검이 하느님의 후손이라는 것은 하늘(태양)을 조상으로 받드는 태양족이 왕족이고 곰이 여자가 되어 단군을 낳았다는 것은 곰을 조상으로 신앙하던 족속이 왕비족이라는 것이다. 여기에서 애니미즘과 토테미즘의 민속신앙이 나오고 있다는 것이다.

단군신화에 담긴 우주관은 매우 흥미롭다. 여기에서 3이 등장하는데 이것은 단순히 숫자를 의미하는 것이 아니고 천지인(天地人)이 하나라는 우주관을 담은 상징적인 숫자로 보면 될 것이다. 즉 하나의 공동체로 보면 된다는 것이다. 셋이라는 의미를 종합하여 보면 다음과 같다(한영우, 다시 찾은 우리 역사).

첫째, 여기에서는 한 사람의 여신이 등장하는데 '삼신 할매'라 칭한다. 삼신(三神)이라는 것은 천신인 환인, 지신인 환웅, 인신(人神)인 단군이다. 우리나라에서는 삼신이라 부르며 혹은 '삼신 할매'라는 것이다. 결국은 하나의 신으로 보면 된다.

둘째, 여기에서 태백산이 등장하는데 즉 삼위태백(三危太伯)이다. 이것도 마찬가지로 봉오리가 세 개가 아니라 셋이라는 숫자를 넣은 것에 불과하며 태백산은 고유명사가 아니라 '해가 뜨는 밝은 산'을 가리키며 '아사달'과 같다는 것이다.

셋째, 천부인이 3개를 가지고 왔다는 것이다. 여기에서도 단순히 숫자 세 개를 의미하는 것이 아니라 칼은 악한 자를 벌주는 기구이며 거울은 하느님의 얼굴을 비추는 도구이고 옥이나 방울은 하느님의 목소리를 듣는 수단으로 보면 될 것이다.

이러한 점으로 살펴볼 때 단군신화에는 천손의 주체성, 홍익인간의 이념, 천지합일(天地合一)의 우주관이라는 점과 겸손한 마음이 담겨 있다고 볼 수 있다.

그러면 우리가 밝혀야 할 가장 중요한 것은 '단군조선의 위치가 어디냐?'는 것이다. 단군신화에는 도읍이 백악산, 평양성, 아사달로 되어있는데 이 세 곳은 같은 뜻으로 요동, 요서 등 한반도에 널려있는 지명(地名)이다. 이는 '해 뜨는 동방의 땅'으로 조선은 '아침에 빛나는 동방의 땅'을 가리킨다는 것이다. 이에 대하여 한영우는 다음과 같이 말했다(한영우, 다시 찾는 우리 역사).

평양이라는 지명이 지금의 평양 이외에도 요서와 요동에도 있다. 또 백악산, 아사달, 태백산은 '해 뜨는 동방의 땅'으로 모두 같은 뜻이다. 그런 뜻을 가진 지명이 중국 동북지방과 한반도에 널리 있다. 또 조선이라는 국호도 '아침에 빛나는 동방의 땅'을 가리키는 것으로 아사달, 백악산, 태백산, 박달과 같은 말이다. 한국인은 '조선'을 원래 '아사달' 또는 '박달'이라고 부르다가 한자가 들어온 뒤에 이를 뜻으로 번역하여 '조선'으로 바꾼 것으로 보인다. 따라서 '조선'이라는 이름은 중국 동북부와 한반도를 모두 아우르는 일반지명에 지나지 않는다.

이로 볼 때 어느 특정한 지역이라고 말하기에는 무리가 있다는 것이다. 또한, 단군왕검(檀君王儉)에 대하여서도 이렇게 주장하고 있다.

고조선의 시조인 단군왕검(檀君王儉)도 고유명사가 아니라는 것이다. 여기서 '단군'은 '박달 나라 임금'이라는 뜻이고, '왕검'도 '임금'이라는 뜻이므로 '단군'은 '박달나라의 모든 임금'을 말하고 있다.

여기서도 '박달 나라'는 어느 특정한 국가를 말하지 않는다는 것이다. 이는 우리 민족의 문화권인 아사달 문화권을 총칭하는 말이라고 할 수 있다. 그래서 단군은 아사달족이 세운 여러 나라 중에서 한 작은 나라를 지칭하는 것이다. 단군이라는 지명은 요서. 산동, 평양 등 여러 곳에 있기 때문이다. 따라서 단군조선의 영토는 한반도와 중국 일부를 포함하고 있다는 것은 잘못된 것이다. 그 이유는 조선 건국의 시기를 추정하여 볼 때 청동기의 국가가 그렇게 많은 영토를 차지하는 데에는 무리가 있다는 것이다.

고조선이 언제 건국되었는가에 대한 논의는 아마도 고조선과 관련된 문제 중에 가장 해결하기 어려운 것 중의 하나일 것이다. 지금 우리가 고조선의 건국 시기로 준용하고 있는 기원전 2333년은 다른 견해를 따르고 있는 것이지만, 문제는 이 연대가 지금까지 발굴 조사된 것과 관련된 고고학적인 자료가 보여주고 있는 시기와 합쳐지지 않는다는 점이다. 고조선의 유물로 간주되는 비파형 동검이 출토되고 있는 요녕 지방의 청동기 문화의 상한은 학자들에 따라서 기원전 7세기 또는 10세기로 본다고 말한다. 고조선의 건국 시기가 실제로 언제인가 하는 문제는 좀 더 많은 자료가 확보된다면 해결될 수 있을 것이다. 다만, 지금은 고조선은 적어도 기원전 7세기 이전에 이미 중국의 국가들과 교류가 있었다는 점이다. 그렇다면 고조선의 그러한 교역 관계를 확인하면서도 그것이 일정한 정치

조직을 갖춘 국가로는 보기 어려울 것이라는 속단이 문제를 끝내기보다는 국가로서의 고조선의 실체를 찾기 위하여 우리는 더욱 노력해야 할 것으로 생각한다.

우리가 고조선이라는 나라 이야기를 할 때는 자료들의 정확한 기록들이 일치하지 않은 관계로 학계에서 많은 논란이 있는 것은 사실이다. 따라서 여기에서는 고조선은 단군조선, 기자조선 등을 포괄한 개념으로 설명하고자 한다.

고조선의 자료가 조금 더 자세하게 나타난 시기는 기자조선(箕子朝鮮) 이후부터이다. 기자조선은 기자와 그 후손들이 단군조선의 뒤를 이어 다스렸던 나라를 칭한다. 학계에서는 일부 인정을 하고 있지는 않다. 이것은 일제 이후에 민족주의자들이 기자조선이 중국의 식민지라는 학설에 반발하여 만들어 낸 것이다. 그러나 기자조선은 엄연한 사실이고 부끄러운 역사가 아니다. 한영우는 기자조선이 우리의 역사라는 것이 기록에 나와 있다고 했다.

> 『사기(史記)』, 『한서(漢書)』, 『함허자(涵虛子)』, 『상서대전(尙書大傳)』 등의 중국 기록뿐만 아니라 『삼국사기(三國史記)』, 『삼국유사(三國遺事)』를 비롯하여 고려~조선 시대의 모든 역사책은 기자조선의 실체를 인정하고 있을 뿐 아니라, 고구려는 동맹(東盟) 행사를 치를 때 여러 토착신(土着神)들 가운데 기자신(箕子神)에게도 제사를 지냈으며 고려~조선 시대에는 기자를 조선으로 발전시킨 성군(聖君)으로 받들어 평양에 기자사당(箕子祠堂)을 세우고 제사를 지내기도 했다는 것이다. 또 기자의 후손은 뒤에 韓氏, 奇氏, 鮮于氏의 성을 갖게 되었다고 한다(다시 찾는 우리 역사 1).

이는 『상서대전(尙書大傳)』에서도 나타나는 것으로 보아 역사적으로 기자조선은 실제로 존재하고 있었다는 것을 말하고 있다. 이러한 역사를 부정하는 것은 우리 역사에 대한 수치라고 볼 수 있다. 광복 이후 한국사에서 제외된 기자조선에 대한 인식을 새롭게 할 필요가 있다.

그러면 기자조선은 언제 생겨났을까? 연유는 기원전 12세기로 거슬러 올라간다. 당시 기자는 은나라의 귀족이었는데 주나라에 의해 국가가 멸망되자 많은 사람을 데리고 조선으로 건너와 임금이 되었다고 한다. 그는 조선으로 건너와 '박달나라'라고 불리던 나라 이름을 한자식으로 바꾼 것도 기자조선의 시기로 조선민(朝鮮民)에게 예의와 정전제라는 토지정책을 쓰는 등 많은 영향을 미쳤다고 한다(한영우에 의하면 다산 정약용의 주장이라고 한다). 이에 대하여 다음과 같이 기록하고 있다.

> 기자가 조선의 왕이 된 것은 기묘년(기원전 1122년)의 일로 전해진다. 기자는 5천여 명의 무리와 함께 조선으로 와서 조선의 백성들에게 문명을 가르쳤다고 한다. 우리나라의 기록『삼국유사』에는 기자가 건너오자 원래 조선의 군주였던 단군이 기자를 피해 장당경으로 옮겨 갔다고 나타난다. 기자는 평양에 도읍을 두고 8조의 법금(法禁)을 베풀어 나라를 다스렸다. 또한 정전제(井田制)를 실시하고 농사짓는 법과 누에 치는 법을 가르쳐 백성들이 기뻐했다고 한다(다시 찾는 우리 역사 1).

이를 정리하여 보면 기자조선(箕子朝鮮)은 고조선의 왕조 중 하나인 고대국가이다. 조선 시대에는 일반적으로 고조선을 셋으로 구분하였는데 기자가 세웠다고 하는 기자조선은 이 중 두 번째 시기에 해당된다. 명칭은 단군조선과 같은 '조선'이지만, 구분을 위해 후조선(後朝鮮) 또는 기씨조선(箕氏朝鮮)이라 부르기도 하였다. 기자조선은 실재 여부를 비롯하여 건국 과정, 성격에 대한 인식이 시대에 따라 논란이 있다. 현재 대한민국과 조선민주주의인민공화국의 사학계는 일반적으로 기자조선에 대한 고전적인 인식(기자동래설, 단군조선－기자조선－위만조선의 승계 등)을 부정하며, 실재하지 않았다고 여기고 있다. 그러나 일부 학계에서는 기원전 112년부터 기원전 195년경까지 존속하였다고 본다.

이러한 기자조선에 대한 기록은 두 가지가 존재한다. 기자는 원래 은나라의 왕족으로 은나라가 주 무왕에 의해 멸망하자 조선의 왕이 되었다고 한다. 즉 은나라 멸망 후 기자가 주나라에 복종하기를 거부하고 조선으로 망명하자 주 무왕이 기자를 조선에 봉했다는 기록이 있다. 반대로 주 무왕이 기자를 조선에 봉해서 기자가 조선으로 와서 왕이 되었다는 기록이 함께 존재한다.

기자가 조선으로 망명을 한 이유에 대하여 혹자들은 매우 궁금해할 것이다. 원래 은나라는 아사달문화가 자리를 잡은 '아사달족'이 세운 나라이기 때문에 요서 지역에 세워진 조선으로 오는 것은 어려운 일이 아닐 것이다. 따라서 그들은 은나라의 고급문화와 청동기술을 가져와 자연스럽게 정치세력으로 자리를 잡았으며 결국은 단군조선의 지배층을 밀어내고 임금이 되었으며 그들에 의해 밀려난 세력들은 요동을 거쳐 한반도로 이주하여 지금의 평양에 자리를 잡았을 것이다.

『자치통감, 권 21』에서는 기자조선과 공자의 일화가 전해지는데 이는 다음과 같다.

> 반고(班固)가 말하였습니다.
> "현토와 낙랑은 본래 기자의 봉지이다. 옛날에 기자는 조선에 있었고, 그 백성을 예의를 가지고 가르치고, 밭 갈고 누에치고 길쌈을 하게 하며, 백성들을 위해서는 여덟 조목의 금령을 두었는데, 죽이면 그 당시에 죽여서 갚고, 다치게 하면 곡식으로 배상하고, 도둑질을 하면 남자는 적몰(籍沒, 재산을 몰수, 중죄인)하여 그 집의 가노(家奴)가 되며, 여자는 비(婢)로 삼고, 스스로 대속하기를 바라는 사람은 한 사람에 50만으로 하며, 비록 면하여, 민(民)이 되어도 풍속에서는 이를 수치로 생각하고, 시집가고 장가들기는 하였지만 파는 일은 없었다.
> 이리하여서 그 백성들은 끝내 도둑질을 하지 않으니, 문호(門戸)를 닫는 일이 없고, 부인은 곧고 믿음성이 있어서 음란하지 않았다. 그 전야(田野)에서는 변두(籩豆, 제기, 콩과 팥의 종류를 총칭함)로 먹고 마시며, 도읍에서는 자못 관리를 본받았는데, 왕왕 배기(杯器, 질그릇)로 먹었다. 군(郡)에서는 처음에 요동에서 관리를 데려왔는데, 관리들은 백성들이 문을 닫거나 감춰두지도 않는 것을 보았다. 고인(賈人, 장사꾼)으로 갔던 사람들이 밤에 도둑이 되자 풍속은 점차로 더욱 야박해졌다. 지금은 금법(禁法, 금령)을 범하는 일이 차츰 많아져서 60여 조목에나 이르렀다.
> 귀하다 할 것이다! 어질고 현명한 사람의 교화여! 그러나 동이의 천성이 유순하여 다른 세 곳의 밖에 사는 사람들과는 다르다. 그러므로 공자는 도(道)가 실행되지 않음을 애도하고, 바다에 뗏목을 띄어 구이(九夷)에 살고 싶다고 하였으니 있음직 하다."

이는 기원전 6세기에 아사달족의 후손 공자(孔子)가 조선을 '군자국(君子國)'이라고 부르면서 뗏목을 타고 망명하려 한 적도 있었다는 것으로 보아서 단군조선보다 문화 수준이나 강력한 국가였으리라 여겨지는 대목이다.

기자조선이 지나고 5세기경에 중국은 춘추시대가 끝나고 전국시대로 접어들 무렵, 연나라는 지금의 북경에 자리를 잡았는데 요서 지방의 조선과 국경을 접하고 있었다. 이 시기에 조선은 연나라에 밀려 한반도의 평양으로 이주한 것으로 보았다. 위만조선(衛滿朝鮮 기원전 194년~기원전 108년) 또는 위씨조선(衛氏朝鮮)은 고조선의 마지막 왕조로, 기원전 194

년 연나라에서 이주한 위만이 고조선의 왕인 준왕의 왕위를 찬탈하고, 국호는 그대로 조선으로 한 뒤 왕검성에 도읍하여 건국했다. 만조선(滿朝鮮)이라고도 불린다.

위만조선은 중국계 유민과 토착민이 연합한 국가로 여긴다. 이들은 철기 문화를 적극적으로 수용하여 주변 지역을 활발히 정복하였고, 중계무역으로 막대한 이익을 얻었다. 위만조선 세력의 성장으로 진국과 한나라의 교역로를 가로막게 되었고, 이를 전한 무제는 기원전 109년 사신 섭하(涉何)가 고조선군에 살해당한 것을 빌미로 대대적으로 침공하였다.

위만조선은 한나라와 1년간 전쟁 끝에 내분이 발생, 위만의 손자이자 고조선의 마지막 왕인 우거왕이 살해당하고, 성기가 주살되면서 왕검성은 함락되어 기원전 108년 멸망하고 한사군이 설치되었다. 또한, 건국자인 위만의 국적이나 지배 세력과 이주민, 유민과의 관계와 통치 방법에 관해서는 이견이 있다.

위만 일파가 조선으로 망명하여 올 때 상투를 틀고 이복(夷服)을 입었는데 이복(夷服)은 아사달족의 복장을 말한다. 이로 보아서 국적은 연나라이지만 아사달족으로 기자에 이어 두 번째로 민족의 이동이 시작되었다. 그는 높은 수준의 철기 문화와 함께 영토를 확장하였으며, 연나라어(語)와 조선말에 능통하였고 주변 사정에 정통했으며, 주위의 진번(陳蕃) 등을 복속시켜 영토의 확장을 꾀한 것으로 보아 상당히 유능한 무장이었다. 그는 또한 토착 세력과의 연대를 통해 벼슬을 주었으며 그로 인하여 정복사업으로 한강 이북의 대부분을 찾은 것으로 알려져 있다.

비록 위만조선은 한나라에 의해 멸망하였지만 1년 동안 한나라와의 전투에서 항전(抗戰)한 것으로 보아 국력이 상당하였다. 한나라는 조선을 밀어내고 여기에다 4군을 설치하였는데 4군의 위치는 논란을 거듭하고 있으나 대략으로, 평양의 낙랑군, 황해도의 진번군, 함경도의 임둔군, 북쪽의 현도군에 태수를 보내 다스렸다. 한사군은 후에 고구려가 건국하자 차례로 쫓겨가 결국은 낙랑군을 마지막으로 313년 완전히 철수하였다. 이때 위만조선에 의해 쫓겨난 조선의 지배층은 경상도로 옮겨와 진한(辰韓)을 세웠다고 기록되고 있다(『삼국사기』).

1) 고조선의 정치구조(政治構造)와 행정구조(行政構造)

고조선은 초기에는 느슨한 집단들이 모여 성립한 국가였다. 그러다가 지배를 강화하면서 국가적인 행정체계를 갖추어 갔다. 임금을 위시한 중앙의 지배 체제를 강화하여 정비하였으며 기원전 4세기경에는 상당한 군사력을 보유하게 되었다.

관직으로는 박사, 비왕(裨王), 상(相), 경(卿), 대신(大臣), 장군(將軍) 등이 기원전 2세기경에 있었다. 자세히 설명하자면 박사는 관직이라기보다 학문적 소양이 높은 사람에 대한 경칭이며, 장군은 최고의 무관 직위로 군사 관계의 관직이며 비왕은 왕을 도와 나라의 중요한 정사를 맡아보았고, 상(相)은 나라의 중요한 문제들에 대하여 충고할 수 있는 직책이었다. 특히 상이나 경은 매우 큰 세력으로 한과의 외교정책에 불만을 품고 2천 호를 거느리고 남쪽으로 내려간 역계경(歷谿卿)은 상당한 세력을 가진 것으로 추정이 된다.

고조선이 고대국가로 발전하면서 법을 구체적으로 갖추게 되었는데 지배층은 주변 국가들을 복속시키기 위한 전쟁을 하는 한편, 지배 체제를 유지하기 위하여 법을 정하고 공권력으로 법을 집행하였다. 기록에 따르면 조선에는 8조에 이르는 '법금(法禁)'이 있었다. 이를 『팔조법금(八條法禁)』이라 부른다. 이 8조의 법금 가운데 3조만 전해져 오는데 다음과 같다(『한서』).

> 첫째는 사람을 죽인 자는 사형에 처한다.
> 둘째는 남을 다치게 한 자는 곡식으로 배상한다.
> 셋째는 남의 물건을 훔친 자는 데려다 노비로 삼지만, 죄를 씻고자 하는 자는 대신 50만 전(錢)을 내게 한다.

『삼국지, 위서, 동이전』과 『후한서, 동이전』에서는 낙랑조선(樂浪朝鮮)에는 8개의 법금(法禁)이 있었다고 전해진다(이곳에 적혀 있는 낙랑조선은 평양에 도읍을 두었던 고조선을 뜻하는 것으로 보고 있다). 그리고 이 법금(法禁)이 우리가 흔히 아는 팔조법금, 또는 법금팔조, 팔조법이다.

첫째, 사람을 죽인 자는 사형에 처한다는 것은 고조선이 사람의 목숨을 중요시했고, 농사를 짓다 보니 노동력을 중요시했던 사회이다. 둘째는 남을 다치게 한 자는 곡식으로 배상한다는 것은 당시 고조선이 농사를 짓던 농경사회였다는 것이다. 셋째는 '남의 물건'이 있었다는 것은 석기시대처럼 모두가 공평했던 것이 아닌 각자의 재산이 구분된, 어려운 말로 사유재산이 있었다는 것을 보여준다. 또한, 고조선 시대는 노비가 존재한 계급사회였다는 것이다. 특히 눈여겨보아야 할 대목은 셋째이다. 여기에는 다음과 같은 의미가 담겨 있다. 이에 대하여 송찬섭 외는 이렇게 의미를 부여하고 있다.

> 이 형벌에는 사유재산과 형벌 그리고 노비가 있음을 알 수 있다. 도둑질한 자는 노비가 되고 노비에서 벗어나려면 50만의 돈을 내야 한다는 것이다. 도둑질로 노비가 된 자(者)가 그 돈을 내고 평민이 되는 일이 없을 것이다. 50만이라는 돈은 노비의 값을 나타내는 것으로 고대사회가 발전하면서 계급이 나뉘고 빈부격차가 심해지면서 형벌이나 채무 때문에 노비가 될 수 있었음을 보여준다. 또 돈을 내고 노비가 되는 것을 면하여도 천하게 여겨 결혼 상대를 찾지 못하는 것이다.

이는 팔조법금이 당시의 사회상을 반영하는 것으로 『한서』의 기록처럼 점차 사회상이 변천하고 복잡(複雜)해지고 있다. 당시에, 원시공동체에서 구석기, 신석기를 거치면서 서서히 사유재산제도가 생기면서 계급사회가 형성되었고 그중에서 노비에 대한 엄격한 차별이 존재(存在)하였다.

노비는 고대국가가 무기의 발달로 인하여 다른 종족을 침범하여 포로로 잡아 온 족속들을 노예로 부리기 시작했다. 당시에 농경사회가 도구의 발달로 인하여 많은 노동력이 필요했던 데서 기인했을 것이다. 따라서 이 법금(法禁)을 통해 지배층의 생명과 재산을 보호하고 이에 반(反)하는 자를 엄격하게 규제하는 법이라 할 수 있을 것이다.

고조선 사회는 남성 중심의 가부장제였다. 이를 설명하기 위한 노래가 전해져오는데 「공후인」이다. 이의 내용을 살펴보면 다음과 같다.

> 고조선 때의 노래. 백수(白首) 광부(狂夫)가 강을 건너다가 빠져 죽자 그의 아내가 이를 한탄하면서 불렀는데, 이를 곽리자고(霍里子高)가 듣고 그의 아내 여옥(麗玉)에게 들려주자, 여옥이 공후(箜篌)를 연주하면서 곡조를 만들어 불렀다는 기록이 중국 진(晉)나라 최표(崔豹)의 『고금주』에 전한다. 작자를 여옥으로 보는 설도 있다.

이 노래는 「공무도하가」라고도 하는데 이 노래는 부부의 애틋한 사랑을 보여주며 특히 남편이 죽으면 아내도 따라 죽는 풍습을 그려내고 있다. 「공후인」의 노랫말은 다음과 같다.

공무도하(公無渡河)	님아 강물을 건너지 마오
공경도하(公竟渡河)	그예 님아 강물을 건너는구료
타하이사(墮河而死)	아이고 물에 잠겨서 돌아가매
당내공하(當奈公何)	아 이제부터 님아 (나는) 어찌하오?

자고(작가 여옥의 남편)가 이른 새벽에 일어나 배를 노로 젓고 상앗대로 밀어 가는데, 한 허연 머리의 미친 사내가 머리를 풀어헤친 채 술병을 손에 들고 물결이 어지러운 강물을 건너고 있었다. 그때 그 처가 따라오면서 그를 부르며 말렸으나 미치지 못하고 그 사내는 마침내 강물에 빠져 죽었다. 그러자 그 처는 품에서 공후를 꺼내 타면서 공무도하가라는 노래를 불렀다.

그 노랫소리가 심히 서럽고 슬펐는데 곡을 끝내자 스스로 강물에 투신하여 죽었다. 자고가 돌아와 그 소리와 가사를 아내 여옥에게 말해주니, 여옥은 그 노랫소리에 애달파져서 곧 공후를 끌어내어 남편이 들려준 그 소리를 모사하였고, 여옥이 이 노래를 부르면 듣는 사람이 눈물을 떨구고 흐느끼며 울음을 삼키지 않는 사람이 없었다. 여옥이 이 노랫소리를 이웃집 여용에게 전하니, 이를 공후인(箜篌引)이라 일컬었다.

2) 고조선의 위치와 영역

고조선의 영역은 선진문헌(先秦文獻)인 『관자(管子)』, 『전국책(戰國策)』, 『산해경』에서 기록이 남겨져 전해져 온다. 『관자(管子)』는 춘추시대(春秋時代) 제(齊)나라의 재상이던 관중(管仲)의 저작으로 믿어졌으나 현재로는 전국시대 제(齊)에 모인 사상가들의 언행을 전국시대부터 전한(前漢) 때까지 현재의 형태로 편찬한 것이라 사료가 된다. 여기에서 조선이 등장하는데 이 기록으로는 조선의 위치를 알 수 없다. 『전국책』과 『산해경』에서 조선의 위치를 연문공(燕文公)과 소진(蘇秦)의 대화에서 다음과 같이 설명하고 있다.

> "연(燕)의 동쪽에 조선, 요동이 있고 북쪽에는 임호(林胡), 누번(樓煩)이 있다. (……) 조선은 열양(列陽)의 동쪽에 있는데 바다의 북쪽, 산의 남쪽이며, 열양(列陽)은 연(燕)에 속한다."

이로 보건대 조선은 연과 인접한 국가라 볼 수 있다. 따라서 북쪽으로는 산에 접해있고 남쪽은 바다에 접하고 있다는 것으로 추측된다.

『삼국지(三國志, 東夷典)』에는 연나라의 장수인 진개(秦開)의 침략으로(기원전 4세기 말경) 조선이 서쪽으로 2천 리의 땅을 빼앗겼다는 기록과 만번한(滿番汗)을 경계로 삼았다고 한다. 이 기록이 옳다면, 만번한이 곧 고조선과 연의 국경선이 되고, 고조선의 서쪽 경계를 짐작게 하는 결정적 증거가 될 터인데, 안타깝게도 그 정확한 위치는 알 길이 없다. 그래서 만번한 역시 상고사 논쟁의 주요 쟁점 중 하나로 부각되어 온 터였다.

> 北夫餘記 · 上
> 己巳 八年 帝率衆 往論古都 五加遂撤 共和之政. 於是 國人 推爲檀君 是爲 北夫餘始祖也. 冬十月 立公養 胎母之法 敎人 必自胎訓始. 壬申 十一年 北漠酋長 山只喀隆 襲寧州 殺巡使 穆遠登 大掠而去. 庚辰 十九年 丕薨 子準 襲父封 爲番朝鮮王. 遣官監兵 尤致力於備燕 燕 遣將 秦介 侵我西鄙 至滿番汗爲界. 辛巳二十年 命祭天于 白岳山 阿斯達 七月 起新闕 三百六十六間 名爲 天安宮.

이를 해석하여 보면 기사 8년(기원전 232년) 단제께서 무리를 이끌고 가서 옛 도읍의 오가들을 회유하시니 마침내 공화제 정치를 철폐하게 되었다. 이에 온 나라 사람들이 추대하여 단군이 되셨는데 이분이 북부여의 시조이시다. 겨울 10월 공양과 태모의 법을 입안하고 사람을 가르칠 적에는 반드시 태교로부터 가르침의 시발점이 되게 하셨다.

임신 11년(기원전 229년) 북막의 추장 산지객륭이 영주를 습격하여 순사 목원 등을 살해하고 크게 약탈한 후 돌아갔다. 경진 19년(기원전 221년) 기비가 죽으니 아들 기준에게 아버지를 세습하게 하여 번 조선의 왕으로 봉하였다. 관리를 파견하여 군대를 감독하고 연나라를 대비하는 일에 더욱 힘이 미치도록 하였다. 연나라는 장수 진개(秦介)를 보내어 우리나라 서쪽 변방을 침략하니 만번한에 이르러 국경으로 삼게 되었다. 신사 20년(기원전 220년) 백악산 아사달에서 하늘에 제사를 명하시고 7월에는 새로운 궁궐 366칸을 세우고 천안궁이라 이름 지었다.

여기에서 진개. 만번한(秦介·滿番汗): 『사기 흉노전』에 "其後 燕有賢將 秦開 爲質於胡" 그 뒤 연나라에 현명한 장수 진개(秦介)가 있었는데 동호에게 인질이 되었다."

"胡甚信之 歸而襲 破東胡. 燕亦 築長城 自造陽 至襄平",
(동호가 진개를 심히 신임하여 돌려보냈다. 그러나 동호를 습격하여 격파하였다. 연나라도 또한 조양에서 양평까지 장성을 쌓았다.)고 되어있다.
魏略에는 東胡대신에 朝鮮이라고 국호를 밝혀놓았다.

『사기(史記)』에 의하면 위만이 무리 천여 명을 모아 동쪽으로 도망하여 요동의 요새를 나와 패수(浿水)를 건너 진의 옛 공지(空地)인 상하장(上下障)에 거주하였고 후일 왕험(王險)에게 도읍하여 위만조선(衛滿朝鮮)을 건국하였다.

『조선 열전』에서 위만이 요동의 요새를 나와 패수를 건너 옛날 진나라 빈 땅에 자리 잡았다는 기사가 이를 뒷받침한다.(燕王 盧綰 反, 入 匈奴, 滿 亡命, 聚黨千餘人, 魋 結 蠻夷服 而 東走 出塞, 渡浿水, 居 秦故空地 上下部.)

위의 기록들처럼 진한대(秦漢代)에 모두 패수를 경계로 하여 조선과 연이 있다는 것으로 보이는데 패수가 어디를 지칭하는지 그 위치는 알 수 없으나 학계에서는 대동강, 청천강, 압록강, 혼하(渾河), 대릉하(大陵河), 난하(灤河) 등으로 유추하고 있다.

고조선의 중심지에 관한 이론이 대두되고 있다. 다시 말하면 고조선은 어디에 중심을 두고 있느냐?라는 의문에 대한 학계의 설은 다음과 같다.

첫째는 평양 중심설(대동강 중심설)로서 고조선의 위치 또는 그 중심지로 평양을 제시하는 학설로, 이를 주장하는 문헌은 『삼국유사』를 비롯하여 『고려사』, 『세종실록지리지』, 『동국통감』, 『아방강역고』 등이다. 일제강점기에는 일본 관학자(官學者) 및 일부 우리 학자들이 평양설을 주장했다. 일본의 주장은 순수한 학문적인 입장에서보다는 식민사관이라는 굴절된 견해에서 나왔음을 유념하여야 한다. 한편, 북한학계에서는 리지린의 연구에 따라 요동 중심설이 거의 정설로 받아들여졌는데, 1933년 단군릉 발굴을 계기로 기존의 요동 중심설을 평양 중심설로 수정하였다.

둘째는 요동 중심설로서 고조선의 중심지를 요동 지역으로 파악하고 있는 이 주장은 초의 응제시주를 비롯하여 성호사설, 연려실기술 등에서 나타난다. 한편, 일제강점기 때 신채호, 정인보 등 민족주의 사학자들이 일본학자들의 평양 중심설을 강하게 비판하면서 이 설을 주장하고 있다.

셋째는 이동설은 최근 들어 주장되고 있는 평양 중심설과 요동 중심설을 절충 내지는 보완하는 성격을 지니고 있다. 즉 고조선의 초기중심지는 요동이었으나 기원전 4~3세기 경에 연(燕)과의 충돌로 대동강 유역의 평양으로 이동하였다는 견해이다. 대체로 남한학계에서 많은 지지를 받고 있다.

3) 한(漢)과의 전쟁과 고조선의 멸망

당시 동아시아의 패권은 한나라와 일진일퇴를 거듭하고 있는 양상이라 할 수 있다. 전쟁의 원인은 고조선의 정치, 경제, 군사적 성장이 한(漢)의 동방으로서의 확대정책과 부딪치게 되면서 동북아시아를 둘러싼 패권 쟁탈전이 전개되어 전쟁을 초래했다 볼 수 있다.

이는 전쟁의 결과는 『사기(史記)』의 기록에서 확인할 수 있는데, 누가 전쟁에서 승리했는지는 예측 불가능하다고 볼 수 있다.

당시의 상황은 한나라의 동방으로 진출하고자 하는 의욕과 즉, 한의 동방정책과 부딪치면서 고조선의 저항도 만만치 않았다는 것을 사기(史記)』의 기록에서 엿볼 수 있다. 당시의 기록을 본다면 한나라는 왕검성(王儉城)에 대한 공격을 멈추지 않았고, 위만의 손자인 우거왕(右渠王)은 성문을 굳게 닫고 저항하면서 수개월 간 치열한 접전을 벌였다.

1년간의 전쟁으로 위만조선의 사람들은 지쳤고, 지배층은 분열되기 시작했다. 위만조선이 성립할 당시 이주민과 토착민 사이의 태생적 한계가 전쟁 상황에서 주전파와 주화파로 나뉘어 분열을 더 거세게 만들었다. 이를 눈치챈 한은 지금 항복하면 높은 버슬과 재산을 내리겠다고 회유하였으나 우거왕과 그를 따르는 신하들은 한에 맞서 끝까지 싸우려 하였다. 그러나 끝내 내부 갈등을 이기지 못하고 주화파가 우거왕을 살해한 뒤 항복하고, 한나라로 망명하였다. 기원전 108년에 고조선의 멸망으로 전쟁이 끝났다. 우거왕이 죽었으나 왕검성은 쉽사리 함락되지 않았다. 거듭된 전투 끝에 우거왕의 대신이었던 성기가 죽은 후에 전쟁이 마무리되었다. 성기는 한나라에 매수당한 우거왕의 아들에게 죽임을 당했다. 한(漢)나라는 위만조선을 상대로 전쟁에 최종 승리했다. 그러나 한(漢)군 지휘부 모두가 초기 전투에서의 패배, 화의의 무산 등의 이유로 처벌을 면치 못하였다.

당시 한무제는 서인으로 강등시키거나 무자비한 형벌로 다스렸지만, 고조선인에게는 파격적인 혜택을 주었다는 기록도 남겨져 있다.

5. 부여(夫餘)의 건국과 패망(敗亡)

고조선의 뒤를 이은 국가가 부여이다. 이들도 역시 아사달족의 일파인 예맥족이 그 주체세력이라 하겠다. 부여는 중국 길림성 지역을 중심으로 송화강 유역에서 일어났다. 이 지역은 일찍부터 청동기 문화가 발달한 곳이다. 이 지역의 청동기 문화를 '서단산 문화'라고 하는데 '비파형 동검'과 동모 등을 특징으로 하고 있어서 고조선의 청동기 문화와 관련이 있을지도 모른다.

'서단산 문화'는 길림성 중부지역의 대표적인 청동기 문화로서 일찍이 학계의 주목을 받아왔다. 우리 학계에서도 한국 청동기 문화의 계통적 연원과 부여 문화의 형성 과정을 이해하는 데 있어 매우 중요한 자료로 인식이 되고 있다.

'서단산 문화'의 중심지인 길림성 중부지역은 제이 송화강을 중심으로 그 주변에 나지막한 구릉과 평야가 이어져 있어 인간 생활을 영위하기에 적합한 자연 지형을 갖추고 있다. 이는 후대의 기록인 『삼국지, 위지』의 "다산릉, 광택, 어동이지역최평창, 토지의 오곡, ……", 『삼국지, 위지 권 30』, 『오환선비, 동이전 30, 부여조』에서의 내용을 통해서도 파악할 수 있다. 이러한 천혜의 자연 지리적 조건으로 인해 제이 송화강 주변은 일찍부터 구석기와 신석기인들의 생활 터전으로 활용되었고 청동기시대에 들어서는 서단산 문화가 그 중심을 차지하고 있다. 서단산은 길림시 서남쪽 제이 송화강 연안에 위치하고 해발고도 236.2m의 나지막한 산이다. 이 산에서 처음으로 석관묘가 발견되어 발굴이 이루어졌고 이후 길림시 주변 지역에서 이와 유사한 유적들이 계속해서 발견되자 이를 "서단산 문화"

라 명명하게 되었다(동북고고 발굴단, "길림 서단산 석관묘 발굴 보고", 『고고학보 1』, 1964).

부여는 주로 고구려 위쪽에 자리 잡았던 북부여를 말하는데 건국 연대를 기원전 3세기~기원전 2세기 정도로 추측한다. 고구려의 선대 문화로 비정(批正)되는 대이수구유형, 대전자유형이 있듯이, 부여도 고조선계 문화, 유적과 깊은 친연관계를 보이는 서단산 문화(기원전 10세기~기원전 4세기)를 선대 문화로 두고 있었다. 따라서 서단산 문화는 4세기 중반부터 북방계의 영향을 받은 문화를 서단산 문화라 하는 것이다.

이 문화를 등에 업고 부여가 건국되었으며 유적을 보면 서한(西漢, 전한)과 교류를 하였는데 고조선이 중계무역을 방해하자 부여인들은 중원과의 직접 교류를 통해 부국을 이루면서 안정되었다. 이 시기에 직접 무역을 할 수 있었던 것은 고조선이 연나라와의 전쟁으로 한반도로 후퇴하기 시작한 시기였기 때문이다. 『삼국사기』에 따르면 해부루 왕의 통치기에 이르러 오곡이 잘 자란다고 하는 '가섭원'이라는 곳으로 천도하는데 이것이 동해안에 세운 나라가 '동부여'이다.

'부여(夫餘)'라는 이름이 처음 나타나는 것은 『사기(史記)』이지만, 그 이전 문헌인 『산해경(山海經)』의 '불여(不與)'나 『일주서(逸周書)』의 '부루(符婁)' 등과 같이 옛 기록에서 부여를 뜻하는 구절에 대해 많은 설이 있다. 부여라는 명칭의 기원에 대해서도 역시 여러 의견이 있는데, 대부분 평원, 강 이름, 산 이름 등에서 유래했다는 지리적 면이 강조되고 있다.

우선, 부여의 원뜻이 '밝(神明)'에서 비롯되어 '벌'로 변화하였다고 보는 주장이 있다. 여기서 '벌' 역시 여러 뜻으로 변화하다가 평야의 의미가 있는 것으로도 이해하고 있다. 부여의 중심 지역은 송화강 연안의 동북 평원 일대이고, '벌'이나 '부리'가 삼국시대 지명에서 자주 나타난다는 데에 근거를 두고 있다.

이와 달리, 부여가 사슴이라는 뜻에서 비롯되었다는 주장도 있다. 이는 부여의 원 거주지로 나오는 '녹산(鹿山)'이 사슴을 뜻하는 만주어와 몽골어에서 유래한다고 보기 때문이다. 이를 뒷받침하는 것으로, 북방 선비(鮮卑), 오환(烏丸)-동호(東胡) 족의 한 지파로 한나라 초에 이름을 얻었다.-등의 북방 유목민의 종족 명이 그들이 원래 거주한 산 이름에서 유래했다는 사실이다.

또한, 발해에서 귀하게 여기는 것 중 하나가 부여의 사슴이었다는 점 등도 부여가 처음 거주한 곳이 녹산이었다는 사실과 연결된다. 따라서, 부여의 명칭이 퉁구스어에서 사슴을 일컫는 buyu에서 유래했을 가능성이 크다. 우리나라에서 고조선에 이어 국가의 형태를 갖추었던 부여는 예맥족의 일파인 부여족에 의해 성립되었다. 부여족은 일찍이 송화강 유역을 중심으로 서단산 문화(西團山文化) – 길림시 일대를 중심으로 나타난 청동기 문화로 대략 기원전 7세기에 시작해 기원전 3세기까지 계속된 것으로 보고 있다. 서단산 문화의 중심 분포 지역은 송화강 중류로 이곳은 오곡 농사에 적합하였다. 이 문화에서는 대개 반지하 또는 석축으로 주거지를 만들었다. 그리고, 길림시 동 단산 일대에서 한(漢)과 한(漢) 이전의 유적 중에서 거의 원형을 이룬 토성이 발견되고 있다 – 를 일구었고 송눈 평야와 송요 평야를 개척하였다.

그러나, 부여의 건국세력은 북쪽에서 송화강 유역으로 남하한 무리일 가능성이 크다. 건국 설화에서는 시조를 동명(東明)으로 삼고 있는데, 그 내용에 북아시아의 풍토적 현상을 배경으로 담고 있다. 그래서, 다음과 같이 부여의 건국과정을 이해할 수 있다. 즉, 고리국(高離國) 출신인 동명 집단이 그곳에서 세력갈등을 겪다가 송화강 쪽으로 남하하여 정착하면서 그곳에 있던 예족(濊族)들을 중심으로 부여를 건국한 것으로 보인다. 부여국에 관한 설화가 『삼국사기』에 전하여져 오는데 다음과 같다.

옛날 북방에 '탁리'라는 나라가 있었는데, 그 왕의 시녀가 임신하였다. 왕이 그녀를 죽이려 하자, 시녀는 "달걀만 한 크기의 기운이 나에게 떨어졌기 때문에 임신하였습니다."라고 하였다. 그 뒤에 아들을 낳았다. 왕이 그 아이를 돼지우리에 버리자 돼지가 입김을 불어 주어 죽지 않았고, 마굿간에 옮겨 놓았으나 말도 입김을 불어 주어 죽지 않았다. 왕은 천제의 아들일 것이라고 생각을 하여 그 어머니에게 거두어 기르게 하고는, 이름을 동명이라 하고 항상 말을 사육하도록 하였다. 동명이 활을 잘 쏘자, 왕은 자기 나라를 빼앗길까 두려워하여 죽이려 하였다. 이에 동명은 달아나서 남쪽의 엄표수에 당도하여 활로 물을 치니, 물고기와 자라가 떠올라서 다리를 만들어 주었다, 동명이 물을 건너간 뒤, 물고기와 자라가 흩어져 버려 추격하던 군사는 건너지 못하였다. 동명은 부여지역에 도읍하여 왕이 되었다. 이런 고로 북이에 부여국이 있게 되었다.

이 내용이 북부여의 건국 설화이다. 이를 동명 건국 실화라고 한다. 『삼국유사』에도 북부여의 설화가 나타나는데 다음과 같다.

기원전 59년에 천제(天帝, 하느님)의 아들 해모수(解慕漱, ?~?, 고구려 건국 시조인 주몽의 아버지)가 다섯 마리 용이 끄는 수레를 타고 하늘에서 내려와 흘승골성(紇升骨城)에 도읍을 정하고 나라 이름을 '북부여(北扶餘)'라고 했다. 그 뒤 해모수의 아들 해부루(解夫婁, ?~?)는 동쪽으로 이동하여 '동부여(東扶餘)'를 세웠다.

여기서 해모수와 해부루라는 인물이 등장하는 데 해모수는 북부여의 시조(始祖)로서 전설상의 인물로, 흘승골성에 도읍하고 나라를 세워 국호를 북부여라 칭하였다. 천제(天帝)의 아들로 하백(河伯)의 딸 유화와 사통하여 고구려의 시조 주몽을 낳았다고 한다. 또한 해부루는 동부여의 시조(始祖)로 전설상의 인물로서 해모수를 피하여 가섭원(迦葉原)에 나라를 열고 임금이 되었다고 한다. 또한, 동부여에 관한 건국 설화도 전해지고 있는데 여기서는 한영우에서 재인용(再引用)하였다.

북부여의 왕 해부루의 신하 아란불(阿蘭弗, ?~?, 북부여의 재상)이 꿈을 꾸었는데, 천제가 내려와서 말하기를 "장차 내 자손이 여기서 나라를 세우고자 하니 너는 동해 바닷가에 가섭원(迦葉原)에 가서 나라를 세우라고 했다." 아란불의 말을 들은 왕은 그곳으로 도읍을 옮기고 동부여라고 칭했다. 그 뒤 황금색 개구리처럼 생긴 아이를 낳아 부루왕의 뒤를 잇게 했는데 이가 금와(金蛙, ?~?)이다. 금와 뒤에는 대소(帶素, ?~22)가 임금이 되었는데 서기 22년에 고구려에 의해 정복을 당했다.

여기에서 살펴서 보건대 건국한 곳을 살펴보면 흘승골성은 요서 지방으로 보이고 '가섭원'이라는 곳은, 지금의 지린성(吉林省) 능안(農安)과 장춘(長春)으로 보인다(천관우, 1975). 이 지역은 아무르강의 지류인 쑹화강(松花江)의 상류 지역이다.

부여를 설명하자면 또 하나의 사랑 이야기가 전하는데 바로 해모수와 유화부인의 사랑이다.

유화부인은 압록강 지역을 다스리는 하백(河伯, ?~?)의 딸이다. 어찌나 아름다운지 해모수는 다가가자 처녀들은 모두 달아났다. 안달이 난 해모수는 군사들을 시켜 "무슨 수를 쓰든지 저 어여쁜 처녀들을 데려오도록 하라."라는 명을 내려 처녀를 유인하는 데 성공하고 성대한 연회를 베풀던 중 맏이인 유화에게 마음을 빼앗겼다. 여기서 해모수는 돌아갈 처녀 중에서 유화에게 "동생 분들은 군졸들이 잘 모셔다드릴 테니 당신은 좀 더 나와 시간을 보내면 안 되겠소!"라고 제안을 하자 "하지만 아버지께서 기다리실 겁니다!"라고 싫지 않은 내색을 보였다. 다시 해모수는 "오늘은 내 성에서 묵고 내일 같이 아버님께 갑시다."라고 하면서 두 손을 꼭 잡고 구애하였고 결국 두 남녀는 이튿날 하백에게 찾아가 혼인을 허락받으려 하자 하백은 하룻밤을 같이 지낸 것을 알(知)고는 다음과 같이 말하면서 호통쳤다.
"천제의 아들을 자칭하면서 어찌 이렇듯 무례를 범한다는 말이요? 부끄럽지도 않소? 부모 허락도 없이 몸을 더럽힌 건 야합이나 마찬가지요!", "따님을 사랑하는 마음이 너무 커서 차마 돌려보내지 못한 것이니 부디 너그러이 용서하시고 저를 사위로 받아주십시오.", "나무는 이제 배가 되었도다!"라고 말하면서 사죄를 드리자 하백은 울분을 참지 못하여 연회를 베푸는 척하면서 해모수를 죽이려고 하였다. 그러나 이를 눈치챈 유화부인은 가죽 부대 안에 가두어진 해모수를 구하려고 하였으나 독주를 마신 해모수를 어찌할 바를 몰랐으나 오히려 해모수는 유화부인에게 "어떻게든 방법을 찾아봅시다. 허망하게 죽을 수는 없는 노릇 아니요!"라고 하면서 오히려 유화부인을 위로하며 손을 더듬었다. 결국은 유화부인의 머리핀으로 틈새를 찢어 탈출하였다는 것이다.

이러한 사랑의 이야기는 주몽과 소서노 등에서 많이 등장하는 것이 우리의 설화이다. 그러나 우리는 여기서 부여의 건국 설화를 살펴보면 어딘가 모르게 단군조선과 관련이 있다는 것을 알게 된다. 그 관련성은 첫째로 단군조선이 일어난 지역에서 북부여가 건국하고 있다는 것이다. 둘째는 부루왕의 이름도 단군의 아들 부루와 동일하며, 셋째는 천손(天孫)을 자처한 것도 같다. 다시 말하면 해모수의 등장은 우리 민족의 건국 신화에서 흔히 나타나는 천손강림(天孫降臨)의 모습을 전형적으로 보여주고 있다. 환웅과 해모수는 하늘에서 지상으로 내려온 초인간적인 존재이면서 또한 인간적인 존재이다.

부여는 철기 문화를 일찍이 받아들여 문화를 번성하였는데 이는 청동기 문화의 기반 위에 성장하였다는 것이다. 부여는 건국한 것을 보면 만주 평야를 중심으로 목축업이 발달하기 좋은 환경이다. 다시 말하면 반농반목(半農半牧)이라 할 수 있다. 따라서 인구가 많고 생산 물자들이 풍부하여 교역이 풍부하였다. 따라서 일찍이 국가의 체계가 정비되어 안정된 기반이 있었다. 따라서 고구려에 망할 때까지 거의 1,000여 년의 역사를 가질 수 있었고 영토는 아무르강 유역과 백두산, 요하(遼河)의 상류까지 동해안으로는 연해주까지 영향력을 미칠 수 있는 광대한 국가였다.

부여는 왕 아래로는 마가(馬加), 우가(牛加), 저가(猪加, 돼지), 구가(狗加)라는 대가(大加)들이 연합하여 정치를 공유하고 국정을 운영하였다. 대가들은 사출도(四出道)라는 독자적인 영역을 가지고 있었다(이병도, 1975). 사출도(四出道)는 부여의 지방 자치 조직이다. 『삼국지, 위지』는 부여의 지배층은 왕과 가축의 이름을 붙인 마가(馬加), 우가(牛加), 저가(猪加), 구가(狗加)와 그 외의 관직이 있으며, 여러 가(加)는 따로 사출도를 관할하였는데 큰 것이 수천 호에 달하며, 작은 것이 수백 호라고 기록하였다. 부여의 정치는 5 부족과 사출도이다.

'가'(加)는 한(韓), 간(干), 감(邯), 가한(可汗), 한(汗, Kan)과 같이 만주 및 몽골 계열의 언어에서 나타나는 귀인, 대인을 나타내는 칭호로 부족장을 의미한다. 이러한 '가'에 가축의 이름이 부여된 것은 고유한 특색으로, 목축경제 사회에서의 가축 자본에 따른 족장의 칭호가 그대로 계급 분화에 잔존(殘存)한 것이라고 보인다. 여기에 왕을 포함하여 5 부족 체제(部族體制)로 국정을 운영하였고 왕이 국정을 잘못 이끌었을 때 대가들의 회의에서 왕을 축출(逐出)할 힘을 가지게 되었다.

또한, 부여에서는 고조선의 『팔조법금』처럼 강력한 법을 시행하였는데 이것이 『1책(責) 12법(法)』이다. 이 법은 남의 물건을 훔쳤을 때 물건값의 12배를 배상하도록 한 것이다. 『삼국지, 위서, 동이전』에서 부여의 형벌이 매우 엄격하였다고 평하며, 4조목(條目)의 법에 대한 기록을 전하는데 그중 하나가 "도둑질하였을 때 12배를 갚아야 한다(竊盜一責十二)." 라는 것이다. 이를 통해 당시 부여에 사유재산제가 존재했음을 알 수 있으며, 고조선의 팔조법금과 유사한 응보주의 원리 역시 확인할 수 있다.

이러한 법으로 볼 때 고구려와 백제에 영향을 미쳤다고 볼 수 있다. 고구려에도 유사한 법률이 있었다. 『신당서, 동이열전』에는 "(고구려에서) 도둑질한 자는 10배로 갚아야 한다 (盜者十倍取償)."라고 전하고 있으며, 같은 기록이 『주서』, 『수서』, 『북사(北史)』 등의 고구려 전에도 전한다. 『구당서, 고구려전』에는 10배 대신 12배로 기록되어 있다.

한편 고구려와 함께 부여계 국가인 백제의 경우 『주서』와 『북사』에 "도둑질을 한 자는 귀양보내고 그 2배 징수(徵收)를 한다"고 하였으며, 『삼국사기』에는 "관리로서 뇌물을 받거나 도둑질을 하면 3배를 배상"하도록 한 기록이 있는데, 이는 『1책 12법』은 아니지만, 마찬가지로 절도에 대한 응보의 원리를 보여준다는 점에서 부여의 영향이 확인된다.

또한, 부여는 4가지를 금하는 법이 있는데 이를 설명하면은 살인자는 사형에 처하고 그 가족을 노비로 삼는다. 그리고 절도자(竊盜者)는 12배를 배상한다. 간음자(姦淫者)는 사형에 처한다. 부녀의 투기를 사형에 처하되 그 시체를 남쪽 산에 버려서 썩게 한다. 단, 사체를 가져가려면 우마를 바쳐야 한다. 이러한 것으로 볼 때 부여도 마찬가지로 인간(생명) 존중 사상, 사유재산의 보호, 연좌법의 적용, 가부장적 가족제도의 확립을 알 수 있다.

또한, 그들의 풍습으로는 수렵사회의 전통을 보여주는 제천행사인 영고(迎鼓)가 12월에 있었으며 왕이 죽으면 많은 사람을 껴묻거리와 함께 묻는 순장의 풍습이 있었다. 이 외에도 혼인 풍습으로 형사취수(兄死娶嫂. 형이 사망했을 경우 남동생이 형수를 취하는 풍습)를 하여 재산축소 방지와 노동력을 확보하였고 점성술이 있었다. 형사취수는 질투하는 여자는 사형에 처하고 시체를 친정에 가져가려면은 소와 말을 주어야 하며 형이 죽으면 동생이 형수를 아내로 맞는다는 것을 말한다. 또한 순장제도(殉葬制度)와 영고(迎鼓)에 대하여 한영우(1)는 다음과 같이 서술하였다.

> 부여에는 순장제도가 있어서 주인이 죽으면 노비들이 함께 매장되었으며, 매년 12월에는 전 국민이 모여 하늘에 제사를 지내고, 술과 음식을 나누어 먹으면서 노래와 춤을 즐겼다. 이 행사에서는 국가의 중요한 문제들을 토의했으며, 소를 죽여 그 굽으로 길흉을 점치기도 했는데 이를 '영고(迎鼓)'라고 한다. 순수 우리말로는 '맞이 굿'으로 부모인 하느님에게 감사를 드리고 국가의 안녕을 비는 무속적 제천행사라고 볼 수 있다.

부여는 285년 선비족의 침략으로 부여 수도가 함락되었으며 왕은 자결하였고 일부 지배층은 두만강으로 피신했다. 이로부터 3~4세기에 북방 민족의 잦은 침략을 받은 까닭으로 선비족은 아사달족의 일파(一派)이지만 선비족 모용씨(慕容氏)는 부여가 고구려의 압박을 막기 위해 한, 위, 진 등과 우호 관계를 맺음에 따라 갈등을 빚어오던 중 고구려와 선비족의 협공으로 결국은 패망하였고 동부여는 410년에 광개토대왕에게 투항했다. 여기서 중요한 점은 삼국시대의 고구려와 백제의 왕실은 부여의 뿌리에 두고 있다는 것이다.

6. 한반도의 남부에 자리 잡은 진국(辰國)과 삼한(三韓)

진국의 위치는 고조선의 남쪽 지방에 위치하였다. 위만조선 말기에 한반도 중남부 지역에 진국이 있었다고 전해지고는 있으나 기록이 전해지지 않아서 역사는 잘 알 수 없다. 진(辰)은 삼한 각 부족 연맹체가 발생하기 이전에 한반도 남부에 위치하던 국가 혹은 국가 연맹체다.

기원전 4세기경에서 기원전 107년 무렵 청동기 및 초기 철기문화를 바탕으로 한반도 중남부, 특히 충청남도와 전라북도 지역을 중심으로 존재한 것으로 여겨진다. 기원전 4세기에서 3세기경부터 다수의 유이민(流移民)과 철기가 한강 이남(以南)으로 전파되면서 남한의 원시사회가 붕괴가 되고 새로운 정치적 사회가 성립되었는데, 이를 진(辰)이라 한다.

위만조선이 대동강 유역에 웅거할 때 진국은 금속문화의 수용을 위하여 한나라(漢)와 통교하고자 하였으나 실패하였다. 고조선과 공존하였고 이후 진한(辰韓), 변한, 마한의 삼한으로 정립되었다. 제정일치 사회로서 세형동검(細形銅劍) 문화를 바탕으로 성립한 농경사회로 추정된다. 다만, 기록이 매우 적어서 이것이 특정한 한 국가를 가리키는지 혹은 인접한 여러 소국이나 정치집단을 통틀어 말하는지는 뚜렷하지 않다. 실제로 미시나 쇼에이는 진국을 어떤 하나의 뚜렷한 실체가 있는 국가가 아닌 관념의 영역으로 보았다. 이후 이병도는 부족 연맹체로 보기도 하였다.

그러나 한영우는 『다시 찾은 우리 역사』에서 진국을 마한이라고 설명하였다.

한강 이북은 아사달족이 청동기 문화와 철기 문화를 바탕으로 여러 국가 즉, 부여, 고구려, 옥저, 동예 등의 부족 국가와 고대 왕국을 건국하고 있을 때 한강 이남에서도 정치적인 통합운동이 격렬하게 전개되었다. 고조선의 사회가 격변이 일어나고 있을 때 일부 유민들이 남하(南下)하면서 철기 문화가 유입되어 교역이 늘어나게 되고 유민들과 토착민들이 세력을 융합하면서 새로운 정치집단으로 발전하게 되었다.

이 지역은 일찍이 철제농기구를 사용함으로써 농업이 발달하여 작은 소국들이 정치세력으로 성장하고 있었다. 이 지역의 토착민들을 한족(韓族)으로 불렀는데 '한'은 '칸(Khan)'과 동일어로 아사달족 가운데 농경문화를 가진 일파가 내려와서 정착했다. 그 근거로는 중국 동북지역에서 성행하고 있던 유적들인 고인돌, 비파형 동검과 마제석검 등을 기원전

8세기경에 이미 사용하였고 4세기 이후에는 세형동검을 사용하고 있었다는 것이다. 여기서 칸이라는 용어는 칸(몽골어: ᠬᠠᠨ, Qan, 터키어: khān) 또는 한(만주어: ᡥᠠᠨ, Han, 페르시아어: خان Khān, 汗)은 몽골족과 투르크족, 만주족, 티베트족에서 왕(王)이라는 뜻으로 쓰이는 칭호다.

마제석검은 전북 익산지역에서 고도(古都)의 역사적 가치를 규명할 수 있는 유물이 출토되고 있어 학술·문화계의 관심이 높아지고 있다. 특히 청동기시대를 비롯한 석기시대 유물과 원삼국시대 사용된 것으로 보이는 유물이 다수 발견돼, 고도 익산의 정체성 확립 자료로 활용될 수 있어 귀추가 주목된다. 청동기시대라는 명칭으로만 보면 마제석검은 석기시대 것으로 오해하기 쉬우나 청동기시대의 생활용품은 주로 신석기시대 것을 그대로 사용하고 청동 제품은 의식이나 장식용품 등으로 한정되어서 사용되었다.

철기시대까지 사용된 흔적이 있으나 철의 사용이 광범위해지면서 자연스럽게 사라진 것으로 보인다. 제작 과정은 오르도스 동검 모방설과 중국식 동검 모방설, 비파형 동검 모방설이 있으나 마제석검은 러시아 연해주·일본 규슈(九州)지역과 한반도에서만 출토되고 그중 한반도 것들이 가장 발달한 것으로 보아 한반도 자체에서 만들어지고 발전해 나간 것으로 사료가 된다. 마제석검은 세련되고 간 돌칼로서 전쟁용과 생활용품으로 사용되었다.

이러한 문화를 가지고 소규모의 부족연맹 국가들이 설립되었는데 기원전 2세기경 기자조선(箕子朝鮮)이 멸망하여 지금의 전라도 지방, 위만조선(衛滿朝鮮)이 망하자, 경상도로 내려오고 한사군이 세워지면서 한나라 문화까지 유입되면서 더욱 가속화되었다.

삼한이란 위의 한족들이 남하하여 세운 국가 중에서 가장 세력이 큰 세 권역을 가진 국가들을 말한다. 구체적으로 나열하면 경기, 충청, 전라도 지역의 '마한', 경상북도 지역의 '진한', 경상남도 지역의 '변한'을 삼한이라고 칭한다는 것이다. 이 국가들은 통합된 국가들이 아니라 부족연맹 집단이라 보면 될 것이다.

각자 소국들의 크기는 지금의 시, 군 한두 개, 커봐야 몇 개 정도 묶어놓은 수준에 불과한 경우가 대부분이었고 제대로 된 국가라기보다는 성읍국가나 지역들의 연맹체에 가까운 형태였다고 보는 시각이 일반적이다. 연맹은 거대 국가인 중국이나 한반도 북부 지역과의 교류에 있어 그런 형식을 취했다는 것이지 내부의 국가들끼리는 서로 싸우기도 했다. 포상팔국의 난이 대표적. 따라서 원삼국시대의 삼한이 생겨난 시기는 한국사 판 춘추

시대라고도 볼 수 있으며, 고대사를 연구하는 사람들에게는 여전히 명확하지 않은 부분이 많은 미지(未知)의 나라이다.

『사서』에 따르면 진국(辰國)에서 마한, 진한, 변한으로 나누어졌다고 하지만 진국이라는 실체는 불분명한 측면이 많아 잘 인정되지 않으며, 마한과 진한, 변한의 각 나라는 독립적으로 발생한 것으로 보였다. 백제의 온조가 남하했을 당시에도 긴 시간 동안 마한은 독자적인 세력을 유지하였다고 보고 있고(적어도 6세기 중반까지는 전남 서남부 일대를 중심으로 하는 세력 존재), 수혈식 고분과 석곽 등을 볼 땐 마한, 변한, 진한은 상대적으로는 고구려와 백제에 비교하면 서로 비슷한 양식과 문화를 가진 것으로 추측된다. 특히 진한과 변한은 서로 거의 비슷한 문화 양식을 보인 것으로 알려져 명확한 구분도 불가능하다.

대체적으로는 마한이 백제의 남하로 인해 백제국에 병합되고, 변한은 후에 가야로, 진한은 후에 신라로 발전했다고 보고 있다. 다만 이렇게 말하면 마치 금세 일어난 일 같지만, 이들은 실제로 백제와 신라의 건국 이후에도 오랜 기간 그 세력이 남아 있었다.

삼한 중에서 가장 세력이 강한 마한(馬韓)은 50여 개의 부족 국가로 이루어진 국가로서 당시에 목지국이 인천에서 아산만을 잇는 서해안을 장악하고 있었기 때문에, 평야가 많고 수로 교통이 편해 농업생산력이 상대적으로 매우 높았다. 이러한 시기에 철기 문화를 앞세워 기자조선의 준왕이 남하하여 전라도 익산지방에다 목지국을 아우르면서 세력을 키워나갔다. 이들은 무역을 한나라와 직접교역을 하면서 성장하였으나 후에 백제에 통합되었다.

진한(辰韓)은 경상북도 지역에서 터를 잡았는데 이들은 위만조선의 유민들이 내려와 경주에서 터를 잡았다. 이들로부터 철기 문화를 수용한 진한 토착민들은 위만조선 시절에 2천여 호를 이끌고 남하한 조선상(朝鮮相) 역계경(歷谿卿, ?~?)이 진한으로 온 뒤 나중에 지배층들이 내려왔다. 지도상으로 볼 때 그들은 마한 세력에 밀려 내륙의 낙동강을 따라 남하하였다고 볼 수 있다. 진한이라는 명칭은 『삼국사기』에 진한은 조선의 유민이라고 쓰여져 있어서 이를 대변해 준다. 이 지역은 신라에 병합되었다.

경상남도 해안가에 터를 잡은 변한(弁韓, 고깔 변)도 마찬가지로 요서 지방의 아사달족이 내려와 정착하였다. 정약용은 이들이 고깔처럼 생긴 모자를 쓰고 있어서 변한이라 불렀으며 김해 일대에는 철 생산이 풍부하고 바다 교통이 편리하여 일본의 규슈지방과 무역을 통해 세력을 키워나갔으나 후에 가야와 병합하였다.

삼한은 철기 문화를 받아들여 철제농기구를 사용하였고 저수지를 축조하여 벼농사를 지었으며 뽕나무를 키워 누에를 치는 양잠을 하기도 하였다. 또 변한에서는 철이 많이 생산되어 철을 수출하기도 하였다고 한다. 농업과 양잠, 길쌈 등은 삼한을 통하여 널리 행하여졌다. 특히 평야가 많은 삼한 지역에는 벼농사가 일찍부터 행하여졌고, 수리시설인 저수지도 많이 만들었던 것 같다. 김제(金堤)의 벽골제(碧骨堤), 밀양의 수산제(守山堤), 제천(堤川)의 의림지(義林池) 등은 이 시기의 저수지이다.

삼한의 사람들은 반 움집이나 귀틀집을 지어 살았으며 씨족사회의 전통이 남아 두레를 통한 공동노동을 했다. 예속(禮俗)이나 기강은 엄하지 않았고, 복식과 주거 양식에서는 지배층과 씨족원(氏族原) 사이에 차이가 있었다. 장사에는 관(棺)만을 사용하였고, 특히 변한에서는 큰 새의 날개를 함께 부장했다. 무덤 양식은 돌덧널무덤(석곽묘), 독무덤, 널무덤, 주구묘 등이 만들어졌으며 제천행사로 5월에 수릿날과 10월에 계절제를 가지기도 하였다.

정치체계는 삼한은 세력이 큰 군장들인 신지(臣智), 견지(遣支), 험측(險側), 번예(樊濊), 살해(殺奚) 등의 군장들과 세력이 작은 부례(不例), 읍차(邑借) 등의 군장들이 통치했고 족장들은 흙이나 나무로 성이나 책(柵)을 쌓고, 그 안에 읍을 만들어 거주하였다. 신지(臣智), 견지(遣支), 험측(險側), 번예(樊濊), 살해(殺奚) 등의 군장들과 세력이 작은 부례(不例), 읍차(邑借) 등은 우두머리라는 토착어라 볼 수 있다.

군장(君長, 원시 부족의 우두머리)과 별개로 제사장(祭司長) 천군(天君)이 존재하여 종교 지역인 소도(蘇塗, 솟대)에서 의례를 주관하는 제정 분리 사회였다. 이들은 가늘고 긴 모양의 세형동검과 가느다란 줄무늬가 새겨진 세문동경(細紋銅鏡)을 차고 다니면서 권력을 과시하기도 했다. 삼한에는 노예제가 있었던 것으로 추정이 된다. 소도(蘇塗, 삼한 시대에 천신에게 제사를 지내는 성역)는 일종의 성지이며 매년 한두 번씩 한 동네마다 제사장을 선발해서 제사를 올릴 장소를 선정하는데, 이 장소가 소도라고 한다. 이 소도는 성역(신성한 지역)이었기 때문에 당시 공권력의 힘이 미치지 못했으므로 범죄자들이 도피하기 딱 좋았는데 범죄자들이 피해 살다 보니 오히려 범죄가 성행했다는 병폐(?)도 생겼다.

그 외에도 고조선의 제정일치 사회에서 제정 분리 사회로 넘어간 사례로 보기도 한다. 성역에 공권력이 미치지 못한다는 것은 반대로 말하면 공권력 자가 종교를, 종교권력자가 정권을 잡지 못했다는 말이 되기 때문이다. 이러한 말의 근거는 만일 공권력 자가 종교 지도자를 겸하는 제정일치 사회라면 당연히 성역인 소도에서 범죄자를 끌어낼 수 있고 처벌할 수 있다. 실제 소도에 사람이든 범죄자이든 받아들이는 것도 쫓아내는 것도 종교 지도자의 권한이었고 공권력 자가 종교 지도자가 되면 당연히 공권력을 투입할 것이기 때문이다.

유럽에도 비슷한 풍습이 있었다. 고대 그리스에서는 죄수라도 신전에 들어가면 함부로 끌어내지 못했는데, 이 당시 정적에게 쫓긴 정치인이 신전으로 도망가서 나올 생각을 안 하자 성질이 난 상대측이 신전의 창문과 출입문을 막아버렸다. 결국은 도망을 친 정치인은 신전 안에서 굶어 죽었다고 한다.

중세 도시의 교회나 묘지에도 비슷한 풍습이 있었다. 교회 입구에 쇠고리가 달려 있었는데, 이걸 잡고 있으면 도둑놈이라도 체포하지 못했고 또 묘지 역시 신성하게 여겼기 때문에 함부로 들어가지 못해서 도적들의 은신처가 되곤 했다.

7. 동해안 지역에 자리 잡은 옥저, 동예

부여가 북쪽에서 국가를 형성하여 번성하고 있을 무렵 한반도 동해안 쪽에는 부여족의 한 갈래인 옥저, 동예, 맥국이 지금의 함경도와 강릉, 춘천 일대에 삼한과 마찬가지로 부족 연맹체 국가를 세웠다.

옥저(沃沮, 기원전 3세기~3세기)는 함경남도 영흥 이북에서 두만강 유역 일대에 걸쳐 있었던 종족과 읍락 집단을 가리킨다. 옥저는 총 5천 호를 거느리면서 조선에 복속되어 있었으나 그 뒤 임둔군에 소속되어 폐지되자 낙랑군에 속했다가 기원후 1~2세기까지 고구려가 강성하여지자 고구려에 복속하여 소금, 어물, 맥포(貊布) 등을 조공하였다.

옥저는 토지가 비옥하여 오곡을 생산하였고, 어물과 소금 등의 해산물이 풍부했는데, 고구려와 같이 부여족의 한 갈래였으나 풍속이 달랐다. 옥저의 족장들은 후(侯), 읍군(邑君), 삼로(三老) 등으로 불렸으며, 신랑과 신부가 어린 나이에 약혼하고 신부가 신랑 집에서 살다가 어른이 되면 예물을 주고 신부를 데려오는 민며느리제가 있었다. 가족이 죽으면 시체를 풀이나 흙으로 가매장(假埋葬)한 후에, 나중에 그 뼈를 추려서 가족 공동묘인 커다란 목곽에 안치하는 세골장(洗骨葬)도 있었다. 그 입구에는 쌀을 담은 항아리를 매달아 죽은 자의 양식으로 하였다. 고구려의 후방 기지 역할을 한 옥저는 조위의 고구려 정벌의 여파로 동천왕 때 침략을 받기도 하였다.

옥저는 동옥저로도 불렸고, 다시 남옥저와 북옥저로 구분되었다는 주장이 일반적이다. 남옥저는 함흥 일대에 있었고, 남으로는 영흥 부근에서 동예와 경계를 이루었으며, 북옥저는 길림 연변에서 두만강까지였다는 다양한 주장이 있다. 『삼국지, 위서, 동이전』에 의하면, 옥저와 주변국에 대한 위치 설명은 다음과 같다.

> 동옥저는 고구려 개마대 산의 동쪽으로 큰 바다(大海)를 접하였다. 그 지형은 동북은 좁고, 서남은 길어서 천 리나 된다. 북쪽에는 부여와 읍루, 남쪽에는 예맥에 접하였다(東沃沮在高句麗蓋馬大山之東 濱大海而居 其地形東北狹 西南長 可千里 北與挹婁 夫餘 南與濊貊接).
> 고구려는 요동 동쪽 천 리에 있으며, 남으로 조선 예맥, 동으로 옥저, 북으로 부여와 접하였다(高句麗在遼東之東千里 南與朝鮮 濊貊 東與沃沮 北與夫餘接).
> 북옥저는 치구루(置溝婁)라고도 불린다. 남옥저에서 8백여 리의 거리에 있으며, 그 풍속은 남과 북이 같으며, 읍루와 접하였다(北沃沮一名置溝婁 去南沃沮八百餘里 其俗南北皆同 與挹婁接).
> 읍루는 부여 북동쪽 천여 리에 있으며, 큰 바다와 접하였다. 남쪽으로는 북옥저에 접하였고, 북쪽은 그 끝을 알지 못한다(挹婁在夫餘東北千餘里 濱大海 南與北沃沮接 未知其北所極).
> 예는 남으로 진, 북으로 고구려, 옥저와 접하였으며, 동쪽으로는 바다와 접하였다. 지금 조선의 동쪽이 모두 그 땅이다(濊南與辰韓 北與高句麗 沃沮接 東窮大海 今朝鮮之東皆其地也).

『후한서, 동이열전』의 옥저에 관한 내용은 『삼국지, 위서, 동이전』과 같거나 거의 비슷하다. 위의 사료로 볼 때 옥저는 주위의 많은 국가인 고구려, 부여, 동예, 진, 예맥 등과 경계를 이루고 있었다고 알려져 있다.

동예는 지금의 강원도 강릉지역인 동해안 해안가를 따라 부족 연맹체 국가를 세웠다. 그 수만 하여도 옥저의 4배나 큰 규모이었다. 예(濊) 또는 동예(東濊)는 기원전 3세기경부터 기원후 3세기경까지 오늘날의 함경남도 남부 원산 부근에서 강원도 강릉시, 경상북도 영덕군에 이르기까지 동해안 지역에 넓게 퍼져 있던 부족사회 집단이다. 강릉 이남으로

도 동해안을 따라, 가장 남쪽으로 포항시 신광면 마조리 지역에서 출토된 '진솔선예백장 (晋率善濊伯長)'인 유물로 미루어 보아 신라가 발원한 경주시에서 그리 멀지 않은 포항까지 일정 수의 예인이 진출해 있었다고 추정하기도 한다.

동예계 국가가 가장 마지막으로 등장하는 것은 함경남도 안변군 지역의 불내예국(不耐濊國) 이다. 관구검을 비롯한 조위의 침공으로 고구려의 복속에서 잠시 이탈되었기 때문이다. 불내예국은 245년 낙랑태수 유무(劉茂)와 대방 태수 궁준(弓遵)의 침입을 받고 다시 중국 군현의 영향권 내에 들어가서 '불예내후'의 작위를 받고 조공을 바쳤다. 247년에는 잠깐 '불예내왕'의 작위를 받았다. 이후로는 기록이 적어 이후 4세기까지 고구려에 도로 복속된 것으로 보인다. 「광개토왕비문(廣開土王碑文)」에는 당시 고구려가 정복했던 일부 동예지역 의 명칭이 기록되어 있다. 동예의 영역이 울진, 영덕, 포항 등에 미쳤던 만큼 일부는 신라 에도 병합되었다.

동예의 특징은 고구려와 비슷한 혼인, 장례풍습과 언어를 가지고 있었으나 고구려와는 다른 복식(服飾)을 하였고 그들은 스스로 고구려 민족이라 하였다는 것이다. 〈삼국지, 위 지, 동이전〉에 따르면 부여계의 고구려인들이 남하하여 생성된 부족연맹국가이다. 산과 내를 경계로 구역을 구분하였고 이 구역을 위반하였을 때 책화(責禍)라는 처벌을 받았으며 같은 성씨끼리는 절대 혼인할 수 없는 엄격한 족외혼의 풍습을 가지고 있었다는 것이다. 동예의 책화는 일종의 사유재산 보호를 위한 벌칙이 있었는데, 씨족 간의 경계를 침범하 여 수렵, 어로, 경작(耕作)을 할 경우에는 침범자 측에서 소, 말, 노예로 변상하는 것이다. 이러한 풍속은 지역주민의 생활 안정과 재산 보호를 위해 존재한 것으로 사유재산, 지역 분화 등 당시 사회상의 한 모습을 보여주는 예라고 할 수 있다. 동예의 풍습은 고구려와 비슷하나 명주와 삼베를 짜는 방적 기술이 발달하였고 특산물에는 바다표범 가죽인 반어 피, 과일나무 밑을 지날 수 있는 말이라는 뜻의 과하마(果下馬) 그리고 단궁, 활 등이 있다.

『삼국지, 동이전』의 기사가 특히 주목되는 것은 그것이 한국의 호신숭배(虎神崇拜)를 전 하는 최초 것으로서, 한국에서 호신(虎神) 숭배의 연원이 그만큼 오래되었음을 보여주는 것이기 때문이다. 한국인의 호신 숭배 전통은 오늘날의 민속종교에까지 이어져 오고 있는 데, 호랑이의 순우리말인 '범'이란 말 차제가 신을 뜻하기도 한다. 또 한국 민담에서 호랑 이는 존엄하게 그려지는가 하면 무서운 존재로 묘사되고 있는데, 거룩한 것은 존경의 대상이 되기 때문이다.

10월에는 무천(舞天, 농사를 마치고 시월에 지내는 제사)이라는 제사를 지내는 제천행사가 있었는데 부여의 영고, 고구려의 동맹과 같은 무속적인 성격이었다. 무은 예(濊)에서 농사를 마치고 음력 시월에 행하던 제천 의식으로 하늘에 제사를 지내고 밤낮으로 술을 마시며 춤, 노래 따위를 즐겼다. 이를 정확하게 사전적으로 해석한다면 무천(舞天)은 '하늘을 향하여 춤을 춘다'라는 말이다.

더 자세하게 살펴보면, 동해안에 해안을 끼고 위치한 까닭에 해산물이 풍부하며, 그 외에도 단궁(박달나무로 만든 활), 과하마(키 작은 조랑말), 반어피(물범 가죽) 등이 특산물이다. 그리고 산악 지형이 대부분인데도 불구하고 토지가 비옥하여 농경이 발달했다고 한다. 씨족사회의 관습이 엄격히 남아 남의 마을을 침범하면 재물로서 보상하는 책화, 같은 부족 사람끼리는 혼인하지 않는 족외혼의 풍습이 남아 있었다. 민족은 예족 또는 예맥족으로, 역사서에는 그냥 '예'라고만 나와 있다.

『삼국사기(三國史記)』 '원삼국시대' 관련 기록에서 강원도 지방에 말갈이 자주 출몰하는 것으로 미루어 보아 말갈족도 있는 다민족 국가였을 가능성도 있다. 그냥 '예'였던 나라 이름을 민족 이름과 구별하기 위해 현대의 역사가들이 '동' 자를 붙였고, 그게 국사 교육에 까지 그대로 적용되었다. 『위키백과』에서는 동예와 예가 구분되어 나온다(예를 들면, 강원도 북부는 '동예'로 표기되고, 강원도 남부는 '예'로 표기). 사실 예(동예)도 지역별로 여러 부족이 연맹이 된 사회이다 보니 여러 부족으로 나누어졌다. 다만 동옥저, 남옥저, 북옥저로 구분되었던 옥저와는 달리 예인의 경우 여러 부족으로 나누어지되 나누어진 지역마다 동예 등의 명칭으로써 불렸는지 확실하지 않은 데다가(우선 옛 사료 기록에 따르면 '東濊'라는 언급이 없고, 오늘날 부르는 명칭인 동예로 간략하게 구분하여 표기한 정도에 가깝다), 서예나 북예, 남예는 없었다. 물론 이것과는 별도로 압록강 중상류, 두만강 상류 등 한반도 북부 내륙 일대에 수많은 예족도 있었다.

『후한서』와 『삼국지, 위지 동이전』에 의하면 동예인들은 옥저와 같이 보병전을 잘하며 3장 길이의 긴 창을 여럿이서 들고 싸웠다고 한다. 동양의 길이 단위에서 1장은 10척이고, 한국의 삼국시대에 보통 척은 1척이 23cm인 후한의 척(尺)의 사용으로 3장이라고 하면 약 6.9미터가 된다. 이 정도 길이면 굉장히 긴 길이인데, 장창으로 유명한 고대 그리스의 마케도니아 군사들이 사용했던 '사리사'나 중세 유럽의 스페인 테르시오나 스위스 용병대가 사용했던 파이크 및 전국시대 일본 보병인 '아시가루'들이 사용했던 '야리'보다도 더 길이가 길다. 헌데 보통 장창은 한 명이 들게 마련인데, 그걸 여럿이서 들었다는 구절을 놓고 어떻게 해석해야 할지 의견이 분분하다. 일설에 의하면 창이 너무 길고 무거워서 혼자서는 들기 어려워서 두 명 이상이 들었다고 해석하기도 한다. 또한, 신라와 백제를 침공한 말갈족의 정체가 동예가 가장 유력하다는 점, 훗날 고구려가 동예인 병사 6,000명을 동원하는 등 상당히 군사력이 강했던 듯하다.

자랑스러운 우리의 역사

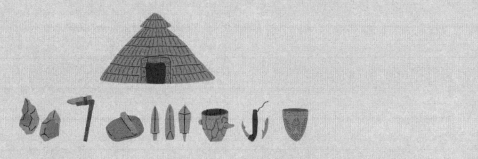

제2장

고조선 멸망 이후
삼국시대의 도래와 발전

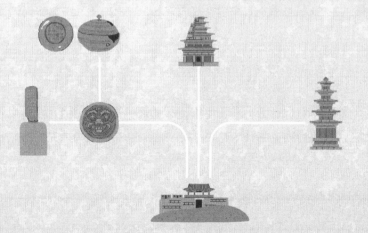

자랑스러운 우리의 역사

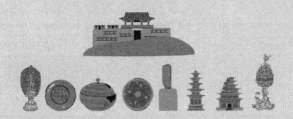

제2장

고조선 멸망 이후
삼국시대의 도래와 발전

1. 삼국의 건국

기원전 108년 고조선이 멸망하고 난 뒤 한반도는 새로운 국가의 설립이 대두되었는데 이것이 바로 백제, 고구려, 신라의 등장이다. 삼국의 건국과 탄생의 요지는 다음의 도표로 정리할 수 있다.

	신라	고구려	백제
건국시기	기원전 57년	기원전 37년	기원전 18년
시조	박혁거세	주몽 또는 동명성왕	온조 또는 비류
시조의 탄생	천강과 난생에 의해 탄생	천제의 아들 해모수와 수신 하백의 딸 유화 사이에서 탄생, 즉 천강과 난생에 의해 등장	온조와 비류의 아버지는 주몽이라고도 하며 또한 우태라고도 함
도읍지	경주	졸본천	하남위례성

당시의 백제, 고구려, 신라의 건국 시기는 기원전 18년, 기원전 37년, 기원전 57년으로 기록되어 오고 있는데 특이한 점은 백제와 고구려는 같은 뿌리라는 것이다. 또한, 신라를 제외하고 백제와 고구려의 도읍지는 명확하지 않다는 것이 일반적인 학계의 의견이다.

2. 백제의 건국과 주변국과의 관계

　백제는 기원전 18년에 건국되었으며 그의 시조는 고구려의 주몽이라 전해져 오고 있다. 주몽의 아들 온조와 비류는 좀 더 비옥한 영토를 찾아 남하하였다고 전해져 오는데 여전히 도읍지가 어디인지는 정설로 남아 있지 않다. 그러나 일부 학자들 사이에서는 하남 위례성(慰禮城)이 좀 더 설득력이 있을 것이다. 왜냐하면 2022년 잠실진주아파트 부지에서 한성백제와 6세기 신라 유적이 발견되었다. 이 곳이 위례성으로 유력하게 꼽히는 몽촌토성, 풍납토성 근처라는 점에서 위례성과 관련된 유적일 가능성이 크고, 한편 한강 유역을 차지한 신라도 구 위례성을 계속 활용했다는 추가적 증거가 되었다(진동영 기자, "하반기 분양 앞둔 잠실 진주서 '문화제 발견' (…) 분양 밀리나", 서울경제, 2022. 02.18).

　백제는 마한의 소국 가운데 하나로부터 시작되었다. 백제는 부여, 고구려 계통의 유이민이 주도하여 한강 유역에 세운 국가였다.

　백제에도 건국 설화가 전해져오고 있다. 『삼국사기』에 실려있는 건국 과정에 대하여 요약하여 보면 다음과 같다. 백제는 앞서 알아본 신라와 고구려보다 늦은 기원전 18년에 온조왕이 건국하였다. 백제의 건국 설화는 『삼국사기』의 온조 설화, 『삼국사기』의 비류 설화, 그리고 중국의 역사서인 『수서』와 『북사』의 구태 설화 3가지가 널리 알려져 있는데, 백제의 건국 설화는 신라나 고구려의 건국 신화와는 달리 신비스럽거나 이상한 부분이 거의 없이 사실적으로 설명되는 것이 특징이다.

　『삼국사기』에 실린 온조 설화에는

> 고구려의 시조 주몽의 아들 비류와 온조가 태자가 되지 못하자 신하와 함께 남쪽으로 갔고 비류는 바닷가가 좋다고 하여 미추홀에서 온조는 강남 쪽의 위례성에 도읍을 정하고 나라 이름을 십제(十濟)라 하였다. 비류가 죽은 후 그의 신하들이 위례로 돌아오고 백성이 즐거이 따라 왔다 하여 국호를 백제로 바꾸었다고 한다.

『삼국사기』의 비류 설화에는

> 백제의 시조는 비류왕이며 북부여 왕 해부루의 서손 우태가 아버지이며 어머니는 졸본 사람 연타발의 딸 소서노이다. 주몽이 졸본에 이르러 고구려를 건국하고 소서노에게 장가들어 왕비로 삼고 비류와 온조를 친아들처럼 대하다 부여에 있을 때 예씨에게 낳은 아들인 유리가 오자 그를 태자로 삼고 왕위를 잇자 비류와 온조가 무리를 이끌고 미추홀로 내려와 살았다고 한다.

이 두 가지의 설화로 본다면 온조 설화에서는 온조가 주몽의 친자이며 백제는 고구려에서 파생된 나라로 보고 있고 비류 설화에서는 온조는 주몽의 친자가 아니며 백제는 부여에서 파생한 나라로 고구려와는 혈통과 문화 기반이 통하고 있다는 것이다. 백제는 '100개의 집안이 바다를 건너와 세운 나라', '100개의 나루터를 가진 나라', '백성들이 즐겁게 따랐다'라는 의미에서 백제라고 불렀다고도 한다. 백제라는 이름은, '해 뜨는 밝은 땅'이라는 의미가 있다.

백제의 건국 실화는 주몽의 둘째 부인 소서노(召西奴, ?~?)가 두 아들 비류(沸流, ?~?)와 온조(溫祚, ?~?)를 데리고 한강 유역으로 남하하여 비류는 미추홀(彌鄒忽)인 지금의 인천 부근으로, 온조는 하남(河南) 위례성(慰禮城)에 백제국을 세웠다는 내용이다. 원래 이 지역에는 백제국이라는 마한의 소국이 존재하여 새롭게 나라 명을 바꾸지는 않았다는 것이다. 그러나 미추홀에 정착한 형 비류에 대해서는 김성호의 『비류백제와 일본의 국가 기원(지문사, 1982)』에서 다음과 같이 전하고 있다.

> 비류가 터를 잡은 곳은, 지금의 인천지역과 아산만 일대를 연결하는 해안지역으로 보이는데 이 지역은 옛날 목지국과 일치한다. 기록에는 비류가 온조의 강성함을 보고 부끄럽게 생각하여 죽었다고 하는데, 일설에는 죽은 것이 아니라, 한동안 이곳 지역에 해상왕국을 건설했다가 온조에게 주도권을 빼앗기자 일본으로 건너가 야마토(大和國)을 건설했다는 학설도 있다.

대화국이라는 일본의 국가인, 야마토국(일본어: 大和国 야마토노쿠니)은 기나이에 설치된 일본의 옛 구니로 지금의 나라현에 해당한다. 와슈(和州, わしゅう)라고도 한다. 그러나 우리가 관심이 있는 것은 백제 건국의 터가 어디이냐? 라는 문제이다. 일부 학자들은 온조가 자리를 잡은 위례성으로 보고 있다. 위례성에 대하여 한영우는 다음과 같이 설명하고 있다.

> 하남(河南)은 한강 남쪽을 가리키고 '위례성'은 고유명사가 아니라 '어른 성' 곧 '큰 성'을 가리킨다. 한강도 당시에는 '어른 하' 또는 '아리수'로 불렸는데, 이것도 '어른 강' 또는 '큰 강'을 가리킨다. '한강'은 '큰 강'을 훈역(訓譯)한 이름이다.

백제는 위례성을 수도로 하였으나 하남과 하북을 오르내리며 수도를 옮겼으며 이는 잦은 침입과 자연재해로 인한 것으로 충청도 직산(稷山)에도 위례성이 있다. 그 가운데 위례성은 서울 송파구에 위치한 풍납토성(風納土城), 몽촌토성(夢村土城), 남한산성(南漢山城), 하남시 이성산성(二城山城)이 있고 경기도 광주시(廣州市) 궁촌리(宮村里)에도 있다. 하북 위례성도 북한산성, 혜화동, 세검정, 아차산성 등이 거론되는데 그중에서도 풍납토성이 유력하다. 백제가 위례성을 많이 만든 것은 고구려의 침입을 막기 위한 전략이었다.

풍납토성은 기원전 1세기에서 기원후 3세기 사이에 지어진 서울특별시 송파구 풍납동에 있는 토성(土城)이다. 정식 명칭은 서울 풍납동 토성이며, 사적 제11호이다. 예전의 이름은 광주 풍납리 토성(廣州風納里土城)인데, 2011년에 지금의 이름으로 바뀌었다. 경기도 광주군 구천면 풍납리가 서울의 풍납동으로 바뀐 것이 1963년이니, 무려 48년간 이름과 실제가 다른 지명이었던 셈이다.

과거에는 한성백제의 도성이었던 위례성이라는 의견과 단순한 방어성이라는 의견이 서로 엇갈리면서 중요성과 보호에 머뭇거리는 점이 있었다. 현재는 백제의 수도인 '위례성'이라는 것이 정설이다. 발굴조사 성과를 보면 단순 방어성이라고 할 수 없을 정도의 어마어마한 유구와 유물이 확인되었다. 위치는 몽촌토성의 북쪽에 있다. 여기서 발견된 유적으로는 토성과 목책, 사당, 그릇, 동물 뼈, 우물, 문지(門址, 터) 등이 발견되었고 석촌동 일대에는 돌로 쌓은 피라미드 형식의 돌무덤이 남아 있는데 이로 보아 귀족의 무덤으로 추정된다.

미추홀의 비류 세력을 통합한 백제는 주변 지역을 통합하여 온조왕 때부터 이미 북쪽으로 예성강, 동으로는 춘천, 남으로는 공주, 서해안의 넓은 평야 지역으로 진출하였다. 그러나 건국 초기에는 북으로는 낙랑과 말갈의 침입, 남으로는 진국에게 조공을 바치는 등 고전하였으나 차례로 주변 지역을 통합하면서 고대국가로 정비되어 갔다. 이로써 백제가 차지한 지역은 기름진 옥토이며 해안이나 해상교역이 편리한 지역으로서 하천과 연결된 지역이었다. 따라서 많은 농경지를 확보하고 철이 풍부한 지역을 통합함으로써 경제력과 국방력을 제고하여 마한의 소국들을 정비하면서 강력한 고대국가로서 국가체제를 정비했다.

1) 백제의 국가체제 정비와 멸망

백제의 국가체제를 정비한 고이왕(古爾王, ?~286)에게는 이상한 사료가 발견된다. 바로 당시에 수명으로서는 너무나 오래 살았고 재위 기간이 길었다는 것이다. 백제 초기 왕들이 그렇듯『삼국사기, 상』에 기록된 생몰년(生沒年)은 정확성을 의심받는데 아버지 개루왕이 사망한 해인 166년에 태어났다고 쳐도 고이왕의 즉위는 234년으로 이때 고이왕의 나이는 68세이다. 어찌어찌 좀 오래 살아서 68세에 즉위했다 쳐도 고이왕의 재위 기간은 무려 52년이나 되기 때문에 이렇게 되면 사망한 286년에는 120세가 넘게 된다.

그는 당시에 백제를 자주 침입하였던 낙랑과 대방군을 밀어내고 한강 이북으로 영토를 넓혔으며 안으로는 국가를 정비하기 시작했다는 데서 후에 그는 백제의 시조로 추앙받기도 하였다. 그는 260년 봄 정월, 기존의 좌, 우보 체제를 개혁하여 6좌평 제도를 두고 관등을 16 품계로 나눠 정비했으며 관직의 위계에 따라 자색, 비색, 청색으로 다른 옷을 입게 하고 왕과 귀족에 대한 옷을 정하는 등 공복 제도를 정했는데 이는 왕권의 강화로 이어졌으며 백제가 부족 연맹체에서 고대국가로 발돋움하게 되는 계기가 된다.

또한 율령(형법과 행정법)을 반포하고 내정을 크게 정비했는데 고이왕 때 정비된 체계가 백제의 멸망 때까지 정확히 400년간 이어졌다. 백제는 율령 반포 시기에 대한 정확한 기록이 없지만『삼국사기』고이왕 29년(서기 262년)에 "관리로서 재물을 받거나 도둑질한 자는 장물의 3배를 징수하고 종신토록 금고(禁錮)하게 하라고 명령했다"라는 기록을 율령 반포의 근거로 보아 교과서에서는 고이왕 때 율령 반포를 했다고 가르치고 있다.

특히 그는 남당(南堂)에서 정사를 신하들과 논의하였는데, 남당이란 삼국시대에 부족 집회소가 발전하여 이루어진 중앙 관아이다. 초기에는 회의와 행정 사무를 집행하던 곳이 었으나 국가가 발전하여 행정 부문이 분리된 후로는 중대 회의가 열렸다. 일종의 고려 후기에 나오는 도당(都堂)의 역할과 비슷하다.

고이왕에 이어 4세기 중엽에 근초고왕(346~375)의 활약이 매우 컸다는 것이다. 이는 고이왕이 국가체제를 잘 정비하였기 때문이라 할 수 있다. 백제가 건국되어 가장 전성기를 맞이한 왕은 근초고왕의 시기라고 할 수 있다. 당시에 백제는 고구려와 한강 유역을 두고 치열한 영토 전쟁을 하고 있을 당시라 할 수 있다.

그는 대대적으로 영토확장에 나서 남으로는 마한을 멸망시키고(369) 전라도 해안과 가야 7국을 통합하는 데 성공하였다. 이 당시 가야 정복을 맡은 장군이 목라근자(木羅斤資, ?~?) 였는데 그 아들 목만치(木滿致, 403~475)가 일본으로 건너갔기 때문에 『일본서기』에서는 마치 왜국이 가야를 정복하여 임나일본부(任那日本府)를 세운 것처럼 쓰여진 것으로 보는 학설(김현구, 백제는 일본의 기원인가, 창작과 비평사, 2002)도 있다.

목라근자는 백제(百濟) 초기의 귀족(貴族)이자 관인(官人) 무신(武臣)이다. 일본측 자료인 『일본서기(日本書紀)』에만 등장하고 한국의 자료에서는 보이지 않는 인물이며, 근초고왕의 명으로 왜군과 함께 침미다례를 공격하는 임무를 맡아 수행하였다. 목씨(木氏, 목라, 木羅 氏) 에 대해 과거 마한 연맹체의 맹주였던 목지국(目支國)의 신지(臣智), 즉 진왕(辰王) 가문으로 고이왕 대에 백제 남부(南部) 핵심 세력으로 편입된 집안이었으며, 훗날 전라남도에 남동부의 세력을 평정하는데 임무를 목씨 집안의 목라근자가 맡는 기틀이 되었을 것으로 주장하였다. 목라근자의 활약에 대하여 『일본서기』에서 다음과 같이 적혀있다.

"신공 49년(서기 369년) 목라근자는 사사노궤와 함께 군사를 이끌고 나가 탁순국(창원)에서 모여 신라 군대를 격파하였다. 그리고 뒤이어서 비자벌(창녕), 남가라(김해), 탁국(영산), 안라(함안), 다라(합천), 탁순(창원), 가라(고령) 등의 7개국을 평정하고, 군사를 옮겨 서쪽으로 돌아서 고해진(古奚津 강진)에 이르러 남만 침미다례를 도륙하고 백제에게 주었다"

　이 기록에 대해서는 가야를 모두 군사적으로 평정하지는 않았다는 의견도 있다. 『일본서기』의 기록에 의문점이 있기도 해서, 백제가 신라와 가야를 군사력으로 격파했다기보다는 외교적으로 회유했다는 주장도 있다. 비슷한 시기 마한의 한 국가로 추정되는, 또는 포상 팔국(浦上八國)의 한 국가로도 추정되는 침미다례에 대해서는 '도륙'이라는 강경한 표현을 쓴 것과 달리 가야 7개국에 대해서는 '평정(平定)'했다고 표현했는데, 이는 단순히 손아귀에 넣었다는 정도 의미일 뿐 그들의 기반 자체를 완전히 해체하였다거나 지배 세력의 교체를 단행하는 등 극단적인 강경조치를 취한 것으로 풀이되지는 않고, 이후 전개되는 기록이나 고고학을 봐도 가야 세력의 기반은 거의 그대로 온존했으며 이후 오랫동안 연합 군사작전을 펼치는 등 우호 관계를 유지했다.

　여기서 침미다례는 원삼국시대에 마한에 속했던, 전남 서남해안 영산강 유역에 위치했던 소국 연합체다. 전남 해남 군곡리에 위치한 마한, 거수국, 신미국이 이 연합체의 소국이었고, 4세기 초 신미국의 세력이 크게 약화된 뒤로는 해남 신월리 집단과 영암 시종면 집단이 주도권을 행사했다. 이 일대는 기존 마한 연합 내에선 적어도 백제국 다음으로 실력이 만만찮아, 백제가 3세기 중후반 목지국을 타도한 후 마한의 맹주국을 자처할 때도 이를 인정하지 않고 중국 서진 제국에게 마한 신미제국을 자처할 정도 실력이 있었다.

　근초고왕 때 무력으로 복속된 후로는 별수 없이 백제국의 마한 영도국 위치를 인정하게 되지만, 그 이후에도 자치력은 잃지 않으면서 다른 마한 지역과는 달리 나름 만만찮은 세력을 유지하면서 백제를 진땀 빼게 했다. 이후 해당 지역은 동성왕-무령왕 시대에 백제의 직접 지배 지역으로 편재되었고 이후 백제가 갑자기 자력으로 황해도까지 치고 올라가는 저력을 보이는 것을 보면 해당 지역의 완전 흡수가 백제에 얼마나 큰 도움이 되었는지 알 수 있다. 이 지역은 훗날 후삼국시대에도 후백제와 태봉-고려 사이에서 주된 캐스팅보드를 쥐게 되기에, 해당 지역의 역사 전체를 여기서 다루고 있다.

　근초고왕은 비류왕의 두 번째 아들로서, 고구려의 고국원왕이 369년에 치양(雉壤)에 쳐들어 왔을 때, 이를 격파하고 5천여 명의 포로를 사로잡아 장사(將士)들에게 나누어주었다. 그리고 26년(371년) 겨울에 왕은 태자와 더불어 정병(精兵) 3만을 이끌고 고구려에 침략하여 평양성을 공격하였다. 이때 고구려의 고국원왕은 항전하다가 빗나간 화살에 맞아 죽었고, 전쟁을 승리로 이끈 왕은 군사를 이끌고 퇴각하였다.

4세기부터 한반도는 탐라, 가야, 고구려, 백제, 신라까지 다섯의 왕국이 자웅을 겨루고 있었다. 국경을 맞대고 있는 백제와 신라는 크고 작은 전투가 끊임없이 일어나고 있어 싸움과 화친을 반복하고 있었다. 백제의 근초고왕이 즉위하자 그 싸움이 최고에 달하였고 하물며 서해 건너 중국의 광활한 지역까지 백제의 영토 일부로 둘 만큼 강성한 국가였던 백제에게 영산강 유역을 비롯하여 한반도 남해안 지역의 마한과 고해진(古奚津, 강진)에서 시작하여 무진주의 양과동과 그 앞 독산성(禿山城)까지 차지한 침미다례는 항상 눈엣가시였다. 국력이 최고조에 달하였던 서기 369년 3월에 근초고왕은 남쪽으로 말머리를 돌려 신라, 가야, 탐라를 한꺼번에 치기 시작하였다.

백제와 외교 관계를 맺고 있던 일본도 군사를 보내 연합하여, 백제와 일본의 연합군이 수륙 양면으로 가야를 공격해 7개국을 점령하였고, 목라근자(木羅斤資) 장군을 시켜 영산강 유역 남해안의 탐라 침미다례의 고해진(古奚津, 강진)을 직접 공격하였다. 백제 근초고왕이 침미다례를 직접 정벌하여 도륙(屠戮, 무참히 살해)했다고 기록하고 있다. 도륙이란 표현을 쓴 것으로 보아 침미다례의 저항이 만만치 않았음을 추정할 수 있다. 이로써 탐라는 백제에 조공을 바치기로 약속하였다. 그러므로 침미다례 세력은 백제에 대하여 극심한 원한을 품고 있었는데, 이때가 탐라는 90세 위양을나(爲梁乙那)가 즉위하여 3년이 되는 해였다.

서기 371년 백제의 근초고왕은 평양 전투에서 고구려를 40년이나 이끌던 고국원왕을 전사시키고 대동강 이남의 땅을 차지하였으나 건강의 악화로 환우에 시달리게 된다. 드디어 위양을나 7년(서기 373년) 신라와 백제의 관계를 냉각시키는 중대한 사태가 발생했다. 침미다례의 세력 독산(禿山, 지금의 광주시 광산구) 성주(城主) 양탕(良宕)이 부계양(夫繼良)을 안무사(按撫使)로 하여 백성 300여 명을 이끌고 신라에 귀순한 사건이 벌어졌는데, 이때가 신라 내물왕 18년, 백제 근초고왕 27년이었다.

침미다례의 위치는 남해안인 전라남도 해남군 북일면 신월리 및 영암군 시종면 일대가 중심지역이었다고 추정되는데 그렇게 추정한 이유는 다음과 같다.

신미국이 서진에 사신을 파견할 수 있었으니 아마도 바다를 통해서 중국에 닿을 수 있었을 것이다.
일본서기 기록에 따르면 백제에서 침미다례를 남만(南蠻)이라고 표현했으니. 위례성에 수도를 두고 지금의 기호 지방에 근거한 당시 백제보다는 남쪽에 있었을 것이다.
일본서기 기록에 따르면 가야에서 군대를 서쪽으로 돌려서 고해진(古奚津)에 이르면 침미다례에 닿았다. 당시 가야가 대체로 지금의 경상남도 일대에 위치하니, 그 서쪽으로 가면 전라남도이다. '고해진'이라는 지명에서 진(津)은 물가라는 뜻이 있다.

다음과 같은 세 가지 역사서에 각각 다른 이름으로 기록되었다. 정사『삼국지, 신운신국(臣雲新國)』,『진서, 신미국(新彌國)』『일본서기, 침미다례(忱彌多禮)』에서 침(忱)과 해성부가 같은 탐(眈)을 넣어 읽으면 탐미다례가 된다. 아래에 나오는 일본서기의 명칭 토무타레(トムタレ) 또한 이를 의식한 듯하다. 역사학자들은 신운신국, 신미국, 침미다례를 동일한 국가, 또는 계승된 국가들로 본다(『백과사전』).

신운신국은 정사『삼국지』에 따르면 금관가야, 아라가야, 신라국과 함께 한반도의 여러 소국 중 지도자의 명칭이 다른 나라와 구별되는 4개국 중 하나다.『삼국지, 동이전, 한조』에서는 한반도 전체에 수많은 작은 나라가 존재했지만, 이 중 오직 4개 나라만이 신지를 우대하는 호칭을 가지고 있었다. 각각 "신운견지보(臣雲遣支報), 안야축지분(安邪踧支濆)", "신리아불예(臣離兒不例), 구야진지렴(拘邪秦支廉)"이기 때문에, 3세기경에는 백제보다 이 나라가 더 우세했다고 해석할 수도 있다.

중국 역사서 정사『삼국지, 동이전』에서 마한의 국가를 나열하면서 신운신국(臣雲新國)이라는 국가가 하나 보이는데 3세기 중반, 마한 맹주 목지국이 백제의 공격을 당하면서 맹주 자리를 빼앗기게 되고, 이에 신미국이 백제의 세력 확장에 크게 당황하여 서진에 사신을 파견하게 된다. 중국 역사서인『진서, 장화 열전』에 따르면, 3세기 후반, 마한에 신미제국(新彌諸國), 그러니까 신미국(新彌國)을 중심으로 한 20여 개국이 있었다. 신미국은 20여 개의 소국을 거느리고 서진에 사신을 파견했다.

東夷馬韓、新彌諸國依山帶海, 去州四千餘里, 歷世未附者二十餘國, 並遣使朝獻。
동이, 마한(馬韓), 신미제국(新彌諸國)은 산을 의지하고 바다를 띠 삼아 유주에서 4천여 리나 떨어져 있었다. 지난 세월 동안 귀부 해오지 아니한 나라가 20여 개나 되었는데 나란히 사절을 보내서 조정에 공물을 바쳤다. 『진서, 장화 열전』

근초고왕은 강력한 왕이 되기 위해 귀족 세력을 잘 활용하였다. 먼저 진씨 가문과 가깝게 지내면서 세력을 규합하였다. 당시 그 가문이 당시 백제에서 가장 강력한 귀족의 하나였고 근초고왕은 진 씨 귀족의 여성과 결혼하였다. 따라서 왕에 즉위하자 근초고왕은 지방 통치를 수월하게 하기 위해서 지방관을 처음으로 파견하기도 하였다. 마지막으로 정복 전쟁을 통하여 남쪽 마한의 잔여 세력부터 정복하고 통일한 후 낙동강 서쪽에 있던 가야도 제압하고 고구려의 평양성을 공격하기도 하였다.

또 하나의 특징은 이때부터 부자 상속의 왕위 계승 체제를 만들게 되고 고구려를 황해도 지역으로 밀어내는 데 성공하였으며 중국과의 해외 교류를 통해 국내외로 진출하여 선진 문물을 받아들이고 발전하게 된다. 그리고 그 시기의 영토확장은 남해안, 황해도 진출 및 요서 산둥, 규슈지역으로 진출, 서기 편찬 등 다양한 업적들을 근간으로 백제를 부흥시키는 데 앞장을 섰던 왕이라 할 수 있으며 전성기를 맞이하게 되었다.

이 시기에 주목할 만한 것은 백제가 오늘날 중국의 요서 지역에 진출하여 그곳을 다스렸다는 주장이 이른바 요서경략설(遼西經略說)이다. 이는 대륙백제설(大陸百濟說), 요서경략설에 관한 이야기로 백제가 대륙이나 요서(遼西)에 영토가 있었다는 것이다. 그러나 요서경략설에 대한 논의가 아직도 정확하냐는 문제에 봉착이 되어있는 것이 사실이다. 그러나 중국의 역사책인 『송서』에 기록이 되어 있는 것이 사실이다. 이에 대한 기록을 본다면

그 뒤 고려(고구려)는 요동을 경략하여 차지하고, 백제는 요서(遼西)를 경략하여 차지하였다. 백제가 다스린 곳을 진평군 진평현이라 이른다.
其後 高驪略有遼東 百濟略有遼西 百濟所治 謂之晉平郡 晉平縣.

『양서, 남사』에 의하면 진나라 시대, 구려(고구려)가 앞서 요동을 경략하여 차지하자, 백제도

요서(遼西) 진평 2군의 땅을 점거하여 차지하고 스스로 백제군을 설치하였다.
晉世 句驪既略有遼東 百濟亦據有遼西晉平二郡地矣 自置百濟郡.

『통전』에 의하면 진나라 시대, 고구려(高句麗)가 앞서 요동을 경략하여 차지하자, 백제도 요
서(遼西) 진평 2군의 땅을 점거하여 차지하였다. 지금의 유성과 북평 사이이다.
晉時 句麗既略有遼東 百濟亦據有遼西晉平二郡 今柳城北平之間.

이와 같은 사실로 보면, 백제가 요서(遼西)를 점거하여 백제군을 설치했다는 기록은 분명
하게 되어있으나 오히려 우리의 역사책에는 기록되어 있지는 않는다. 그러나 『자치통감』
에서 백제의 대륙설(大陸說)을 뒷받침하는 기록이 존재하고 있다. 이를 보면 다음과 같다.
위나라가 병사를 보내 백제를 공격했지만, 오히려 백제에 패배하였다. 진수가 말하길,
삼한은 78개국이고, 백제는 그들 중에서 하나로 볼 수 있다.

이정수의 『사서』에는, 그 전에 백가가 바다를 건넜는데, 후에 강성한 국가를 세웠으므로 백제
라고 하였다. 진나라 시기에, 구려가 요동을 다스리자, 백제 역시 요서와 진평 2군의 땅에 의탁
하였다.
魏遣兵擊百濟, 爲百濟所敗. 陳壽曰: 三韓凡七十八國, 百濟其一也.
據李延壽 史, 其先以百家濟海, 後浸強盛以立國, 故曰百濟.
晉世 句麗略有遼東, 百濟亦據有遼西·晉平二郡地.

그리고 『삼국사기, 동성왕』과 『삼국사기, 열전 최치원』에서 위치가 어디인지는 모르나 역설적
으로 표현하는 내용이 존재한다.
그에 대해 살펴보면 10년 위나라가 병사를 보내 쳐들어왔으나 우리에게 패하였다.
十年 魏遣兵來伐 爲我所敗(『삼국사기, 동성왕』).

고구려와 백제의 전성에 강병이 백만으로 남으로는 오나라와 월나라를 침범하고, 북으로는
유주와 연나라, 제나라, 노나라를 어지럽혀 중국의 커다란 좀이 되었습니다.
高麗·百濟 全盛之時 強兵百萬 南侵吳越 北撓幽燕齊魯 爲中國巨蠧(『삼국사기, 열전 최치원』).

위의 기록으로 볼 때 주체가 누구냐?, 공격한 지역이 어디인가? 라는 의문이지만 요서

경략설은 충분한 근거가 있다고 해도 무방하다는 것이다. 그리고 백제는 대만을 부용국(附庸國, 식민지)으로 삼았다는 담모라국 대만설도 존재한다. 실제로 백제에서 발견된 유물을 살펴보면 어느 정도 근거를 찾을 수 있다. 금동대향로에 새겨진 동물에 백제에 없는 동물이 나오는데 이를 보면 동남아시아와 교역했을 것이고 혹은 마침 부흥기였기 때문에 두 가설은 성립이 될지 모른다. 그러나 이와 같은 근거설은 애국적인 차원에서 대한민국의 국토를 부풀리는 어리석은 일은 삼가야 하며 역사는 근거에 의하여 서술되어야 하므로, 신중할 필요성이 있다.

이러한 주장을 가능하게 한 근거는 우리나라의 역사책에 의해서가 아니라, 중국의 위·진·남북조시대를 다룬 기록에 직접 또는 간접적으로 백제가 요서 지역을 지배하였음을 알려주는 내용이 있어서이다. 이 견해는 현재 우리 고대사에서 명쾌하게 그 진상을 규명하지 못하고 있는 난제 중의 하나이다.

이에 대한 기록으로는 『송서(宋書), 양직공도』 등에 의해 전해져 내려오고 있다. 그러나 이에 대한 기록은 충분한 근거 자료가 될 수 없다는 것이 일반적인 정설이라 할 수 있다.

또한, 백제를 논하는 데 있어서 칠지도(七支刀)를 빼놓을 수 없다. 이는 한일 간의 역사를 살펴보는 데 있어서 매우 중요한 유물로 사용하고 있다는 것에 주목할 만하다.

칠지도의 길이는 74.9cm로서 단철(鍛鐵)로 만든 양날 칼이다. 그런데 이 칠지도란 칼이 문제가 되는 것은 학계에서 널리 알려진 것처럼 고구려의 「광개토왕비문」과 함께 고대 한일관계사를 해명하는 데 중요한 자료로 평가되기 때문이다. 칠지도는 현재 일본 나라현 천리시에 위치한 석상 신궁에 보관되고 있는데, 이 칠지도를 둘러싼 지금까지 전개된 논쟁의 양상을 대략 살펴보면, 일본 측은 임나일본부설을 입증하려는 목적으로 이 문제에 접근하고 있으며, 한국 측에서는 이에 대해 거의 반사적인 대응하는 상황이 계속되고 있는 것 같다. 왜냐하면 『일본서기』에서는 백제가 일본에 조공을 바친 것으로 기록이 되었다는 것이 문제이다.

우리는 근초고왕을 이야기할 때 부흥기라 해서 항상 승리한 역사만이 있는 것이 아니라는 것이다. 근초고왕 27년 정월 1월에 진나라에 사신을 보내 조공했다는 것이다. 왜냐하면, 당시의 상황은 중국보다 힘이 강해도 선진국과의 우호를 증진하거나, 선진 문물을 받아들이기 위해서는 굴욕적인 것보다, 전략적으로 행하였다는 것이다. 고구려의 장수왕 때도 그러한 일이 있었다.

여기에 비추어서 보면 칠지도는 근초고왕 시절에 일본에 전해졌다는 칠지도(七支刀)는 일본 역사서인『일본서기』에만 기록된 검이었으나 1873년 일본 신궁에서 칠지도가 발견되며『일본서기』의 신빙성을 증명하는 주요 유물이고 백제와 일본의 관계를 알 수 있는 귀중한 유물이다. 칠지도를 자세히 관찰하여 보면 하나의 칼에 여섯 작은 칼이 있어서 7갈래의 칼이라는 데서 명명되었다. 당시 일본은 가야로부터 선진 문물을 받아들이고 있었고 이를 대신하여 백제가 이와 같은 역할을 담당하게 되었을 것이다. 따라서 선진 문물을 받아들이기 위하여 일본이 백제에 하사한 유물일 것이다. 칠지도의 칼에는 정확히 다음과 같이 적혀있다.

▶ 칠지도

(칠지도 앞면)
泰(和) 四年 十一月十六日 丙午
正陽 造百鍊鐵七支刀 (出)辟百兵 宜 供供侯王□□□□作
태(화) 4년 11월 16일 병오날
한낮에 백 번이나 단련한 강철로 칠지도를 만들었다.
이 칼은 온갖 적병을 물리칠 수 있으니 제후국의 왕에게(후왕에게) 나누어 줄 만하다.
△△△△ 만들었다.

(칠지도 뒷면)
先世以來 未有此刀 百濟王世子 奇生聖音 故 爲倭王旨 造 傳 示後世
지금까지 이러한 칼은 없었는데 백제 왕세자가 귀하게 성음(聖音)으로 태어났다.
그런 까닭에 왜왕 지를 위해 만들었으니 후세에 전하여 보이라.

이로 보면 기록에 오기(誤記)가 있는 것 같다. 병오년이란 기록으로 본다면, 칠지도는 근초고왕 대가 아닌 백제 전지왕 4년 11월 16일에 만들었으며 후왕은 백제에 신속(臣屬, 신하로 예속)되어 있던 왕이며 이에 따라 칠지도는 백제 왕세자 구이신(구이신왕)이 진귀하게 태어난 것을 계기로 왜왕에게 하사한 칼이라는 이야기도 있다.

이러한 연유는 백제의 기록은 고구려나 신라보다도 너무나 빈약한 것에서 기인한다고 볼 수가 있다. 김부식이나 백제의 역사서인 고흥이 작성하였다는 『서기』가 전해지지 않고 일본의 기록만이 전해져 양국 간의 논쟁이 여전히 전개되고 있다. 그러나 당시의 상황으로 볼 때 『일본서기』를 보면 백제인 아직기(阿直岐, ?~?)가 일본에 가서 왕자에게 한자를 가르치고, 박사 왕인(王仁, ?~?)이 『논어』와 『천자문』을 전해주고 경사(經史, 경서와 사기를 말함)를 가르친 것이 이 무렵이라 보면 일본이 선진 문물을 습득하기 위해서 백제에 조공으로 바친 것이라 할 수 있다.

백제의 전성기는 오래지 않아 장수왕의 공격을 받아 한성(475)이 함락되고 개로왕(蓋鹵王, ?~475)이 잡혀 죽은 이후부터 쇠락의 길을 걷게 되었으며 수도를 금강 유역의 웅진(공주)으로 옮기며 결국은 500년이라는 한성 시대를 마감하고 말았다. 정약용은 백제가 멸망한 원인이 한성을 버림으로써, 지리적 환경이 최선인 곳을 잃어버린 데서 찾았다. 개로왕이 전사한 상황을 『삼국사기, 권 25, 백제본기 3, 개로왕 21』에서 다음과 같이 설명하였다.

> (개로왕) 21년(475) 가을 9월에 고구려 왕 거련(巨璉)이 군사 3만 명을 이끌고 왕도(王都) 한성(漢城)을 포위하였다. 왕은 성문을 닫고 나가 싸우지 않았다. 고구려인이 군사를 네 방향으로 나누어 협공하였고, 또한 바람을 타고 불을 놓아 성문을 불태웠다. (이에) 인심이 대단히 불안해져서 혹 나가서 항복하려는 자도 있었다. 왕은 곤궁하여 어찌할 바를 모르다가, 기병 수십을 거느리고 성문을 나가 서쪽으로 도망쳤다. 고구려인이 쫓아가 그를 살해하였다.
> …… (중략) ……
> 이때에, 이르러 고구려의 대로(對盧) 제우(齊于), 재증걸루(再曾桀婁), 고이만년(古尒萬年) 재증(再曾)과 고이(古尒)는 모두 복성(複姓)이었다. 등이 군사를 거느리고 와서 북성(北城)을 공격하여 7일 만에 함락시켰다. (군사를) 남성(南城)으로 옮겨 공격하였으니, 성안은 위태롭고 두려워하였다. 왕이 (성을) 나가 도망치자 고구려의 장수 걸루 등은 왕을 보고는 말에서 내려 절한 다음 왕의 얼굴을 향하여 세 번 침을 뱉었다. 이어 그 죄를 책망하고, (개로왕을) 포박하여 아차성(阿且城) 아래로 보내 죽였다. 걸루와 만년은 본래 백제인이었는데 죄를 짓고 고구려로 도망쳤다.

그러나 잠시(暫時) 동성왕 때 부흥이 일어났는데 그 상황을 한영우는 다음과 같이 설명했다.

웅진 시대 백제는 5세기 말 동성왕(東城王, ?~501)과 그다음 무열왕(武寧王, 501~523) 때 부흥의 기운이 솟았다. 백제는 국제외교를 통해 고구려에 공동대응하는 정책을 폈다. 우선 백제인이 건국한 왜(倭)와 손을 잡고 동맹 관계를 맺기 위해 혼인을 맺었다. 백제의 공주들은 일본으로 가서 천왕과 결혼하고 백제의 왕자들은 일본에 가서 황실과 결혼하여 살다가 귀국하여 왕위에 오르는 것이 관례였다. (......)
신라와도 혼인 관계를 맺어 이찬(伊湌) 비지(比智, ?~?)의 딸을 아내로 맞이했으며 무령왕은 중국에서 문화가 발달한 양(梁)나라와 우호 관계를 맺어 국가를 안정시켰다.

이는 혼인 관계와 우호 관계를 통하여 외교적으로 나라를 안정시킴과 동시에 백제의 위기를 타파하여 중앙집권을 강화한 좋은 예이다. 이와 같은 정책은 1971년 공주시 송산리(松山里) 무열왕릉에서 양나라의 유물이 발견되었는데 그 유물은 무덤에 사용한 벽돌이고 관은 왜국에서 가져온 소나무인 것이 밝혀져서 화제가 되었다. 또한, 천도로 인한 행정구역을 중국의 제도

▶ 고구려 현무도

인 군현제와 비슷한 22개의 담로(擔魯, 邑城)를 지방에 두었으며 중앙집권을 강화하기 위하여 왕자와 왕족 그리고 지방 귀족이 통치했다는 것이다.

이와 같은 노력에도 불구하고 다시 수도를 웅진에서 사비(泗沘), 지금의 부여로 천도하였는데 당시 고구려의 막강한 군사력에 밀려서였다. 이때 백제는 국호를 남부여로 멸망할 때까지 존속하였다. 사비는 군사적으로는 불리한 위치이다. 주위에는 산이 높지 않았으나 제강을 중심으로 교역이 편리하다는 강점을 가졌다. 백제가 멸망한 상황을 보면 썩 좋은 위치는 아닌 것 같다. 백제는 사비에서 성왕, 위덕왕, 혜왕, 법왕, 무왕, 의자왕으로 왕위를 승계하다가 천도 이후 160여 년간 존속하다가 멸망하였다. 이 시기에는 성왕이 신라와의 연합으로 한때 한강 유역을 회복하였으나 신라에 다시 빼앗기고 왜국과의 연합으로 신라를 공격하다가 관산성(管山城, 옥천)에서 목숨을 잃었다.

성왕(聖王, ?~554)은 『삼국사기』에는 왕자 부여 명농이 즉위하자 국인(國人)들이 '성왕(聖王)'

이라고 불렀다 한다. 이를 보아 존호가 그대로 시호로 굳어져서 사용된 듯하다. 『삼국사기』에는 '명왕(明王)'이라고도 했다는 기록이 남아 있으며, 『양서(梁書), 백제전』에는 이름을 '명(明)'이라 했고, 『일본서기』에는 '명왕(明王)' 또는 '성명왕(聖明王)'으로 표기되어 있다.

　『삼국사기』보다 『일본서기』에 더 많은 기록이 나오는 왕이기도 하다. 특히 29대 긴메이 덴노의 일생을 다룬 『일본서기, 흠명기』는 『성왕기』라고 해도 좋을 정도로 백제의 원서인 『백제본기(百濟本記)』의 기록을 충실히 반영해 놓았다. 다만 해당 서적 자체가 천황의 업적을 과장하기 위해 제작된 서적이기 때문에 성왕이 긴메이 덴노의 신하인 것처럼 기록해 놓은 것이 흠이다. 『일본서기』에는 과거 고구려 장수왕의 남하로 한강 유역을 빼앗긴 백제의 왕으로서 가야를 백제의 세력권에 넣고, 고구려에 복수하려는 집념의 소유자로 나타나 있다. 그의 마지막 전쟁의 상황을 『삼국사기, 백제본기(百濟本記), 성왕조』에서 다음과 같이 설명하고 있다.

三十二年, 秋七月, 王欲襲〈新羅〉, 親帥步騎五十, 夜至〈狗川〉, 〈新羅〉伏兵發與戰, 爲亂兵所害薨. 諡曰〈聖〉.

32년 가을 7월, 왕이 신라를 습격하기 위하여 직접 보병과 기병 50명을 거느리고 밤에 구천(狗川)에 이르렀는데 신라의 복병이 나타나 그들과 싸우다가 왕이 난병들에게 살해되었다. 시호를 '성'이라 하였다.

또 다른 기록인 『삼국사기, 신라본기, 진흥왕조』에서도 나타나고 있는데 다음과 같다.

十五年, 秋七月, 修築〈明活城〉. 〈百濟〉王〈明〉與〈加良〉, 來攻〈管山城〉, 軍主角干〈于德〉・伊〈耽知〉等, 逆戰失利. 〈新州〉軍主〈金武力〉, 以州兵赴之, 及交戰, 裨將〈三年山郡〉〈高于都刀(高干都刀)〉, 急擊殺〈百濟〉王. 於是, 諸軍乘勝, 大克之, 斬佐平四人, 士卒二萬九千六百人, 匹馬無反者.

15년 가을 7월, 명활성을 수축하였다. 백제 왕 명농이 가량과 함께 와서 관산성을 공격하였다. 군주 각간인 우덕과 이찬 탐지 등이 이들과 싸웠으나 불리하게 되었다. 신주의 군주 김무력이 주병을 이끌고 와서 이들과 교전하였는데, 비장인 삼년산군의 고간 도도가 급히 공격하여 백제 왕을 죽였다. 이때 모든 군사가 승세를 타고 싸워 대승하였다. 이 싸움에서 좌평 4명과 장병 29,600명을 참하고, 말 한 필도 살아서 돌아가지 못하게 하였다.

일본의 역사서인 『일본서기, 흠명기, 15년 12월(554)』에는 신라는 명왕(明王, 성왕)이 직접 왔음을 듣고 나라 안의 모든 군사를 내어 길을 끊고 격파하였다. 이때 신라에서 좌지촌(佐知村)의 사마노(飼馬奴) 고도(苦都, 다른 이름은 谷智)에 "고도는 천한 노(奴)이고 명왕은 훌륭한 임금이다. 이제 천한 노로 하여 훌륭한 임금을 죽이게 하여 후세에 전해져 사람들의 입에서 잊혀 지지가 않기를 바란다."라고 하였다.

얼마 후 고도가 명왕을 사로잡아 두 번 절하고 "왕의 머리를 베기를 청합니다"라고 하였다. 명왕이 "왕의 머리를 노(奴)의 손에 줄 수 없다"라고 하니, 고도가 "우리나라의 법에는 맹세한 것을 어기면 비록 국왕이라 하더라도 노(奴)의 손에 죽습니다"라 하였다. 다른 책에는 "명왕이 호상(胡床, 의자)에 걸터앉아 차고 있던 칼을 곡지(谷智)에게 풀어주어 베게 했다"라고 하였다.

명왕이 하늘을 우러러 크게 탄식하고 눈물 흘리며 허락하기를 "과인이 생각할 때마다 늘 고통이 골수에 사무쳤다. 돌이켜 생각해 보아도 구차히 살 수는 없다"라 하고 머리를 내밀어 참수당했다. 고도는 머리를 베어 죽이고 구덩이를 파묻었다. 다른 책에는 "신라가 명왕의 머리뼈는 남겨두고 나머지 뼈를 백제에 예를 갖춰 보냈다. 지금 신라왕이 명왕의 뼈를 북청(北廳) 계단 아래에 묻었는데, 이 관청을 도당(都堂)이라 이름한다."라고 하였다.

특히 일본의 역사서에서는 사로잡힌 성왕이 참수되었으며 몸은 백제로 돌아갔지만, 그 목은 신라 왕궁 북청 계단 밑에 묻었다고 기록했다. 『일본서기』에서는 유독 신라를 미워하는데, 사실은 『일본서기』가 백제의 관점을 그대로 자신들의 관점으로 바꿨다는 의혹(疑惑)이 있게 만드는 점 중의 하나다. 이러한 사망에 관한 설은 백제 유민들 사이에 적개심을 주기 위한 하나의 설일지도 모른다. 아무리 적국이 패했다고 해서 군주로 대우하는 것이 관례이다. 그리고 관산성 전투가 일어나기 전에 성왕의 딸 소비 부여 씨가 진흥왕에게 시집을 갔으므로 백제 부여 씨 왕가와 신라 김씨 왕가는 대등한 관계라는 것이다. 따라서 신라와 백제의 혼인은 신라는 성왕 일가를 성골이나 진골로 생각하였기 때문에 당시 골품제인 신라로서는 성왕을 궁궐 계단 밑에 머리를 묻었다는 것은 과장된 것이 정설이다.

어쨌든 이러한 기록을 통해 백제가 신라를 원수로 여기게 되었고, 신라인들의 행위를 잔인하게 묘사하며 복수심을 불태웠음을 유추할 수 있다. 고타소의 시체를 옥중에 파묻은 게 성왕에 대한 복수라는 『삼국사기』의 기록이 있고, 문무왕이 백제에 대한 복수심을 불태운 원인도 '여동생을 옥중에 파묻어서'라고 전해지므로, 이러한 사건들이 쌓여감에 따라서 두 나라 간의 감정의 골이 점점 깊어졌음을 알 수 있다.

이러한 일로서 두 나라는 점점 원한의 관계였고, 그 사이에 무왕(武王, ?~641)이 즉위하는데 그 유명한 서동요의 주인공이다. 그는 즉위하자 여러 차례 신라를 공격하여 신라에 빼앗긴 대야성을 비롯한 여러 개의 성을 회복하였고 또한 당과 일본과의 친선을 강화하는데 노력하였다. 여기서 서동 설화를 잠시 살펴보고 의자왕으로 넘어가도록 하자.

서동요(薯童謠)는 신라 진평왕(眞平王代, 599년 이전) 대에 만들어진 동요, 혹은 참요(讖謠, 시대적 상황이나 정치적 징후 따위를 암시하는 민요)이다. 이는 백제 무왕(武王)이 소년 시절에 지어 아이들에게 널리 부르게 했다고 알려져 있다. 서동(무왕의 아명)이라는 개인의 음모로 당시 아동들에게 불린 동요이기는 하나, 전대에 그러한 형식의 민요가 널리 불리었는데 이것이 4구체의 향가로 정착된 것으로 추측된다. 따라서 서동요는 향가 중에 가장 오랜 형태로 그 형식은 4구체로 알려져 있다. 고려 시대의 승려 일연(一然, 1206~1289)이 저술한 『삼국유사』에 수록되어 있다.

백제 사람인 가난한 서동은 마를 캐면서 살았기에 '맛동이'라고 불리었는데, 신라에 가서 아이들에게 마를 나누어주면서 이 불순한 노래를 부르게 하여 헛소문을 퍼트린다. 소문을 들은 왕은 선화공주를 궁궐에서 쫓아낸다. 결국, 서동은 자신이 퍼뜨린 소문대로 결혼에 성공했다고 한다. 선화공주는 쫓겨 나올 때 가져온 금을 떼어서 그럭저럭 생계를 유지했고, 이를 안 서동은 마를 캘 때 나온 금이 산더미만큼 있다고 하고는 왕에게 인증까지 했다. 그리하여 서동은 어찌 어찌해서 금도 얻고 인심도 얻어 백제의 왕이 되고, 결국 선화공주와 함께 미륵사를 창건했다는 내용이 설화의 전문이다. 이 때문에 백제 최대의 사찰이었던 미륵사와 서동 설화는 밀접한 관련이 있다.

그 줄거리는 백제 무왕의 이름은 장(璋). 일찍이 어머니가 과부가 되어 서울(서라벌) 남쪽 연못가에 집을 짓고 살던 중 그 연못의 용(龍)과 정을 맺어 그를 낳았다. 아명(兒名)은 서동(薯童), 그 도량이 비상하고 항상 서여(薯蕷, 마)를 캐어 팔아서 생계로 삼고 있었으므로 사람들이 아명을 그리 부른 것이다.

그는 신라 진평왕의 셋째 선화(善花)공주가 아름답다는 말을 듣고 더벅머리를 깎고 서울로 올라왔다. 그러고는 동네 아이들에게 마(麻)를 주며 자신을 따르게 했다. 드디어 노래를 하나 지어 아이들에게 부르게 했다. 『삼국사기』에 다음과 같이 서술하고 있다.

聞新羅眞平王第三公主善花 (一作善化) 美艶無雙, 剃髮來京師. 以薯蕷餉閭里羣童, 羣童親
附之. 乃作謠誘羣童而唱之云.
"善化公主主隱, 他密只嫁良置古, 薯童房乙夜矣卯(1)乙抱遣去如."
童謠滿京達扵宮禁, 百官極諫竄流公主扵遠方

신라 진평왕의 셋째공주 선화가 아름답기 짝이 없다는 말을 듣고 머리를 깎고 수도로 갔다.
마를 동네 아이들에게 먹이니 아이들이 친해져 그를 따르게 되었다. 이에 노래를 지어 여러
아이를 꾀어서 부르게 하니 그것은 이러하다.
"선화 공주님은 남몰래 사귀어 두고 서동방을 밤에 몰래 안고 간다."
동요가 도성에 가득 퍼져서 대궐 안에까지 들리자 백관들이 임금에게 극력 간하여 공주를
먼 곳으로 귀양보내게 했다 『삼국유사 권 제2 기이(紀異) 무왕(武王)』.

서동요 내용 자체는 4구체로, 현존하는 모든 향가 중에서 제일 짧은데, 특히 마지막
구의 해석을 두고 두 학설이 첨예하게 대립하고 있다. 여기서는 양주동과 김완진 두 사람
의 설에 기초하여 원문을 제시한다.

원문은 善化公主主隱(선화공주주은), 他密只嫁良置古(타밀지가량치고), 薯童房乙(서동방을)
夜矣卯乙抱遣去如(야의묘을포견거여)라고 되어있으나, 양주동은 善化公主니믄, 눔 그스지
어러 두고, 맛둥 바올, 바미 몰 안고 가다. 선화공주님은 남몰래 얼어두고 맛둥 방을 밤에
몰래 안고 간다. 그러나 김완진은 善化公主니믄, 눔 그슥 어러 두고, 薯童 바올, 바매 알홀
안고 가다. 선화공주님은 남 몰래 짝 맞추어 두고 서동 방을 밤에 알을 안고 간다. 라고
해석하고 있다.

여기서 첨예하게 대립하는 것은 卯, 乙의 해석이다. 소창진평과 양주동 이래로 "卯乙"
로 보아 "몰(몰래)"로 이해하는 방식이 있는가 하면, 김완진처럼 卵의 오자로 보아 "알"로
이해하는 방식이 있고, '뒹굴'로 해석하는 방식도 있는데, 어느 것이 올바른 것인지에 대해
서는 아직 학계에서 일치된 견해가 없다.

그리고 포유거여(抱遣去如)의 해석이 차이가 있는데, 대부분 학자(學者)는 "(서동을) 안고

(그걸 하러) 궁궐에 간다."고 해석하지만, 일각에서는 "전희를 하며 사정"한다고 해석하기도 한다. 또 위에 나온 卵乙 및 房과 연관을 지어서 파이즈리로도 연관을 짓기도 한다.

공교롭게도 일본에서도 이와 같은 설화가 존재하고 있는데 같은 시대가 아니다. 이하는 서강대 웹사이트에서 인용한 것이다.

508년 분고국(豊後国) 마나 벌판(真名の原)의 타마다 마을(玉田の里)(12)에 토지(藤次)라는 아이가 태어났다. 토지는 3살에 아버지를, 7살에 어머니를 잃어 거리를 헤매는 고아가 되었다. 이를 후카다 마을(深田の里)의 스미야키(숯장이) 마타고로(炭焼き 又五郎)가 거두어 주었으나 토지가 21세가 되었을 때 양부모는 81세, 79세의 나이로 차례차례 세상을 떠났고 토지는 이름을 코고로(小五郎)로 바꾸어 가업을 이어갔다.

당시 수도(현 나라현)에는 쿠가 대신(久我 大臣)의 딸로 타마츠히메(玉津姫)라는 공주가 있었는데 타마츠히메는 10세부터 얼굴과 몸에 추한 반점(혹은 사마귀)이 생겨 가족이 모두 고민에 빠져 있었다. 그러다 공주는 15세가 된 해의 어느 날, 일념발기(一念発起)하여 야마토국(大和国)의 미와묘진(三輪明神)에게 인연 맺음(縁結び)의 기도를 드려보기로 하였다.

공주는 미와 마을(三輪の里)의 거울 연못(鏡の池)에서의 목욕재계와 칠일칠야(七日七夜)의 단식을 하고 9월 하순 만월의 날에 신사를 찾아갔으나 갑자기 하늘이 흐려지고 호우가 쏟아져 배전(拝殿)에서 쉬다가 그만 잠이 들어 꿈을 꾸게 되었다. 꿈 속에서 용모가 아름다운 어떤 노인이 나타났는데 노인은 "너의 남편이 될 사람은 멀리 바다와 산을 넘어서 있는 분고국 마나 벌판의 스미야키 코고로라는 남자이며 지금은 비록 자신의 이름도 제대로 모르는 어리석고 천한 자이지만 이 자와 결혼하면 부귀를 누려 남편은 대장자(大長者)가 될 것이다. 결코 의심하지 말지어다."라 하였다. 그리고 노인은 삼나무 잎으로 공주의 머리부터 발바닥까지 정성껏 정화해주며 "그대의 장래를 수호하겠다."고 말하였다. 공주가 꿈에서 깨니 곁에 삼나무 잎이 한 개 있었다.

공주는 하늘을 우러러보고 신께 엎드려 절한 뒤 부모에게 자초지종을 말하였다. 대신 부부는 먼 여행길이 걱정돼 반대하였으나 공주의 결심은 확고해 마침내 허락하게 되었고 다음 해 2월, 16세가 된 공주는 부모님께 받은 황금을 몸에 지니고 코고로를 찾아 분고국(豊後国)을 향해 떠났다. 이하 생략. 마침내 코고로를 만났으나 코고로는 가난 때문에 결혼은 무리라고 하였다. 공주는 지참으로 갖고 온 황금을 건네어 주면서 쌀을 사달라고 하였다. 코고로는 쌀을 사러 가다 연못의 오리를 잡으려고 손에 있는 황금을 집어 던졌지만, 전부 빗나가서 빈손으로 돌아왔다.

공주는 어이가 없어서 그건 황금이었다고 하자, 코고로는 자신은 그게 황금인지 몰랐으며 그런 돌은 산의 세 연못과 숯불 가마 주변에 얼마든지 널려있다고 대답한다. 공주가 놀라서 찾아가 보니 수많은 황금과 사금이 널려있었다. 황금이 널려있던 연못에서 몸을 씻자 공주의 피부병은 완전히 나았고 연못물을 마신 코고로는 지혜로운 미남자가 되었다. 그리고 두 사람은 결혼하고(531년) 호화로운 저택(御殿)을 지었는데 이에 코고로는 마나노 장자(真名野 長者)로 불리게 됐다.

이 두 설화를 비교하여 보면 서동요와 비슷하게 전개되는데 우연한 일치일 뿐 연대를 보면 1세기가 차이가 난다. 만약 동일 인물일 경우에는 5세기의 인물인 동성왕과 관계가 있을 것이다. 또한, 서동의 정체가 무왕이 정설이지만 상당한 이견이 있다. 일연(一然, 1206~1289)은 고본에는 무강왕(武康王)이라고 되어있지만, 무강왕은 백제에 존재하지 않다는 것이다. 일연이 추정한 것인지도 모른다. 무강왕을 무왕으로 바로잡은 것일지도 모른다. 물론 당시의 기록에는 나와 있을지는 모르나 논란이 있을 수밖에 없다.

이 설화의 주인공이 누구인지는 확실하지 않으나 다양한 학설이 제기되고 있다. 이 학설을 나열하여 보면 백제 무왕설이 있는데 가장 정설로 보면 되는 것이, 2009년 1월 19일 미륵사지 석탑 해체 및 보수 과정에서 발견된 금제 사리봉안기(金製 舍利奉安記)에는 미륵사가 무왕의 시기에 창건되었다고 쓰여 있었다. 또한, 마한의 성읍 국가설이 대두되는데 건마국의 무강왕에 대한 설화란 가설이 2000년대에 들어 힘을 얻고 있다.『신증동국여지승람』의 "후조선(後朝鮮)의 무강왕(武康王)과 왕비의 능"이라는 기록을 바탕으로 서동이 기원전 마한의 왕이었던 무강왕(武康王)이라는 마한왕설이 나왔다. 기타 소수설에는 김유신의 아버지 김서현설, 백제 무령왕설, 원효설 등이 있으나, 여전히 연구의 필요성이 제기되고 있다.

백제의 마지막 왕인 의자왕(義慈王, 641~660)은 초기에는 신라와의 전투에서 대야성을 회복하고 40여 개의 성을 되찾아 백제의 부흥을 이끌었으나 말년에는 성충 등의 간곡한 요청을 마다하고 사치와 향락에 빠져 680년 백제를 역사 속에서 지운 비운의 마지막 왕이다. 그가 마지막으로 백제가 멸망한 날의 징조에 대하여『삼국사기, 백제본기, 의자왕 20』상황을 기록하고 있다.

> 의자왕 20년(660) 2월, 왕도의 우물 물이 핏빛이 되었다. 서해 바닷가에서 조그마한 물고기가 나와 있는데 백성들이 먹을 수 없었다. (……) 여름 4월에는 두꺼비와 개구리 수만 마리가 나무 위에 모였다. (……) 왕도의 여러 마리 개들이 길가에 모여 혹은 짖다가 혹은 울고 하다가 얼마 후에 흩어졌다. 귀신 하나가 궁궐 안으로 들어와 '백제가 망한다. 백제가 망한다.'고 크게 외치고 땅으로 들어갔다.

이와 같은 상황은 허황하고 믿기가 어려운 일지는 모르나, 당시의 분위기를 암시하는 것이다. 당시 의자왕의 사치성과 잘못된 정치를 국가의 존망과 결부시켜 이것을 희화화시켰다고 볼 수 있다. 그 뒤의 내용이 더욱 살펴보면 귀신이 땅에 들어간 지점을 파 보았더니 한 마리 거북이가 나왔고 그 등에 "백제는 둥근 달과 같고, 신라는 초승달과 같다."

왕이 이를 물으니 당시 무당은 "둥근 달은 가득 찼다는 뜻이고, 가득 차면 기울 것이다. 초승달과 같다는 것은 아직 차지 않았다는 것입니다. 차지 않으면 점점 가득 찰 것입니다."라고 하였더니 의자왕은 화를 참지 못해 그를 죽였다.

그러자 다른 사람이 "둥근 달은 왕성한 것이요, 초승달은 미약하다는 것입니다. 백제는 왕성하게 되고 신라는 점차 미약해진다는 것입니다."라고 하니 왕이 기뻐하였다.

위에 인용문에서 보듯이 당시의 상황을 설명하고 있다. 의자왕 때 백제는 심하게 내부 분열을 겪고 있었다. 무당은 충신을, 다른 사람은 간신(姦臣)으로 표현하여 심한 균열을 암시하고 있는 대목이라 할 수 있다.

의자왕의 실정은 역사의 기록처럼 그리 방탕한 것만 아니라, 정사를 바로잡기 위하여 왕권을 안정시키는 데 노력하였으나 내부적으로 귀족들의 내부분열과 자신의 자만심과 독재의 안주에서 벗어나지 못하였고 외부적으로는 이웃 나라인 신라는 진흥왕의 등장으로 최전성기를 누리는 상황이었다. 결국은 이러한 원인으로 백제는 멸망하였으며 "지도자는 충신들의 말"을 들어야 한다는 교훈을 우리에게 남겨준 것이다.

또 한 가지 의자왕이라 하면 삼천궁녀를 빼놓을 수 없다. 의자왕이 삼천궁녀를 거느렸을까? 하는 의문이다. 백제가 멸망하자 나당연합군을 피해 삼천궁녀가 뛰어내렸다는 전설이 전해지는 충남 부여의 낙화암의 여인들이 떨어지는 모습이 마치 흩날리는 꽃과 같다고 하여 붙여진 이름이다. 삼천궁녀는 의자왕이 행한 사치와 향락의 상징처럼 여겨지고 있다. 그런데 이상한 것이 역사서 어디에도 '삼천궁녀'에 관한 기록은 없다는 것이다. 어찌 된 영문일까?

사실 최후의 날, 뛰어내린 사람들은 궁인들과 수도 사비성이 함락되자 부소산성으로 피난했던 왕족, 귀족 일가라고 보는 것이 정설이다. 당시 사비성의 인구가 5만 명 정도로 추산되고 그중에 군인이 2,500여 명이었다. 군인보다 많은 궁녀는 불가능에 가깝지 않은가. 그런데 왜 백제 의자왕이라고 하면 많은 이들이 백제의 최후, 삼천궁녀가 낙화암에서 뛰어내린 슬픈 전설을 떠올릴까? 과연 의자왕이 실제로 삼천궁녀를 거느리고 사치와 향락을 탐하던 왕이었을까? 역사적 사실은 그렇지 않다는 것이다. 이는 백제의 멸망을 의자왕 개인의 책임으로 돌리려는 승자의 기록들과 후세인들이 백제의 멸망을 아름답게 포장하려는 의도이다.

여기서 우리가 알아야 할 것이 또 하나 있다. 바로 백제의 충신 성충(成忠, ?~656), 일명 靜忠(정충)이라고 하는 사람에 대하여 알아야 한다. 의자왕 시기 좌평으로, 왕의 주색을 비난하였다가 투옥되었다. 옥중에서 상소를 올려 외적의 침입을 주장하고, 육로는 탄현, 수로는 기벌포에서 방어하라 말하고 사망하였다. 의자왕은 성충의 주장을 거부하였고, 결국은 백제는 멸망했다. 그는 흥수(興首, ?~?), 계백과 함께 백제의 충신이라 부른다.

일본에서 쓴『등씨가전』을 보면 "신라는 김유신, 당나라는 위징, 백제는 성충이다."라고 기록되어 있다. 즉 성충은 백제 내부에서 집정대신(執政大臣) 정도 되는 인물로 알 수가 있다. 그런데 사실 성충을 죽인 것은, 은고(恩古, ?~?)가 아니라 김유신(金庾信, 595~673)이다. 은고(恩古, ?~?)는 의자왕의 비(妃)이다.

『삼국사기 김유신편』을 보면 "김유신이 백제의 대신 임자를 꼬드겨서 성충을 죽게 했다. 김유신이 임자와 성충의 사이를 이간질(離間質)하였고 금화라는 무녀를 임자에게 보내 성충이 연개소문과 가까운데 그자가 왕을 허수아비로 만들고 연개소문(淵蓋蘇文, ?~665)같이 전권(全權)을 행사(行事)한다고 암시하는 말을 하게 하였다. 이를 안 임자는 성충과 대립했고 의자왕은 성충을 옥에 가뒀으나 성충은 결백을 주장하며 굶어 죽었다고 전해진다." 하여튼 백제가 멸망하고 난 뒤에 의자왕은 당나라로 끌려가 최후를 맞게 되는 것이다. 의자왕의 최후를 이렇게 기록하고 있다.

"황제 폐하, 의자왕이 끝내 숨을 거두었나이다."라고 당 고종에게 의관이 보고하였다.
"결국 목에 난 파상풍에 의해 죽었느냐?", 의관의 말이다.
"파상풍은 어느 정도 잡았으나 상처에 세균이 너무 많이 침투되었을 뿐만 아니라 노령으로
쇠약해진 데다가 믿었던 신하에게 당한 배신감과 그로 인해 나라를 망한 데에 대한 울분을
참지 못해 화병에 의해 결국은 일어나지 못하였나이다."
왕이 분부하기를, "그랬구려, 의자왕의 마음 이해하는구려, 패망한 나라의 왕이러니 그리 쓸쓸
히 떠났구려. 그의 아들 융과 유민들을 대동하여 옛 제왕들이 묻힌 북망산(北邙山)에 묻어
주오."

라는 구절이 『조선상고사, 백제편』에 나타나 있다. 그는 전투에서 패하고 난 뒤, 의자왕은
스스로 목에 칼로 자해를 하자 실패하여 태자 효와 아들 연과 함께 당나라 진영으로 포로
로 잡혀가 갖은 치욕을 겪었다. 예를 들면, 심지어는 비웃거나(소정방은 아직도 대국(大國)에
게 항복을 하지 않느냐? 라는 등), 술 시중까지 시켰다. 이로 볼 때 백제의 멸망에 대한 화병으
로 병사를 했을 가능성이 매우 농후하다. 그로부터 1300여 년이 지난 후 2000년 9월 30일
태자 융과 함께 부여 능산리에 단을 마련해주었다. 제단 한쪽에는 의자왕과 태자 융의
생애를 함께 기록하여 놓았다.

3. 고구려의 건국과 주변국과의 관계

고구려는 기원전 37년에 주몽에 의해서 건국되었다고 일반적으로 알려져 있다. 신라와
마찬가지로 천강(天降)과 난생(卵生)을 통해 건국되었다고 볼 수가 있는데 이는 천제의 아
들 해모수(解慕漱, ?~?)와 하백(河伯, ?~?)의 딸 유화부인 사이에서 태어났다고 할 수 있다.
이에 대한 건국 설화도 존재하고 있다. 이러한 건국 설화는 뒤이어 설명하기로 하고 먼저
고구려라는 어원은 노태돈의 『한국 고대사』에서 다음과 같이 설명한다.

고구려의 어원은 몽골공화국 오르혼강 기슭에 우뚝 서 있는 8세기 중엽에 세워진 돌궐 제2 제국의 시조 빌게가한과 그의 동생 퀼테킨을 기린 두 개의 돌궐비에서 고구려를 지칭하여 '베크리'라 기술한 점이 있다. 고(古) 터키어에서 B음과 M음은 서로 바꾸어 쓸 수 있으므로, 베크리(bökli)를 메크리(mökli)로 쓸 수 있는데, 이는 돌궐인이 맥구려(貊句麗)로 쓸 수 있다는 것이다. 동로마의 역사가 테오필락트 시모카타(theophylact simocatta)가 쓴 기록에서 아바르(Avar, 柔然)의 잔여 무리가 북제에 패배한 이후 동쪽 'Mukli'로 달아났다고 했다.

그 뒤에도 둔황문서 'Pelliot-tibetan 1283'에서 고구려나 발해를 'Mug-lig'라 기술한 예를 볼 수 있다. 8세기 말 9세기 초에 편찬된 〈범어잡명(梵語雜名)〉에서 무구리(畝俱理)를 고려(高麗)라 하였다. 내륙아시아 터키계 사람들은 고구려를 '무크리'로, 즉 맥구려(畝俱理)로 불렀음을 말해준다. 이는 곧 고구려라는 단어에서 어간(語幹)이 되는 것이 '구려'이고 '고(高)'는 덧붙여진 관형사임을 뜻한다. 왕망이 고구려를 하구려(下句麗)라고 비하하여 불렀던 사실에서도 같은 면을 볼 수 있다. 고구려어에서 성(城)을 '구루(溝漊)'나 '홀(忽, Khol)'이라 하였다.

이는 '골', '고을'로서, '읍(邑)', '동(洞)', '주(州)', '군(郡)', '현(縣)' 등으로 표기되었다. 고구려와 신라에서 행정구역을 지칭한 평(評)이란 말을 왜국에서 수용하여 '고호리'라 하였는데, 평도 '고을'이란 말을 그렇게 기술한 것이다. 곧 '고구려'는 '구려'에다 '크다', '높다'를 덧붙인 '큼고을', '높은 성'이란 의미를 지닌 말이다. '고구려'라는 국호는 5세기 중엽 이후로는 '고려'로 줄여서 쓰였다.

고구려가 건국되기 전, 후로 아사달 일원들이 만주에서 농업과 목축업을 하던 중 철기문화의 영향과 기마민족의 기동력을 이용하여 따뜻하고 토지가 비옥한 남쪽 지방으로 남하하여 토착부족연맹체(土着部族聯盟體)들을 정복과 복속을 통하여 한국사의 새로운 전기를 마련, 강력한 고대국가를 세우기 시작하였다. 이들로부터 한반도는 강력한 고대국가를 갖춘 삼국시대를 태생시켰기 때문이다. 가야를 포함하면 4국의 고대국가가 형성되었다. 그러나 가야는 건국한 지 500여 년 만에 신라와 통합되면서 삼국시대를 도래하였다.

삼국시대를 개국한 나라는 백제를 시작으로 고구려, 신라였다. 신라는 뒤에 설명할 기회가 있을 것이다. 한반도 북부와 만주 일대를 중심으로 전성기에는 한반도 중·남부에 이르기까지 넓은 영토를 지배했던 나라로, 삼국 가운데 가장 큰 영토를 가졌을 뿐만 아니라 한국사를 통틀어도 발해와 함께 1, 2위를 다투는 국가였다. 신라(991년) 다음으로 긴 기간(704년) 존속한 장수 왕조이기도 하며, 같은 시기 중국에서는 전한, 후한에서 당나라에 이르기까지 많은 국가가 등장하였다.

먼저 고구려가 어떻게 개국이 되었는지를 알아보고 그들의 역사를 보는 것이 역사를 이해하는 데 도움이 될 것이다. 먼저 고구려의 건국 신화에 대하여 『삼국사기, 권 13, 고구려 본기, 동명성왕』에 잘 나타나 있다.

始祖東明聖王, 姓高氏, 諱朱蒙 【一云鄒■1), 一云衆解.
······(中略)······

金蛙嗣位, 於是時, 得女子於大白山南優渤水, 問之, 曰 我是河伯之女, 名柳花. 與諸弟出遊, 時有一男子, 自言天帝子解慕漱, 誘我於熊心山下, 鴨淥邊室中私之, 卽徃而不返. 父母責我無媒而從人, 遂謫居優渤水. 金蛙異之, 幽閉於室中, 爲日所炤, 引身避之, 日影又逐而炤之. 因而有孕, 生一卵, 大如五升許, 王棄之與犬豕, 皆不食, 又棄之路中, 牛馬避之. 後棄之野, 鳥覆翼之. 王欲剖之, 不能破. 遂還其母, 其母以物裹之, 置於暖處, 有一男兒, 破殼而出, 骨表英奇. 年甫七歲, 嶷然異常, 自作弓矢射之, 百發百中. 扶餘俗語, 善射爲朱蒙, 故以名云.

金蛙有七子, 常與朱蒙遊戱, 其伎能皆不及朱蒙. 其長子帶素言於王曰, 朱蒙非人所生. 其爲人也勇, 若不早圖, 恐有後患, 請除之. 王不聽, 使之養馬. 朱蒙知其駿者, 而減食令瘦, 駑者善養令肥. 王以肥者自乘, 瘦者給朱蒙. 後, 獵于野, 以朱蒙善射, 與其矢小, 而朱蒙殪獸甚多. 王子及諸臣又謀殺之, 朱蒙母陰知之, 告曰. 國人將害汝, 以汝才略, 何徃而不可. 與其遲留而受辱, 不若遠適以有爲.

朱蒙乃與烏伊摩離陜父等三人爲友, 行至淹㴲水 【一名盖斯水, 在今鴨綠東北】, 欲渡無梁. 恐爲追兵所迫, 告水曰. 我是天帝子, 何2)伯外孫, 今日逃走, 追者垂及如何. 於是, 魚鼈浮出成橋, 朱蒙得渡. 魚鼈乃解, 追騎不得渡. 朱蒙行至毛屯谷【魏書云至普述水】, 遇三人. 其一人着麻衣, 一人着衲衣, 一人着水藻衣. 朱蒙問曰. 子等何許人也, 何姓何名乎. 麻衣者曰, 名再思, 衲衣者曰, 名武骨, 水藻衣者曰, 名默居, 而不言姓. 朱蒙賜再思姓克氏, 武骨仲室氏, 默居少室氏. 乃告於衆曰, 我方承景命, 欲啓元基, 而適遇此三賢, 豈非天賜乎. 遂揆其能, 各任以事. 與之俱至卒夲3)川【魏書云至紇升骨城】. 觀其土壤肥美4), 山河險固, 遂欲都焉, 而未遑作宮室, 但結廬於沸流水上居之, 國號高句麗, 因以高爲氏.

『三國史記』卷13, 高句麗本紀 1, 東明聖王』.

이것을 번역하여 보면 다음과 같다.

시조(始祖) 동명성왕(東明聖王)의 성은 고(高)씨, 휘(諱)는 주몽(朱蒙)이다. 혹은 추모(鄒牟) 혹은 중해(衆解)라고 하였다.

······(중략)······

금와(金蛙)가 동부여(東扶餘)의 왕위를 계승하였다. 이때 금와왕은 태백산(太白山) 남쪽 우발수(優渤水)에서 여자를 만났는데, 그녀에게 사정을 물어보니 다음과 같이 말하였다. "저는 하백(河伯)의 딸로 이름은 유화(柳花)라고 합니다. 어느 날 여러 동생들과 놀러 나갔는데, 이때 한 남자가 스스로 천제(天帝)의 아들 해모수(解慕漱)라면서 웅심산(熊心山) 아래에서 저를 유혹해 압록강 변의 집에서 그와 사통(私通)하고는 곧바로 가버려 돌아오지 않았습니다. 부모님께서는 제가 중매 없이 남을 좇았다고 책망하여, 마침내 우발수로 귀양을 보냈습니다." 금와왕이 이를 이상히 여기고 그녀를 궁실 가운데 깊이 가뒀는데, 햇빛이 비추어서 몸을 움직여 피하여도 햇살이 따라와 그녀를 비췄다. 이로 인해 임신하여 하나의 알을 낳았는데 크기가 다섯 되만 하였다. 왕이 이를 버려 개와 돼지에게 주었는데 모두 먹지 않았고, 다시 길가에 버렸지만, 소와 말이 이를 피하였다.

이후에 알을 들에다 버렸더니 새가 날개로 품었다. 왕이 알을 쪼개려 하였지만 깨트릴 수 없었다. 그리하여 마침내 그 어머니에게 돌려주었다. 그 어머니가 물건으로 알을 감싸서 따뜻한 곳에 두었더니 한 남자아이가 껍질을 깨고 나왔는데 영특하고 잘생겼다. 나이가 겨우 일곱 살이었을 때 남달리 뛰어나 스스로 활과 화살을 만들어 쏘았는데 백발백중이었다. 부여의 속어에 활을 잘 쏘는 이를 주몽(朱蒙)이라고 하였으므로 이를 이름으로 삼았다.

금와왕에게는 7명의 왕자가 있어 항상 주몽과 어울려 놀았지만, 그 재주가 모두 주몽에 미치지 못하였다. 그 장자(長子) 대소(帶素)가 금와왕에게 말하였다. "주몽은 사람의 소생이 아니고 그 사람됨이 용맹하니 일찍 도모하지 않는다면 후환이 있을까 걱정됩니다. 청컨대 제거하십시오." 왕은 듣지 않고 주몽으로 하여 말을 기르도록 하였다. 주몽은 그중에서 준마를 알아보고 먹이를 줄여 야위도록 하고 둔한 말은 잘 먹여 살을 찌웠다. 왕은 살찐 말은 자신이 타고 야윈 말은 주몽에게 주었다. 이후 왕이 들판에서 사냥하였는데, 주몽이 활을 잘 쏘므로 그에게 화살을 적게 주었지만, 그가 잡은 짐승이 매우 많았다. 왕자와 여러 신료가 다시 주몽을 죽이고자 모의했는데, 주몽의 어머니가 이를 몰래 알고 말하였다. "나라 사람들이 장차 너를 해치려 한다. 너의 재주와 지략이라면 어디에 가든 문제가 없을 것이다. 지체하여 머물다가 욕보는 것보다 멀리 가서 뜻을 이루는 것이 나을 것이다."

주몽은 이에 오이(烏伊)·마리(摩離)·협보(陝父) 등 세 사람과 벗을 하고 길을 나서 엄호수(淹㴲水), 일명 개사수(盖斯水)로 지금의 압록 동북쪽에 있다)에 도착하였는데, 이를 건너고자 하였지만, 다리가 없었다. 주몽은 추격병이 가까이 올까 걱정하고 엄리수에 말하였다. "나는 천제의 아들이요, 하백의 외손자다. 오늘 도망치고 있는데 추격자가 다가오고 있으니 어찌하면 좋겠는가?" 이에 물고기와 자라가 떠올라 다리를 만들어 주몽은 건널 수 있었다. 이내 물고기와 자라가 흩어져 추격하던 기병들은 건널 수 없었다. 주몽은 모둔곡(毛屯谷), "『위서(魏書)』

에서는 보술수(普述水)에 이르렀다고 하였다."에 이르러 3명을 만났는데, 제각기 마의(麻衣), 납의(衲衣), 수조의(水藻衣)를 입고 있었다. 주몽이 물어보았다. "그대들은 어디서 온 사람이고 이름이 무엇이요?" 마의를 입은 자는 이름을 재사(再思)라고 하였고, 납의를 입은 자는 이름을 무골(武骨)이라고 하였고, 수조의를 입은 자는 이름을 묵거(默居)라고 하였는데 성(姓)은 말하지 않았다. 주몽은 재사들에게 극씨(克氏), 무골에게 중실씨(仲室氏), 묵거에게 소설씨(少室氏)의 성을 만들어 주었다.

이에 주몽이 여러 사람에게 이르기를, "내가 이제 하늘의 크나큰 명을 받들어 나라의 기틀을 열고자 하는데, 여기 3명의 현인(賢人)을 우연히 만난 것은 어찌 하늘이 내려 준 것이라고 아니할 수 있겠는가!" 마침내 그 능력을 헤아려 각기 임무를 주고 그들과 함께 졸본천(卒本川)―『위서』에는 흘승골성(紇升骨城)에 이르렀다고 하였다―에 이르렀다. 그 토양이 비옥하고 아름다우며 산하(山河)가 험하고 견고하여 마침내 도읍으로 삼고자 하였지만, 미처 궁실을 지을 겨를이 없었으므로 단지 비류수(沸流水)가에 오두막을 짓고 살았다. 국호(國號)를 고구려(高句麗)라고 하고 고(高)를 성으로 삼았다(『삼국사기, 권 13, 고구려 본기 1, 동명성왕』).

고구려의 건국신화(建國神話)는 위에서 보는 바와 같이 천강과 난생의 신화이다. 위의 사료에서 보듯이 이를 우리는 주몽신화(朱蒙神話)라 하는데 어느 지역, 어느 국가의 신화보다도 내용이 알차게 구성되어 있으며 국가를 형성하는 과정을 잘 설명하여 주고 있다. 이와 같은 신화는 『삼국사기』뿐만 아니라 〈광개토왕비문(廣開土王碑文)〉, 〈모두루묘지명(牟頭婁墓誌銘)〉에서도 전하고 있고, 두 비문에서도 보듯이 당대 사람들에게서도 회자(膾炙)되고 있었다.

이와 같은 신화는 고구려의 시대뿐만 아니라 후대의 기록에서도 실려있고 내용도 비슷하게 전개되고 있다. 후대(後代)의 역사서인 고려 시대의 『삼국사기』와 『삼국유사(三國遺事)』 및 『동국이상국집(東國李相國集)』에도 실려있으며 세부적인 내용은 약간의 차이는 있다.

해모수(解慕漱)와 유화(柳花) 부인의 아들인 주몽은 할아버지가 천제(天帝)이고 외할아버지가 하백인 '신의 손자'라는 것이다. 왜냐하면, 해모수는 하늘의 아들이고 유화부인은 물의 딸인 신성한 혈통을 가진 존재가 되기 때문이다. 신화에서 보듯이 혈통과 자연의 섭리로 신성하게 하는 것이 통치하는 데 유리하기 때문에 절대적으로 우상화할 필요가 있기 때문이다.

원시·고대인의 삶은 자연이 좌우했다. 인간의 기술력과 생산력이 높지 못했기 때문에 자연의 영향이 절대적이었다. 특히 자연재해와 이변(異變)은 원시·고대인의 삶을 송두리째 뒤바꿀 수 있었다. 이에 따라 세계 각지의 많은 문화에서 하늘, 태양, 바다, 강 혹은 산천과 같은 중요한 자연물은 초월적인 존재, 즉 신(神)으로 신앙이 되었다. 그러므로 주몽 역시 하늘과 물의 신처럼 자연신의 자손으로 그려졌다고 할 수 있다.

원시, 고대인에게 신의 자손은 자연과 소통할 수 있는 존재로 여겨졌다. 주몽이 엄호수(淹㴲水)에서 "나는 천제의 아들이요, 하백의 외손자다."라고 외치자 물고기와 자라가 떠오른 것도 이러한 측면에서 이해된다. 신화 속의 주몽은 신성한 혈통으로 자연물과 소통하고 조정할 수 있었다. 이에 고구려 백성들은 주몽이 자신들의 삶을 평안하도록 조정할 수 있는 능력이 있다고 믿었으며, 그 믿음은 왕권에 정당성을 부여하게 되었다.

또 하나 주목할 점은 그를 따라나선 오이(烏伊), 마리(摩離), 협보(陜父)나 재사(再思), 무골(武骨), 묵거(默居) 등 여러 인물도 정당화하고 있다는 것이다. 이들은 건국신화에 등장하면서 건국할 당시부터 주몽이나 황실을 보필했다는 사실이 자신들의 가문들도 신성시할 수 있었는데 이는 〈모두루묘지명〉에 적혀 있다. 이처럼 왕실과 여러 귀족 가문의 기원과 현실적 특권이 공고히 결합된 고구려의 건국신화는 현실의 지배 권력을 정당화하는 역할을 했다고 이해된다.

고구려 광개토왕 때 북부여 수사(守事)인 '모두루의 묘지'는 1935년 10월 중국 지린성(吉林省) 지안현(集安縣) 하양어두(下羊魚頭)에서 발견되었다. 하양어두의 북방 산록에 있는 모두루 무덤 내의 앞방 정면 윗벽에 한자로 쓴 묵서(墨書)이다. 가로와 세로로 선을 긋고 그 안에 세로 10자씩이고 가로 약 80행으로 모두 800여 자를 써넣었으며 약 250여(餘) 字(자) 정도가 판독(判讀)이 가능하다. 글자의 필치는 거칠고 엉성하다. 1·2행은 모두루 묘지의 제기(題記)이며, 제3~10행은 자기 선조의 사적(事跡), 제10~40행은 그의 조상인 대형(大兄) 염모의 사적, 제40~44행은 그의 할아버지와 아버지, 제44행 이후는 '모두루'의 행적을 기록하고 있다. 광개토왕릉비와 함께 고구려사 연구에 귀중한 자료이며, 4~5세기 고구려 왕권의 실상, 고구려의 지방 지배 방식 등을 살펴볼 수 있다(노태돈). 자세하고 구체적인 내용은 다음과 같다.

묘지 전문 가운데 판독되는 자(字)가 적기 때문에 구체적인 내용은 분명히 파악되지 않는다. 현재 확인되는 글자로 따라 그 개략적인 윤곽을 추정해 볼 따름이다. 먼저 1, 2행은 제기(題記)에 해당하는 것으로 고구려의 대사자(大使者)였던 〈모두루(牟頭婁)〉의 묘지임을 밝히는 글이 쓴 것으로 보였다.

- 3~6행은 고구려 국가의 내력을 서술한 부분이다. 즉 "하박(河泊)의 손자(孫子)이며 일월(日月)의 아들인 추모(鄒牟) 성왕(聖王)이 북부여에서 나셨으니, 이 나라 이 고을이 가장 성스러움을 천하사방(天下四方)이 알지니(……)"

- 7행 이하는 모두루의 조상에 관한 서술이다. 즉 추모왕 이래로, 모두루의 조상이 왕실과 밀접한 관계를 가져왔던 사실을 시기 순으로 차례로 기술하였다. 즉 7~8행에선 "노객(奴客, 모두루)의 조선(祖先)이 (……) 북부여에서부터 성왕(聖王)을 수행(隨行)하여 이곳으로 왔다. 노객(奴客) (……)"라 하였다. 그래서 10행에선 그때 이래로 "대대로 관은(官恩)을 입었음"을 서술했다.

- 11행 이하는 모두루 조상들과 역대 고구려왕들의 관계를, 즉 조정에 복무하면서 봉사한 공훈(功勳)에 관한 사례를 나열한 것으로 여겨졌다. 구체적인 사실은 글자가 거의 다 판독되지 않아 알 수 없다. 다만 14행 첫 두 자가 '반역(叛逆)'이고 15행의 첫 두 자가 '염모(冉牟)'이니, 이 부분에선 어떤 반역에 관한 사항에 모두루의 조상인 염모가 공을 세웠다는 사실을 기술하였을 것이다.

- 23~25행에선, '모용선비(慕容鮮卑)'와 '하박지손(河泊之孫) 일월지자(日月之子) 소생지지(所生之地)', '북부여대형(北夫餘大兄) 염모(冉牟)' 등의 표현이 보인다. 이는 모용선비가 '하박(何泊)의 손자(孫子), 일월(日月)의 아들이 탄생한 곳'인 북부여를 침공해옴에, 아마도 앞에서 서술한 반역에 관계된 일의 진압에 공을 세워 대형(大兄)으로 승진하였던 염모가 고구려군을 이끌고 나가 이를 물리친 사실에 관한 서술로 여겨졌다.

- 26행 이하 38행까지는 글자가 거의 판독되지 않아 내용을 파악하기 어려우나, 39행에 '□조대형염모수진(□祖大兄冉牟壽盡)'이라고 하였으므로 26~39행은 대형 염모의 공적뿐만 아니라 그의 죽음에 관한 것임을 짐작할 수 있다.

- 40~43행은 대형 염모가 죽은 이후에도 모두루 집안의 대형(大兄) 자□(慈□)와 대형 모모(某某) 등은 선조(先祖)의 공훈에 힘입어 대대로 관은(官恩)을 입어 어떤 지역의 성민(城民)을 통령(統領, 일체를 통괄하여 거느림)하는 지위를 누렸음을 서술하였다.

- 44~48행은 광개토대왕 대에 모두루가 관직을 받은 일을 서술했다. 즉 "국강상대개토지호태성왕(國上大開土地好太聖王)에 이르러 모두루의 조부(祖父)와의 연(緣)으로 노객 모두루와 □□모(□□牟)에게 은혜를 베푸시어 영북부여수사(令北夫餘守事)로 파견하니, 하박(河泊)의 손(孫) 일월(日月)의 아들인 성왕(聖王) (……)"이라 하였다.

- 49-54행은 광개토왕의 죽음에 대한 모두루의 감회를 서술한 부분으로 여겨진다. 즉 "호천(昊天)이 어여삐 여기지 않아 광개토왕이 승하함에 노객(모두루)은 원지(遠地)에 있었으나 그 애절함이 마치 해와 달이 빛을 잃은 듯하여 (……)"이란 뜻의 표현이 있었던 것 같다. 이어

광개토왕 사후에도, 57행의 "노노객(老奴客)에게 교(敎)를 내려 (……) 관은(官恩)이 계속되어 (……)"란 표현에서 미루어 보아, 모두루는 계속 관직에 있었던 것 같고, 그에 관계된 사실이 58행 이후에 서술되었던 것으로 여겨진다. 그 이후 기사의 내용은 자획(字劃)의 불명으로 파악되지 않는다(『譯註 韓國古代金石文』1, 1992.).

'모두루의 무덤'은 고구려의 전형적인 돌발흙무덤을 갖추고 있으며 앞방과 널방을 가진 구조로 되어있다. 글자의 수는 비록 800여 자에 달하지만, 판독할 수 있는 글자는 겨우 300여 자에 불과하다. 이 무덤은 중국 길림성에서 발견될 때만 하더라도 염모(冉牟)라는 설이 있었으나 오늘날에 모두루(牟頭婁)로 보는 견해가 일반적이다.

이 무덤의 비문은 전반부와 후반부로 구성되어 있는데 모두루의 조상에 대한 기록은 전반부에 그리고 후반부는 모두루의 활약과 행적에 관하여 기술되었다. 묘지문에는 고구려를 건국할 당시 그의 조상이 도움을 주었다는 것과 할아버지 염모는 외적과 반란을 물리친 인물이며, 모두루는 지방관으로 광개토대왕을 도왔으며, 사망은 장수왕 때로 기록하고 있다.

'모두루 묘지'에 고구려의 건국 신화가 기술되어 있어 건국 신화의 변천 양상을 살필 때 매우 귀중한 자료로 활용되고 있을 뿐만 아니라 국왕 앞에서 신하가 스스로 노객(奴客)이라고 부른 사실, 『삼국사기』 등에 보이지 않는 염모(冉牟)와 모두루의 행적 등은 5세기 고구려사 연구의 핵심 사료로 이해되고 있다.

신화에 대해 정확한 정의를 내리기는 힘들지만 가장 기본적인 설명으로 '신화는 태고에 일어났다고 여겨지는 일련의 사건에 관한 이야기로, 세계와 인간의 기원이나 각 문화 속에서 인간에게 규제력을 갖는 제도와 습속 등의 유래에 관한 전승적(傳承的)인 이야기' 정도로 얘기될 수 있을 것이다.

주어진 자연환경에 그대로 순응하지 않고 환경을 자기에게 적응시키고자 하는 인간은 환경과 자기에 대한 관계를 체계적으로 설명하고 거기에 비추어 자신의 행위에 의미를 부여하지 않고는 살아갈 수 없다. 프로이트는 신화란 꿈처럼 무의식적인 상징의 표출로 중요한 인간적 진실을 담고 있다고 주장한다. 또 융은 프로이트류의 개인적 무의식에 대비하여 집단적 무의식(collective unconsciousness)의 존재를 전제하고, 이 집단적 무의식은 원초적이고 인류의 보편적 이미지인 원형으로 그 형식이나 내용은 신화적 형태를 띠고 있다고 말한다. 즉, 신화란 내면적 의식의 표출로 이해의 대상으로서 파악된다

고구려의 건국 과정은 건국 신화에서 보듯이 기원전 37년에 동부여에서 내려온 주몽과 그의 추종자들이 졸본에 수도를 정하고 새로운 국가를 세웠다. 고구려는 5 부족 연맹체 국가였는데, 계루부, 소노부, 절노부, 순노부, 관나부의 연맹체로 구성되었고 그중에서 계루부가 가장 권력이 강하였다.

그러나 졸본이라는 위치는 깊은 산중과 교통이 불편하여 수도로서 적합하지 않아서 후에 국내성(國內城)으로 환도하였으며 주위 환경은 방어와 진출을 하는 데 매우 유리한 환경이었다. 왜냐하면, 주위에는 환도성이 있고 압록강이 앞에 위치하여 있기 때문이다. 국내성은 지금의 지린성 지역의 지안시에 있다.

고구려가 비약하게 된 것은 태조왕(53~146)과 고국천왕(故國川王, 179~197) 대였다. 이 시기부터 가장 권력이 강한 계루부가 왕위를 세습하기 시작하였으며, 따라서 시호가 태조가 되었으며 또한, 주위의 연맹 국가인 옥저를 복속시키고 한사군의 현도군과 전쟁을 통해 요동 지방으로 진출할 수 있는 기반을 마련했다는 것이다.

다시 말하면 안으로는 정복 전쟁과 왕권을 강화하고 이를 통해 중앙정부의 통치를 강화했고 외부적으로는 한나라의 세력에 맞서면서 고대국가의 틀을 마련했다는 것이다. 따라서 요동지역과 현도군을 공격하여 몰아냈을 뿐만 아니라 여러 소국을 복속시키면서 옥저, 동예를 정벌하고 남쪽으로는 청천강 상류까지 진출하였고 이로써 물자가 풍부한 동해안까지 세력을 두면서 공물을 받아 전쟁에 유리한 위치를 확보하게 된 것이다. 이것이 대륙을 견제하는 전쟁수행력을 가질 수 있었다. 따라서 이러한 왕권 강화를 통해 국사는 왕과 5부의 대가들이 회의를 열어 결정하였으며 중앙정부는 외교, 군사, 무역에 집중할 수 있었다. 부족들 내의 자치권을 처음에는 인정하였으나, 점차 약화가 되었고 결국은 5부의 이름도 동, 서, 남, 북, 중부로 바뀌게 되었다. 왕권 강화로 인하여 중앙정부를 통제하였고 5부의 대가들을 귀족으로 편제하고 관등 조직을 갖추기 시작해 고대국가로서의 기틀을 마련하였다.

고국천왕은 을파소를 국상으로 임명하여 진대법(賑貸法)을 시행하였는데, 이 진대법은 흉년이나 춘궁기에 농민에 대하여 양곡(糧穀)을 대여하는 고구려의 사회 보장 제도이다.

진(賑)은 흉년이 일어나면 기아민(飢餓民)에 곡식을 주는 것을 말하고, 대(貸)는 봄에 미곡을 대여하고 가을 추수 후에 회수하는 것을 뜻한다. 이와 같은 제도는 기록상으로는 고구려 고국천왕 16년(194년)에 3월부터 7월까지 관곡을 풀어서 진대(賑貸)하였다가 10월에 환납하도록 한 것이 최초이다. 후에 고려 시대 의창, 조선 시대의 환곡으로 이어져갔다.

을파소(乙巴素, ?~203)는 유리왕(琉璃王, ?~18) 때 대신이었던 을소(乙素)의 자손이며, 고구려의 재상으로 고국천왕, 산상왕을 섬겼다. 입관 전에는 서압록곡(西鴨涂谷) 좌물촌(左勿村)의 가난한 농부였다. 『삼국사기』에 열전이 남아 있다. 이 진대법은 국상 을파소가 실시했다고 하지만 논란이 있다. 을파소 열전에서는 진대법 이야기가 안 나오며 『고국천왕 본기』의 16년 10월에 실시했다는 얘기가 나오는데, 그냥 실시했다고만 나온다. 이로 볼 때 을파소는 진대법을 시행하는 데 영향을 주었다는 것은 사실인 것 같다.

고국천왕이 죽은 이후 산상왕 대에도 을파소는 국상의 자리를 유지하였다. 산상왕 7년인 203년, 왕이 아들을 얻지 못해 근심하자 을파소는 "하늘의 명은 헤아릴 수 없으니, 기다리십시오"라고 진언하였다. 그해 8월 을파소가 죽자 많은 이가 슬퍼하였다. 이로 보건대 두 임금을 모실 정도로 국내 정치를 안정에 공헌하였으며 백성들의 신임을 얻은 것은 사실인 것 같다. 산상왕(山上王, ?~227)은 왕비를 절노부의 명림씨(明臨氏)에서 맞아들여 왕비(王妃) 족과 연합하여 왕권을 더욱 강화하였으며 왕위 계승도 형제에서 부자 상속으로 전환하였으며 형수를 아내로 맞는 풍습도 사라지게 되었다. 이와 같은 연유는 친족집단의 공동체적 관계가 약화가 되었기 때문이라 할 수 있다.

당시 중국은 220년 후한(後漢)이 망한 뒤로 5호 16국이 난립하게 되었고 이어 남북조시대를 맞이하여 589년 수나라에 의해 통일될 때까지 매우 혼란이 가중된 시기였다. 이 당시 고구려도 국력을 바탕으로 조선의 땅을 회복하기 위하여 요동과 요서로 진출하는 것이 바램이었다. 그 밖에도 이들 지역은 철과 다른 생산품들이 풍부하여 국력을 키울 수 있었을 뿐만 아니라 동방 진출의 요새가 될 수 있는 지역이었다. 따라서 요동을 공격하기 시작하였는데 이 지역이 서안평(西安平)이다. 5호 16국은 4세기 들어와 중국의 진나라가 멸망한 뒤 우후죽순(雨後竹筍)으로 일어나 나라를 세우기 시작한 시대이다.

북방의 호족들인 흉노족(匈奴族), 선비족(鮮卑族), 갈족(羯族), 저족(猪族), 강족(羌族) 등의 기세가 매우 활발하여 남쪽의 한족(漢族) 국가와 충돌하는 호한체제(胡漢體制)를 이루면서 고구려와 갈등이 심화되기 시작하였다. 이러한 원인은 북방 민족은 요동과 요서에 대한 정복으로 남하하려는 욕심과 서간의 뿌리가 같아서 흡수하려는 욕망이 매우 강하기 때문이다.

그 첫 번째 충돌은 동천왕이 서안평을 침공하자 다시 위(魏)나라의 침공으로 244~245년 오히려 환도성이 함락되어 동천왕(東川王, 209~248)은 동해안 옥저 땅으로 피신하기도 하였다. 그러나 이 위기를 극복한 고구려는 두 번째 충돌이 일어났는데 259년 위의 침입을 격파하면서 국력을 재정비할 수 있었다.

4세기에 들어와 고구려의 요동 진출은 고국원왕(故國原王, ?~371) 때에 좌절되었는데 요동지역의 선비족인 전연(前燕)의 모용황(慕容皝)이 국내성이 무너지고 고국천왕의 모후와 남녀 5만여 명이 포로로 잡혀갔으며 미천왕의 무덤의 시신까지 파헤쳐 가져갔다. 이로 인하여 고구려와 전연은 우호 관계를 맺게 되는데, 이는 우호 관계가 아니라 고국천왕을 고구려 왕으로 책봉했다는 것은 군신 관계인 셈이다. 전연은 중원진출을 하기 위한 포석으로 배후를 걱정할 수밖에 없었기 때문이다. 이로 인하여 고구려는 결국 진출의 꿈을 버리고 평양에서 경영하던 중, 백제 근초고왕의 침입으로 인해 평양성이 불타고 결국은 전사하게 되는 수모를 당했다.

국강상왕(國罡上王) 고국원왕(國罡上王 故國原王, ?~371), 재위 기간은 331~371년까지이며, 고구려의 제16대 왕이다. 이름은 사유(斯由) 또는 쇠(釗)라고 하며 미천왕의 아들이다. 국강상왕(國罡上王)이라고도 한다. 369년 백제를 공략하려다가 패하였고 371년의 2차 백제 공략에서 전사하였다. 전사하는 상황에 대하여 간단하게 설명하여 보면 369년에 백제가 마한을 정복하러 간 틈을 타, 고국원왕은 보·기병 2만 명을 이끌고 치양성(雉壤城, 현 황해남도 배천군, 구 모로성)으로 진격하였다. 그러나 근초고왕(近肖古王, ?~375)의 말발굽을 상하게 한 죄를 짓고 고구려로 달아났던 백제인 사기(斯紀)가 다시 백제에 투항하여, '고구려의 군사가 많기는 하나 모두 숫자만 채운 허세일 뿐 날래고 용감한 자들은 붉은 깃발의 군대 뿐'이라는 고구려의 군사정보를 백제의 근구수 태자에게 알려주었다.

이에 고구려군의 주력부대는 백제군의 집중공격을 받고 무너져 내려 5,000여 명의 피해를 입고 고국원왕은 목적을 달성하지도 못한 채 오히려 백제에 수곡성(水谷城, 지금의 황해도 신계군)까지 영토를 내주고 말았다. 371년에 고국원왕은 복수를 위해 군사를 일으켜 백제에 재침공하였다. 하지만 패하(浿河, 대동강) 강가에 군사를 매복한 근초고왕이 기습적으로 공격하자, 고구려군은 크게 패하고 말았다. 기세를 탄 근초고왕은 동년 10월에 정예 군사 3만을 이끌고 평양성으로 진격해 왔고, 고구려군은 이를 어렵게 물리쳤으나 고국원왕은 전사하고 말았다.

이후, 소수림왕 시기에 침체를 벗어나기 시작하였는데, 침체 빠진 고구려 회복을 시키는 데 주력(注力)하였다. 따라서 대외 정복보다도 북조와의 우호 관계를 유지하면서 율령을 반포하고, 관직을 개편함과 동시에, 유교 교육기관으로 태학(太學, 조선의 성균관 같은 역할을 함)을 설립하고 통치조직을 강화하였다. 따라서 고구려는 삼국 간에 전쟁에서도 주도권을 쥐게 되고 5세기에 강한 나라를 세워 동북아시아의 주도권을 쥐기 시작하였다.

고구려를 설명하자면 광개토대왕을 빼놓을 수 없을 정도로 매우 중요한 존재라 할 수 있다. 광개토대왕은 장수왕의 아버지로 유명한데 그의 아들 장수왕은 아버지의 업적을 기리기 위하여 「광개토대왕비」를 제작한 왕으로 유명하다. 광개토왕은 남벌북정(南伐北征), 즉 남쪽으로는 치고 북쪽으로는 정복하고자 하는 정책을 한 인물로서 고구려의 광대한 영토를 개척한 인물로 유명하다.

광개토대왕은 즉위 이후에 대대적인 정복 사업을 하였다. 18세의 젊은 나이에 임금이 된 396년 백제를 공격하여 임진강(臨津江) 유역을 차지하였으며 백제 수도인 한성을 압박하고 선대왕의 원수를 갚아준 왕이었다. 당시 백제는 침류왕에 이어 아신왕(阿莘王, ?~405, 阿花, 阿芳王, 아화, 아방왕으로 칭하고도 있다.)이 집권하였는데 광개토대왕의 침입으로 인해 항복을 선언하고 남녀 1,000명과 베 1,000필을 획득하는 성과를 올렸다.

또한, 재위 시절에 당시 신라 해안에 노략질하는 왜군을 신라의 요청으로 격파하고 한반도 남부까지 진출하여 가야 지역까지 침입하여 가야는 쇠락의 길을 맞이하게 되는 결과를 가져왔다. 또한, 후연을 공격하여 선대왕의 요동지역 수복(收復)의 꿈을 실현하였으며 요서 지역까지 진출하게 되었다. 후연(後燕)이 몰락한 뒤 주위의 북위는 고구려와 상대가 되지 않았으며 거란, 만주, 연해주 일대의 여진 말갈족의 숙신(肅愼, 퉁구스족), 그리고 동부여까지 정벌을 통해 고구려의 영토는 북으로는 흑룡강, 동으로는 연해주, 서로는 내몽고와 중국 북부를 아우르는 광대한 영토를 지배하게 되었다. 이를 통해 광개토대왕을 '태왕(太王)'으로 부르기 시작하였으며 중화관의 중심이 아니라 고구려 중심의 천하관으로 이동하기 시작하면서 영락(永樂)이라는 연호를 시작하였다. 죽은 뒤에는 '국강상광개토경평안호태왕(國岡上廣開土境平安好太王)'이라는 시호를 받았다.

그의 업적은「광개토왕비」에 자세히 나타나 있는데 이 비는 3부분으로 나누어져 그의 업적을 서술하고 있다.

광개토왕은 391~412년까지 22년간 재위했던 19대 고구려의 왕으로서, 그 비석은 아들 장수왕이 건립한 것이다. 광개토왕비가 발견되게 된 경위에 대해서는 여러 가지 이야기가 있으나, 그 시기는 대략 1880년경이었고, 1880년대 중반경에는 광개토왕비의 존재가 북경의 금석학자들 사이에 널리 알려지게 된 것 같다.

「광개토대왕릉비」소개를 하자면은 중국 지린성(吉林省) 지안현(集安縣) 퉁거우(通溝) 지역에 있는 고구려 제19대 광개토대왕의 능비(陵碑)이다. 비신(碑身) 높이 5.34m, 각 면 너비 1.5m의 '국강상광개토경평안호태왕(國岡上廣開土境平安好太王)'이라는 광개토왕의 시호(諡號)를 줄여서 '호태왕비'라고도 하였다.

414년 광개토대왕의 아들 장수왕이 세운 것으로, 한국에서 가장 큰 비석이다. 제1면 11행, 제2면 10행, 제3면 14행, 제4면 9행이고, 각 행이 41자(제1면만 39자)로 총 1,802자인 이 비문은 상고사(上古史), 특히 삼국의 정세와 일본과의 관계를 알리는 금석문이다.

비문 내용은 대체로 세 부분으로 나눌 수 있다. 첫째 부분은 고구려의 건국 신화, 왕가의 내력과 호태왕의 행장, 그리고 비를 세운 목적을 간단히 기록하였다. 둘째 부분은 호태왕 정복 사업의 이유와 과정, 그리고 결과를 열거하고 있는데, 거란과 백제를 정벌하고, 신라에 침입한 왜를 격퇴하여 신라를 구했으며 동부여 등을 멸망시켜 정복한 지역이 촉 64성, 1,400촌이라는 내용이다. 셋째 부분은 왕릉을 관리하는 수묘연호(守廟年號)에 대한 상세한 규정이다.

그에 관한 비석의 내용은 한 일간의 미묘한 역사적 문제를 일으키고 있다는 것이다. 비문연구(碑文硏究)의 경과와 문제점을 살펴보자면 비문(碑文)의 내용은 크게 3부분으로 구성되어 있다. 즉 서두에는 건국자인 추모(鄒牟)의 신이(神異)한 출생과 건국에 대한 것, 그리고 광개토왕의 일반적인 치적에 대하여 적고 있다. 두 번째 부분에는 광개토왕 재위 시의 영토확장 내용이 연도별로 새겨져 있으며, 세 번째 부분은 광개토왕의 무덤을 수호하는 것에 대한 상세한 내용이 적혀 있다.

이와 같은 비문의 내용은 일본 측에 의해 처음으로 공개되었다. 일본학계에서는 이것을 근거로 임나일본부설을 내세웠다. 임나일본부설은 일본이 한반도의 남부를 지배하였다는 것이다. 이는 비문 일부분이 한반도를 지배하려고 하는 정당성을 확보하고자 조작했다는 것이 유력하다고 볼 수 있다. 하지만 상식으로는 이해할 수 없는 일로, 여러 대조 조사한 결과 비면(碑面)에 석회가 발라졌고, 비문의 변개(變改, 변경)가 진행되었다는 사실을 알게 되었다. 심지어 일본학자가 「광개토왕비」를 일본으로 옮기려 했던 것도 인정하고 있다. 이는 여러 가지로 해석되는데, 제1유형의 해석으로는 일본 육군 참모본부에서 해독 작업을 하였던 견해로 백제와 신라를 격파한 주체를 왜(倭)로 해석하는 것이다. 제2유형은 정인보의 해석으로, 그 내용은 바다를 건너 倭를 격파한 주체를 고구려로 본 것이다. 제3유형의 해석은 비문을 수정 내지는 보입(補入)하여 해석하는 견해이다.

또한, 「중원고구려비」가 1979년 4월 충북 중원군에 발견되었는데, 석비(石碑)의 규모는 높이가 135cm, 전면의 넓이가 55cm, 좌측면의 넓이가 37cm, 글자 크기는 3~4cm로, 형태는 석주형으로서 자연석을 이용하였다. 석비(石碑)는 돌기둥 모양의 자연석을 이용하여 4면에 모두 글을 새겼는데, 그 형태가 만주에 있는 「광개토대왕비」와 비슷하다.

국내에 유일하게 남아 있는 고구려 석비(石碑)로서, 장수왕이 남한강 유역의 여러 성을 공략하여 개척한 후 그 기념으로 세웠을 것으로 추측된다. 이 비는 입석마을 입구에서 처음에 발견이 되었는데 일화를 보자 면은 발견 당시에 동네 주민들이 그 비의 중요성을 인지하지 못하였기에 빨래판으로 사용하는 등 발견된 당시 비문이 심하게 훼손되어 있었다.

고구려 영토의 경계를 표시하는 비로, 백제의 수도인 한성을 함락하고 한반도의 중부 지역까지 장악하여 그 영토가 충주지역에까지 확장되었음을 말해준다. 또 한편으로는 역사적으로 고구려와 신라, 백제 3국의 관계를 밝혀주는 귀중한 자료로서, 우리나라에 남아 있는 유일한 고구려 비(碑)라는 점에서 커다란 역사적 가치를 지닌다.

이 비문을 살펴보면 당시의 시대상이 잘 나타나 있는데 고구려가 당시에 신라보다도 더욱 정치적으로나 경제적으로 우위를 점하고 있다는 것이다. 예를 들면 신라는 고구려로부터 신라의 왕이 의복을 사여(賜與), 즉 관청이나 국가에서 의복을 내려 주었다거나, 고구려의 노객(奴客)이 되었다는 것이 나타나 있다. 이에 관한 내용의 전문은 아래와 같다.

〈前面〉

五月中高麗大王相王公□新羅寐錦世世爲願如兄如弟上下相和守天東來之寐錦忌太子共前部大使者多亐桓 奴主簿道德□□□安□□去□□到至跪營□太子共□尙□上共看節賜太翟?□食□□賜寐錦之衣服建立處用者賜之隨者節□□奴客人□敎諸位賜上下衣服敎東夷寐錦遝還來節敎賜寐錦土內諸衆人□□□□王國土大位諸位上下衣服兼受敎跪營之十二月廿三日甲寅東夷寐錦上下至于伐城敎來前部大使者多亐桓奴主簿□□□□境□募人三百新羅土內幢主下部拔位使者補奴□□奴□□□□ 盖盧共□募人新羅土內衆人拜動□□.

이를 해석하여 보면

5월에 고려태왕의 상왕공은 신라매금을 □하고, 대대로 형제처럼 위와 아래를 서로 알고, 하늘을 지킬 것을 원하여 동래하였다. 매금□와 태자공, 전부태사자다혜환노, 주부…은 □□□를 떠나 영에 이르러 꿇어 앉았다. 태자공이 □하여 (태왕에게) □를 원하였고 (태왕은) 나란히 바라보며, (신라매금에게) □적추를 내렸다. (태왕이) 고하여 마당에서 연회를 차렸는데 (그때 태왕이) 매금의 의복을 하사하고 (궤영을) 건립하는데 수고가 많았던 사람들에게도 (함께 음식을 나누는 것을) 허락하였으며 따라서 …하며 노객들에게 …하고 여러 고구려 관인들에게 고하여 (노객인의)상하 (직위를 가진 사람)들에게 의복을 내리게 하였다. (태왕이) 교하여 동이매금을 불러 되돌아오게 하고, 그때 교하여 매금 토내의 여러 □인□, 또 함께 태왕국토의 대위제의의 상하에게 의복을 하사하였고 그들은 교를 받아 영에 꿇어앉았다. 십이월이십삼일 갑인에 동이매금의 신하들은 우벌성에 이르렀다. (태왕이) 교하여 전부태사자다우환노, 주부 귀□□□경□ 등을 오게하고, 사람 삼백 명을 모으게 하였다. 신라토내 당주 '내부 발위사자 보노…'와 개로가 공히 신라 영토내의 주민을 모아서…로 움직였다(『광개토왕비문』).

〈左側面〉

□□□中□□□□城不□□村舍□□□□□□□□□沙□□□□□□□□□□班功□□□□□□□□節人□□□□□□□辛酉年□□□十□□□□□太王國土□□□□□□□□□□□□□□□□□□□□□□□□□□□上有□□西□□□□東夷寐錦土□□□□□□方□桓□沙□斯色□□古?加共軍至于伐城□□□古牟婁城守事下部大兄耶□

〈해석〉

…… 중 …… 성불 …… 촌사 …… 사 …… 반공 …… 절인 …… 신유년 …… 십 …… 태왕국토 …… (중원고구려비문).

　두 비문을 통하여 당시 고구려인의 천하관을 엿볼 수 있다. 당시의 고구려인들은 동아시아를 지배하였던 자긍심을 통하여 천명사상을 가지고 있었다. 다시 말하면 천하를 천자가 대신하여 세상을 지배하는 사상으로서 고구려인들에게 그들의 집단 위상을 잘 나타내어지고 있다는 것이다. 그러한 내용이 「광개토왕비」에 잘 나타나 있다.

　이를 살펴보면 광개토대왕은 후연의 군대를 격파하였으며 만주에 대한 지배권까지도 확대하였다는 내용이 포함되어 있다. 서기 402년 연나라 숙군성에 임금이 병사를 파견하여 당시의 연나라의 모용귀가 성을 버리고 도주하였다는 내용이 그것이다.

　즉 「광개토왕비」에서 고구려왕은 천제지자(天帝之子)로 태왕이며, 백제의 왕은 잔주 또는 노객으로 표현하고 있다. 그리고 "고구려왕의 은택이 하늘에 미치고 위무는 사해에 떨쳤다."라고 기록함으로써 그들의 자존의식과 천하관을 당당히 나타내고 있다. 「중원고구려비」에서도 천하관은 신라를 동이매금(東夷寐錦)으로 표현하였다. 그리고 모두루의 묘지에서도 '日月之子'라든가 '天下四方'이라는 용어가 사용되고 있음을 확인할 수 있다. 위와 같은 여러 가지 실례로 보아 고구려왕의 자존적이고 초월적인 존재로서 자신이 천하의 중심으로서 천자의식(天子意識)을 가지고 그 면모가 보임을 알 수가 있다.

　그 뒤를 이어 장수왕(長壽王, 394~491)이 등극하였는데 이름에서도 보듯이 재위 기간이 무려 79년이었으며 고구려 최고의 전성기를 누렸던 임금이었다. 장수왕은 재위 기간(在位期間) 동안, 남북조 정세를 이용하여 등거리 외교를 하면서 외교전에 힘을 쏟는 외교정책을 펴고 동시에 남진 정책을 수립하여 427년 국내성에서 평양으로 환도하였다. 이에 신라와 백제는 433년 나제동맹(羅濟同盟)을 맺게 되었으며 백제의 개로왕(蓋鹵王, ?~475)은 중국 북조의 위(魏)나라에 사신을 보내는 등 고구려의 위협에 대응하게 되었다.

　고구려는 먼저 백제 한성을 공격하였고 결국은 한강 유역을 차지하였다. 또한 개로왕을 죽이는 결과를 가져왔으며 신라를 공격하여서는 실직주(悉直州)를 공격하였다. 실직주는 지금의 강원도 삼척지역으로 원래는 실직국으로 존재하고 있었는데 서기 102년(신라 파사왕) 신라에 합병되었다. 그 후 만약(滿若) 또는 파리(派利)로 변경하였다가 지증왕 6년(505)에 실직주로 개명하였으며, 639년(진덕여왕 8년) 진주(眞珠)로 고쳤으며, 경덕왕(景德王, ?~765) 19년에 지금의 삼척으로 개칭되었다. 현재는 삼척시로 승격되었고 아직도 진주 등의 이름이 남아 있다. 따라서 고구려는 남쪽으로는 죽령, 조령 일대로부터 남양만까지 영토를 넓혔다.

당시에 중국은 남북조시대(南北朝時代, 386~589)였다. 이는 동북방에서 중원으로 이주한 유목민들이 세운 북조(北朝)와 한족이 세운 남조(南朝)와 대립하다가 선비족의 우문(宇文) 태가 건국한 선비족 왕조 북주(北周)가 마지막 남은 한족 국가 중국(진나라)을 정복하고 통일시킨 시대를 말한다. 북주를 이은 수(隋)나라까지의 시기를 포함한다. 우문(宇文) 태(宇文 泰, 505~556)는 북위, 서위의 정치가 북주의 기초를 닦은 인물로서, 559년에 묘호는 태조(太祖), 시호는 문제(文帝)로 추증되었다.

당시 고구려는 남북조시대를 이용하여 여러 나라와 다각 외교를 펼치면서 북위와도 우호 관계를 맺고 남조(南朝)의 동진(東晉)에 사신을 파견하였으며 동진을 이은 송(宋), 남제(南齊)와도 지속적인 관계를 통해 북위와 백제를 견제하기도 했다.

4. 신라(新羅)의 건국과 발전

신라도 고구려와 백제와 마찬가지로 건국 신화가 있다. 신라의 건국 신화를 살펴보면 박혁거세(朴赫居世)에 의해 나라가 세워졌다고 한다. 박혁거세의 이야기는 『삼국사기』에서 기록되고 있는데 다음과 같다.

> 기원전 69년의 화백회의에서 6촌에는 임금이 없어 백성들이 법도를 모르니 임금을 추대하고 도읍을 세우자는 의견이 나와 이에 육촌장(六村長)들이 산에 올라 서라벌 땅을 굽어보니 남산 기슭의 나정(蘿井) 우물가에 신비한 기운이 서려 있어 모두 그곳으로 갔다.
> 우물가에는 흰말이 있었는데 육촌장(六村長)들이 나타나자 말은 하늘로 오르고 우물가에는 큰 알이 하나 놓여있었다. 알에서 건장한 사내아이가 나왔는데 아이의 몸에서는 광채가 나고 뭇 짐승들이 모여 춤을 추었으며 해와 달이 밝게 빛났다. 육촌장들은 아이의 이름을 박혁거세라 칭하고 왕으로 추대하였다. 왕은 국호를 서라벌(徐羅伐)이라 하고 스스로 '거서간(居西干)'으로 정했다. '거서간(居西干)'은 왕호(王號)이다.
> 박혁거세가 왕으로 추대된 후 어느 날, 사량리의 알영(閼英) 우물가에서 계룡이 나타나 겨드랑이로 여자아이를 낳았다. 여자아이는 얼굴이 아름답고 피부가 고왔지만, 입술에 닭의 부리가 달려 있어서 보기 흉했다. 사람들이 여자아이를 북쪽 시냇가로 데려가 씻기니 부리가 떨어지고 매우 고운 자태를 드러내었다. 아이가 자라 13세가 되어 왕후로 추대되었다. 아이의 이름은 알영(閼英)이다. 사량리의 알영(閼英) 우물가를 따서 이름을 지은 것이다.

　신라가 건국할 당시에 서라벌에서는 6개의 촌이 있었는데 이를 육부촌이라 불렀고 화백회의를 통해 촌장들이 모든 의사결정을 하는 시대였다. 특이한 것은 '다수결의 원칙'이 아니라 '만장일치제(滿場一致제)'로 국사를 운영하고 있었다. 만장일치제는 어떤 큰일이 있을 때면 모든 백관이 모여 서로 깊이 토론하고 결정했다. 17 관등(官等) 중 상위계급이 참석하는데, 일이 있을 때면 여러 사람과 합의해서 결정한다. 만약 그중 한 사람이라도 이의가 있으면 통과하지 못하는 제도이다. 당시 육부촌에서는 서라벌을 다스리는 임금이 없어 고민하던 중 이 문제를 해결하기 위해 서라벌에 있는 신비한 우물에 갔다.

　그러나 삼국사기에서는 박혁거세(朴赫居世)와 알영(閼英)이 나이가 같고 그들을 '성인(聖人)'이라고 부르며 좋아했다는 것과 박혁거세의 선조는 알에서 나온 것이 아니라 중국 연나라에서 마한으로 피난한 사람이 박혁거세의 선조라고 『삼국사기, 경순왕조』에 기록되어 있어서 혼란이 있으나 대체로 신화이기에 알에서 태어난 것이 유력하다는 설이 우세하다.

　이는 신화를 인류가 원시사회로부터 여러 가지 현상과 사물에 대해 생각하고 믿어오는 성스러운 서술이라고 한다면 초자연성과 과학적으로 증명할 수 없는 성스러운 성격과 신비감 그리고 비현실적인 요소가 많기 때문이다. 신화에는 두 가지가 있는데 하나는 창세신화(創世神話)로서 세계와 우주의 기원을 의미하는 것이고, 또 하나는 민족이나 국가의 기원을 알려주는 의미인 역사신화(歷史神話)로 나눌 수 있다. 신화에 대하여 쉽게 설명하자면은 고대인들의 현상과 존재 등의 사실에 관한 생각이나 경험을 윤색(潤色)과 미화를 통해 여기에 권위를 부여하거나 첨삭(添削)하여 오랜 구전(口傳)을 통해 전해오다가 어느 시기에 문자로 기록되는 것이다.

　박혁거세라는 말은 건국 신화에서 나오듯이 "몸에서 광채가 나고 새와 짐승이 따라 춤추고 천지가 진동하여 해와 달이 밝게 빛이 났다."라는 의미로 성은 박(朴), 이름을 혁거세(赫居世), 위호(位號)를 '거슬한(居瑟邯)'으로 지었다는 것이다. 그는 알영정(閼英井) 옆에 있는 계룡(鷄龍)의 갈비뼈(혹은 겨드랑이로 해석하는 이도 있음)에서 태어난 여자인 알령(閼英)과 결혼한 후 기원전 57년에 나라를 세우니, 나라 이름을 '서라벌(徐羅伐)', '서벌(徐伐)', '사라(斯羅)', 혹은 '사로(斯盧)'라고 불렀다.

　따라서 신라 건국 설화는 진한의 소국 가운데 하나인 사로국(斯盧國)에서 비롯되었으며 이들 6촌의 촌장인 알천양산촌(閼川楊山村), 돌산고허촌(突山高墟村), 무산대수촌(茂山大樹村),

자산진지촌(眥山珍支村), 금산가리촌(金山加利村), 명활산고야촌(明活山高耶村)이고 각각의 촌
장이 있었는데, 이씨(李氏), 정씨(丁氏), 손씨(孫氏), 최씨(崔氏), 배씨(裵氏), 설씨(薛氏)가 성씨
의 시조가 된다.

신라 건국 설화는 바로 진한이 속한 12개의 소국에서 비롯되었으며 경주에 있던 사로
국의 탄생을 말하고 있다. 경주에 있던 고조선 계통의 유민들이 6촌을 이루고 살았고 혁거
세가 이를 통합하여 나라를 세웠다는 결론에 이른다.

2세기 이후 고조선이 멸망한 후에 유이민들이 경주지방으로도 많이 흘러 들어갔다. 동
해안을 따라 남쪽으로 갔다는 경로를 고조선이 멸망한 이후였다. 이들 중 태양을 숭배하
고 말을 잘 타는 이주민이 정복했는데, 이들은 선진문화인 철기 문화를 소유했으며 이를
이용하여 토착민들을 아우르면서 그 아들 박혁거세가 계룡(鷄龍)을 숭배하는, 즉 머리는
닭이고 몸은 용을 숭배하는 씨족을 아내로 맞이어 육촌장(六村長)의 추대를 받아 사로국의
임금이 되었다는 것이다. 나라 이름을 '서라벌', '사라' 등으로 부른 의미는 '해 뜨는 동방의
땅'을 가리키며 '새'라는 말은 '동방'을 일컫는 토착어이다. 여기에 대하여 한영우는 『다시
찾는 우리 역사』에서 서라벌이라는 이름의 유래를 다음과 같이 말했다.

나라 이름을 '서라벌', '사라' 등으로 부르는 것은 '해 뜨는 동방의 땅'을 가리킨다. '새'라는 말은
'동방'을 일컫는 토착어이다. 박혁거세가 붉은 알에서 태어나고, 이름도 '밝다'라는 뜻을 의미
하고 있고, 몸에는 광채가 빛나고, 해와 달이 빛났다는 말이 모두 박혁거세 출신이 태양을
숭배하는 '천손(天孫)'임을 말해준다. 아마도 조선이나 부여에서 내려온 아사달족 기마민족으
로 보인다.

이 말은 조선, 부여의 건국 설화나 고구려의 건국설화와 같이 박혁거세는 하느님의 자
손과 말을 잘 타는 민족은, 북방에 거주하고 있던 아사달족(阿斯達族)의 일원을 말해주고
있다는 것이다.

이러한 과정에 3세기 무렵에 동해안 지역에 새로운 탈해 세력이 이주해 온 것이다. 바
로 석탈해족(昔脫解族)이다. 석탈해는 신라의 제4대 왕(?~80)으로 성(姓)은 석(昔), 토해(吐解)
라고도 한다. 국호를 계림(鷄林)이라 하였으며, 일본과 화친(和親)하면서 백제·가야와 자

주 싸움을 벌였다. 재위 기간은 57~80년이다. 남해 거서간은 신라의 제2대 왕(?~24)으로서 박혁거세의 맏아들로, 시조의 능을 짓고 석탈해를 사위로 맞아 대보(大輔)로 삼고 정사를 맡겼다. 재위 기간은 4~24년이다.

울산 북구 달천동 산 20-1번지 일원 달천철장(달천 광산)은 삼한 시대부터 조선 시대까지의 대표적 철광석 원산지로 추정되고 있다. 2003년 울산광역시의 기념물 제40호로 지정된 달천 광산을 처음 개척한 인물로 신라의 제4대 왕 석탈해임을 강조하면서 "석탈해는 대장장이며 한국 도깨비 설화의 원천이다."라는 주장이 있어서 주목된다. 이것을 설명하기 위하여 신라왕들의 성씨에 대하여 잠시 짚어보아야 할 것이다.

신라는 삼국을 통일하고 천년의 세월 동안 존속을 하면서 박, 석, 김씨 등 3개의 성씨를 가진 왕들이 존재하였다. 백제나 고구려는 건국한 왕의 후손들이 나라가 멸망할 때까지 통치한 것과도 비교가 된다. 과거 한반도에는 아무도 살지 않은 땅이 아니라 고조선이 존재하였고 그 후에 삼한이 부족연맹 국가로서 존재하였다. 삼한이란 마한, 진한, 변한 인데 이러한 부족 국가를 흡수하고 정복하는 과정에서 신라, 백제, 고구려가 건국하게 된다.

이 과정에서 진한은 신라에 의해 정복되는데 박혁거세와 김알지는 대륙의 기마출신(騎馬出身), 석탈해는 해양 출신이며 김알지는 김수로왕과 같은 계열의 왕이고 그 후손들이 신라 후기에 김씨 왕조를 이어 갔다. 신라 30대 문무왕의 비문에는 경주김씨 조상에 대한 비문이 발견되는데 다음과 같다.

> 김알지(金閼智, 65~?)는 김일제의 후손이다. 김일제는 중국 한나라에 항복하면서 한 무제에게 김씨 성을 하사받았다.

이렇게 본다면 신라 왕족의 일부는 흉노족의 일부인 것이다. 왜냐하면, 김알지는 김일제의 후손이며 흉노족은 기마민족이기 때문이다. 따라서 신라는 박씨, 석씨, 김씨가 혼합한 다민족 국가이다. 이를 위해 석탈해의 신화를 알아보기로 한다.

석탈해는 왜국 동북쪽 1천 리 바깥에 위치하는 용성국(龍成國) 혹은 다파나국(多婆那國)의 왕자로, 왕비가 임신 7년 만에 큰 알을 낳았고, 아버지인 함달파왕이 불길한 것이라 생각을 해서 배에 실어 내버렸다. 이후 배를 타고 신라 동해안의 아진포(阿珍浦)에 떠내려온 걸 노파가 건져내 알에서 깨어난 탈해를 키웠다.

탈해는 물고기를 잡으면서 어머니를 부양했지만, 양어머니는 탈해가 보통 사람이 아님을 짐작해 공부를 시켰다고 한다. 장성한 뒤에는 금관가야에 가서 왕위를 내놓으라고 했다가 수로왕에게 실패하고 신라로 가서, 토함산 정상에서 정찰을 해 보니 반달 모양의 낮은 봉우리가 괜찮아 보여 거기에서 잘 먹고 잘살고 있던 호공의 집을 속임수로 강탈하고, 그 소문을 들은 남해 차차웅이 그가 지략가임을 알고 딸 아효와 혼인시켜 사위로 삼았다(『삼국사기, 탈해왕조』).

이때 갑자기 완하국(琓夏國) 함달왕(含達王)의 부인(夫人)이 아기를 배어 달이 차서 알을 낳으니, 그 알이 화해서 사람이 되어 이름을 탈해(脫解)라 했는데, 탈해가 바다를 좇아서 가락국에 왔다. 키가 3척이요 머리둘레가 1척이나 되었다. 그는 기꺼이 대궐로 나가서 왕에게 말하기를, "나는 금관국 왕의 자리를 빼앗으러 왔소." 하니 왕이 대답했다. "하늘이 나를 명해서 왕위에 오르게 한 것은 장차 나라를 안정시키고 백성들을 편안케 하려 함이니, 감히 하늘의 명(命)을 어겨 왕위를 남에게 줄 수도 없고, 또 우리 국민을 너에게 맡길 수도 없다."

탈해가 말하기를 "그렇다면 술법(術法)으로 겨뤄 보려는가?" 하니 왕이 좋다고 하였다. 잠깐 동안에 탈해가 변해서 매가 되니 왕은 변해서 독수리가 되고, 또 탈해가 변해서 참새가 되니 왕은 새매로 화하는데 그 변하는 것이 조금도 시간이 걸리지 않았다. 탈해가 본 모양으로 돌아오자 왕도 역시 전 모양이 되었다. 이에 탈해가 엎드려 항복한다. "내가 술법을 겨루는 마당에 있어서 매가 독수리에게, 참새가 새매에게 잡히기를 면한 것은 대개 성인(聖人)께서 죽이기를 미워하는 어진 마음을 가지고 있기 때문입니다. 내가 왕과 더불어 왕위를 다툼은 실로 어려울 것입니다."

탈해는 문득 왕께 하직하고 나가서 이웃 교외의 나루터에 이르러 중국에서 온 배를 대는 수로(水路)로 해서 갔다. 왕은 그가 머물러 있으면서 반란을 일으킬까 염려하여 급히 수군(水軍) 500척을 보내서 쫓게 하니 탈해가 계림(鷄林)의 땅 안으로 달아나므로 수군은 모두 돌아왔다. 그러나 여기에 실린 기사(記事)는 신라의 것과는 다소 차이가 있다(『가락국기』).

여기에서 살펴보듯이 석탈해는 해양 세력의 후손으로 알에서 태어났다. 그러나 그는 이러한 태생 때문에 일본 동북 1천 리에 있는 용왕의 후예로, 정확히 말하자면 용성국(龍城國)의 왕자인데 거기에서 쫓겨나 큰 궤짝에 실려 배를 타고 도착한 곳이 금관가야이다. 당시 가야는 김수로왕이 지배하였는데 권력에서 밀려나 경주 해안으로 왔다고 한다. 도착한 곳이 아진포(阿珍浦)며 2003년 울산광역시의 기념물 제40호로 지정이 되어있는 달천 광산으로 생각하였을 때 울산 근처라고 추측할 수 있다.

석탈해는 경주지방에 도착하였을 때 까치가 모여들어서 까치 작(鵲)에서 새를 빼고 석씨(昔氏)라는 성을 가졌다는 것으로 추정이 된다. 따라서 토테미즘인 까치를 숭배하는 후예로 추정되며 용성(龍城)이라는 나라는 정확히 알려지지 않지만, 인도, 캄차카 지역 혹은 일본의 이즈모, 지금의 시네마현 지역에 살던 신라인이라는 설이 있다. 동남아시아에서 왔다는 주장은 김화경의 주장이고 일본에서 왔다는 주장은 북한의 학자이다.

석탈해는 제4대 임금으로 등극하였는데 이때부터 성씨가 석씨(昔氏)로 바뀌었으며 왕의 칭호가 '거서간(居西干)' 혹은 '차차웅(次次雄, 2대 남해왕에서 쓰임)'에서 이사금(尼師今)으로 바뀌게 된 것이다. 이사금(尼師今, 尼師今, 尼斯今, 泥斯今)은 신라에서 군주를 뜻했던 칭호 중 하나로, 신라 제3대 왕인 유리 이사금부터 18대 실성 이사금까지 사용된 명칭이다. '이사금'이라는 표현은 현대 한국어의 '임금'이라는 표현의 원형으로 알려져 있다. 이사금에 대한 유래가 광개토왕과 관련하여 재미있는 설화가 『삼국유사』에서 기록으로 남아 있다. 〈광개토왕릉비〉에서는 '매금(寐錦)'이라 쓰고 있다.

> 유리 이사금의 등극 이야기에는 '이사금'의 유래가 소개되어 있다. 남해 차차웅이 죽고, 유리 이사금은 덕망이 있던 석탈해에게 왕위를 양보하려 했다. 그러나 석탈해는 "훌륭하고 지혜 있는 사람은 이가 많으니 떡을 깨물어 서로 이를 비교해 보자."라고 하면서, 유리 이사금과 이빨 수를 헤아려 보았다. 그 결과 유리 이사금의 이가 더 많았고, 석탈해는 왕위를 양보했다.

위에서 논란이 있는 『화랑세기』에서는 이를 치리(齒理), 즉 '이의 자국'의 방언이라 하고 있다. 하지만 이는 후대에 덧붙여진 이야기로 국어학자들은 이사금은 원래 왕을 뜻하는 고대어 '왕검(王儉)'의 신라 방언으로, 왕검이 '임금(님금)'으로 변하는 과정의 연결 고리로 보고 있다. 즉, 이사금은 '니(메, 가장, 으뜸)＋ㅅ＋금(큼, 크다, 위대)'의 차자로, 이 말이 '임금(님금)'으로 변한 것으로 해석되고 있다.

『삼국사기』 등에 나온 이사금의 유래를 통해 이사금이 한자어가 아닌 신라 고유어임을 알 수 있다. 이사금은 각종 역사서에서 泥師今, 尼師今, 尼斯今, 泥斯今 등 여러 다른 한자로 표현된다. 이 경우, 이사금의 유래에 대한 설명(잇금)으로 보아 두 번째 음절의 師

나 斯는 어말 자음 표기(-ㅅ)에 쓰인 글자로 추측이 된다(『백과사전』).

또 하나의 신라 왕인 김알지는 사로국에 먼저 이민을 온 김씨(金氏)였다. 김알지에 대한 설화를 알아보기로 한다.

> 65년 탈해왕이 밤에 금성(金城) 서쪽 시림(始林)의 수풀 속에서 닭 울음소리를 듣고서 신하 호공(瓠公)을 시켜 가보게 하였다. 금빛의 작은 함이 나뭇가지에 걸려 있고 흰 닭이 그 밑에서 울고 있다고 재상 호공이 보고하자, 왕이 직접 가서 함을 열어보니 용모가 아름다운 사내아이 가 나왔다. 이때부터 시림을 계림(鷄林)이라 하고, 아이는 금함에서 나왔으므로 성을 김씨(金氏)라 하였다.

『삼국사기, 미추왕조』에는 알지가 세한(勢漢)을 낳고 세한이 아도(阿道), 아도가 수류(首留), 수류가 욱보(郁甫), 욱보가 구도(仇道)를 낳고, 구도는 미추를 낳았다고 함으로써, 알지를 시조로 하는 경주(慶州) 김씨(金氏)의 세보(世譜)를 소개하고 있다. 알지의 의미에 대해서는 여러 설이 분분하다. 『삼국유사』에 따르면, 알지라는 말은 어린아이, 즉 아기를 부를 때 쓰는 말이라고 하였으나 이는 후대에 붙인 기록이므로 당대에도 그렇게 쓰였는지는 알 수는 없다. 알지는 고대에 성모(聖母)를 뜻하는 말이었다는 설이 있다.

신라 김씨 왕조의 시조인 김알지(金閼智, 65~?)는 석탈해 이사금 때 태어났으며 그의 후 손인 7대손 미추 이사금이 김씨(金氏)로서 최초로 왕위에 오르게 되었다. 그에 관한 설화 는 실존 인물이 아니라 전설로 전해지고 있다. 다시 말하면 정사(正史)가 아니라는 것이다. 이는 건국시조(建國始祖)는 박혁거세이고 석탈해, 김알지는 설화로 보면 된다는 것이다.

특이하게도 신라에서는 건국시조(建國始祖) 이외에도 석탈해와 김알지의 설화 또한 존 재한다. 이는 신라의 지배자가 박, 석, 김씨로 나누어지는 것을 의미하며, 각각의 성씨 지 배자마다 신성성을 부여하기 위함이라고 해석할 수 있다.

김알지 설화의 두 번째 특수성은 신라의 다른 설화와의 연계성이 있다는 점이다. 혁거세 설화에서 혁거세(赫居世)는 "알지 거서간이 한 번 일어난다(初開口之時 自稱云閼智居西干一起)" 라고 하여 김알지의 등장을 예언하였고, 석탈해는 김알지 설화에서 알지를 자신의 태자로 책봉하고 국호를 '계림국(鷄林國)'이라 칭하였다. 이러한 세 가지 설화의 연계성은 서로 다른 성씨가 왕이 된 계림국의 정통성을 확립하기 위한 요소로 볼 수 있다.

또 한 가지는, 김알지는 황금 상자에서 태어났다는 것을 간과(看過)하지 말아야 한다. 이는 황금을 우상화(偶像化)하는 것인데 이는 북방민족인 스키타이족을 거쳐 여진족으로 전달되었는데 김알지와도 연관성이 있다고 보아야 한다는 것이다. 후에 신라는 금관과 같은 유적과 세공기술을 볼 때 김알지의 세력과도 연관이 있을 것이다. 신라가 '황금의 나라'라고 불리는 것은 다 이유가 있는 것으로 보아야 한다.

4세기 이후 내물마립간 시대에는 고구려와 백제에 도전할 정도로 체제가 정비되지 않았다. 그만큼 국력이 다른 삼국에 비해 약했다는 의미이다. 이 시기에 광개토대왕의 집권으로 고구려의 세력이 강해지자 백제와 연합하여 고구려를 견제하였다. 이것이, 나제동맹(羅濟同盟)이다. 이 시기부터 백제와 고구려는 정략결혼을 통해 국가를 안정시키기 시작했다. 백제에서 설명한 동성왕의 경우라 하겠다.

그러나 6세기 이후 사정은 달라지기 시작했다. 지증왕(智證王, 437~514)이 임금에 오르자 신라는 고구려와 백제에 견줄 만한 정치제도를 갖추기 시작하였으며 이로 인하여 후진적인 신라가 부흥하기 시작하였다.

지증왕(재위: 500~514년)은 신라의 제22대 왕이다. 내물 마립간의 증손이며 복호 갈문왕의 손자이자 습보(習寶) 갈문왕(葛文王, 신라 때 임금의 아버지나 장인 또는 친형제, 여왕의 남편에게 주던 봉작)의 아들이다. 전임 소지 마립간과는 6촌 형제간이었다. 이름은 지대로(智大路), 지도로(智度路), 지철로(智哲老)로 법흥왕의 아버지로 지증 마립간(智證麻立干)이라고도 한다. 502년 순장법을 금하고 농사를 장려하였으며, 소를 길러 땅을 갈게 하였다.

이듬해 국호(國號)를 신라로 정하고, 마립간 대신 중국식 군주의 칭호인 왕의 칭호를 사용하였다. 502년 순장을 금하고, 신궁에서 직접 제사를 지냈다. 음력 3월에 주주(州主)와 군주(郡主)에게 각각 명하여 농사를 권장케 하였고, 처음으로 소를 부려 논 밭갈이를 하였다. 503년에 국호를 신로(新盧), 사라(斯羅), 서나(徐那), 서야(徐耶), 서라(徐羅), 서벌(徐伐) 등에서 "신라(新羅)"로 통일하였다. 『삼국사기』와 『삼국유사』에는 지증왕 기골이 장대하고 체구가 커서 알맞은 배우자가 없었는데 신하를 보내어 신라 국내를 수소문하던 중 연제부인(延帝夫人)을 발견하여 배우자로 삼았다는 전설이 전한다.

연제부인 박씨(延帝夫人 朴氏)는 신라 중기의 왕족, 왕비로 지증왕의 부인이었다. 삼국사기와 삼국유사에는 이찬(伊湌) 등흔(登欣)의 딸이라 한다. 그러나 『삼국사기』의 다른 기록에 의하면 모량부(牟梁部) 대인의 딸이라고도 한다. 이에 관하여 일화가 전해지는데『삼국사기』와 『삼국유사』에는 기골이 장대하고 체구가 커서 배우자가 없었던 지증왕에게는 즉위 초 알맞은 배우자가 없었는데, 사신을 보내, 신라 국내를 수소문하게 하던 중 연못가의 대변이 큰 것을 보고, 체구가 클 것이라 하여 수소문하여 연제부인(延帝夫人)을 발견하여 배우자로 삼았다는 전설이 전한다. 실제로 연제부인은 여자이면서도 당대의 웬만한 남자들보다 더 체격이 좋았다. 또한, 처음으로 지방에 군주(軍主)를 두었다. 512년 실직주(悉直州)의 군주이자 이찬 이사부(異斯夫, ?~?)로 하여금 우산국과 독도를 복속시켜 해마다 토산물을 공물로 바치게 하였다. 이사부는 이사부(異斯夫, 생몰년 미상) 또는 태종(苔宗)은 신라 지증왕~진흥왕 시대의 장군, 정치가로, 내물 이사금의 4세손이다.

『일본서기』에는 이질부례지간기(伊叱夫禮智干岐) 또는 이질부례지나말(伊叱夫禮知奈末)로 소개되어 있다. 『삼국유사』에는 박씨(朴氏), 이름은 이종(伊宗)이라 기록되어 있다.

박문영이 작곡·작사한 대한민국의 대중가요인, 한국을 빛낸 100명의 위인과 독도는 우리 땅에 등장한다. 독도 인근의 해산인 이사부 해산에 그의 이름이 붙었으며 강원도 삼척시의 '이사부길', 경상북도 울릉군 독도의 '독도이사부길'에도 그의 이름이 붙었다. 그가 우산국을 정벌한 상황을『삼국사기』에서 다음과 같이 밝히고 있다.

『삼국사기, 신라본기, 제4권, 지증 마립간 13년(512)』"여름 6월 우산국이 귀순하여 매년 토산물로 조공하였다. 우산국은 명주(하슬라주)의 정동 쪽 바다에 있는 섬으로 울릉도라고도 한다. 그 섬은 사방 1백 리인데 험준한 지형을 믿고 항복(降伏)하지 않았다. 이찬 이사부가 하슬라주의 군주가 되었을 때, 우산 사람들이 어리석고 사나우므로 위엄으로 오게 만들기는 어렵고 계략으로 항복시켜야 한다고 말했다.

이에 나무로 허수아비 사자를 여럿 만들어 병선에 나누어 싣고 우산국의 해안에 도착하였다. 이사부는 거짓으로 "만약 항복하지 않는다면 당장 맹수를 풀어 밟아 죽이겠다"고 말하였다. 우산국의 백성들이 두려워하며 즉시 항복하였다."

"(十三年夏六月 于山國歸服 歲以土宜爲貢 于山國在溟州正東海島 或名鬱陵島 地方一百里 恃嶮不服 伊湌異斯夫爲何瑟羅州軍主 謂于山人愚悍 難以威來 可以計服 乃多造木偶獅子 分載戰船 抵其國海岸 誑告曰 汝若不服 則放此猛獸踏殺之 國人恐懼 則降)."

지증왕의 뒤를 이어 임금이 된 법흥왕(法興王, ?~540)은 신라의 23대 임금으로서 불교를 공인하고 율령을 반포하는 등 신라 왕의 권한을 강화하였다. 군사 담당 기구인 병부를 설치하였다. 또한, 상대등이라는 벼슬을 만들어 국정을 담당하게 하였다. 상대등은 재상과 같은 직을 맡았으며 화백회의의 수장이라 보면 된다. 그리고 관료들을 17등급으로 나누어 등급에 따라 공복(公服)을 달리하였으며 골품제를 정비하여 왕권을 강화하였다.

이차돈(異次頓, 506~527)의 순교로 불교를 공인하고, 독자적인 연호인 건원(健元)을 사용하였으며 지증왕에 이어 김해지역의 금관가야를 정복하는 등 영토확장에 힘을 기울렸다. 법흥왕이라는 왕의 시호는 불교를 진흥시켰다는 뜻이다.

그는 신라 법흥왕(法興王)의 근신이자 불교 순교자이다. 거차돈(居次頓)이라고도 하며, 『삼국유사』에는 염촉(猒觸 또는 獣觸), 이처(伊處), 처도(處道)라는 다른 이름의 표기도 소개되어 있다. 신라의 불교 전래 과정에서 있었던 재래 종교와의 갈등을 상징하는 인물로 한국 역사상 최초의 순교자로 꼽힌다. 그의 순교 과정은 『삼국사기』에 기록되어 있다.

『삼국사기』에는 불교를 공인하였다는 기록과 함께 김대문(金大問, ?~?)의 『계림잡전(鷄林雜傳)』을 인용하여, 법흥왕이 불교를 공인할 당시 대신들의 반대로 뜻을 이루지 못하고 있었고, 이때 이차돈이 나서서 불교를 공인할 것을 주장하며, 자신을 죽임으로써 왕의 위엄을 세우고 신하들의 반대를 가라앉힐 것을 청했다.

이에 왕은 대신들을 모아 놓고 불교공인(公認)에 대한 여부를 의논하였고, 대부분 대신(大臣)이 반대하는 가운데 이차돈이 나서서 찬성하였다. 왕은 대신들이 모두 반대하는데 이차돈 혼자서 찬성하는 것은 부당하다며 그를 처형할 것을 명했다. 이차돈은 죽기 직전에 "부처께서 계신다면 내가 죽은 뒤 이적(異蹟)이 일어날 것이다."라고 말했는데, 그의 목이 베여 떨어지는 순간 붉은색이 아닌 흰색의 피가 한 길 넘게 솟구쳤고, 하늘이 컴컴해지면서 꽃비가 내렸다. 대신들은 이후 불교를 받아들이는 것에 어떠한 반대를 하지 못했고, 법흥왕은 불교를 공인하게 되었다고 한다.

신라에 불교가 공인되는 데 있어 역할을 한 인물 이차돈은 527년 왕명을 어긴 혐의로 처형당했다. 그로부터 지금까지 그가 죽을 때 발생했다고 하는 '기적'의 사실 여부를 둘러싸고 논란이 그치지 않고 있다. 그러나 그의 죽음이 정치적으로 궁지에 몰린 법흥왕을 구제해 주었으며, 처형 당시 보여준 그의 굳건한 믿음은 불교 신도는 물론이거니와 비신도(非信徒)에게 커다란 충격과 감명을 주어 신라 사회에 불교가 널리 전파되는 데 공헌하였다는 사실에 의문을 제기하는 사람은 없다고 본다.

이러하듯 초기에는 고대국가로서 제도를 정비하는 데 많은 정치적으로 어려움을 겪어 왔으나 영토확장을 이룬 것은 신라 24대 왕인 진흥왕이라고 할 수 있으며 신라 전기에서 가장 위대한 업적과 전성기를 누렸다고 볼 수 있을 것이다. 이를 증명하고 있는 대표적인 것이 〈진흥왕순수비(眞興王巡狩碑)〉로서 진흥왕은 영토를 개척한 내용과 아울러 관내(管內)를 순수(巡狩)한 것을 기념하여 각지에 순수비(巡狩碑)로 창녕비(경남 창녕, 561), 북한산비(서울, 555), 황초령비(함경남도 함흥, 568), 마운령비(함경남도 이원, 568) 등 네 개의 비를 세운 것으로 알려져 있다. 공교롭게도 대한민국에 두 개, 북한에 두 개가 있으며 국보 33호, 국보 3호 그리고 북한에 있는 것은 국보 110호, 국보 111호로 지정되어 있다.

진흥왕은 미래 삼국통일을 이루는 초석을 마련한 군주로서 크게 이바지하였다고 볼 수 있다. 대표적인 것이 화랑제도였는데 군의 핵심 간부를 양성하였던 청소년 집단으로서 평시에는 심신을 단련하고자 하였으며 전시에는 목숨을 걸고 국가를 위해서 희생하였던 집단이었다. 화랑도(花郎徒)는 진골 출신의 화랑을 수령으로 수령으로 하여 편성된 집단이었는데, 원광법사(圓光法師)가 제시한 단체이념으로『세속오계(世俗五戒)』를 통해 심신(心身)을 수련한 것이다.

화랑(花郎)이란, '꽃처럼 아름다운 남성'이라는 뜻으로서, 신라 진흥왕(眞興王) 때에 인재(人材)를 선발할 목적으로 만든 조직, 또는 그에 소속된 사람을 가리키는 말로, 설치시기는 불분명하다. 화랑(花郎)은 진흥왕 때 설치된 원화(源花)를 기원으로 시작되었는데, 초기 원화에서는, 원화(原花)라고 일컬어지는 여성의 우두머리가 낭도(郎徒)를 거느린 조직이었다. 하지만, 진흥왕 때 이들 사이에 분란이 일어나자, 이를 폐지하고, 남성을 우두머리로 한 화랑(花郎)을 창설하게 되었다.

이들 무리를 화랑(花郎), 혹은 화랑도(花郎徒)라고 하는데, 풍월주(風月主), 화랑(花郎), 낭두(郎頭), 낭도(郎徒) 등으로 구성되며 각각의 위계가 있었다고 한다. 화랑들의 우두머리가 풍월주인 까닭에 이 무리를 풍월(風月) 혹은 풍월도(風月徒)라고 일렀고, 선도(仙道)를 따른다고 하여 국선도(國仙徒)라고도 하였다. 신문왕(神門王) 때 김흠돌의 난으로 일시 폐지되었다가 다시 국선(國仙)으로 부활이 된 뒤 신라 말까지 계속된 화랑은 수많은 인재를 배출해 낸 신라 사회의 초석이라고 할 수 있다. 이들은 무사로서의 활동 외에도 교육적·군사적·사교 단체적 기능을 가짐으로써, 심신을 수양하면서 제사를 받들거나, 향가(鄕歌)를 짓는 등 악사(樂士) 등으로 활약했다.

진흥왕 시절, 신라 조정에선 전국에서 가장 아름다운 두 미녀를 뽑아 청소년들의 리더로 삼고, 인재를 양성하는 원화 제도를 실행하였으나, 이 원화 제도는 얼마 안 가 흐지부지되었는데, 그 이유는 두 원화였던 남모(南毛, ?~?)와 준정(俊貞, ?~?)이 서로 질투하고 시기해 준정이 남모를 강에 빠뜨려 죽이는 일이 있었기 때문이었다. 그리고 몇 년 뒤 원화 제도를 대체하기 위해 만든 인재 양성 제도가 화랑제도다.

원화(源花)는 화랑의 전신으로 진흥왕은 두 여성을 원화로 삼아 300명의 인재를 훈련 과정이나 행실을 통해 선발하려 하였으나 그 일이 알려지자, 준정도 사형을 당하고 대신 용모가 뛰어난 화랑을 남성으로 삼았다. 그러나 원화 제도는 화랑의 역할에 대해서는 의구심이 있다. 이능화(李能和, 1869~1943)는 『조선해어화사, 朝鮮解語花史』에서 기생제도의 하나로 원화를 분류하고 있는 것이 특징이다. 이에 대한 것이 확인할 수가 없고 화랑세기(花郎世記) 필사본에는 원화 제도는 미실 시대에 부활했다는 설이 있으나 화랑세기는 진위 논란으로 문제의 소지가 있어서 신뢰성은 보장하지 못하고 있다. 왜냐하면 미실 조차도 가공된 인물 또한 유력하기 때문이다(안계현, 한국불교사연구, 동화출판공사, 1982).

화랑제도는 주로 귀족의 자제들 가운데에서 잘생긴 청소년들을 뽑아 단체 생활과 훈련을 하게 하는 것으로, 이들은 유학 경전을 공부하는 동시에 무예, 말타기, 활쏘기를 연습해 문무 양면에서 재능을 키우게 했다. 또 전국의 산천을 유람하고 춤을 추고 노래를 부르며 심신을 닦는 훈련을 하였다. 화랑들은 평민이나 하급 귀족 자제들 가운데에서 뽑은 낭도들을 거느리고 지휘했는데, 화랑 한 명에 낭도 수천 명이 몰려다니기도 했다.

화랑들을 지휘하고 교육을 담당하는 자는, 국선(國仙)이라고 불렸는데, 나라에 큰 공을 세운 장수나 덕이 높은 승려, 가장 우수한 화랑 등이 국선의 자리에 오를 수 있었다. 화랑 제도는 신라 조정에서 직접 나서서 인재를 양성했다는 점에서 큰 의의가 있다. 화랑들은 적은 횟수였지만 전쟁에서 군사들이 부족할 때 전장에 나서기도 했다.

화랑은 주로 『세속오계』라고 불리는 다섯 가지 계율을 지켰다고 알려져 있다. 그러나 사실 『세속오계』는 화랑 출신의 두 젊은이가 가르침을 받은 것뿐이지 화랑도 전체의 계율이었다는 증거는 없다. 다만 김원술 등이 『세속오계』를 인용한 것으로 보아 화랑 사이에 널리 퍼진 계율이었던 것은 맞는 듯하다. 『세속오계』는 진평왕 시절 원광(圓光, 555~638) 법사(法師)에 의해서 만든 것으로 전해진다. 그 내용은 아래와 같다.

사군이충(事君以忠)	충성으로써 임금을 섬겨라.
사친이효(事親以孝)	효로써 부모를 섬겨라.
교우이신(交友以信)	믿음으로써 친구를 사귀어라.
임전무퇴(臨戰無退)	물러남이 없이 싸움에 임하라.
살생유택(殺生有擇)	살아있는 것을 죽일 때는 가림이 있어라.

화랑의 『세속오계』를 잘 지키고 큰 업적을 세워 우리에게 잘 알려진 화랑 몇 명을 소개하면, 삼국통일의 주역이며 신라의 가장 위대한 장군, 김유신(金庾信, 595~673)이 화랑 출신이었다. 그는 선덕여왕(善德女王, ?~647), 진덕여왕(眞德女王, ?~654), 태종무열왕(太宗武烈王, 602~661), 문무왕(文武王, ?~681)까지 여러 왕에게 충성하고 섬겼으며, 많은 전투에 나가 승리를 거두었다.

다음으로 우리에게 가장 유명한 화랑이라고 할 수 있는 관창(官昌, 645~660)과 반굴(?~660) 등이 있다. 이들은 황산벌 전투에서 물러나지 않고 백제 진영에 가 신라군의 사기를 드높인 업적을 남겼다. 마지막으로 사다함(斯多含, ?~?)이 있다. 사다함은 용모가 빼어나고 성품이 인자해 낭도들 천 명이 따를 만큼 인정을 받은 화랑이었는데, 562년 진흥왕이 이사부 장군을 시켜 대가야를 정벌하고자 했다.

이때 원래는 사다함 같은 청소년 나이는 전쟁에 참여할 수 없었지만, 사다함은 자신이 나갈 수 있게 해 달라고 청했다. 진흥왕은 나이가 너무 어리다고 받아주지 않았지만, 그의 계속된 간청에 용기를 높이 사 허락했다. 사다함은 5천 기병을 이끌고 대가야를 기습 공격해 대가야 정벌에 큰 공을 세웠고, 진흥왕은 기뻐하며 대가야 유민 300여 명을 그에게 주었다. 하지만 사다함은 그들을 풀어주고 진흥왕이 내려준 토지마저도 사양했다고 전해져 온다.

5. 가야(伽倻)의 건국과 멸망

고구려, 백제, 신라가 세워지던 그 시기에 낙동강 지역 정확히 서쪽 지역에 삼한 중에 소국으로 이루어진 나라들이 세워지기 시작했다. 특히 변한 지역에서도 새로운 연맹 국가인 가야가 건국되었다. 즉 6가야(伽倻, 또는 駕洛國) 등이 건국되었다.

삼한의 하나인 변한 지역(지금의 경상남도 김해)에 금관가야(가락국)가 세워졌다. 이 지역에서는 시조인 수로왕이 나타나기 전까지 여러 추장이 산골짜기에서 각기 백성을 거느리고 살고 있었다. 이후 주변 지역에 대가야, 아라가야, 고령가야, 성산가야 등 여러 소국이 세워져 가야연맹을 이루었다. 가야에서도 건국 설화가 있는데 『삼국사기』에는 다음과 같다.

김해에서는 9간(干)이 백성들을 통솔하고 있었다. 42년 3월 구지봉(龜旨峰)에서 수상한 소리가 들려 추장과 마을 사람들이 모였다. 하늘에서는 "하늘이 내게 이곳에 내려가 나라를 새롭게 하고 임금이 되라고 하셨다. 너희는 이 봉우리 위를 파서 흙을 집으며 '거북아, 거북아 머리를 내어라, 내밀지 않으면 구워서 먹겠다'라고 노래를 부르며 춤을 춰라. 그러면 곧 대왕을 맞이하게 될 것이다"라는 말이 들려왔다.

사람들이 이 말대로 하며 하늘을 바라보니 붉은 줄이 내려와 땅에 드리워졌다. 줄 끝에는 금으로 만든 상자가 붉은 보자기에 싸여 있었고, 상자 뚜껑을 열어보니 황금알 여섯 개가 있었다. 12일 후 금 상자를 다시 열어보니 알 여섯 개는 사내아이들로 변해 있었다. 여섯 알 중에서 가장 먼저 태어난 수로가 왕위에 오르고 나라 이름을 가야국(大駕洛)이라 했다. 나머지 다섯 사람도 다섯 가야의 왕이 됐다(『삼국유사』).

'가락국 신화'는 『삼국유사, 권 2 가락국기』에 실려 있는 건국 신화로 가락국 시조인 수로왕(首露王, ?~199)의 탄생과 혼사, 즉위에서 죽음에 이르기까지의 내력을 담고 있다. 이 점에서 '가락국 신화'는 '단군신화'나 '혁거세 신화', '동명왕 신화'와 그 맥락이 같다.

건국 시조 신화로서 가락국 신화는 하늘에서 내려와 하늘의 뜻대로 지상을 다스리는 첫 군왕이 곧 수로왕이고, 그러한 왕을 받들고 있는 거룩한 왕국이 곧 가야국이라는 이념이 강하게 투영되어 있다. 이를 통해 다른 건국 시조 신화와 마찬가지로 왕국에 신성성을 부여하고, 왕권 자체를 신성화하고 있다.

'가락국 신화'는 하늘의 신이 아도간(我刀干), 여도간(汝刀干) 등 아홉 족장이 다스리는 부족(9간) 연합의 통치자로서 인간 사회에 내려왔다는 것, 인간 사회가 그를 환영의 의미인 '춤과 노래'로 스스럼없이 맞아들여 왕으로 삼은 영신(迎神) 신화라는 데 그 특색이 있다.

'가락국 신화'에 나오는 '구지가(龜旨歌)'의 성격은 가락국 시조 김수로왕의 강림 신화에 삽입된 무가적(巫歌的) 서사시(敍事詩)로 향가(鄕歌)의 4구체와 유사한 형식을 보인다. '구지가'에 나타나는 '요구'와 '위협'은 전형적인 주술로, 이를 통해 이 노래는 노동요, 주술요, 의식요, 잡귀를 쫓는 주문 등 여러 가지로 해석된다. 또한, 이 노래는 수로왕이라는 신적인 존재를 맞이하기 위한 노래이기 때문에 신(神) 맞이 노래, 즉 '영신 군가'로서의 성격도 지닌다. '구지가'에 대하여 살펴보도록 한다.

구지가(龜旨歌)
龜何龜何(구하구하)　　　거북아 거북아
首其現也(수기현야)　　　머리를 내어놓아라.
若不現也(약불현야)　　　만약 내놓지 않으면
燔灼而喫也(번작이끽야)　구워서 먹으리.

'구지가'의 내용상 핵심은 거북이라는 동물과 머리이다. 그중에서 '머리를 내 놓으라!'라는 것으로, 머리를 내놓는다는 것은 새로운 생명의 탄생을 뜻한다. 여기에서 탄생은 수로왕의 탄생을 의미하며, 거북의 머리를 생명의 의미로 본 데서 고대인의 소박한 상징 수법이 잘 나타난다.

향가(鄕歌, 문화어, 사뇌가)는 신라 때에 불리던 민간 노래로서 보통 향찰로 기록되었다. 보통 신라 때부터 고려 초기까지 불려 오던 민간 노래를 말한다. 승려, 화랑을 포함한 다양한 작자 층에 의해 불교적 기원, 정치적 이념, 민요 또는 주술적 성격의 내용을 담은 작품들이 대부분이다.

향가의 구조적 형태는 4구체, 8구체, 10구체로 나뉘며, 한자로 지은 노래도 있고, 이두로 지어진 노래도 있다. 삼국시대 때는 4구체 향가가 많았으나, 남북국 시대 전기와 고려 초기로 가면서 8구체와 10구체 향가들이 다양하게 지어졌다. 다양한 내용이 있으며, 노동요나 민요로 추측되는 풍요, 귀신이나 액운을 막기 위한 주요(呪謠)로 부르기도 하며, 또는 자신의 감정을 털어놓고 싶어 하거나, 사랑을 고백하기도 하였다. 모두 한자의 음과 뜻을 빌려서 우리말을 표기한 것으로 이두(吏讀)와는 달리, 각 수의 가사 전체를 한자로 기록하였기에, 순수하고도 고유한 고대 한국어인 것이 주목할 만하다. '향가'라는 명칭은 '우리나라 노래'라는 뜻이다. 『삼국유사, 균여전』, 『삼국사기』에서 향가란 무엇인가를 적어놓았다.

釋永才性滑稽不累於物善鄉歌(『삼국유사』)
영재 우적조(永才遇賊條)
十一首之鄉歌詞淸句麗… (『삼국유사, 균여전』)
王素與角于魏弘通至是常入內用事仍命與大矩和尙 條集鄉歌 謂三代目…
『삼국사기』, 진성왕 2년 춘 2월조(二年春二月條)

당시 중국을 '당(唐)'이라 칭하고 신라를 '향(鄉)'이라 칭하였다. 이를 볼 때 신라의 노래라는 의미라고 할 수 있다. 그중에서 『삼국유사』에 수록이 되어있는 '원왕생가'를 한 수 소개하면 아래와 같다.

月下伊底亦	달하 이제
西方念丁去賜里遣	서방까지 가십니까?
無量壽佛前乃	무량수불전에
惱叱古音(鄉言云報言也)	일러다가 사뢰고 싶습니다
多可支白遣賜立	다짐 깊으신 부처님께 우러러
誓音深史隱尊衣希仰支	두 손 모두어 사뢰어
兩手集刀花乎白良願往生願往生	원왕생 원왕생
慕人有如白遣賜立	그릴 사람 있다 사뢰고 싶습니다
阿邪此身遺也置遣	야으, 이몸 남겨 두고
四十八大願成遣賜去	사십팔대만 이루실까

이 향가는 신라 문무왕(文武王, ?~681) 때 지어진 향가로 전해지는데 10구체 향가로서 그 내용은 광덕(廣德, ?~?)이 신라 문무왕 때 승려로서 엄장(嚴莊, ?~?)과 같이 극락왕생을 이루었다는 영험(靈驗) 설화의 내용이다. 광덕이 죽자, 그의 친구 엄장이 그녀에게 동침을 요구하였으나 그의 처가 거절하는 내용으로 구성되어 있다. 노래의 원문에 "願往生"이란 말이 겹쳐서 나와서 불교에서는 이를 "극락에 가고 싶다"라는 말로 풀이해 북한(조선민주주의인민공화국)에서는 '극락 노래'라고 한다. "일찍이 노래가 있었다."라는 기록이 있을 뿐이며 명확한 제목은 전하지 않는다.

이와 비슷한 노래로는 『삼국유사, 기이편』 "처용랑과 망해사조(處容郎과 望海寺條)"에 수록이 되어있는 "처용가"에 대하여 알아보기로 한다.

東京明期月良	서울 밝은 달밤에
夜入伊遊行如可	밤늦도록 놀고 지내다가
入良沙寢矣見昆	들어와 자리를 보니
脚烏伊四是良羅	다리가 넷이로구나.
二兮隱吾下於叱古	둘은 내 것이지만
二兮隱誰支下焉古	둘은 누구의 것인고?
本矣吾下是如馬於隱	본디 내 것(아내)이다만
奪叱良乙何如爲理古	빼앗긴 것을 어찌하리.

이 향가는 처용가로서 신라 헌강왕(憲康王, ?~886) 때 처용이라는 인물이 지었다. 역신(疫神)이 처용의 아내를 사랑하고 흠모하여 동침하고 같이 잠자리에 들어있는 것을 집에 돌아온 처용이 보고서 노래를 지어 불렀다고 전해진다. 처용의 행동에는 무언가 이상하게 보였을 것이다. 역신은 처용이 노(怒)하지 않자, 감동하여 무릎을 꿇었다고 하면서 이후로 각 집의 대문에다 처용의 형상을 붙여서 역신을 쫓아냈다는 내용이다.

가야는 낙동강 하류를 중심으로 12개의 소국(小國)으로 이루어져 있었다. 12개의 소국(小國) 중에서 몇 개를 나열하자면 미리미동국은 밀양, 고자미동국은 고성, 반로국은 고령, 감로국은 김천, 구야국은 김해, 안야국은 함안에 정착했다. 그 밖의 소국(小國)들은 낙동강 위치에 터를 잡았을 것이다. 12개 소국(小國) 가운데 구야국과 안야국이 가장 세력이 강해

주위의 소국들을 접수하게 된다. '구야국(狗耶國)'을 가야, 가라, 가락으로 표기되어 있어서 낙동강 전체의 소국을 가야라고 칭하게 되었다는 것이다.

가야 지역은 낙동강과 해안을 끼고 있어서 교통이 매우 편리하였다. 그리고 농토가 비옥한 평야 지대, 철이 생산되어 중국 일본과 무역을 통해 많은 이득을 취하고 나머지 소국을 지배할 수 있었다. 이 지역이 김해를 위시한 금관가야(金官伽倻)였다. 금관가야가 가야의 맹주국이라 할 수 있다.

가야 지역의 소국들은 연맹체를 이루었으나 강력한 군사력과 왕권을 갖추지 못하였다. 김수로왕(金首露王)이 임금이 되자 해양 세력인 석탈해의 도전을 물리치고 왕권을 안정시켰고 석탈해는 신라로 건너가 4대 임금으로 등극하였다.

가야는 3세기부터 신라와의 전쟁에서 매번 패퇴하였고, 4세기경에는 낙랑군과 대방군이 고구려에 의해 멸망하자 중계 교역에 어려움을 겪었다. 400년 고구려의 광개토왕이 군사력을 가지고 왜군을 격퇴한 결과로 낙동강의 동쪽 지방의 소국들은 신라로 병합되었다. 광개토대왕의 왜군을 물리친 것은 신라의 요청으로 군사력을 사용하여 왜군을 물리치게 되었다. 이 시기를 '전기 가야연맹'이라고 한다.

그 뒤 가야는 5세기까지 몇 개의 소국들로 분열된 채 중반까지 지속되다가 백제와 고구려의 남하 정책으로 인해 분열된 소국들이 다시 통합하였는데 이를 '후기 가야연맹'이라고 한다. 가야는 일본 규슈(九州)와 가깝게 있어서 일본으로 건너가 소국을 이루며 살고 있으면서 본국과 왕래를 하면서 무역 활동을 하였다. 이들 백제, 가야계 일본인을 '왜인(倭人)'이라고 불렀으며 한국악(韓國岳)이라는 산이 있는데 이를 '가야산'이라고 하며 일본어로는 '가라쿠니다케'로 불렀다. 또한, 백제의 수도인 웅진은 일본어로 '고마나루'와 비슷한 구마모토(熊本)이다.

규슈지방에 있는 것은 위의 뿐만 아니라 이 지방의 남쪽에 있는 강이 금강(錦江)이며, 신사와 유적과 유물들이 상당하다. 이러한 신사(神社)와 유물 유적들은 가야와 백제에서 건너온 이주민들에 의해 생겨난 것이다. 신사(神社)라고 하는 것은 일본에서 왕실이나 국가에 대한 공로가 매우 큰 사람들을 모시는 사당(祠堂)을 말한다.

가야가 경상남북도 일대의 광대한 지역을 장악하였으나 고대국가로 이행하지 못한 것은 지리적으로 매우 불리하였기 때문이다. 이 지역은 지형이 매우 험준하여 서로 간의 소통이 부족할뿐더러 주위국가의 견제가 매우 심하였다. 그 이유는 가야의 최북단인 함창 지역의 고령가야(상주)와 성산가야(성주), 대가야(고령) 지역은 산악지대였고 신라와 백제 의 협공으로 인한 데다가 규슈로 그 힘이 분산되어 있었기 때문이다.

4~6세기에 걸쳐서 백제 근초고왕의 영토확장 정책으로 인하여 남해안에 위치하였던 소가야(고성), 아라가야(함안) 등의 소국들은 백제로 통합되었고 6세기에 이르러 신라까지 도 국력이 강성해져서 법흥왕 19년에 금관가야, 진흥왕 23년에 고령지방의 대가야마저 신라에 통합되면서 결국은 가야는 고대국가로서 더욱 발전하지 못하고 562년에 멸망에 이르렀다.

이 시기 가야인들의 풍부한 자원과 농경문화는 우수한 농기구의 생산과 농경지의 개발 그리고 가야 지역의 인재들을 흡수하면서 신라는 더욱 융성해져 후에 삼국통일을 하는 데 매우 도움이 되었을 뿐만 아니라 가야의 잔존세력(殘存勢力)들은 일본열도로 이주하여 일본의 문화발달에 영향을 주었다는 것이다. 삼국통일을 이룬 김유신은 가야 출신이다.

가야의 역사를 살펴보면 한국사에서 빼놓을 수 없는 것이 임나일본부설(任那日本府說)에 관한 진실 여부이다. 이 설에 관한 기록들은 『일본서기』에서만 기록되어 있다. 임나일본 부설(任那日本府說)은 4~6세기경에 일본의 야마토 정권이 한반도 남부의 임나 지역에 통치 기구(統治機構) 임나일본부(任那日本府)를 세워 지배력을 행사하였다는 폐기된 학설이다.

흔히 근거로 들고 있는 사료로는 크게 391년 광개토왕릉비 신묘년 기사, 『일본서기, 진구 황후 편』에 신라와 백제가 조공을 바쳤다는 내용의 기사, 백제의 칠지도 명문이 있 다. 이 가운데 특히 8세기의 역사서 『일본서기』에 근거하여 임나일본부의 실재 여부나 그 기능에 대해서는 학자들 간에 많은 이견이 있다.

임나(任那)는 『삼국사기 강수전』의 '임나가량(任那加良)'이나 진경대사(眞鏡大師) 탑비에 쓰여진 '임나왕족(任那王族)'인 흥무대왕 김유신'에서 쓰고 있는 말로, 임나는 가야 연맹체의 중심이었던 가락국의 별칭으로 보는 것이 일반적이다. 일본 측 사료에서는 가야 전체를 가리키거나 가락국뿐만 아니라 반파국, 안라국 등 가야 연맹체의 특정국을 가리키는 말로 도 쓰고 있다.

『일본서기』에는 진구 황후가 369년 가야(伽倻) 지방을 점령해 임나일본부를 두고 실질 적인 통치를 하다가 562년 신라에 멸망했다고 쓰여 있다. 광개토왕릉비의 신묘년(391년)에 해당하는 기사에는 아래와 같이 쓰여 있다. 이 부분의 내용은 신묘년에 일어난 구체적 사건을 적은 기사라기보다는 396년부터 404년까지 사이에 고구려가 벌인 남진 정책의 명분과 성과를 집약 기술한 집약문으로 추정되고 있다. 이 부분은 비문이 파손되고 '해(海)'의 경우 '每'를 고친 것으로 볼 여지가 있어서 비문 일부가 일제에 의해 조작된 것이라는 주장도 있다. 이 비문의 내용을 원문에는 이렇게 적혀 있다.

> 원문:
> 百殘新羅 舊是屬民 由來朝貢. 而倭以辛卯年來 渡海 破百殘□□新羅 以爲臣民.
> 백잔(백제), 신라는 과거 속민(屬民)으로 조공을 해왔었다.

이러한 원문을 두고 두 가지 해설이 존재한다. 각국의 이익과 자국의 명예가 있는 해설이기 때문에 매우 신중해야 한다는 것이다.

첫 번째는 '왜(倭)가 신묘년(391년)에 내습하니 바다를 건너 백잔, □를 격파하여 신라를 구원하고 모두 신민으로 삼았다.'

두 번째는 '왜(倭)가 신묘년(391년)에 바다를 건너와 백잔 □□ 신라를 격파하고 모두 신민으로 삼았다.'라는 두 가지 해석이 나올 수 있다는 것이다.

『일본서기』는 8세기 초반에 서술된 책으로 내용이 너무나 객관적이지 못하고 부실하여 지금도 일본의 학자들도 비판하는 학자가 상당히 많다. 임나일본부설과 관련된 일본서기의 대표적인 왜곡으로 백제의 장군 목라근자(木羅斤資)에 대한 『일본서기』의 서술이 있다. 『일본서기』 382년 기록을 보면 전쟁에서 대가야를 구원한 사람은 백제 장군 목라근자로 되어있다. 그러나 목라근자의 가야제국(諸國) 평정과 대가야 구원을 마치 천왕의 명에 따라 일본에 파견하여 이루어진 것으로 왜곡되고 있다. 백제는 내륙국(內陸國)이었던 대가야를 바로 구원할 수 있었지만, 일본은 내륙에 있는 대가야를 구원하기 위해서는 바다를 건너 한반도 남쪽 지역들을 통과하여야 하므로 실질적으로 말이 되지 않는다. 이 기록을 근거로 일본의 학자들은 일본이 가야를 200년 가까이 지배했다는 임나일본부설을 주장했었다.

'일본'이라는 국호는 고구려, 백제가 나당연합군에게 멸망한 7세기 이후에 사용된 것이니만큼, 4세기에 '일본'이라는 명칭이 들어가는 '임나일본부'가 있었다는 것은 있을 수 없는 일이다.

임나일본부는 중요한 역사 기록이라 할 수 있는데 『고사기』에는 전혀 기록이 되어있지 않다. 720년 편찬된 『일본서기』보다 8년 전 편찬된 고사기에는 신공왕후의 임나정벌과 같은 사실이 전혀 언급되어 있지 않다.

그 당시, 배의 운송 능력이 군인 25명, 말 2~3필 정도이다. 이러한 능력으로는 일본열도(日本列島)부터 한반도 남부 지방을 경영할 만한 충분한 병력과 물자를 한반도에 전달할 수 없다.

남조(南朝)의 송(宋)으로부터 받았다는 왜왕의 책봉 기사 역시 왜왕이 받은 칭호의 등급이 고구려, 백제보다 낮았다는 점에서 해당 칭호는 별 의미가 없음이 중국 기사로 확인된다. 왜왕은 478년에 안동 대장군을 받았는데, 백제왕은 420년에 그보다 두 단계 높은 진동 대장군을, 고구려왕은 백제왕보다 두 단계 높은 정동 대장군을 받았다. 당시 중국과의 교류가 없던 신라를 빼고, 왜왕이 중국 왕조(王朝)로부터 받은 칭호는 항상 고구려, 백제보다 낮았다.

칠지도 앞면의 후왕(侯王)은 왜왕(倭王)을 가리키는 것으로 백제가 왜의 상국(上國)이었다는 것을 뜻하고, 뒷면에 '전시후생(傳示後世, 후세에 전하여 보이라)'이라고 적혀 있는 글은 전형적으로 윗사람이 아랫사람에게 하명(下命)하는 형태의 문장이라는 점에서 칠지도는 백제가 왜왕에게 하사한다는 뜻으로 줬다고 보는 것이 타당하다.

아쉽게도 칠지도는 현재 우리나라에 있는 것이 아니라 일본 이소노카미 신궁에 모셔져 있다. 칼의 앞과 뒤 표면에 정교하게 금상감(金象嵌)한 61자의 명문 때문에 이 칼이 고대 한일관계사를 정리하는 데 매우 유용한 자료이기 때문에 중요하다.

명문 속에는 칠지도의 제작연대 제작의 주체, 동이 담겨 있어, 『일본서기, 신공기』에서 이에 관한 기사를 싣고 있는 이유 및 당시의 국가 간의 역학 관계, 즉 백제와 야마토 조정과의 관계를 실증적으로 보여줄 수 있기 때문이다. 칠지도의 명문을 보자.

(앞면):

泰□四年□月十六丙午正陽, 造百鍊銅(鐵?)七支刀

□(=生?出?豈?)벽百兵, 宣供供侯王□□□□作

(뒷면):

先世以來, 未有此刀, 百濟王世□(-世?, 子?)

奇生聖音, 故爲王旨造傳示□(-後?)世.

칠지도의 앞면과 뒷면의 글자 수는 각 34자(字)와 27자(字)인데, 이 글자 중에서 흐려서 보이지 않아 해독이 불가한 자가 5자(字) 그리고 정확하지 않아서 분간하기 어려운 글자가 11자(字)이다. 따라서 칠지도를 정확히 해석하는 것이 불가능할지도 모르지만, 여러 학자의 의견을 찾아 정설에 가깝도록 노력해야 할 것이다. 특히 보이지 않는 글자들은 사료를 보면서 해독하면 되지만 해독자(解讀者)에 따라서 달라지는 글자가 문제이다. 특히 (□?)로 표시된 글자들이 문제가 되는 것이다. 즉 해석이 다양하여 정설이 되지는 못하는 문제가 있다. 따라서 여기에서는 이러한 문제점에 대한 논의가 제기(提起)된다.

첫 번째로는 명문 내용에서 '僻(벽)' 자(字)에 대한 해석 문제다. 이것은 '백병을 물리친다.'라는 의미로 '제백병'의 뜻으로 해석함이 마땅하다는 것이다. 따라서 '僻(벽)' 자(字)는 피(避)나 제(除)의 의미로 고정해서 해석해야 한다는 것이다. 그러나 이렇게 해석하는 것은 다소 무리가 있다. 그 이유는 칠지도의 용도에 있다. 생김새와 용도가 전쟁의 무기로서는 어울리지 않는다는 것이다. 여러 갈래의 칼이 전쟁에서 사용될 수 없다는 것이다. 따라서 '僻(벽)' 자(字)를 '징(徵)'으로 해석함이 옳다는 것이다. 다시 말하면 '부르다', '모으다.'의 훈(訓)으로 해석되어야 한다는 것이 마땅하다.

둘째로는 '백제왕세□'에서 '□'를 자(子)로 판독해서 오류 오류를 범하고 있다는 것이다. 흔히 우리나라에서는 임금의 뒤를 잇는 황태자에서 보듯이 '태자(太子)'라고 칭한다는 것인데, 세자라고 칭하는 것은 아니라는 것이 정설이다.

이러한 주장이 설득력이 있는 것이 1989년에 일본의 한 대학에서 명문에 마모된 글자는 그 크기와 글자의 위를 보면 자(子)의 모양이 될 수 없고 '세(世)'의 획이라는 의미가 청산(靑山, 아오야마) 대학에서 한국고대사(韓國古代史)를 강의하고 있는 학자에게 제기되었다.

이에 따르면 백제왕세세(百濟王世世)의 의미가 되고 이 말은 구다라 왕은 '세세토록'이라는 것이 타당성 있다는 것이다. 그런 의미로 본다면 백제왕은 백제소국(百濟小國)의 구다라 왕을 지칭하며 구다라 왕은 큐슈(九州) 지방 소국(小國)의 임금이다.

또한 성음(聖音)은 한반도의 본국인 백제의 성덕, 즉 왜(倭)를 정복하고 평정한 백제 고이왕(古爾王, 234~286, 8대 임금으로서 5대 초고왕의 동생을 말함)의 성덕을 말하며 음과 훈의 양명에서 같은 것으로 통하는 성음(聖音)과 성음(聖陰)으로 '성스런 그늘'이라는 것이다. 이런 해석의 예를 들자면, 녹사불택음(鹿死不擇音)으로서 '사슴은 죽을 때 그늘을 택하지 않는다.'의 음(音)은 그늘로 사용된다는 것이다. 즉 음(陰)과 음(音)이다.

세 번째로는 고위왜왕지조(故爲倭王旨造)에서 '지(旨)' 자(字)를 일본에 유리하게 해석하는 데 있다는 것이다. 이 자(字)를 왜(倭) 왕의 이름으로 확대해석하고 있으나 이를 고증할 증거가 없다는 것이다. 따라서 원래대로 '뜻'이라 해석하는 것이 옳다는 것이다.

이에 근거로 해석하면 다음과 같다.

(앞면)
泰□ 4년 □월 16일 병오정양에, 백번 단련한 철의 칠지도를 만들었으니, (이는) 나아가(出) 백병(百兵)을 부르는(徵, 호출) 것이기에, 마땅히 후왕에게 공급할 만하다. □□□□만듦.

(뒷면)
선세 이래로 이런 칼은 없었다. 백제(慈?) 왕(규슈의 구다라왕)은 세세토록 성음(성스러운 그늘=백제 고이왕의 성덕)에 기탁하여 살았다(寄生). 그러므로 왜 왕이 된 뜻으로 (혹은, 왜왕을 위한 뜻으로) 만들었으니, 후세에 전하여 보일지어다.

이렇게 해석한다면 일반적으로 일본이 주장하는 해석과는 다르다는 것이다. 앞면에서 칠지도의 재료는 백련 철인데, 쇼다이산 근처의 제철 유적 군지(群地)로써 채취한 것으로 만들어졌으며 칼의 사용처는 전쟁 무기용이 아니라 모든 군사를 모으는 위엄과 권위를 상징하는 용도로 만들어져서 후 왕에게 줄 만한 가치가 있다는 것이다. 이는 하사품이다. 泰和(태화)는 동진 연호 太和(태화)와 같다고 본다. 372년 백제가 동진과 통교하였지만, 그 이전 충분히 동진 연호를 알고 있었을 것이다.

뒷면을 해석하여 보면, 처음에 칼의 자랑과 훌륭함을 서술하고 있다. 그러나 고위왜왕 지조(故爲倭王旨造)에서 위(爲)가 논란거리이다. 위(爲)라는 글자(字)를 어떻게 해석하느냐 에 따라 의미가 살짝 달라질 수 있다는 것이다. 흔히 위(爲)라는 뜻은 여러 가지가 있지만 '되다'와 '위하여'라는 뜻으로 사용할 때 해석이 달라지기 때문이다. 이와 관련하여 해석하 여 보면 "고로 왜왕이 된 뜻으로 만들었으니"가 되며 '고로 왜왕을 위하는 뜻으로 만들었으 니'처럼 해석되니 매우 미묘한 차이를 느낄 수 있을 것이다. 따라서 이러한 해석의 여지가 많은 문구를 민족주의적으로 해석한다면 문제가 매우 커질 것이며 자국의 이익에 부합되 도록 조작할 가능성이 있다. 미묘한 해석 차이를 느껴보자.

첫 번째 해석을 취하면 그 뜻은 '한반도 백제의 후국(侯國)인 규슈(九州)의 구다라(百濟, 고대로부터 일본에서 백제를 '큰 나라'라고 부르는 데서 생긴 말) 왕은 백제 왕의 성음에 기탁(寄託) 하여 살았던 고로 이제 왜왕이 된 뜻으로 만들었으니'가 된다. 이것은 신공 49년에 백제-왜 연합군을 결성하여, 시라기(신라) 7국을 평정한 다음에 규슈(九州) 지역 대부분 땅을, 즉 海西諸韓(기나이) 지역에서 본 규슈의 '韓國(시라기, 신라 7국)'을 백제가 차지한 사건의 일환 으로서, 그 현지의 구다라 왕을 왜왕으로 삼았다는 뜻이다.

두 번째 해석은, '규슈(九州)의 구다라 왕은 한반도 백제왕의 성음(성덕)에 기탁(寄託)하 여 살았던 고로 왜왕(기나이의 야마토왕)을 위하는 뜻으로 만들었으니'가 된다. '이것은 백제 소국인 구다라 왕이 본국(本國) 백제왕(百濟王)의 권위를 업고서(즉 기생성음(寄生聖陰)하여), 그 성음(성덕)의 권한 대행자로 백제왕의 후왕인 왜왕을 위하는 뜻으로 만들었으니, 후세 에 보일지어다.'라는 의미가 된다. 하여튼 어느 쪽을 취하든 칠지도 제작의 주체는 규슈의 백제 소국왕(小國王)이었다는 결론이다. 그리고 칠지도의 일곱(칠지) 형상은 7국 평정 사건 의 그 7국의 의미가 여기에 개재된 까닭이 아닐까?라는 생각이 든다(김문배 외, 1995).

6. 고구려와 주변국과의 관계

당시에 고구려는 동아시아의 패권을 가지려고 부단하게 노력하였다. 당시의 주변국으 로는 수나라와 당나라가 그 위세를 떨치고 있어서, 고구려와 사사건건 충돌하였고 급기야

수나라와는 5차례, 당나라와의 여러 번의 전쟁을 해야만 하였다.

먼저 수나라와는 당시에 고구려의 위세가 대단하였기에 당시의 수나라와는 상대가 되지도 못하는 기운을 가지고 있었다는 것이다. 당시 수나라는 중국에 흩어져 있던 중국 민족을 통일한 왕조였고 576년 이후 수나라 문제는 30만 대군을 이끌고 고구려를 침략하였지만, 기후 악재로 인하여 철수하게 되었다.

그 뒤를 이어 수양제는 군사 백만여 명을 이끌고 고구려를 침범하였는데 그 위세는 『삼국사기』에 잘 기록되어 있을 정도로 인해전술을 펴서 침범을 강행하였다.

『삼국사기, 三國史記』에 나타나 있기를, 영양왕 23년(621)에 의하면 隋는 군사 113만 3천 8백 명으로 공격을 개시하였는데, 전군(全軍)의 출발에만 40여 일이 걸렸으며, 군기(軍旗)가 960리에 뻗쳤다고 한다. 그러나 이러한 인해전술에도 불구하고 수나라는 고구려에 대패당하고 철수하였다. 그 시기에 활약하였던 장수가 유명한 을지문덕(乙支文德, ?~?) 장군이다.

612년 수나라는 두 번째의 고구려 침공을 개시하였다. 이때도 첫 번째 침공 때와 마찬가지로 수륙양로를 통해 쳐들어왔다. 먼저 수나라 육군은 일단 탁군(涿郡)으로 집결, 좌우 각각 12군으로 편성해 고구려를 향해 진군하였다. 성공한 수군은 곧 요동성(遼東城)을 포위하고 공격했으나, 고구려의 완강한 저항과 지휘계통의 혼란 등으로 지구전으로 돌입하게 되었다. 수나라는 우중문(于仲文), 우문술(宇文述) 등을 지휘관으로 한 30만 5천 명의 별동대를 편성해 오골성(烏骨城)을 경유, 압록강을 건너 고구려의 국도인 평양성으로 직접 공격하여 대세를 결정지으려 하였다. 별동대는 겨우 평양성 30리 지점에까지 진군하였다. 하지만 수나라 물자의 부족 등으로 수군은 더 이상의 진군이 불가능하게 되었다.

이러한 약점은 압록강을 건너기도 전에 고구려 주장(主將) 을지문덕(乙支文德)에게 간파당하였다. 이에 고구려는 거짓된 항복을 청해 퇴각할 구실을 만들어 주는 척하면서 일대 추격전을 전개하였다. 특히, 퇴각하는 수군이 살수를 건너고 있을 때 이들을 배후에서 공격해 수나라 장수 신세웅이 전사하는 등 대대적인 전과를 올려 요동성까지 살아간 병력은 겨우 2,700명에 불과했다고 한다. 을지문덕은 용맹과 지략이 매우 훌륭하지만, 문학적 재능도 이에 못지않았다. 그가 적장 우중문(于仲文)에게 보낸 야유조(揶揄調)의 오언시(五諺詩)가 전해지고 있다.

신책고천문(神策究天文)	그대의 신기한 책략은 하늘의 이치를 다했고
묘산궁지리(妙算窮地里)	오묘한 계획은 땅의 이치를 다했노라
전승공기고(戰勝功旣高)	전쟁에서 이겨서 그 공이 이미 높으니
지족원운지(知足願云止)	만족함을 알고 그만 두기를 바라노라

한편, 수나라 해군은 바다를 건너 패수(浿水)를 거슬러 올라가 평양성을 공격하려 했으나, 왕제(王弟) 고건무(高建武)가 지휘하는 고구려 결사대에 의해 막대하게 손실을 당하고, 거기에다가 육군의 참패로 전의를 상실하고 후퇴하였다. 이처럼 수륙 양면에서 막대한 손실 입은 수는 요동성 공격을 중단하고 총퇴각함으로써 두 번째 침략도 실패로 끝났다. 이 전쟁이 유명한 살수대첩이다.

이 전쟁으로 인하여 수양제는 패전의 책임을 물어 우중문과 그의 부하들은 서인으로 강등하거나 참형에 처했으며 결국 수나라는 618년 패망을 하게 되었다.

그 시기에 7세기 중엽 한반도의 정세는 삼국 간에도 한강 유역을 중심으로 매우 긴급한 상황이 전개되었다. 결국은 한강 유역을 차지하기 위하여 삼국은 치열한 각축전을 벌이는 양상이 전개되고 있었다.

당시 백제의 마지막 왕인 의자왕(義慈王)은 7월에 신라의 하미후성(下獼猴城) 등 약 40개 성을 침범하였다. 8월에는 윤충(允忠, ?~?)으로 하여 대야성(大耶城)을 공격하게 하여 성주(城主) 품석(品釋)과 그 처자(妻子)를 모두 죽이고 천여 명의 포로를 이끌고 돌아가 버렸다. 642년 신라의 김춘추(金春秋, 604~661)는 국가 존망의 이 위기를 타개하기 위해서 또 하나인 적지(敵地)인 고구려에 가서 도움을 요청하였다. 그러나 연개소문(淵蓋蘇文)은 그의 의견을 묵살(黙殺)하고 동시에 그를 감금하여 신라의 간절한 바람은 물거품이 되었다.

김춘추는 겨우 살아 돌아갔으며 신라는 고구려와의 교섭 관계가 실패로 돌아가자, 643년 (善德女王 12년), 당(唐)나라에 청병외교(請兵外交)를 전개하였다. 즉 고구려와 백제가 연합해서 공격할 것이라 알리고 당(唐)나라에 군사를 파견, 구원을 요청하였다. 그 후 진덕여왕대 (眞德女王代, 647~654)도 물론, 김춘추(金春秋) 그 자신이 즉위한 뒤에도 두 번에 걸쳐 청병을 위한 사신을 파견하였고, 아울러 청병외교 관계를 지속하였다.

또한, 고구려는 신라와 백제에 대한 경계하는 것보다는 당나라와의 관계에 대하여 신경을 몰두하고 있었고, 군사적 실력으로 정권을 장악한 연개소문(淵蓋蘇文)은 신라에 대한 공격을 중지하기를 권하는 唐의 간섭을 물리쳤으며 사신을 토굴에 감금하기도 하였다. 이에 당 태종(太宗)은 644년 자신의 중재 외교를 거부하는 고구려와 국교를 단절하고, 11월 고구려 원정을 선포했다.

초기에 당나라는 고구려에 대하여 유화정책을 이용하여 외교적 고립을 통하여 굴복시키려고 하였다. 이는 민심의 이반과 돌궐족(突闕族)이라는 새로운 민족의 출현 때문이었다. 그러나 당태종은 돌궐족을 멸망시키고 관심을 고구려로 돌리자 이에 놀란 고구려는 만주의 농안(農安, 扶餘城)에서 발해만에 이르는 천리장성을 쌓았는데 무려 16년이나 걸렸다. 이때가 647년이었다. 당시 연개소문은 위에 언급한 것과 같이 군사력으로 영류왕(榮留王, ?~642)을 죽이고 왕의 조카인 보장왕(寶藏王, ?~682)을 왕위에 등극시키고 자신은 '대막리지(大莫離支)'에 올라 군권정치(軍權政治)를 펴고 있었다. 대막리지라는 말은 고구려 최고의 으뜸 벼슬이라는 뜻이다.

이 당시에 고구려는 애국 청소년단 무사단체(武士團體)인 '조의선인(皁衣仙人)'이라는 신라의 화랑도와 비슷한 것이 있었다. 이 단체는 순수한 우리말로는 '선배', '선인'이라는 뜻으로 국가적인 큰 행사인 '동맹'을 할 때 선발되었다. '검은 옷을 입은 선인'인 '조의선인'은 뽑는 과정도 혹독하였다. 선배는 고구려의 10월 제사에 모인 군중 앞에서 무예를 선보인 데서 비롯되었고 선인(先人 또는 仙人)은 선배의 이두(吏讀)식 표기이다. 이들은 급료를 국가에서 받으면서 생활과 무예 그리고 학문을 익혔으며 사냥과 가무, 무예 등의 여러 경기에서 승리하였던 사람이라고 할 수 있다.

동시에 전쟁에 임할 시에는 자체 부대를 조직하여 정예군으로도 활동하였고 머리를 박박 깎고 검은 옷을 입었으므로 흡사 무사를 연상케 하였다. 이들은 신라의 화랑보다도 역사적으로 오래된 무사단체라 할 수 있다.

역사극에서도 보듯이 화랑은 원화(源花)라는 여성에서 비롯되어 나중에 좋은 가문의 청년 중에 덕행 있는 자를 곱게 치장하여 화랑으로 만든 것에서 보듯이 외모와 몸치장을 중시하여 여성적인 모습인 것에 비해, 선배는 매우 남성적이다. 선배의 독특한 외양 때문에 고구려와 전쟁을 하였던 수, 당의 병사들은 이들을 승군(僧軍)으로 착각하기도 했다.

그래서 고구려를 숭상(崇尙)한 고려의 최영 장군도 '당이 30만 대군으로 고구려를 침략하나 고구려는 승군(僧軍) 3만을 내어 이를 대파하였다.'라고 선배를 찬양하였다. 『고려도경(高麗圖經), 원명은 선화봉사고려도경(宣和奉使高麗圖經), 송(宋)나라 휘종(徽宗)이 고려에 국신사(國信使)를 보낼 때 수행한 서긍(徐兢)이 송도에서 보고 들은 것을 그림으로 곁들여서 기록한 책』에 나오는 재가화상(在家和尙)은 선배의 후예로 알려져 있다.

'조의선인'의 선발 과정은 어려서부터 혹독한 신체 훈련을 필요했고 이를 위해서는 한겨울에도 차가운 물 속에서 목욕할 정도였다. 살수대첩으로 유명한 장수인 을지문덕(乙支文德, ?~?)과 연개소문(淵蓋蘇文, ?~665)도 자신이 얼음 속에서 태어났다고 한 것으로 보아서 선인 출신이라고(한영우) 추측이 되는바, 뽑힌 사람은 정예 관료로 갈 수 있는 길이 있었다는 것이다.

특히 연개소문은 조의선인(皂衣仙人)을 강한 군대로 키우기 위해 더욱 강화하였고 그들의 정신 무장을 위해 도교라는 이름으로 고유종교이자 민족주의 성향이 강한 선교(仙敎)를 퍼트렸다. 민족의 영토인 옛 조선의 영토를 회복하는 것이 목표였다는 것이다.

그들의 전투력은 매우 강하였다. 특히 안시성 전투에서는 공성기구(攻城機具)를 사용하여 공격한 당나라 군대를 격퇴하였으며, 그들도 또한, 당나라군의 군세(軍勢)를 꺾는 데 일조(一助)를 한 기록이 있다.

> '이때 성안에서 검은 옷을 입은 백 명의 용사가 뛰어나와 천장의 거미줄을 걷어내듯 당나라 2만 기병을 산 아래로 팽개치고는 오히려 토산을 차지해 버렸다.'라고 적고 있다(한영우에서 재인용).

이 전투에서는 당시에 당 태종이 토산을 쌓고 공격하여 안시성 일부가 붕괴가 되자 이들이 결사대로 나와 당군을 물리쳤는데, 이들이 검은 옷의 용사(勇士)를 조의선인이라 부른다. 당시 고구려의 조의선인은 3만여 명에 달했고, 그 수장은 연개소문(淵蓋蘇文, ?~665)이었다.

이들은 위에서 말했듯이 문무를 겸비한 인물이었다. 누구보다도 훈련을 통하여 지적,

정서적, 신체적 능력을 갖추었고 교양 교육을 통해 정신적 능력도 동시에 갖추었다. 따라서 조의선인은 누구보다도 사물과 현상을 깊이 인식하고, 그것들이 부딪치는 문제의 실상을 정확히 파악하며, 이를 해결할 심리적, 물질적 능력을 소유하도록 조련되었다. 을파소나 명림답부, 을지문덕 등 역사에 이름을 남긴 이들도 모두 조의선인들이었고, 우리 문화 전통에서 말하는 선비란 바로 이들이 가지고 있는 덕성과 실천력에 뿌리를 두고 있다.

고구려 제22대 안장왕(安臧王, ?~531) 때의 조의선인으로 선발되었던 을밀선인(乙密仙人) 문하에는 조의선인도 3,000명이 다물방지가(多勿邦之歌)를 부르며 심신을 수련했다고 한다 (다물, 多勿은 '되 물린다.'라는 뜻으로 단군조선 시대의 태평성대(太平聖代)로 복고(復古)하겠다는 의지를 뜻함). 단군조선의 국자랑(國子郎) 혹은 천지 화랑제도가 고구려에 와서는 조의선인 제도로, 백제에서는 무절(武節, 일본의 사무라이(武士)로 이어짐)로 발전했으며, 신라에서는 화랑도로 이름이 바뀐 것이다.

서기 644년 6월 당은 고구려의 요동 공격을 명령한 후 11월 수군과 육군을 대동하여 약 50만 명에 달하는 대규모 원정군을 편성해 공격을 시작했다. 이때 당군은 각종 공성용 (攻城用) 기구를 총동원했다. 당 태종은 다음 해 2월에 낙양(洛陽)에서 출발하여 직접 원정 길에 올랐다. 또한, 돌궐과 거란으로 구성된 이민족의 군대도 다수 동원되었다.

당 태종은 정예군 6만 명을 유주에 집결시키고, 요동을 향해 세 갈래 길로 진군하기 시작했다. 총사령관 이세적(李世勣)이 정예군 선발대 6만 명을 이끌었고 현도성으로 향했다. 이도종에게 6만의 군사로 신성을 치게 하고, 장검에게 6만의 군사로 건안성을 치게 했다. 당 태종의 친정군(親征軍) 20만이 뒤를 따랐다. 거기에 당 태종이 친히 거느린 6도 행군 36만이 뒤따랐다. 또한 장량(張亮)이 상륙군 4만 3,000을 포함한 수군 10만 명, 1,000척의 함대로 등주에서 출발하였다. 본대가 80만에 이르렀지만, 새로운 수레의 발명으로 수송부대가 본대의 2배에서 1/4로 줄어들었다.

그래도 수송부대를 합쳐서 100~104만에 이르는 부대였다. 그 후 두 차례(2차 647년, 2차 648년)의 침략이 더 있었지만 결국은 고구려에 심하게 패퇴를 거듭하게 된 나머지 그들의 국력은 쇠퇴하기 시작하였다. 그들의 고구려를 침범하고자 하는 목적은 이루어지지 않았고 649년에 당 태종이 죽고, 고종(高宗)이 즉위하자 당의 대고구려 전략이 변경되었다.

7. 나(羅), 당(唐) 연합국에 의한 삼국의 통일과 통일신라 시대로의 진입

서기 660년 백제는 삼국 중 가장 먼저 신라와 당나라에 의해서 멸망의 길을 걷고 있었다. 백제의 마지막 왕인 의자왕은 당시 나, 당 연합군을 이끌던 김유신과 소정방의 군사에 의해서 멸망하게 된다. 당시 연합군의 군사는 약 18만이었으며 마지막 전투인 계백장군과 운명의 결전을 하고 난 뒤 백제는 나, 당 연합군(羅唐聯合軍)에 의해서 항복하게 되었다.

당시의 의자왕은 문란한 정치와 간신들의 간계에 속아 결국은 백제를 역사 속으로 보낸 마지막 왕이 되었다. 이에 대한 마지막 전투에서 김유신과 일전을 벌였던 계백(階伯, ?~660)장군은 자기의 처와 아이들을 차라리 백제의 존망을 예측하지 못하여 노비로 살 바에는 차라리 깨끗하게 죽음 택하고자 자기의 처와 아이들을 죽이고 전쟁에 임하였던 것으로 유명하다. 이 전투가 유명한 황산벌 전투이다.

이 전투는 당시에 매우 치열하게 전개되어 양쪽에 큰 손실을 주었다. 특히 계백은 5천여의 군사를 가지고 장렬하게 전투하다 결국은 힘을 소진하여 전사(戰死)하게 되었다. 즉 그는 장졸들에게 월나라의 장수를 예로 들면서, "구천이 5천여의 군사를 가지고 70만의 군사를 격퇴하였고 우리도 이에 분발하여 죽음을 다하여 전쟁에 임하자."라고 하면서 군사를 독려하였다고 한다.

이 전투로 인하여 신라의 명장 김유신은 위기에 처하게 되는데 당시 이 전투를 통하여 소정방의 군대와 약속을 지키지 못해 당나라 장수인 소정방이 문책하려 하자 그는 먼저 당나라를 치고 난 뒤에 백제를 공격하겠다고 엄포를 놓은 일화가 유명하다. 결국은 이 전투를 계기로 백제가 멸망하게 되었다.

또한, 나당연합군은 이를 기세로 하여 당시에 연개소문의 아들 사이에서 권력투쟁이 일어나자 결국은 고구려도 멸망하게 되었다. 이 당시의 마지막 왕은 보장왕으로서 서기 668년 보장왕 27년 멸망을 하였다. 아이러니하게도 연개소문의 아들 삼 형제(남생, 남건, 남산) 중에서 남생은 당나라에 투항하였고 그가 고구려의 마지막 왕인 보장왕으로부터 투항을 받은 인물이다.

그러나 신라와 당나라는 마지막 결전을 남겨 두고 있었다. 왜냐하면, 당나라의 속셈은 한반도 모두를 자기의 간섭하에 남기를 바랐던 것이다. 즉 당나라는 신라에 대하여 속셈은 따로 있었다. 백제에 웅진도독부 그리고 고구려 지역에 안동도호부, 서기 663년 신라에 계림도독부를 설치하여 신라를 복속하려는 속셈이 있었다는 것이다. 이를 눈치챈 신라는 양면 작전을 사용하여 당나라를 축출하려는 계획을 진행하였다.

첫째는 백제와 고구려의 지역에는 그들의 후손과 신라 문무왕(文武王, ?~681)의 동생 김인문(金仁問, 629~694)을 파견하여 그 지역을 지배하고자 하였으며, 둘째는 군사 활동을 시행하여 정공법을 택함으로써 설인귀가 이끄는 당나라 군대를 기벌포에서 격파하여 당나라를 축출함으로써 진정한 삼국통일을 이루게 되었다. 따라서 신라의 영토는 대동강과 원산만을 잇는 이남 지역을 차지하게 되었으며 한반도의 지배권을 행사하게 되었다.

따라서 한반도 최초의 통일국가를 이룬 신라의 삼국통일은 독립국의 위치를 확보하였다는 데서 매우 의미가 크다고 볼 수 있다. 비록 고구려의 전역을 확보하는 데는 실패하였지만, 고구려와 백제 유민과 연합하여 한민족의 통일국가를 이루었다는 데서 의미를 찾을 수 있다.

그러나 일부의 학자들은 신라에 의한 삼국통일을 매우 부정적인 시각으로 설명하기도 한다. 왜냐하면, 고구려가 가지고 있었던 광활한 영토를 잃어버렸다는 데에 있었으며 북으로 진출하는 데 한계성을 가지게 되었다는 것이다.

이러함에도 불구하고 삼국은 실질적으로 문화 통합(統合)의 기회가 주어졌다는 것과 그동안 각종 전쟁을 치르는 데 고통을 받았던 백성들에게 평화를 가져다주었다는 데서 의미를 찾을 수 있다.

또한, 삼국통일을 하는 가운데 중요한 우리의 역사가 존재하고 있다. 그것이 바로 발해사이다. 발해는 오늘날 한반도를 포함하여 중국, 러시아의 일부 지역을 차지하였던 우리의 역사라고 할 수 있다. 그러나, 우리나라에서는 여전히 이들의 연구가 매우 부진하여 안타까운 심정이다. 다행히도 오늘날 남북한을 비롯하여 중국과 일본 등지에서 역사가들의 연구가 진행되고 있다. 그러나 이들의 연구는 자국의 이익을 위해서 이루어지고 있는 만큼 여전히 진실을 가리는 데 어려움이 있다.

8. 후삼국시대의 도래와 발해의 건국

발해의 건국은 668년 고구려가 멸망되고 난 뒤 신라는 대동강과 원산만을 잇는 남쪽을 차지하고 그 이북 지역은 당시에 당나라가 설치한 안동도호부가 차지하였는데 이를 고구려의 유민들이 축출하여 요동(遼東) 지역으로 옮기자, 말갈족과 합세하여 소 고구려를 세웠는데 초기에는 진국(震國)이라 하였다가 후에 발해(渤海)라고 칭하였다고 한다. 여기서 '진'이라고 하는 것은 '동방의 별'이라는 의미로 '진국'은 '아사달'과 같은 뜻이며, 발해는 '밝은 바다', '동방의 바다'라고 가리킨다.

발해의 건국자는 대조영(大祚榮)으로서 그는 걸걸중상(乞乞仲象)의 아들로서 발해를 지금의 중국의 지린성 둔화시 부근의 동모산에 발해를 건국하였으며 그에 대하여서는『구당서』에 나타나 있는데 그는 '고구려의 별종'이라고도 하며 '속말말갈족' 출신으로 나타나기도 하는 애매한 표현으로 기록하고 있어서 중국의 동북공정에 빌미를 주고 있다. 그는 "고구려의 옛땅을 수복하고 부여의 전통을 계승(繼承)했다."라고 일본에 보낸 국서에도 나타나 있듯이 그의 정신은 고구려의 피(정신)를 받았다.

또한, 일본도 발해에 대한 국서에도 명시하고 있는데 발해왕을 소 고구려왕이라고 표현하고 있으며 발해의 귀족들은 발해가 망하자 대부분 고려에서 왕씨 성을 받아 귀족계층으로 성장하였으며 고려 자신들도 발해의 후손임을 인지하고 있었다. 따라서 이를 보면 발해는 고구려의 정신과 피를 이어서 받았으며 신라와 함께 남북조시대를 이끌어 갔다고 볼 수 있다.

그러나 학계 일각에서는 발해가 멸망한 이유는 알 수 없으나 이로써 만주 지역을 잃게 됨으로써 오늘날 한반도가 신라 중심의 문화와 영토로 규정지어졌다는 데 아쉬움이 많은 것은 사실이다.

발해는 고구려의 문화를 계승하였으며 당시 당나라의 수준 높은 문화를 받아들여 고구려 이상으로 유교와 불교국가로 성장하게 되었다. 대표적으로 유교 문화를 계승하기 위해서 주자감(冑子監)을 두어서 유교를 장려하는 데 일조하였으며 관리 등용을 하는 데에도 유교의 이해도에 따라 등용하였다. 특히 발해의 중앙관제인 충부, 인부, 의부, 예부, 지부, 신부로 구성된 것으로 보아서 유교를 매우 숭상하였다.

　구체적으로 언급을 하자면 중앙관제는 맨 위에 왕을 중심으로 3성(정당성, 선조성, 중대성)과 위에 언급하였듯이 6부를 두었는데 6부는 정당성(상서성)에 두었으며 국정은 3성 중 정당성을 중심으로 운영되었다고 알려져 있다. 주로 정당성은 정령을 제정하고 왕명을 집행기관으로 장관은 대내상으로 국정을 맡아 일을 하였는데 이는 다시 좌사성과 우사성을 두어 6부를 각 3부로 분할을 하여 관장하였다. 중대성은 왕명의 반포 기관을 선조성(문하성), 그리고 왕명 작성 기관인 중대성(중서성)을 두어 국정을 살폈다. 또한, 그 외에도 중정대(어사대)라는 감찰 기관을 두었고, 도서를 관장하는 문적원(비서성), 교육기관인 주자감, 재정을 맡는 사장시(司藏寺), 왕족 사무를 맡은 종속시(宗屬寺), 제사를 맡은 태상시(太常寺), 궁정을 도맡아 하는 전중시(殿中寺) 사신을 접대하는 사빈시(司賓寺) 음식을 관장하는 사선시(司膳寺), 곡식 창고를 주관하는 대농사(大農寺), 환관들을 관리하는 항백국(巷伯局) 등이 있다.

　정당성 아래에는 좌사정을 두었는데 여기에는 충부(忠部), 인부(仁部), 의부(義部)를 두어 관리의 선발과 인사 관련, 호부로서 토지와 조세 관련 그리고 예부, 의례, 시험, 외교를 담당하였고 우사정은 지부(智部), 예부(禮部), 신부(信部)로서 각 역할은 병부로서 군사에 관련된 일과 형부로서 형벌에 관련된 업무 그리고 신부는 공부의 역할로 주로 교량, 도로에 관련된 업무를 관장(管掌)했다.

　발해의 지배층들의 왕족 대씨(大氏)를 비롯하여 고씨, 장씨, 오씨, 양씨, 두씨, 이씨 등이 자리를 잡았는데, 주로 고구려의 후손으로 사료가 되며, 말갈인들은 걸사비우(乞四比羽)와 같은 발해를 건국하는 데 공헌을 한 말갈인도 포함되었다. 그러나 대부분이 평민과 부곡민으로 구성되었다고 볼 수 있다.

　발해의 지역은 대부분 비옥한 옥토였으며 주로 논농사보다는 밭농사 중심으로 목축업 등과 베, 인삼, 그리고 모피 등을 가지고 일본과 무역을 하였다고 본다.

　또한, 그 밖의 문화로는 한문학이 발달하였는데 문왕의 두 딸인 정혜공주와 정효공주의 비문에 잘 나타나고 있다. 이 비문은 1949년 중국 지린성 둔화시 육정산에서 그리고 정효공주의 비문은 중국 지린성 허룽시 용두산에서 1980년에 발견되었는데 두 공주의 출생이 분명하게 나타나 있고 유교의 5경과 『좌전』, 『논어』, 『맹자』, 『사기』, 『한서』, 『후한서』, 『잔서』 등의 경학과 역사책들이 나타나 있으며 넉 자와 여섯 글자로 된 사륙변려문체

(四六騈儷文體)로 구성되어 있다.

그리고 발해의 공예품인 중 가장 유명한 것은 도자기로서 당나라에 수출할 정도로 뛰어나고 형태가 다양하다. 그 특징은 발해의 자기는 유약 기술이 발달하여 가볍고 광택이 나며 뒤에 고려자기에 많은 영향을 주었다고 볼 수 있다.

이러한 선진 문물을 구가하던 발해는 대내외적으로 곤경에 처해 있었다. 이때가 9~10세기 말로서 서쪽으로는 거란과 그 후예가 세운 요나라의 침입이 있었다. 요나라는 주위의 여러 나라를 토벌하고 난 후 925년 12월 16일에 발해원정을 나선 뒤 926년 정월에 부여부를 함락시키고 11일 만에 부여군이 멸망하였다. 발해의 마지막 왕인 대인선(大諲譔, ?~?)이 결국 함락되었고 그 지역에 동단국(東丹國)을 세웠다. 발해의 멸망을 두 가지로 요약하자면 첫째로 발해의 내분으로서 동단국의 좌차상(左次相) 야율우지(耶律羽之)가 말하기를 "발해와 싸우지도 않고 이길 수 있었던 것이 발해의 내분으로 쉽게 공격할 수 있었다."라고 전하여져 왔는데 이 시기는 발해인들이 대거 고려로 투항하였으며 구체적인 것은 나타나 있지 않다. 둘째로는 요즈음 학계에서 주목받고 있는 백두산의 화산폭발로 인하여 발해가 멸망하였다고 주장하는 사학자들도 있다. 이때 발생한 화산폭발은 기후변화를 일으키고 이는 농업생산의 악화로 이어져 경제활동이 침체가 되어 발해를 이탈한 주민들이 많았다고 한다. 따라서 화산폭발이 발해의 멸망에 더욱 촉진하는 계기가 되었을지 모른다고 일부 사학자들이 말하고 있다. 따라서 230년간의 발해의 역사는 기록 속으로 묻히는 결과를 낳았으며 오늘날 '해동성국'이라는 결과만을 가진 채 역사 속으로 사라지고 말았다.

우리나라에서 발해에 대한 언급은 신라 시대의 학자인 최치원에 의하면 고구려의 잔민(殘民)들이 자국을 부흥하고자 만든 국가이다. 이는 고려 시대의 기록에서 나타나고 있는데 태조는 발해 유민들을 거리낌 없이 받아들였으며 우리의 민족으로 인식하고 있었다는 것이 태조의 기록에 나타나 있다는 것이다. 그러나 조선 시대에 들어와 발해사에 대한 언급이 전혀 나오지 않은 것에 대하여 매우 안타깝게 여겨지고 있다.

그러나 한백겸(韓百謙, 1552~1615)은 『동국지리지』와 허목(許穆, 1595~1682)의 『동사』 그리고 이익(李瀷, 1681~1763)의 『성호사설』에서 발해가 고구려 영토를 계승하였으며 건국자는 고구려의 유민이었던 대조영에 의해서 건국이 되었다고 기술을 하고 있다. 또 한편으로는 발해사에 대하여 구체적으로 언급한 이는 유득공(柳得恭, 1749~?)에 의해서 『발해고, 渤海考』에서 9개 부분으로 구체적으로 서술하고 있다. 그는 발해의 역사를 군고(君考), 신고(臣考), 지리고(地理考) 등으로 편찬하면서 고려가 엄연히 남북국으로 나누어져 있음에도 불구하고 고려가 이를 중하게 여기지 않은 것은 큰 실수라고 꼬집었다. 엄연히 신라와 발해가 중심이 되는 남북국 시대를 간과했다는 것이다.

이를 계기로 일제강점기에 신채호(申采浩, 1880~1936)는 삼국통일의 역사적 의미를 격하시키고 『조선상고사』에서 발해는 단군을 위시한 부여, 고구려의 정통성을 가진 나라라고 극찬하면서 신라와 발해를 양국 시대로 설정하는 것이 주목할 만하겠다. 이후에 대한민국 독립을 계기로 오히려 발해에 관한 연구는 미약하지만, 북한에서는 자기 지역에 근거를 둔 발해에 관한 연구가 매우 활발하게 이루어졌다는 것이 오히려 우리를 부럽게 한다. 물론 고구려를 계승하고 있다는 측면을 강조하고 있지만, 매우 다행스럽다고 할 수 있다.

그러나 우리의 미약한 연구에 불과하지만, 국외에서는, 특히 중국에서는 『구당서』와 『신당서』에서 언급하고 있고 특히 대조영이 발해를 건국하는 과정을 매우 자세히 서술하고 있다.

> "원래 대조영이라는 사람은 고구려의 사람과는 별종이며 성은 대가이며, 고구려가 멸망하자 동모산에서 발해를 건국하였다고 언급을 하고 있다. 다시 말하면 원래 말갈인으로서 고구려에 부속되었다가 고구려가 망하자 그의 유민들을 이끌고 발해를 건국하였다는 것이다."

여기서 주목할 만한 것은 일본의 발해사에 관한 연구인데, 그들은 일제강점기(日帝强占期)를 중심으로 발해사를 연구하였다. 일본은 중국과는 달리 발해를 고구려의 유민들이 세운 국가로 인식하였다.

우리는 발해사를 연구하는 데 있어서 발해를 어느 나라의 계통이라고 보는 것이 매우 중요한 요소라 할 수 있다. 다시 말하면 발해의 귀속 문제에 봉착하게 된다는 것이다. 여기에는 다양한 학설이 존재하고 있다. 이러한 문제는 각국의 이해에 따라 해석을 달리하기 때문에 생기는 역사적 문제라 할 수 있다.

먼저 남한, 북한 그리고 일본의 입장은 결론적으로 말하면 고구려의 계승 국가로 보고 있다는 것이다. 특히 북한은 발해가 고구려의 문화를 계승하면서 당나라의 선진문화를 받아들여 고구려 국가 이상으로 문화를 발달시켰을 것으로 본다. 그러나 북한의 발해사 연구는 고구려 일변도로 연구가 진행되고 있는 반면에 남한은 남북국 시대에 대한 논의가 한창 진행 중이며 일본은 발해와 일본과의 관계를 추적함으로써 고구려와 발해의 연속성을 살펴봄으로써 고구려계의 국가로 인정하는 실태이다.

중국과 러시아는 발해를 말갈계의 국가로 보고 있다. 그러나 중국은 말갈계가 자기네의 소수민족이라는 견해가 있고 러시아는 말갈계는 독립적인 민족으로 보고 있어서 결국은 귀속 문제에서 자국의 이익이 내포되고 있다는 것이다.

특히 중국은 말갈계를 자기의 소수민족으로 포함을 시킴으로써 발해사를 중국의 역사로 보고 있다는 데서 매우 우려를 나타내고 있다. 즉 그들은 말갈족이 세운 정권을 인정하거나 혹은 당나라의 일부 지방 정권에 포함을 시켜 자신의 역사에 포함할 뿐만 아니라, 고구려 역사마저도 중국의 민족과 결부하여 중국의 역사에 포함하려는 작업을 꾸준하게 하는 실태이다.

그러나 이와 같은 중국의 발해사에 대한 인식은 당시의 과거제도로 볼 때 잘못되었다는 것이다. 당시 외국인들을 위한 과거제도인 빈공과(賓貢科)에 발해인뿐만 아니라 신라인들이 포함되어 있었기 때문이다. 이로 볼 때 이는 허구(虛構)이다.

특히 중국의 역사서를 살펴보면 발해사에 관한 책들이 발간되지도 않은 점으로 보아 당시에 발해를 중국의 역사라고 생각하지 않았기 때문이며 오히려 '해동성국(海東盛國)'으로 인정하고 있다는 점에서 다른 국가로 보고 있다고 반증할 수 있다.

일본은 발해사에 대한 인식은 『속일본기』에 잘 나타나 있는데 그들을 고구려계가 건국하였다고 인정하고 있다는 점이다. 여기에서 일본은 발해의 사신들을 영접하는 내용과 기록들이 등장하는데, 발해를 옛 고구려국이라고 인정하고 있었다.

특히 발해와 일본 간에 교환된 국서에서도 잘 나타나 있다. 발해 문왕 때 '천손(天孫)'이라는 글귀를 통해 이는 고구려의 '天孫 意識(천손 의식)'을 계승하였다는 것이다.

이로 볼 때 발해는 한국사의 한 부분이다. 이는 발해는 고구려를 계승한 국가이며 고구려는 우리 민족의 일부이기 때문에, 더욱 그러하다는 것이다. 이는 오늘날 중국의 동북공정과 같은 잘못된 역사 인식 때문에, 우리는 각별하게 주의를 가져야 할 것이며 발해사에 관한 연구를 끊임없이 추진하고 한국사 일부라는 역사적 정당성을 밝히는 데 나태해서는 안 된다. 결론적으로 말하면 발해사는 한국사 일부인 것을 명심해야 할 것이다.

제3장

호족 세력의
출현과 고려의 등장

자랑스러운 우리의 역사

제3장 호족 세력의 출현과 고려의 등장

1. 통일신라 시대 말(末)의 정치적 상황

　　서기 600년 말에 통일 신라는 3국을 통일하면서 서서히 정치적으로 안정감을 찾아감과 동시에, 당시 최대의 문물을 당나라와 교역을 함으로써 정치와 경제는 평화와 번영을 누렸던 시기였다. 이 시기는 통일 신라 시대에서 경덕왕에 이르는 약 100년 동안 지속 발전할 수 있었다. 또한 발해와 일본과의 친선을 유지함으로써 대규모의 충돌은 발생하지 않았으며 더욱 경제와 문화가 융성하였던 시기였다.

　　이러한 면에서 신라의 신분제도는 골품제(骨品制) 사회로서 모든 신라인은 여기에 포함되어 신라를 지탱하며 그들의 생활과 삶을 규정짓고 사회 전반을 이끌어가는 제도라고 볼 수 있다. 그러나 9세기 말부터 즉, 혜공왕 이후 150여 년간은 민란과 반란의 시기라 할 수 있다. 신라를 3기로 나눈다면 삼국통일 이전은 상대 시대이며, 태종무열왕부터 혜공왕의 시기 즉, 왕의 계승이 직계로 이어지는 시기를 신라의 중대라고 하며 신라의 하대는 선덕왕부터 신라의 마지막 왕인 경순왕까지라고 할 수 있다. 이 시기는 20여 명의 왕이 교체되고 내란으로 인하여 왕이 목숨을 잃는 등 매우 혼란한 시기였다. 결국은 귀족들의 반란으로 시작되다가 후에는 지방 호족 세력의 반란으로 번졌고 이를 통하여 후삼국이 건국되었으며 후에는 고려에 통일되었다.

　신라의 사회구조는 귀족 지배층의 토지 수탈을 가능하게 하거나, 보호하여 주는 것으로 당시 귀족의 생활에서 엿볼 수 있다. 여기에는 녹읍제(祿邑制)가 중요한 역할을 하였다. 녹읍(祿邑)은 신라 백관들이 직전(職田, 관리들에게 월급을 대신하여 주는 토지를 말함) 제도로서 주는 논, 밭이며, 녹읍제란 관리에게 일정한 지역에서 부세를 수취할 수 있는 권리를 급여 대신에 지급한 것을 말한다. 다시 말하면 귀족 중심의 고대적 토지지배와 수탈의 강화를 의미한다고 볼 수 있다. 이에 대한 기록으로는 『신당서, 신라전』에 자세히 기록되어 있는데 ”재상가에는 녹(祿)이 끊이지 않고 노동(奴僮)이 3천이다. 이와 비슷한 수의 갑병(甲兵)과 소, 말, 돼지가 있다. 섬에서는 목축이 성행하였으며, 먹기 위해서 이를 쏘아 잡았다. 또한 곡식을 꾸어 주어서 갚지 못하면 노비로 삼았다.

　이는 당시의 귀족계급들은 왕실로부터 부여받은 논과 밭, 즉 사전(賜田)을 통하거나, 또는 매입하거나, 개간을 통해 사유화하였으며 편법으로는 사원을 통해 이루어졌는데, 사원은 당시에 면역이나 면세가 되기 때문에, 이것을 악용하였다. 이러한 것으로 보아 당시는 평민들이 토지를 소유하는 것은 매우 어려웠으며 이로써 노들로 떨어지는 등 농촌경제는 매우 심각하였다.

　이러한 상황을 『삼국사기』에도 잘 기록되어 있다.

　효녀 지은(知恩)은 한기부(漢岐部) 백성 연권(連權)의 딸이다. (......) 어려서 아버지를 여의고 홀로 어머니를 봉양하였다. 나이 32세가 되도록 시집을 가지 않고 아침, 저녁으로 문안드리며 곁을 떠나지 않았다. 봉양할 것이 없으면 때로는 품팔이도 하고 또는 돌아다니며 밥을 빌어다가 봉양을 하였다. 그러한 날이 오래되어 고달픈 날을 이기지 못하여 부잣집에 가서 몸을 팔아 종이 되기로 하고 쌀 10여 섬을 마련하였다. 온종일 그 주인집에 가서, 일하여 주고 저녁에는 밥을 지어 가지고 와서 봉양하였다. 이와 같이 하기를 3~4일이 지나자 그 어머니가 딸에게 말하기를 “지난날의 식사는 거칠었으나 밥맛이 달았는데, 지금 식사는 좋으나 옛 같지 않으며, 간장을 칼날로 찌르는 것 같으니 이 어쩐 일이냐?” 하였다. 이에 딸이 사실대로 아뢰니 어머니가 말하기를 “나 때문에 너를 남의 종으로 만들었구나! 차라리 빨리 죽는 것이 낫겠다.” 하고 소리를 내어 크게 우니, 딸도 울어 그 슬픔이 길가는 사람들을 감동하게 하였다.

위에서 보듯이 당시 평민들의 삶을 잘 대변하여 주고 있으며 신분이 붕괴가 되는 상황을 그려주고 있다. 이러한 상황이 신라 하대에 빈번하게 일어나 지방에서 민란이 일어나게 된 것이다. 즉 이러한 난의 대표적인 것이 원종 때 애노(哀奴, ?~?)의 난이다. 결론적으로 말하자면 귀족계급들의 수탈로 인하여 사회 경제적으로 매우 어려운 상황을 맞이하였기 때문이라 할 수 있으며 근본적인 원인은 신라의 골품제가 구조적인 모순을 가졌으며 더욱 사회적 혼란이 가중되었다고 볼 수 있다.

특히 9세기 말 진성여왕 대에 정치 기강이 급속도로 무너지기 시작하였는데 그의 사생활과 당시의 흉년으로 인한 기근으로 지방에서 조세를 바치지 않아 국가 재정이 바닥이 나자, 사신을 지방에 보내 세금을 독촉하자 더욱 민란의 조짐을 가중하였다는 것이다. 이에 대한 기록으로는 『삼국사기 권 11 진성왕』에 나타나 있다.

> 진성왕 3년(889) 나라 안의 여러 주와 군에서 공물과 조세를 보내지 않아 나라의 창고가 텅 비어 나라의 씀씀이가 궁핍하게 되었으므로 사자를 보내 독촉하였다. 이로 말미암아 도적들이 곳곳에서 벌떼처럼 일어났다. 이에 원종(元宗)과 애노(哀奴) 등이 사벌주(沙伐州)를 근거로 하여 반란을 일으켰다.

이러한 상황은 특히 신라 말 진성여왕 때로 거슬러 올라간다. 당시의 귀족계급에 의한 경제적 핍박이 얼마나 극심한가를 단면적으로 보여주고 있다. 즉 귀족계급들에 의한 경제적 횡포가 극심하게 일어나 백성의 삶이 피폐하여 결국은 전국적으로 민란이 일어나기 시작했다는 것이다. 따라서 위에서 밝혔듯이 6두품과 지방 호족 세력이 새로운 기운을 얻어 신라 말의 주요한 세력으로 성장하는 계기를 만들게 되었다.

2. 호족 세력의 등장

중앙집권적 계급에서 밀려난 지방 호족 세력이 신라 말에 민란이 일어난 틈을 타 급속도로 성장하게 되었다. 8세기 후반부터 시작되어 온 약 150년에 걸친 혼란으로 신라의 골품제도로 관직에 진출하지 못한 지방 세력에게는 좋은 기회가 온 것이다. 당시 귀족계급의 형성은 골품제도로서 출세에 많은 어려움을 겪어 온 터라 지방 세력들에게는 많은 고통과 희생이 수반되었다. 따라서 이러한 혼란의 시대에 중심으로 성장한 세력이 6두품 출신과 지방 호족 세력이었다.

6두품이란 진골 밑의 계급으로서 가장 유력한 계층을 말한다. 쉽게 말하면 왕족이 아닌 사람 중에서 가장 서열이 높은 계급으로서 주로 경주 지방에 거주하고 있던 작은 국가들의 지배 계층이었으며 주류가 아닌 비주류 출신으로 자신들을 6두품이라 칭하는데 출신성분으로 보면 약하지만, 여전히 사회 기득권층에 속하는 계급을 칭한다고 보면 될 것이다.

따라서 이들의 대부분은 당나라에서 선진 문물을 배운 숙위학생(宿衛學生)들이 많았다. 숙위학생이란 통일신라 시대 유학생으로서 당의 정치나 문화를 수용한 유학생들을 말하는 데 주로 이들은 골품제의 한계를 느끼고 당나라로 건너가 학문적인 욕구와 능력을 펼치기 위해 당으로 유학한 이들을 말하고 있다. 또한, 유학생 중에는 인질로 파견이 된 경우가 있었다. 즉 이들은 당나라와의 동맹 관계를 담보로 하기 위해 데려간 정치적 인질로서 삼기 위함이라는 것이다.

대표적인 사람으로는 김춘추의 아들 문왕과 문무왕의 아우 김인문 등이 여기에 해당이 된다. 이들 숙위학생은 정치적 인질이든 학문적 욕구이든 당시에는 숙위 학생단을 조직하여 집단으로 파견하였으며 일정 기간(10년)이 지나면 다른 숙위학생들로 교체하였다. 주로 6두품 출신들로 구성되어 정치적으로 소외된 계급이었다. 이들은 당나라의 빈공과(賓貢科)에 합격하여 벼슬을 함으로써 당나라에 신라의 위상을 떨치기도 하였다. 이들 중 대표적인 인물이 최언위, 최승우, 최치원 등이라 할 수 있다.

한편 6두품 이외에도 호족(豪族) 세력들이 주목받기 시작하는데 호족이라는 말은 재산이 많고 지방에서 힘이 있는 무리나 세력을 말하는데 이들의 등장으로 새로운 세력을 형성하게 되었다. 다시 말하면 경제력과 군사력을 가진 새로운 세력들이 신라 말에 등장하게 되었다. 대체로 호족들의 출현은 지방의 촌주(村主)나 지주층 그리고 해외무역과 해상활동을 하는 해안가의 군진(軍陣) 세력과 해상세력 그리고 농민 봉기나 유이민을 규합, 민란과 반도(叛徒), 즉 반란에 가담했던 무리인 초전적 성격을 지녔다고 볼 수 있다.

또한, 군진(軍陣) 세력들은 변방을 지키기 위해 국가에서 설치한 군사기지이지만 그곳을 장악한 장군들은 경제력을 보유하고 있었기 때문에 호족 세력으로 성장할 수 있었는데 대표적인 세력으로는 완도의 청해진(淸海鎭), 남양의 당성진(唐城鎭), 강화의 혈구진(穴口鎭) 등이 대표적인 집단이다. 이들은 전쟁 시에는 국가를 위하여 국방을 강화하는 데 힘을 쏟았지만, 평화 시에는, 무역선이나 해적을 감시하고 세금을 거둠으로써 경제력과 군사력을 가지고 있었는데 서해안 패강진(浿江鎭)의 평산 박씨(朴氏) 세력이었다.

후에 고려를 건국한 왕건 세력들은 당나라와의 무역 활동과 해상활동으로 많은 부(富)를 축적하였는데, 주로 서해안의 송악과 진주 그리고 나주 등지였다. 이들은 큰 선단을 이끌고 중국과의 해상무역을 통해 부를 축적하였기 때문에, 주로 교통이 편리하고 안전한 곳에서 성장을 도모하였다. 이 지역이 송악과 가까운 혈구진과 패강진이었다. 이같이, 경제력과 군사력 그리고 6두품들의 지원을 받은 호족들은 당시의 정치적 혼란과 자연재이(自然災異)로 평민들의 세력들을 모아 스스로 힘을 키워 세력을 형성하여, 새로운 시대를 열어가는 초석이 되었다고 볼 수 있다.

3. 후삼국시대의 승자 왕건의 고려 건국

신라 말기의 상황은 6두품과 호족 세력들이 중앙진출의 기회를 얻지 못하자 이들은 각 지방에서 세력들을 규합하여 새로운 세력의 주체로 등장하게 되었다. 이들 세력 중에서 가장 막강한 세력을 가진 호족이 후백제를 건국한 견훤, 양길의 밑에서 성장하여 후에는 지금의 개성지방인 송악의 왕건 집단과 연합하여 철원을 도읍으로 한 호족인 궁예였다. 이 두 호족이 세운 나라와 신라가 합쳐 이 시기를 후삼국시대라고 흔히 말한다.

그러나 궁예는 후백제와 전투에서 승리한 후 힘의 균형은 후고구려로 쏠리게 되었으며 이를 위해 헌신한 사람이 고려를 건국한 왕건이라 할 수 있다. 그는 위에서 말했듯이 그의 선조 때부터 송악을 궁예로부터 복속시키면서 아우 겸 그의 신하와 장수로서 후고구려를 지속하게 하는 데 크나큰 공헌을 하였다.

왕건은 궁예의 부하 장수로 있던 918년, 궁예(태봉국의 초대 군주, 弓裔)를 몰아낸 홍유,

배현경, 신숭겸, 복지겸 등 여러 장수와 함께 폭정을 구가하던 궁예를 몰아낸 뒤 황제의 자리에 추대되어 새로운 황제로 등극하였는데 이 나라가 고려로서 역사 속으로 등장하게 된다. 이때가 7월이었다.

궁예는 나라를 세운 지 18년 만에 왕건 일당에게 쫓겨나 피살되었다는 설과 자결했다는 설을 지닌 채 역사 속으로 사라졌다. 동시에 더욱 견훤의 아버지 아자개(阿玆蓋, 신라 사불성의 성주)는 아들을 버리고 고려로 귀부하게 되었다.

왕건이 궁예 대신에 새로운 나라를 세우게 된 계기는 막강한 군사력과 경제력 그리고 지도력 때문이었다. 이러한 이유로 궁예를 제거한 뒤 추대 형식으로 황제에 올라 고려를 건국하게 되었다. 따라서 막강한 세력을 가지지 못하고 개인적인 카리스마만을 지닌 채 권력욕에만 급급하던 궁예와는 달리 서해안에 뿌리를 둔 막강한 해상세력, 즉 무역상이면서 강화도의 혈구진, 평산의 패강진, 그리고 남양의 당성진과 같은 해상세력과 결탁한 왕건은 궁예를 쉽게 제거하거나 잠재울 수 있었다.

918년 황제가 된 태조 왕건은 국호를 고려(高麗)로 바꾸고 연호를 천수(天授)로 변경한 뒤 수도를 자신의 세력들이 있는 송악으로 옮겨서 개경으로 하였다. 국호를 고려로 정한 것은 당시에 중국을 지배하던 당나라가 패망하면서 이를 계기로 고구려의 옛 땅들을 수복하자는 의지를 표현하고자 하였다.

고려가 후삼국을 통일한 것은 쉽지 않았다. 당시에 신라의 힘은 매우 미약하였으나 견훤이 버티고 있는 후백제는 매우 강성하였다. 당시에 신라는 후백제를 견제하기 위하여 고려와의 친교 정책을 유지하였다. 이는 고려와의 정책과도 일치하였으며 신라와의 이러한 밀착 관계로 후에 왕건은 신라를 복속하는 데 매우 유리하였다.

예를 들면 후백제가 920년 신라의 대야성을 공격하여 함락시켰으나 고려의 군대가 이를 물리쳤으며, 927년 후백제의 군대를 직접 꾸려 경주를 습격하였으나 이를 구해준 이가 바로 고려의 왕건이다. 후백제는 신라를 침략하여 경애왕(景哀王)을 살해하고 많은 보물과 기술자 그리고 무기를 약탈하기도 하였다. 이를 계기로 신라는 고려의 왕건에게 의지한 채 신라의 마지막 왕인 경순왕(敬順王, 56대)은 935년 개성으로 가서 고려의 왕건에게 나라를 의탁하게 되었으며 이로써 신라는 천년의 세월이 막을 내렸다.

고려와 후백제의 관계는 친선을 유지하면서도 당시의 패권을 차지하기 위하여 끊임없는 전쟁을 치르게 되었다. 특히 치열했던 전투는 930년 고창(古昌)전투였으며 이를 계기로 고려는 후백제의 기세를 꺾고 충청도 일대를 장악하게 되었다.

고려가 후백제를 병합하게 된 경위는 전쟁에서 승리한 것도 있지만, 후백제의 내분으로 쉽게 승리할 수 있었다. 후백제의 견훤은 약 44년간 집권하였는데 적장자(嫡長子)인 신검(神劍, ?~?, 후백제의 2대 왕)에 의해 축출되자 직접 왕건과 함께 후백제를 공격하여 후백제를 패퇴시켰다. 이로써 태조 왕건은 후삼국을 통일하였으며 후삼국시대의 진정한 승부를 이루었다. 이때가 고려가 건국된 지 19년이 지난 936년이다.

후백제의 내분은 견훤이 신검을 믿지 못하고 그의 넷째 아들 금강(金剛, ?~935)에게 왕위를 물려주고자 하였으나 이를 탐탁하게 여기던 신검과 신하들에게 납치당하여 김제의 금산사(金山寺)로 감금을 당하였기 때문이라 할 수 있다. 견훤은 이를 괘씸하게 여겨 울분을 참지 못하고 병을 얻었으며 박영규 등의 도움으로 왕건에게 몸을 의지할 수 있었다.

결론적으로 말하자면 왕건이 후백제를 통일할 수 있었던 것은 궁예와 견훤의 지도력보다도 앞섰기 때문이라 할 수 있다. 견훤과 궁예는 각각 지역을 위시한 무력과 카리스마를 동원하여 백성들에게 호소함으로써 처음에 인정받았으나 결국에는 백성들이 원하는 새로운 꿈과 희망을 읽지 못한 데서 기인했다고 볼 수 있다. 즉 새로운 시대를 이끌어 가는 안목을 가지지 못한 채 강압적인 정책을 사용한 한계가 있었기 때문이라 할 수 있다.

이 시기에 주목하여야 할 것은 발해의 멸망이라 할 수 있다. 왕건은 발해의 유민, 즉 고구려의 후예인 지배계층에게는 많은 토지와 관직을 하사하였고 특히 발해의 세자인 대광현(大光顯, ?~?)을 고려 왕족으로 대우하여 왕씨 성을 주기도 하였다. 고려의 통일이 신라의 삼국통일보다도 더욱 의미가 있는 것은 발해 유민까지도 흡수 통일을 하였다는 것이다. 그러나 삼 국민들의 진정한 통일 즉 정신적인 통일을 할 수 없었다는 것이 고려의 한계이다.

4. 고려의 정치와 사회적 상황

1) 정치적 상황

태조 왕건은 황제로 추대되고 난 뒤 신라 말에 백성들의 고통을 직접 경험한 것을 이유로 세금을 감면하였다. 당시에 귀족 세력들의 횡포와 세금 제도로 인한 백성들의 고통을 경감(輕減)하기 위함이었다. 이에 대하여 『고려사, 권 2』에 다음과 같이 기록되어 있다.

> 너희들 공경 장상(公卿將相)으로서 나라의 녹봉을 먹는 자들은 마땅히 백성들을 자기 자식과 같이 사랑하는 나의 뜻을 충분히 체득하고 자기의 녹읍(祿邑) 백성들을 사랑하여야 할 것이다.

위의 내용은 태조 17년(934) 5월에 예산진(禮山鎭)에 가서 내린 조서(詔書, 작은 문서) 내용으로 자신이 표방한 "취민유도(取民有度)"의 선언을 확인하기 위함이다. 이는 고려 태조 왕건이 내세운 조세정책으로서 세금을 받을 시에는 법도가 있어야 한다는 것이다. 태조 왕건은 후삼국의 분열이 신라 사회의 모순과 지방 세력의 대두로 말미암아 일어난 일이며, 그러한 사회 혼란의 근본 원인이 가혹한 고대적 조세 제도에서 비롯된 경제 모순에 있다고 보았다.

또한, 왕건은 왕건을 안정시키기 위한 방도로 호족들의 인심을 얻기 위해서는 "중폐비사(重幣卑辭)", 즉 호족들이 이탈하는 것을 막기 위하여 호족들을 포섭해야 했기 때문이다. 즉 일시적으로 그들을 달래기 위하여 우대정책이나 화친 정책을 강행하였다는 것이다. 다시 말하면 신라 말의 혼란상을 극복하고 후삼국의 치열한 전쟁 시기에 고려는 국가적으로 안정을 이루기 위하여 다양한 지방 세력들에게 포용 정책을 취할 수밖에 없었다.

이를 위하여 삼국의 문화를 그대로 수용하게 되었고 태조는 "훈요십조(訓要十條)"를 통하여 다양한 사상 즉, 불교, 유교, 도교, 풍수지리 등의 사상을 인정하면서 질서를 유지하였다. 이러한 한 예로 고려는 벽란도를 중심으로 대외무역과 불교 행사 가운데 하나인 팔관회를 통하여 제천의례를 행하였으며 특히 지방 호족들을 달래기 위하여 적극적인 혼인 정책을 강행하였다. 따라서 왕건은 싫든 좋든 6명의 왕후와 23명의 왕비를 두었다고 한다.

변방에서 변란을 일으킬 것이 염려되는 세력은 도적보다는 각지를 장악한 호족들이었다. 왕건은 이들을 적대적으로 대하는 대신 사신들을 보내 후한 폐백을 주면서 자신을 낮췄다. 각지의 호족들은 얼마 전까지만 해도 자신들과 마찬가지로 송악(松岳, 개경)의 호족에 지나지 않았던 왕건이 국왕이라는 사실을 인정할 수 없었지만 '중폐비사' 조치에 마음을 풀고 국왕으로 받아들이기 시작했다. 혼인정책도 마찬가지였다. 왕건은 6명의 왕후를 포함해 모두 29명의 부인을 두었는데 이 중 왕건이 사랑해서 결혼한 여인은 신분이 낮았던 나주 출신 장화왕후(莊和王后) 오(吳)씨뿐이라고 말해도 과언이 아니었다. 나머지는 모두 호족의 딸들로서 이 역시 각지의 호족들을 회유하기 위한 고육책이었다.

중폐비사(重幣卑辭)라는 의미는 태조가 건국한 이후 그에게 부과된 가장 큰 문제는 호족들을 다스리는 문제였다. 그가 새로이 개국하였다고 하지만 지방 각처의 호족들은 후삼국의 혼란 시대와 마찬가지로 독자적 무력과 경제적 기반을 보유하고 독립적인 상태를 유지하고 있었다. 또 왕건과 전장에서 고락을 같이한 제장(諸將)들도 전쟁에 의한 포로, 노획물 등의 이익을 분점하고 사병(私兵)을 거느린 채 자기의 세력을 그대로 가지고 있어서 정국의 불안을 면할 수 없었다.

태조 즉위년에는 마군장군(馬軍將軍) 환선길(桓宣吉), 마군장군 이흔암(伊昕巖)과 같은 측근 인물의 반란 사건이 발생하기도 했다. 이런 상황 속에서 왕건은 저항하는 호족 세력을 억압하는 한편 그들과의 타협을 통해 왕권의 안정을 도모하고자 여러 방법을 사용하였다. 포섭과 회유의 방책-태조가 왕위에 오르자, 제도(諸道)의 호족(豪族)에 사절을 보내어 중폐비사(重幣卑辭, 대우를 후하게 하고 자신을 낮추는)의 저자세로 대하고 귀속해 오는 호족들을 크게 우대하면서 호족을 자기편으로 끌어들이는데 이는 다음과 같은 기록으로도 알 수 있다. 이는 민생안정 대책의 수단이었다.

임금이 명 내리기를, '태봉의 왕이 참서를 믿어 송악(경기 개성)을 버리고 부양(강원 평강)으로 돌아와 거처하며 궁실을 지으니 백성들이 토목공사에 지치고 봄, 여름, 가을에 농사를 지을 시기를 놓쳤다. 더구나 굶주림이 계속되고 전염병이 잇따라 일어나서 집을 버리고 길에서 굶어 죽는 자가 잇따랐으며, 한 필 가는 베의 값이 쌀 6되와 맞먹게 되었다. 평민들은 몸을 팔고 자식을 팔아 남의 종이 되기에 이르렀으니 짐은 이를 매우 민망하게 여긴다(『고려사』).

그러나 이러한 정책에도 불구하고 왕권과 호족 세력 간의 세력은 태조가 죽은 뒤 경기도 광주 호족인 왕규의 난 등 정치적 변란과 광종의 대대적인 숙청 작업을 거친 뒤 중앙과 지방의 지배체제가 구축되기 시작하면서 점차로 안정되기 시작하였다.

이는 광종의 개혁정치가 이루어지면서 가능하게 되었다. 왕건이 나라를 세운 지 26년 만에 별세하고 둘째 왕후 나주 오씨가 낳은 혜종이 일찍 사망하자, 태조의 셋째 왕후인 충주 부인의 아들이 왕위(정종)에 올랐으나 단명하였다. 이를 계기로 호족 지방 연합들 사이에서 서서히 권력투쟁이라는 구조적인 모순을 드러내기 시작하였다.

광종은 자신의 선대 왕들이 단명한 것과는 달리 27년간 재위하면서 지방 호족들과 외척들 간에 권력투쟁을 배척하면서 왕권을 바로 세우고 민생을 안정시키며 문벌 귀족 중심의 관료정치를 단행하게 되었다.

그는 노비안검법(956년)을 과감하게 실시하였는데 노비안검법이란 원래는 양인이었는데 억울하게 노비로 전락한 자들을 원상태로 회복을 시켜 주는 것이었다. 예를 들어 원래 노비가 아니었는데 전쟁에서 포로로 잡혔거나, 빚을 갚지 못하여 강제로 노비가 된 자를 이전의 상태로 돌아가게 하는 법이다.

이것은 신라, 고려의 초기 왕조 교체기를 통하여 혼란했던 사회적 신분 질서를 바로잡기 위하여 실시하였으나, 주요 원인은 당시 호족 세력의 세력 기반을 억제하면서 왕권을 강화하고 국가 수입 기반을 확대하기 위한 하나의 정책이라 할 수 있다. 이로써 호족의 경제적, 군사적 기반을 약화하는 한편 노비가 양인으로 돌아가면서 조세와 부역의 의미를 지게 되었으며 국가의 재정 기반과 왕권이 안정되기 시작될 수 있었다. 이 법은 또다시 노비환천법(奴婢還賤法)으로 전환하게 되었는데 그 이유는 귀족들의 반발과 지나친 혼란을 막기 위해서이다. 이 법은 노비해방을 한다는 의미에서 링컨의 노예해방과 같은 역사적 의미를 둘 수 있다.

또, 한가지 광종은 958년 과거제를 실시하였는데 이는 중국에서 고려로 망명한 이들이 많았던 것이 원인이다. 당시 중국은 당나라가 해체되었을 시기라 5대 10국으로 중국의 정치 변혁이 심하게 대두되었기 때문에 중국의 관료들이 대거 고려로 몰려들었기 때문이다. 따라서 이들을 관료로 등용하기 시작하였고 이 당시에 귀화한 쌍기(雙冀)의 건의를 받아들여 과거제를 실시하였다. 왕권의 강화와 호족층들을 견제하는 데 매우 유익하였다.

따라서 광종은 아무리 개국공신이라도 왕권에 도전하는 호족들을 숙청하였으며, 지식인들을 관료로 등용하기 시작하였다.

이러한 과거제도는 이미 신라 시대에 독서삼품과(讀書三品科)라는 관리 선발 제도가 존재하였으나, 이 역시 골품제의 벽에 막혀 실효를 거두지 못한 상태였다. 따라서 과거제도를 통해 호족 자제까지도 벼슬로 진출하려는 기회가 확대되기 시작하였고 이로써 양반 즉, 문반과 무반의 체제가 확립되기 시작하였다.

또한, 960년 백관(白管)의 공복(公服)을 제정하였는데 흔히 왕은 빨간색의 용포를 입었으며 신하들은 푸른빛이 있는 공복을 입었다. 이는 신하들의 관등 혹은 서열을 나타내기 위해서이다. 고려 시대에는 자색, 단색, 비색, 녹색으로 규정하여 계층 간을 서열화하였고 지배층의 위계질서와 기강을 확립하는 데 많은 이로움을 줄 수 있었다.

그리고 광종은 '칭제건운(稱帝建元)', 즉 스스로 황제가 되는 것과 연호를 세우는 것을 실시하였다. 그는 연호를 광덕(光德)에서 준풍(峻豐)으로 고치고 개성을 황도(皇都)로 서경을 서도(西都)로 바꾸고 자신을 중국과 같이 고려를 황제국으로 올려놓았다.

또한, 종교를 정립하기 시작하였다. 유교 정책을 강화하기 위하여 당 태종이 유교 정치를 기록한 『정관정요(貞觀政要)』를 많이 참고하였다. 신라 말기에 난립하였던 교종과 선종의 종파를 화엄종과 법안종(法眼宗) 중심으로 정리하여 승려 제관(諸節)과 의통(義通)을 남중국에 파견하여 천태학(天台學)을 들여와 통합을 시도하였다.

고려 전기, 정치 질서의 틀이 잡힌 것은 성종 때부터이다. 이전의 계급인 개국공신과 광종이 등용한 급진적 개혁 세력들이 물러난 자리에 과거를 통해 등용한 신흥관료들을 전면 배치하여 유교 정치를 이루기 시작했다. 이는 최승로를 비롯한 신라계를 등용하여 정치를 피력하였는데 가장 대표적인 것은 이전의 정치사를 비판한 『시무책』을 상소하였다.

『28조의 시무책』은 고려 초 문신 최승로가 성종 임금에게 건의하였는데, 주요 내용으로 보면 5품 이상으로 하여, 각기 시정의 득실을 논해 봉사를 올리도록 하자 최승로는 이에 정치사상을 펴 시무책을 올렸다. 이것은 태조의 정치를 이상으로 하고 광종의 왕권 강화책을 반성하고 새로운 고려를 만드는 데 있었고 유교를 통해 백성을 위한 정치와 또한 임금은 스스로 모범이 되어야 한다는 것을 위주로 하는 상소문으로 현재는 28개 조 중 22개만의 조항이 알려져 있다.

더욱 구체화하여 살펴보면 국방 관계, 불교 관계, 사회문제, 왕실 관계, 중국 관계, 토착 신앙 관계가 주요 부분으로 되어있다.

먼저 국방 관계로는 국방비를 절감해야 할 것을 내용으로 하고, 불교 관계로서는 사찰의 고리 대업을 금지하고, 승려 여철(如哲, ?~?)을 궁궐에서 내보내어야 하며, 사찰을 마구 짓지 못하게 하고, 불상에 금, 은을 입히지 못하게 하며, 불교의 의식과 유교를 균형 있게 할 것을 내용으로 하며, 사회문제로는 관리를 선발할 때 공정하게 해야 하며, 지방관을 파견하고, 복식을 신분제에 맞게 입어야 할 것과 섬사람들의 공역을 줄여주거나 궁궐에서 이하는 노비를 줄이고, 삼한 공신의 자손들을 대우할 것(벼슬을 준다)과 노비의 신분을 엄격히 하여 미천한 자가 윗사람을 욕하지 않게 할 것을 주 내용으로 구성하고 있다.

또한, 왕실 관계의 내용으로는 왕을 호위하는 군졸 수를 줄일 것과 임금은 신하를 예(禮)로써 대하여야 하며, 대외적인 관계 즉, 중국과의 관계로서는 개개인의 무역을 금지할 것과 예악(禮樂)을 비롯한 유교 덕목은 중국에서 유입하되 의복 등의 것은 고려 풍속에 따라야 하며 토착 신앙에 대하여서는 연등회, 팔관회의 규모를 줄이고, 의식을 사용하는 인형을 만들지 못하게 할 것과 음사(淫祀) 즉, 음란한 것들을 받들거나 모시지 못하게 하는 것들을 임금에게 상소했다. 따라서 성종은 이 『시무책』을 받아들여 유교 통치를 근본이념으로 채택하고 여러 가지 제도들을 정비하였다.

2) 과거제도를 통한 문벌 귀족의 형성

고려는 건국할 당시 지방 호족 세력들을 통합하여 후삼국을 통일한 국가였다. 통일할 당시 지방 호족 세력들을 중앙의 지배계급과 지방의 호장층(戶長層) 즉, 호장(戶長)은 부호장(副戶長)과 더불어 호장층(戶長層)을 형성, 해당 고을의 모든 향리가 수행하던 말단 실무 행정을 총괄하는 향리직으로써 기존의 지방 세력이 자체적으로 성장한 층으로 차별적인 법제를 통해 지방에서 중앙정부로 진출하는 보장을 받으면서 성장하게 되었다.

이들은 한편으로 관리 선발 제도를 통하여 중앙계급으로 성할 수 있었을 뿐만 아니라 호족들의 기득권을 보호하기 위해 주로 음서제, 공음전시과를 통하여 정부의 요직을 점유하기 시작하였다. 따라서 고려는 정치적, 사회적, 특권 신분인 소수 귀족에 의해 나라를 좌지우지하는 귀족사회로서 이들을 문벌귀족(門閥貴族)이라고 부르며 고려사회를 이끌어

갔다. 쉽게 말하면 과거 시험을 통해 등용한 것이 아니라 이를 첨가하여, 음서, 공음전 (功蔭田)은 고려 시대에 관료들에게 공을 따져 지급하던 토지를 말한다. 음서와 마찬가지로 5품 이상의 관료들에게 주어졌으며 수조권을 세습할 수 있었다. 따라서 중죄를 저지르지 않으면 가문의 역사가 길수록 기하급수적으로 공음전이 늘어나며, 그에 따라 가문의 경제력이 폭증하게 된다. 한마디로 말해서 문벌귀족의 경제력을 책임지는 제도이다.

따라서 공음전과 음서를 통해 부와 권력을 합법적으로 세습할 수 있어서 신라, 기타 외국의 왕족들처럼 '귀족'이라는 용어를 사용하였다. 이는 조선 시대의 양반과는 다른 의미라 할 수 있다. 이러한 귀족들 가운데 5품 이상의 관료가 3대 이상 배출된 가문을 문벌귀족이라는 용어를 사용하며 이들이 고려를 이끌어 갔다는 의미이다.

고려는 기본적으로 빠른 기간 내에 지방 호족들을 수십 번의 정략결혼으로 묶어내고 협조를 받아 통일하였기 때문에 초기 고려의 왕권은 매우 약하고 지방의 호족이 강성했다. 중앙집권적 국가라기보단 왕건이 군사력과 결혼정책으로 통합한 호족 연합 국가로 봐도 될 정도였다. 그러기에 각 태자의 어머니 호족 가문별로 나뉘어 다툼과 권력 쟁탈이 심해서, 혜종, 정종 시기에 혼란이 발생했고 광종 시기 호족들을 나름 억압, 숙청해서 왕권을 세운다고 했지만, 경종이 즉위하면서 과거 시험으로 새로 들어온 호족과 기존 중앙정치에서 활동하던 호족들이 중앙의 관직과 결혼을 통해 하나 되어 생긴 것이 문벌 귀족이다. 당시 귀족들은 그의 신분이나 가문의 우월감을 과시하기 위하여 '삼한 세족', '해동갑족' 등의 용어를 사용하여 귀족 의식이나 문벌 의식을 드러냈는데 이것이 고려 초기를 담당하던 문벌귀족사회이다.

이들은 부와 권력을 세습하거나 대물림하기도 하였지만, 관료제의 정착과 매우 밀접한 관계가 있다. 다시 말하면 높은 관직을 오름과 동시에 이러한 관료조직을 3대 이상의 여러 대를 거쳐야만 문벌귀족이라는 호칭을 사용하거나 자격이 주어졌다. 이러한 문벌귀족의 대표적 가문으로는 최승로의 경주 김씨, 서희의 이천 서씨, 김부식의 경주 김씨, 윤관의 파평 윤씨, 한유충(韓惟忠, ?~1146)의 청주 한씨, 허재의 공암 허씨, 그리고 이자겸의 경원 이씨 가문이다. 이들은 처음에는 신라 말과 고려 초에 호족이나 공신들 가운데서 고려 초기에 지배계급에서 출발하여 고위직에 임명되거나 과거 합격자를 여러 대에 배출하여 결국은 왕실과 인척 관계를 맺으면서 성장하였다. 고려 초기에는 고귀한 신분을 가진 문벌귀족들을 중심으로 정치와 사회를 전반적으로 이끌어 가게 된 것이다.

3) 고려 전기의 신분제도

고려의 신분제도는 폐쇄적인 신라의 골품제도와는 다른 양상을 보였다. 물론 초기에는 문벌 귀족 중심으로 이끌어 가기는 하였지만, 고려의 모든 주민은 양민과 천민으로 나누어져 있었다. 신라보다는 매우 완화된 사회의 구조를 가졌다.

천민들에게는 벼슬 등에서 폐쇄적이었지만 일반 양인들에게는 이때부터 성씨가 존재하였음을 알 수 있다. 다시 말하면 성씨 공동체였다는 것을 보여주며 이 시기에 다양한 성씨가 존재하였다는 것은 지배층이 증가하였다는 것이며 중국의 귀화한 백성이나, 주로 귀순하여 온 호족층에게도 성씨를 부여하여 본관을 가지게 하였다. 그러나 부곡민이나 노비는 성씨를 부여받지는 못하였다.

이러한 지배층들이 생겨나는 큰 이유는 특정한 계급에 부여하는 음서제도의 영향을 받았기 때문이다. '음서제(蔭敍制)'라는 것은 현직에 있는 관료들 가운데 5품 이상 관료의 아들이나 친족 중의 한 사람에게 서리급의 벼슬을 주어 다른 양인들보다는 유리한 기회를 부여하는 제도이다. 다시 말하면 부와 조부의 음덕에 따라 그 자손을 관리로 서용(敍用)하는 제도이다. 과거가 실력에 의해 관인을 선발하는 제도라면, 음서는 가문에 기준을 둔 등용 제도이다. 관인 지배체제 확립을 지향한 고려 왕조가 관인의 신분을 대대로 계승해 주기 위해 마련한 제도이다.

교육 기회의 부분에 있어서 국자감은 3품 이상이 되는 자녀에게는 국자학의 자격을 주었으며 태학은 5품 이상, 그리고 공로가 많은 신하에게는 공음전을 주는 특혜가 있었다.

문벌귀족이나 현직 관료 이외에도 양인 계층 중에서도 향리가 있었는데 특히 향리 중에서 가장 위에 있는 호장층들은 지방의 호족 중에서 관료를 많이 배출하였다. 또한, 서민 계층에서는 남반(南班, 고려 때 중류계급의 반열)이라 하여 궁궐의 잡무를 맡아서 돌보는 서리층(胥吏層)도 있었다. 또한, 잡학을 통해 관리로 임명되는 경우도 존재하는데 의관(醫官), 서관(書官), 율관(律官), 산관(散官) 등이 있었으며, 또한 서민층도 무관으로 진출함과 동시에 국자감의 사문학(四門學)과 잡학(雜學)에 입학할 수 있었다. 입학자의 신분에 따른 7품 이상의 자제와 서인 가운데서 우수한 자가 사문학에 입학하였으며 잡로(雜路), 공(工), 상(商),

악(樂) 등 천사자(賤事者)와 대소공친범가자(大小工親犯嫁者) 그리고 악역(惡逆)을 범한 귀향자(歸鄕者) 등의 자손과 사죄(私罪)를 범한 자는 입학을 불허하였다.

양인들의 다수는 농민이 차지하고 있었는데 백정(白丁)은 일반 농민으로 이들에게는 조세와 역역(力役)이 부과되었으며 이들은 특정한 직역을 갖지 못한 장정들을 말한다. 백정이라는 말은 조선 시대에 흔히 천한 계급인 가축을 도살하는 직역을 가진 백정과는 의미가 다르다. 따라서 이들은 직역(職役)이 없어서 군역이나 요역(要驛)으로 지정이 되는 경우가 있다.

수공업자나 상인들도 양인에 속하는 계층이라 할 수 있다. 고려 시대에는 신분제도는 법적으로 양인과 천인으로 구성되어 있다. 일반 민(民)은 모두 양인이며 귀족도 양인이라 할 수 있는데 귀족들은 경제력과 권력을 흔드는 지배층이라 할 수 있으며 그 밖에 사람들은 양인에 속한다고 보면 될 것이다.

또한 간(干) 또는 척(尺)이라 불리는 사람들도 존재하였는데 이들도 또한 양인들이라 할 수 있으며 직업이 일반인들과 달리 매우 천하였기에 신량역천(身良役賤), 즉 양인의 신분으로 천인들이 주로 하는 사람들로서 천인과 양인들 사이의 계급으로 역시 벼슬길이 막혀 있었다. 주로 이들이 하는 일은 살펴보면 철간(鐵干), 어부를 생선간(生鮮干), 소금을 굽는 염부(鹽夫)를 염간(鹽干)으로, 목축하는 사람들을 목자간(牧子干), 봉화를 밝히는 봉화간(烽火干) 그리고, 뱃사공을 진척(津尺)으로 불렀다. 이들은 집단을 이루고 살았으며 지역을 벗어나서는 안 되며 직역에서도 이탈할 수 없었다.

그리고 고려 시대의 최하층은 노비라고 할 수 있는데 이들은 국가에 소속된 공노비와 개인소유의 사노비가 있었다. 공노비는 주로 관청에서 잡역을 담당하였으며 사노비는 개인의 소유이기 때문에 소유인의 잡일을 도맡아 하는 솔거노비와 주인의 집에서 벗어나 농사를 짓는 외거노비로 구분할 수 있다. 노비들은 주로 세습되었고 소유자에 의한 매매가 허락되었으며 주거 형태는 매우 제한되어 있었다. 그러나 가족들과는 비교적 자유로운 생활을 할 수 있었다. 외국의 노예와는 매우 다른 성격이라 할 수 있다. 고려 후기에는 사회가 혼란한 틈을 타 경제 사정이 어려워지자 스스로 노비가 되는 경우가 있었다.

자랑스러운 우리의 역사

제4장

고려 전기의
학문과 문화사상

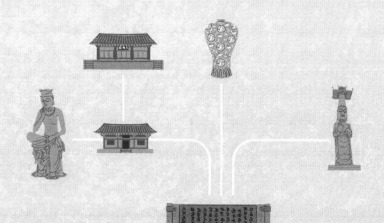

자랑스러운 우리의 역사

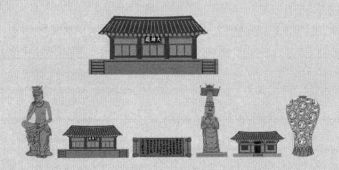

고려 전기의 학문과 문화사상

1. 치국(治國)으로서의 유교(儒敎)

고려는 건국 과정에서 6두품 출신의 유학자들이 대거 정치에 관여하였다. 이들은 신라 말 당나라로부터 유학을 배워온 신흥 학자들로 최언위(崔彦撝, 868~944), 최응(崔凝, 898~932), 그리고 최승로(崔承老, 927~989)가 대표적인 학자들이었다. 따라서 이들이 정치에 참여함으로써 유교를 자연스럽게 정치이념으로 받아들이게 되었고 지배체제를 정비하게 되었다.

고려는 정치이념으로서는 유교를 치국(治國)으로 하고 불교를 수신(修身)으로 하는 독특한 체제를 가지게 되었다. 유교 정치가 꽃을 피운 것은 광종 때 과거제도를 통해 이루어졌으며 특히 성종 때 최승로를 기용하면서 국자감을 설치하여 본격적으로 시작되었다. 최승로는 성종에게 유교의 이념에 따라 제도를 정비하고 정책을 펴고자 『시무책(時務策)』을 건의하기도 하였다. 『시무책』이라는 것은 그 시대에 중요하게 다루고자 하는 일의 계책을 말하며 고려 성종 원년(982년), 임금이 경관 5품 이상에게 봉사(封事, 상소문)를 올려 시정에 이용하여 득실을 논하게 하였다.

유교는 근본적으로 중앙집권적 관료제도를 추구하였으며 민본정신이 저변에 깔려있다고 인식되었고 특히 유교의 군주관(君主觀)은 임금은 신성함을 가진 존재가 아니라 한 인간으로서 수양을 많이 한 성인으로서 보았다.

유학의 식견과 능력을 갖춘 관리를 뽑기 위한 과거제는 국정운영의 바탕으로서 서서히 자리를 잡았으며 주로 문과가 중심이 되었고 무과는 실시되지 않아 서희, 강감찬, 윤관 등 문과 출신의 관료들이 대부분 차지하였다. 이를 위해 고려의 교육은 유교 교육이 중심이 되어 실시했다. 그 이유는 유교의 이론은 과거를 위한 필수 과목이기 때문이다. 벼슬길에 오르기 위해서는 유교의 경전에 대한 지식이 필요하였기 때문이다. 다시 말하면 경학과 문장이 필요했기 때문에 공적 교육기관으로는 개경에 국자감을, 지방에는 향학(鄕學)을 두고 『논어』와 『효경』을 기본 교육으로 하였다.

유학은 12세기 초에 더욱 발전하였는데 숙종과 예종의 시기(時期)로 학문을 숭상하고 좋아했던 숙종은 성종 대에 설치하였던 국자감에 서적포(書籍鋪) 즉, 고려 시대 국자감에 속하여 서적을 보관하고 인쇄 일을 맡아보던 곳으로 쇠퇴한 관학을 진흥시키고 국자감을 강화하기 위해 설치를 하였고, 기자사당(箕子祠堂)을 만들어 '교화의 임금'으로 기자를 숭상하게 하였다. 이러한 제사가 한국유교의 밑바탕이 되는 계기가 되어 유교의 뿌리를 기자에게서 찾게 되었다.

예종의 시기에 활발하게 일어난 것은 서적의 편찬이라 할 수 있다. 우리나라 고대사를 연구한 홍관(洪灌, ?~1126)의 『편년통재속편(編年通載續編)』, 『정관정요(貞觀政要)』, 김인존(金仁存, ?~1127), 최선(崔璿, ?~?) 등이 임금의 명으로 풍수지리서를 집대성하였는데 이것이 『해동비록(海東祕錄)』이다. 이러한 편찬이 가능하게 된 것은 유교 교육에 대하여 전문화하는 칠재(七齋)를 국자감에 두었는데 칠재는 1109년(예종 4) 7월 국학 교육(國學敎育)의 진흥을 목적으로 국자감(國子監) 내에 설치한 전문 학제이다. 예종이 국학의 진흥을 위해 문무(文武) 양학의 주요 과목을 독립 강좌로 설치해 기존 국학과 별도로 선발한 학생으로 하여 수학하게 한 학제이다. 특히 여진의 부상에 대응하여 무학을 가르치는 강예재(講藝齋)를 설치하였다. 칠재를 표로 정리하면 다음과 같다.

구분	재의 명칭	전문분야	인원
유학(儒學)	이택재(麗澤齋)	주역(周易)	70명
	대방재(待聘齋)	상서(尙書)	
	경덕재(經德齋)	모시(毛詩)	
	구인재(求仁齋)	주례(周禮)	
	복응재(服膺齋)	대례(戴禮)	
	양정재(養正齋)	춘추(春秋)	
무학(武學)	강예재(講藝齋)	무예(武藝)	8명

인종도 숙종과 마찬가지로 호학(好學)의 군주라 할 수 있는데 국자감에 6학(六學)을 정비하고 지방에 있는 향학을 증설하였다. 또한, 경학과 사학(史學)을 토론하는 경연도 유신들과 많이 하였으며 이로 다수의 유학자를 배출하였는데 대표적인 인물은 김부일(金富佾, 1071~1132), 김부식(金富軾, 1075~1151), 김부(金阜, ?~1135)의 등 3형제와 김인존(金仁存, ?~1127), 이인실(李仁實, 1081~1153), 정항(鄭沆, 1080~1136) 등이다. 이들 가운데 주목할 만한 학자로는 윤언이(尹彦頤, ?~1149)가 있는데 『주역』의 대가였으며 김인존은 『논어신의(論語新義)』를 저술하였고, 이인실은 『춘추강의(春秋講義)』를 편찬할 정도로 유학에 능통했다는 것이다.

국자감에 있는 육학(六學)은 경사육학(京師六學)으로 취학자(就學者)의 신분에 따른 학과 선택으로 5품 이상의 자손이 입학 대상이 되었다. 태학박사(太學博士)·태학조교(太學助敎)를 두고 유학을 교육하였는데 『효경』과 『논어』를 모두 1년을 기한으로 배우고, 다음에 『상서』·『춘추』의 『공양전』과 『곡양전』을 각각 1년 반, 『주역』·『모시』·『주례』·『의례』를 각각 2년, 『예기』, 『춘추』의 『좌전』을 각각 3년을 한도로 이수하게 되어있으며, 그 밖에 산술과 시무책(時務策)을 익히고 하루에 한 장씩의 글씨를 익히도록 하고, 『국어』·『설문』·『자림』·『삼창(三倉)』·『이아(爾雅)』를 읽게 하였다(『고려사, 高麗史』).

이 시기에 가장 걸출한 문화 업적은 인종 23(1145)년에 김부식이 저술한 『삼국사기, 三國史記』라 할 수 있는데 삼국시대의 역사를 비판적으로 쓴 우리나라 최초의 역사서이다. 인종은 유교 이념에 의한 정치를 지향하면서 당대의 정치적 사실들을 기록하여 후대에 모범으로 삼을 수 있는 역사서를 국가적인 사업으로 편찬하게 하였다. 따라서 고려 초부터 사관을 두어 왕을 중심으로 한 정치적인 사실을 기록하고 그것을 토대로 실록(實錄)을 편찬하도록 하였고 1145년에 유교적 입장에서 삼국통일을 이룬 신라를 중심으로 기록하게 된 책이『삼국사기, 三國史記』이다.

2. 수신(修身)으로서의 불교(佛教)와 대장경(大藏經)

위에서 서술한 유교는 정치이념으로 발전한 가운데 고려 시대의 불교는 수신의 가르침으로 국교로 숭상을 받았다. 불교와 유교는 서로가 상생하여 마찰을 일으키지 않고 공존하였다. 이는 승려도 유학을 이해하고 유학자들도 불교에 대하여 온화하였다는 것이다.

불교는 신라 시대 이래(以來)로 호국불교의 성향이 있었고 사회의 통합, 즉 민심을 수습하기를 위한 방편(方便)으로 삼았으며, 민족 신앙으로서 무교와 풍수지리와 합쳐져 토착 신앙으로서 역할을 하였다. 이에 대한 근거로는 개경에만 흥국사, 법왕사, 왕륜사 등 70여 개의 사찰이 지어졌는데 이름만 보아도 왕권이나 국가의 안녕을 기원하는 호국정신이 담겨 있는 '왕'이나 '국'이라는 글자가 새겨져 있는 것만 보아도 알 수 있다.

이는 임금을 부처와 같은 격으로 바라보는 것을 의미한다. '풍수지리설'은 신라 말 승려 도선이 체계화한 것으로 송악을 중심으로 전국을 재편성하려는 새로운 인문 지리학적인 인식으로 고려를 세우는 데 공헌했으며, 미래를 예언하는 '도참설(圖讖說)'과 결부되어 지자겸과 묘청의 난과 같은 정치적 사건에 이용되기도 했다.

불교 행사를 보면 봄에 열리는 연등회와 가을에 열리는 팔관회가 있었는데 이는 호국성(護國性)을 띠었다. 연등회는 매년 하는 국가적 불교 행사로 부처님을 공양하고 극락왕생을 바라는 마음에서 등불을 밝혔다. 왕과 신하들이 함께하면서 다과와 춤을 추며 부처님을 즐겁게 하여 '국태민안(國泰民安)'을 기원하였으며, '부처님 오신 날'뿐만 아니라 절이 새로 창건하였을 때 열렸다.

고려 시대에는 사찰에 사원전(寺院田)과 사원 노비와 같은 노비를 지급하거나, 군역과 면세와 같은 특권과 특권을 주었으며 물품을 제조하여 팔기도 하고 사원 절에서 은행의 역할을 담당하여 서민들에게 사용하고도 남는 재화를 빌려주고 생활을 돕고자 하는 장생고(長生庫, 서민의 금융기관)와 같은 상업활동에도 깊이 관여하기도 하였다.

또한, 사원은 자신들이 소유한 재산을 보호하기 위한 일편으로 승병을 거느리기도 하였는데 후에 그들은 나라가 위급할 시 의병의 역할을 하였지만, 다른 한편으로는 권력투쟁이 일어날 때는 특정 권력이나 왕실의 편에서 전쟁을 치르기도 하였다. 이는 후에 항마군(降魔軍)이나, 이자겸의 난이 일어났을 때 승려들이 가담한 것이 그 예가 된다.

고려 초기에 이루어진 교파 정리를 통해 동아시아 불경을 집대성하는 작업에 이르렀고 거란과의 전쟁을 치르면서 부처의 힘으로 전란을 극복하고자 또한 고려 문화의 우수성을 확인하고자 초조대장경(初彫大藏經)이라 불렀다. 원래 불경은 범어(梵語, 산스크리트어, 더러움이 없다는 뜻)로 된 것을 한문으로 번역하는데 송나라는 이를 모아 '대장경'이라는 불경 총서를 간행하였다.

초조대장경은 고려 불경 총서를 더 많이 수집하여 5,048권을 목판으로 제작한 것이다. 이 기간은 70여 년에 걸쳐서 간행하였다. 그러나 처음에는 대구 팔공산에 있는 부인사에서 보관하여 오다가 1232년 몽골군의 침입으로 소실되었다.

의천은 불교개혁을 통하여 교장도감(敎藏都監)을 흥왕사에 설치하여 불교 서적과 송, 거란, 일본 등에서 자료를 수집하여 『신편제종교장총록(新編諸宗敎藏總錄)』이라는 『고려속장경(高麗續藏經)』을 발간하였는데 그 규모는 신라인이 저술한 것과 거란이 저술한 것을 포함하여 1,010종의 4,822권의 서목(書目)으로 되어있다. 서목(書目)은 책의 현존본을 조사하여 엮거나, 문헌에서 조사하여 현존본과 합쳐 엮거나, 간행하고자 엮거나, 책판만을 엮거나 편찬문헌에 관해 엮은 목록의 총칭을 말한다.

의천은 『교장(敎藏)』을 간행하고 국청사(國淸寺)를 중심으로 해동 천태종을 창시하였는데 이는 균여(均如, 923~973)의 화엄 사상을 계승한 법상종으로 귀족층의 엄호 아래 세력(勢力)이 방대(尨大)하여, 이를 견제하고 왕권을 안정시키기 위하여 교종과 선종을 통합함으로써 불교계의 갈등을 정리하고자 하였다.

3. 우리나라 최초의 역사서인 삼국사기의 편찬과 문화 예술

1) 『삼국사기, 三國史記』와 『삼국유사, 三國遺事』의 출간

고려 시대에는 삼국시대와는 달리 특이한 점이 있었는데 이는 역사서의 편찬이라 할 수 있다. 고려는 건국 초기에 삼국시대를 정리하였는데 이러한 정리는 승전국(勝戰國) 신라를 중심으로 하는 것이 아니라 고구려를 중심으로 이루어진 『삼국사기, 三國史記』라는 역사책을 발간하였다. 『삼국사기, 三國史記』는 『삼국사(三國史)』라 하기도 하며, 고려 인종의 명을 받아 김부식(金富軾) 등이 1145년(인종 23년) 완성한 삼국시대사(三國時代史)이다. 대한민국에서 현존하는 가장 오래된 역사서이며, 삼국시대 각국의 흥망과 변천을 기술한 정사체(正斜體)로서의 역사서(歷史書)이다.

『삼국사기』를 편찬하기 시작한 정확한 시기는 알려지지 않았다. 김부식이 묘청의 난을 진압하고 난 후에 임명된 벼슬에 감수국사(監修國史)가 있어 이 무렵부터 편찬되기 시작했다고 보는 설이 있고, 김부식이 정계에서 은퇴한 1142년에 시작했다고 보는 설이 있다. 『삼국사기』가 완성된 시기는 1145년(인종 23년)이다. 1174년에 송나라에 진상되기도 했다. 이 책의 구성은 『단군본기, 檀君本紀』, 『고구려본기, 高句麗本紀』 등이 있어 우리나라 역사를 단군조선, 고구려, 고려로 이어져 온 것으로 보며 이를 볼 때 삼국시대 역사의 주류를 고구려에 둔 것을 알 수 있다.

한국사에서 내용 전체가 현대까지 전하는 역사서 중 가장 오래된 『史書』는 『화랑세기』 필사본을 위작으로 판단할 경우 현존하는 국내 사료 중 가장 오래된 역사서이며, 현존하는 삼국시대 관련 사료 중에서 가장 분량이 많기도 하다. 일연(一然, 1206~1289)의 『삼국유사(三國遺事)』와 더불어 삼국시대 연구를 위해서 절대로 빠질 수 없는 필수 사료다.

비록 불분명한 부분도 있고 비판받을 부분도 존재하지만, 『삼국사기』는 한국의 역사를 다룰 때 그 중요도가 엄청나다. 『삼국사기』는 제대로 인정을 받는 가장 오래된 한반도의 정사(正史)이다. 『삼국사기』와는 대조적으로 『삼국유사』의 경우, 책 이름의 '유사'가 '남겨진 사실', '버려진 사실'이란 의미인 데서 알 수 있듯 이전의 사서에서 빠진 내용을 기록했다는 뜻으로, 『삼국사기』에서 상당수 누락시킨 설화, 불교적 이야기를 중점으로 다루고 있다. 그나마도『삼국유사(三國遺事)』는 삼국사기 편찬 이후에 기술되어『삼국사기』를 적극적으로 반영했기 때문에, 삼국시대를 정통적인 사관에서 다루는 유일한 사서는『삼국사기』뿐이라고 봐도 무방하다.

2) 고려 전기의 건축과 문화양식

고려 시대의 건축문화는 신라와 마찬가지로 궁궐, 사찰, 불탑 위주의 건축물로 대표될 수 있다. 대표적인 궁궐의 터인 만월대(滿月臺)는 지금은 폐허가 되었지만, 북한에 있는 관계로 조사발굴이 늦어지긴 하였다. 최근에 북한과의 공동 조사로 만월대의 초석과 다양한 유물들을 찾아내는 성과를 거두었다.

이 밖에도 개성 주위에는 수많은 사찰이 세워졌지만 모두 전란으로 불타고 없으며 그 위치에는 불탑만이 서 있다. 이러한 불탑들은 신라와는 전혀 다른 양식으로 만들어진 것이 특징이다. 대표적인 불탑으로는 보현사 8각 13층 석탑, 헌화사 7층 석탑, 일제강점기 때 일본으로 반출되었다가 반환된 국보 101호인 법천사 지광국사현묘탑(경복궁으로 이전), 익산(益山) 왕궁리 5층 석탑(국보 289호)이라 할 수 있다. 이 탑들의 특징을 보면 지붕의 높이가 위의 불탑에서 나와 있지만, 원형을 비롯하여 매우 다양하며 높이도 신라 시대의 3층 석탑에서 많이 높아졌기 때문에 균형미가 떨어졌다.

석탑 외에도 우리나라가 외국으로부터 칭송을 받는 공예품이 있는데, 대표적인 유물이 고려자기이다. 고려자기는 발해와 신라의 자기를 이어가면서 송나라의 월주(越州, 지금의 절강성 소흥) 가마의 기술을 받아들였으나 이보다 더욱 아름다움을 자랑하였으며 송나라의 도자기보다도 독창적인 색을 발휘했다.

고려자기의 빛깔은 다양하게 만들었는데 그중에서도 비취색이 흔하면서 가장 독특하고 아름답다. 용도는 그릇, 제사용, 문방구용, 연적, 필통, 향로, 주전자 등이 있으며 모양 또한 다양하여 구름 모양(하늘을 상징), 운학(雲鶴, 구름과 학을 함께 그린 것), 원숭이, 봉황, 거북이, 오리 등과 포도, 모란, 죽순, 매화 등 식물뿐만 아니라 보살과 어린이 등 매우 다양한 작품들이 많다. 고려자기를 만드는 기법은 표면에 상감기법을 사용하였는데 이는 표면에 홈을 파고 물감이나 물질을 집어내어 무늬를 내는 독특한 방법이라 할 수 있다.

고려 시대의 문학의 특징은 한문학의 발달이 독특하게 일어났다. 왜냐하면, 과거제의 시행으로 한문학을 중심으로 하는 과거제의 시험제도가 정착되기 시작했기 때문이다. 이로써 고려 시대는 불교를 국교로 하고 중국과의 활발한 교류를 통하여 문화적 융성기를 맞이하였으나 상대적으로 국문학이 성행되지는 못했다고 할 수 있다.

따라서 고유의 정형 시가인 향가가 고려 초기에는 소멸의 길로 접어들었으며 귀족문학과 평민 문학으로 분화 양상을 거치면서 귀족 계층들은 사교술(社交術) 장르인 경기체가를 창작하여 세계에 대한 자부심을 드러냈으며 평민 계층들은 서정 장르인 고려속요를 지어 솔직한 생활 감정을 표현했다.

또한, 문학에 관심이 많았던 성종 때에, 문신월과법(文臣月課法)을 시행하여 이는 매달 관료들에게 시를 지어 바치게 했다. 또한 각촉부시(刻燭賦詩)라 하여 학생들에게 제한된 시간 내에 시를 지어 바치게 하는 제도를 시행하였다. 성종의 이러한 정책은 당시의 송(宋)과의 무역과 중국의 문화교류를 통한 무역과 이에 필요한 인재 양성 그리고 귀족들의 문화적 교양(한시를 짓는 것)과 상황이 일치되었다.

민간 문학으로는 신라 시대에 이어오던 향가가 간헐적으로 명맥을 이어왔다. 대표적인 향가로는 〈보현십원가(普賢十願歌)〉가 있다. 이 작품은 〈보현십종원왕가(普賢十種願往歌)〉 혹은 〈원왕가(願往歌)〉라고 불리는데 고려 광종 때 균여(均如, 923~973) 대사가 불교의 교리를 널리 전파하기 위하여 지었다고 한다. 내용은 보현보살의 열 가지 큰 서원을 찬미한 것으로 불교 교화의 내용이 담겨 있으며 원래는 10수였으나 1수가 첨가되어 전해지고 있다.

사실 작품 자체는 문학성을 갖추지는 못했다. 왜냐하면, 불교 교화의 목적으로 쓴 작품이기 때문이다. 그러나 『균여전』에 남아있는 여러 문구 덕분에 향가 연구에 도움을 얻을 수 있는 점에서 상당한 가치가 있다. 『삼국유사』의 향가와 다르게, 〈보현십원가〉는 동시대에 살았던 최행귀(崔行歸, ?~?)가 한역(漢譯)한 향가라 지금도 그 의미를 파악하는 것이 가능하다. 덕분에 여타의 향가를 연구할 때 중요한 참고 자료로 쓰이고 있다. 이 작품의 한 부분을 감상하면 다음과 같다.

마음의 붓으로 그린 부처님 앞에 절하옵는 이 내 몸아
법계의 끝까지 이르러라.
티끌마다 부처님 나라요,

> 나라마다 모시옵는, 법계에 가득한 부처님
> 구세 다하도록 절하고 싶어라.
> 아, 몸과 말과 뜻에 싫은 생각 없이 이에 부지런히 사무치리

'여러 부처님께 예경(禮敬)을 하는 노래(禮敬諸佛歌)'는 화엄경 보현행원품의 예경제불(禮敬諸佛)의 내용을 시화(詩化)한 것이다. 초장(初章)에서는 부처를 사모하며 위하는 사람은 법계가 끝날 때까지 정성을 기울여야 함을 말했다. 중장(中章)에서 절은 무궁무진하여 그 절들은 부처를 모셔놓고 영원히 받들어야 한다고 하였다. 종장(終章)에서는 전심전력으로 정성을 다하여 부처를 받들어 나가자고 말하고 있다. 이 시는 고려대장경 보판(補板) 『석화엄교분기원통초(釋華嚴敎分記圓通抄), 권 10』에 적혀 있다.

또한, 예종의 작품으로 두 장수의 죽음을 애도한 「도이장가(悼二將歌)」가 전해지는데 예종 15년(1120) 서경 팔관회가 열렸을 때, 개국 공신 신숭겸(申崇謙, ?~927)과 김 낙 장수의 공을 추도하기 위하여 시를 지었다. 그리고 정서(鄭敍, ?~?)가 지은 「정과정(鄭瓜亭)」은 고려가요 작품 중 작가가 밝혀진 유일한 작품으로, 억울한 누명을 쓰고 유배지로 귀양을 간 자신의 처지를 노래한 유배 문학 작품이다. 10구체 형식이며, 『악학궤범』에 실려 전한다. 정서는 인종의 총애를 받은 신하로 풍류(風流) 재예(才藝)에 뛰어난 사람이었다.

고려 전기 그림으로는 작품들이 매우 다양하였다. 당시 그림을 관장하는 도화원(圖畵院)이 있어서 다양한 작품활동을 하였다. 이 당시 주로 그린 그림은 국가의 행사, 누각, 왕의 초상화 등이었고 대표적인 화가로는 이녕(李寧, ?~?)과 이광필(李光弼, ?~?)로서 두 사람은 부자 관계로 알려져 있다. 지금은 전해져 오는 것은 없지만 그의 작품과 솜씨는 송나라에까지 떨쳐서 산수화 발전에 많은 도움을 주었다고 한다. 대표적인 그림은 〈예성강도(禮成江圖)〉와 〈천수사남문도(天壽寺南門圖)〉이다.

그의 그림 솜씨는 어렸을 적부터 탁월했다는 것을 암시하는 예가 『조선왕조실록』에 전해져 올 정도이다. 그 예를 보면 어느 날 인종이 그의 스승 이준이에게 누가 그린 그림이라고 얘기 없이 이녕(李寧)이 그린 산수화를 보였는데 그림을 본 이준이(李俊異, ?~?)는 감탄하기를 "이 그림이 만약 타국에 있다면 제가 천금을 주고라도 사겠습니다." 하였을

정도였고 송나라의 휘종도 이녕(李寧)에 〈예성강도〉를 그리게 하자 그것을 본 황제는 "근간에 고려화공으로 사신을 따라온 자가 많았으나 오직 이녕(李寧)만 묘한 솜씨"라고 하면서 술, 음식, 비단을 하사할 만큼 뛰어난 솜씨를 가진 화원(畫員)이었다. 조선에는 이홍도, 신윤복이 있다면 고려에는 이녕(李寧)이라는 인물이 있다는 것이다.

고려 전기의 특이한 점은 궁중무용이 과거와는 달리 변하고 있다는 점이다. 특히, 나례(儺禮)는 민가(民家)나 궁중에서 음력 섣달 그믐 날(음력 12월 30일 또는 음력 12월 29일이다. 동아시아에서는 음력으로 한 해의 마지막 날을 기려 나라마다 각각의 고유한 풍속을 가지고 있다. 대한민국에서는 음력 12월의 명절로, 대회(大晦)라고도 한다) 밤에 악귀를 쫓기 위한 의식으로서 나의(儺儀)라고 하며 산대놀이라고 한다. 간단하게 말하면 음력 섣달 그믐 날 밤에 민가와 궁중에서 묵은해의 마귀와 사신(邪神)을 쫓아낸다는 뜻으로 베푼 의식이다. 그믐의 특징을 나도향은 수필에서 잘 표현하고 있다.

> 나는 그믐달을 몹시 사랑한다.
>
> 그믐달은 요염하여 감히 손을 댈 수도 없고, 말을 붙일 수도 없이 깜찍하게 예쁜 계집 같은 달인 동시에 가슴이 저리고 쓰리도록 가련한 달이다. 서산 위에 잠깐 나타났다 숨어 버리는 초생달은 세상을 후려 삼키려는 독부가 아니면 철모르는 처녀 같은 달이지마는, 그믐달은 세상의 갖은 풍상을 다 겪고, 나중에는 그 무슨 원한을 품고서 애처롭게 쓰러지는 원부와 같이 애절하고 애절한 맛이 있다.
>
> - 나도향, 〈그믐달〉 중에서

그믐의 특징은 초승달과는 반대로 눈썹 모양을 하고 있다. 주로 새벽녘에 뜨기 때문에 관측이 되기는 어려우며 주로 쇠퇴하는 모습을 비유적으로 많이 표현하는 말이다. 이 말은 음력을 사용한 동아시아 문화권에선 한 해의 마지막 날 밤에 그믐달이 뜨는 날을 '섣달그믐'라고 부르며 새해를 맞이할 준비를 하는 날로 여겼다. 한 해의 마지막인 이 섣달그믐을 중국어로는 年三十(niánsānshí), 除夕(chúxī)이라 하고 일본어로는 오미소카(大晦日)라 부른다.

이를 구나(驅儺), 대나(大儺), 나희(儺戲)라고도 한다. 섣달 세밑(歲末)의 바쁜 중에도 각

가정에서는 부뚜막의 헌 곳을 새로 바르고, 거름을 치워내고, 가축우리를 치워 새로 짚을 넣어 깔아주며 집 안 청소를 하고서 정돈한다. 또한, 밤중(자정)에는 마당에 불을 피우고 폭죽(爆竹)을 터뜨린다. 집 안에 있는 잡귀, 사귀(邪鬼)를 모조리 몰아내고 정(淨: 깨끗하다)하게 새해를 맞이하기 위해서이다. 궁중에서는 대궐 안을 청소하고 정돈하는 한편, 벽사(辟邪, 요사스러운 귀신을 물리 침)를 위하여 나례 의식을 실행하였다. 궁(宮)이 깨끗함으로써 나라 전체가 깨끗하여 나라가 태평하고 백성이 평안하기를 기원한 것이다.

　여기서 상식적으로 우리가 표현하는 날짜를 알아보면

날짜를 나타내는 순우리말				
1일 하루	2일 이틀	3일 사흘	4일 나흘	5일 닷새
6일 엿새	7일 이레	8일 여드레	9일 아흐레	10일 열흘
15일 보름 (십오야)		20일 스무날	21일 세이레(삼칠일)	
30일 서른	매월 말일 그믐날	한 달보다 조금 긴 시간 달포		?일 며칠
음력의 한 달은 29일 또는 30일이고 매월 말일이 그믐이다.				

　이렇게 의식을 거행하여 악귀를 궁중에서 쫓아낸다고 하였다. 이 의식에서 사용이 되는 가면, 붉은 옷, 방상시, 가무악 등은 모두 잡귀를 몰아내기 위한 것으로서 민속적인 의미를 지니고 있다.

　궁중무용을 관장하는 기관은 나례도감(儺禮都監)에서 맡았다. 나례는 후에 외국의 사신 특히 중국의 사신을 영접하거나 임금의 위폐를 종묘(宗廟, 역대 임금이나 왕비의 위폐가 있는 사당을 말하며 대묘(大廟), 혹은 태묘(太廟)라고도 함)에 안치하거나 봉안할 때 사용되었고 그 밖의 궁중무용으로는 무고(舞鼓, 북춤을 말하며 궁중 행사 때 기생들이 추는 춤)와 향악정재로 여자 기생인 무기들이 채색된 배를 끌고 나와 줄을 잡고 바깥쪽 무리를 빙 둘러서서 어부사를 병창하여 추는 춤으로 선유락(船遊樂)이 있었다. 다시 말하면 신라로부터 고려에 이르기까지 팔관회 등에서 성행했다. 사선악부(四仙樂部)·차선(車船: 수레나 배 모양으로 춤추는 모습) 등이 바로 후대의 선유락이 되었다고 한다. 조선 숙종 이후 궁중에서 연행되었는데 뱃길을 떠나는 사람을 전송하는 내용이다. 이 정재(呈才, 고려와 조선 시대 궁중에서 여령이나 무동이, 지방 관아에서 기녀들이 공연했던 악가무의 종합예술)는 채선(彩船)을 만들고 여러 기생이 뱃줄을 끌고 배 주위를 돌며 추는 춤이다. 이 두 가지의 전통춤은 신라 때부터 전해져 와서 고려를 거쳐 조선 시대에서도 행하여졌다고 한다. 위에 말하는 정재(呈才)는 '재주를 보인다'라는 용어로 넓게 사용되었으며 이는 헌기(獻技)로써 춤뿐만 아니라 모든 재예(才藝, 재능과 기예)를 드린다는 의미라 보면 될 것이다. 따라서 궁중무(宮中舞)를 말한다고 볼 수가 있다. 이에 대하여 안정복(安鼎福, 1712~1791)의 동사강목(東史綱目)에는 다음과 같이 정의하고 있다.

'정재인(呈才人)이라 했을 때는 정재(呈才)를 공연하는 여악(女樂)이나 무동(舞童)이 아닌, 재인(才人)의 의미로 사용했다. 안정복(安鼎福)의 『동사강목(東史綱目)』 중 "동방의 풍속에, 광대로서 나이 젊고 곤두박질을 잘하는 자를 '정재인(呈才人)'이라 하였다"라고 했다. 또한 『지봉유설(芝峯類說)』 잡기조에 "우리나라 '정재인(呈才人)'은 본래 중국의 배우(俳優)·환술자(幻術者)의 부류였는데, 세상에 전하기를 고려 말에 노국대장공주(魯國大長公主)가 올 때 따라왔다고 한다."라고 하여 '정재인(呈才人)'이라 하는 경우는 주로 재인(才人)을 지칭했다.

조선 후기의 연향 『의궤』에서는 가자(歌者)와 금슬(琴瑟)의 가곡 공연을 정재(呈才)라 했다. 『조선아악(朝鮮雅樂)』에 따르면, 1913년 9월 8일 덕수궁 돈덕전(惇德殿)에서 거행된 고종의 62세 생신 축하연에서 정재(呈才)를 '여흥(餘興)'으로 부르기도 했다.

그 밖에 음악으로는 신라 이래로 전해온 향악, 향악기를 계승하였다. 신라의 향악기는 현금(거문고, 6줄), 비파(5줄), 가야금(12줄), 대금(13개의 구멍), 장고, 아박(6매), 무고, 해금(2줄), 필률(구멍 7개), 중금(구멍 13개), 소금(구멍 7개), 박(6매) 등이 있었고 이를 계승하여 송나라에서 아악(雅樂)이 들어왔다. 아악은 원래 중국 고대의 음악으로 1116년(예종 11)에 송나라에서 들어온 뒤, 즉시 태묘(太廟) 등의 제례악으로 채택되었으며 그 이후 계속하여 왕실의 대중사(大中祀)에 사용되었다. 이때 들여온 아악기는 대성아악(大晟雅樂)의 연주를 위해 대성부(大晟府)에서 새로 제정한 아악이란 뜻으로 해석할 수 있으며, 대성부에서 새로 만든 음악이라는 뜻으로 대성신악(大晟新樂)이라고도 했다.

이러한 의식 중 지금은 성균관의 석전(釋奠 : 공자에게 지내는 제사)에서만 그 명맥을 유지하고 있으며, 따라서 「문묘제례악」이 현존하는 유일한 아악인 셈이다.

고려 전기에서는 왕실 연회 때에는 당악(唐樂)과 향악을 사용하였고 제사 의식 때에는 아악이 주로 사용되었다. 그러나 음악의 주류는 향악으로서 대표적인 노래 「동동(動動)」, 「정읍사(井邑詞)」, 「대동강」 등이 있었다. 그중에서 하나를 소개하자면 「정읍사」는 현존하는 유일한 백제가요로, 고려와 조선 시대까지 속악의 가사로 불렸다. 『고려사』와 『동국여지승람』에 노래의 제작 경위가 『악학궤범 권 5』에 가사가 기록되어 있다.

또한, 서도(書圖)에서도 수준이 매우 높은 편인데 이는 한문학과 유학의 발달에 의해서이다. 그러나 대부분 작품은 현존하지 않는다. 대표적인 명필가는 유신(柳伸, ?~1104)과 탄연(坦然, 1070~1159)이다. 이 당시의 서체는 구양순체가 주도하였다. 후에는 조맹부의 송설체가 주류를 이루게 되는 변화를 가져왔다.

구양순체의 구양순(歐陽詢, 557~641)은 중국 당나라 서예가이고, 자는 신본(信本)이며 담주(潭州) 임상(臨湘, 湖南省) 출생이다. 수(隋)의 양제(煬帝)를 섬겨 태상박사(太常博士)가 되었고, 당의 고조(高祖)가 즉위하자 급사중(給事中)으로 발탁되었다. 624년 칙령을 받들어 『예문유취(藝文類聚)』 100권을 수찬하였다. 태종(太宗) 대에 태자솔경령(太子率更令)이 되었고, 홍문관(弘文館) 학사를 겸했으며, 발해남(渤海男)으로 봉함을 받고 은청광록대부(銀靑光祿大夫)를 수여 받았다.

자랑스러운 우리의 역사

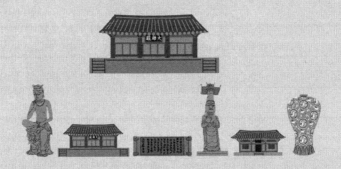

제5장

고려 중기의
국제 관계와
전쟁의 발발(勃發)

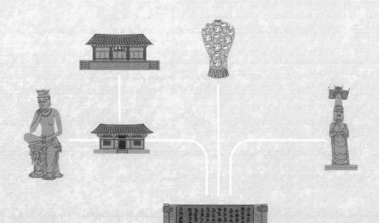

자랑스러운 우리의 역사

고려 중기의 국제 관계와 전쟁의 발발(勃發)

고려의 왕건이 후삼국을 통일하여 중앙정치를 집권하는 사이 중국에서는 커다란 변혁이 일어났다. 그동안 고구려와 주위 국가들과의 전쟁으로 인한 국가재정의 궁핍과 백성의 고달픈 삶으로 인하여 당나라가 멸망하고 5대 10국 시대를 열어가는 상황이었다. 따라서 고려는 이들과의 관계를 우호적으로 맺고 교류하였다. 이들 국가가 후당(後唐), 후진(後晉) 등이었다.

이 시기에 혼란한 틈을 타 926년 발해를 멸망시킨 거란족의 등장은 고려를 긴장시키기에 매우 충분하였다. 이 당시 발해의 멸망으로 인한 유민들이 고려로 대거 유입되자 왕건은 거란과의 관계가 매우 불편하였고 또한 적대적인 관계를 표명하였다.

1. 요(遼)의 건국과 세 차례의 전쟁

거란족(Kara Khitan)은 원래 고조선 초기의 중심 무대였던 요하(遼河)의 상류인 시라무렌강 유역에 살던 선비족의 일파로 유목민족으로 원래 부족 단위로 생활하다 당나라의 영향을 받아 문명이 발달하자 세력이 확대되었다.

916년 야율아보기(耶律阿保機)에 의해 흩어져 있던 부족민들을 통합하여 황제로 올라 거란국을 세웠다. 그 뒤에 세력을 동쪽으로 진출하여 926년 발해를 멸망시키고 난 뒤 그 지역에 동단국(東丹國)을 세웠다. 따라서 거란국은 발해를 위시한 만주지 역과 만리장성의 이남, 황하 이북의 연운(燕雲) 16주를 차지하는 거대한 제국이 되자, 국호를 요(遼)라 하며 나라를 세웠다. 이러한 요나라(916~1125)는 고려 말까지 번영하여, 고려를 끊임없이 괴롭히는 악연을 가진 국가였다.

거란은 발해를 멸망시키자마자 고려와 국경과 대치하자 고려로 사신을 보내 화친을 맺고자 하였는데 이에 대하여 태조 25년(942)에 다음과 같은 이유로 거절하였다.

> 거란은 발해와 화목하게 지내다 갑자기 발해를 멸망시킨 무도한 나라이니 이웃으로 삼을 것이 못 된다. (……) 거란은 금수지국(禽獸之國)이며, 풍속도 같지 않고 언어도 역시 다르니 의관 제도를 본받지 말라(訓要十條, 천경화, 『한국사의 이해』에서 재인용).

고려는 북진정책을 이루고자 지금의 평양인 서경을 재건하여 이에 대비도 하였다. 그러나 이 무렵 거란은 발해의 유민들이 세운 정안국(定安國)을 멸망시키고 고려의 북방정책을 저지하고자 무력 충돌을 하게 되었다.

고려와 거란은 세 차례의 큰 전쟁을 치렀는데 그 이유는 960년 송나라가 중국을 통일하자 고려는 962년(광종 13)에 처음으로 송나라와 국교를 맺게 되는데 요의 세력이 확대되자 고려와 협공으로 침공하고자 하였으나 고려는 이에 응하는 척만 하고 실제로는 파병하지 않았다. 실제로는 고려는 내부 정리가 필요한 시기였고 요나라와는 전쟁할 이유가 없던 것이다. 이러함에도 불구하고 고려와 송나라는 요와 여진족의 북방 세력을 억제하는 것에 동의하여 송나라가 멸망할 때까지 약 200년을 우호 관계로 지속할 수 있었다. 그러나 이러한 관계를 유지하는 것은 서로의 국익에 부합되었기 때문이다. 실제로 두 나라는 이들의 침입을 받았을 때 상대방에게 출병을 요구하였지만, 또 한편으로는 이를 회피하고 중립적 위치를 취하였기 때문이다.

이와 같은 당시의 국제 정세 속에서 드디어 993년(성종 12)에 요나라는 소손녕(蕭遜寧)을 필두로 하여 대군을 이끌고 1차 침공을 감행하였다. 이것이 거란의 1차 침입이다. 거란의 군대는 약 80만 명으로 이들의 목적은 고려와 송나라와의 우호 관계를 단절시키고 고려의 북진정책을 미리 봉쇄하고자 하였다. 그러나 고려는 청천강에 거란군을 저지하고 외교에

능한 서희(徐熙, 942~998) 장군의 담판으로 인하여 거란군의 무력시위를 저지하고 오히려 압록강까지 영토를 넓히는 데 성공하였다.

서희는 고려 초의 문신이자 군인이면서 외교관이었다. 한마디로 우리나라 최초의 협상가로 보면 된다. 당시 조정에서는 割地論에 대하여 우세하자 다음과 같이 말하였다.

> 거란은 동경으로부터 우리 안북부(安北府)까지의 수백리 땅은 모두 생여진(生女眞)이 살던 곳인데, 광종께서 그것을 빼앗아 가주(嘉州, 지금의 평안북도 운전군 가산), 송성(松城) 등의 성을 쌓은 것입니다. 지금 거란이 내침한 뜻은 이 두 성을 차지하려는데 불과한데 그들이 고구려의 옛 땅을 차지하겠다고 떠벌리니, 실제로는 우리를 두려워하는 것입니다. 지금 그들의 군세가 강성한 것만을 보고 급히 서경 이북 땅을 할양하는 것은 좋은 계책이 아닙니다. 게다가 삼각산(三角山) 이북도 고구려의 옛 땅인데 저들이 끝없이 욕심을 부려 자꾸만 땅을 떼어달라 하면 우리 국토를 모조리 줄 수 있습니까? 적에게 국토를 할양하는 것은 만세의 치욕이니, 바라옵건대! 주상께서 도성으로 돌아가시고 신들에게 한번 그들과 싸워보게 한 뒤에 다시 의논하는 것도 늦지 않겠습니다(고려사, 제94권, 서희).

이는 당시의 성종이 할지론(割地論)에 무게를 두어 서경(西京) 이북의 땅을 떼어주고 남은 곡식을 차라리 백성을 배불리 먹인 다음 다시 남하하려고 하자 이에 대하여 반대의견을 피력한 내용이다.

서희는 옛 고구려의 땅이 거란의 소유라는 적장의 주장에 대하여 나라 이름이 '고려'라는 것으로 보아도 고구려의 후신임을 설득하여 거란군을 철수시켰고 오히려 청천강의 이북 여진족(女眞族)을 축출하고 장흥진(長興鎭), 곽주(郭州) 등을 축성하여 압록강 진취의 전략기지로 두었다. 또 압록강 문제를 전담할 압강도구당사(鴨江渡勾當使)를 두었다. 이듬해 안의진(安義鎭, 安州) 등지에 축성하고 선주(宣州) 등지에 성보(城堡), 적을 막기 위한 작은 성을 쌓아 평북 일대를 완전히 회복하게 된 외교사에 길이 남을 획기적인 담판이었다.

이 당시 소손녕과의 담판은 처음에 기 싸움으로 전개되었다. 한 예로 소손녕이 거란은 큰 나라이고 여기에서 온 사신이니 먼저 절을 하라고 요구하자 서희는 신하가 임금을 대할 때에만 뜰에서 절하는 법이라며 예법을 들어 이를 거부하였다. 다시 말하면 소손녕에게 절을 하지 않겠다는 의미이다. 처음에 의전 문제로 타협이 되지 않자, 소손녕은 서희가 드러누워 버리자, 소손녕은 서희의 비범함을 알고 요나라의 담판 내용들을 보고하니 거란의 황제 성종(요의 6대 황제)은 군사 행동을 중지하도록 명령하였고 거란의 1차 침입은 성공적으로 마무리가 되어 오히려 서희는 "압록강 안팎도 우리 땅인데, 지금 여진이 길을 막고 있으니, 요나라로 가는 것이 바다를 건너기보다 더 어렵다. 만약 여진을 몰아내고 우리의 옛 땅을 돌려주어 성과 보루를 쌓고 도로를 통하게 해준다면 어찌 통교(通交)하지 않겠는가?"라고 하여 영토를 압록강 남쪽까지 확장하게 되었다. 그 결과로 강동 6주(흥화진, 용주, 통주, 철주, 귀주, 곽주)를 획득하여 고려와 요나라는 양국에 좋은 결과를 가져준 계기가 되었다. 다시 말하면 고려는 국토를 확장하게 되었고, 거란의 연호를 고려가 사용하게 되었으며, 요나라는 송나라를 침범하기 위한 배후를 안정되게 하는 서로 윈윈전략이 통했다는 것이다.

서희의 담판으로 1차 전쟁이 마무리되자 현종 1년(1010) 거란 성종이 40만 대군을 이끌고 친정(親征)으로 고려를 침략하게 되는데, 구실은 강조(康兆)의 정변(政變)을 문죄(問罪)한다는 것이었다. 이는 하나의 구실이었고 실제로는 대송 전선이 안정되자 다시 한번 고려를 삼키려는 야욕을 보인 것이다.

위에서 말한 강조(康兆, ?~1010)의 변은 당시 고려는 목종의 어머니인 천추태후와 김치양(情夫)이 고려를 좌지우지하자 목종은 당시 서북면(西北面) 도순검사(都巡檢使)로 재직하고 있던 강조를 불러 왕건의 유일한 혈통인 대량원군(훗날 현종, 8대)을 암살하려고 하자 이를 대비하여 강조를 불러들였다. 이에 강조는 개경으로 향하던 중 목종의 죽음을 알고 왔으나 살아있자 반역자로 몰릴까 염려하여 목종을 폐위하고 대량원군 왕순을 왕으로 추대하게 된다. 이후에 김치양(金致陽, ?~1009)의 반란을 염려하여 그와 그의 아들 7명을 죽였으며 그를 따르던 일파들을 귀양보내게 된다. 이러한 소식을 접한 요나라 성종은 목종을 시해한 강조를 문죄한다는 구실로 인해 직접 40만 대군을 이끌고 고려를 침공하게 된 것이 거란의 2차 침입이다.

2차 전쟁의 영웅들을 살펴보면 양규(楊規, ?~1011) 그리고 김숙흥(金叔興, ?~1011) 그리고 강조의 활약이었다. 요 성종은 흥화진을 포위하고서 항복을 요구하였으나 양규의 활약으로 거란군은 통주로 방향을 바꾸었다. 이때 통주(通州 : 宣川 西北)에는 행영도통사(行營都統使)로 임명된 강조가 이끄는 30만 대군이 부대를 셋으로 나누어 지키고 있었으며, 거란군을 패퇴시켰으나 강조는 거란군에게 포로가 되고 만다.

　　양규와 김숙흥 등의 활약에도 불구하고 고려 조정에서는 항복론이 대두하였고 강감찬의 주장으로 항전을 계속하기로 하고 현종은 몽진(蒙塵)하기로 하였다. 이러한 상황에서 거란군과의 전투에서 김숙흥은 거란군의 1만여 명의 목을 베었고, 양규(楊規, ?~1011)는 무로대(無老代)에서 거란군 2천여 명의 목을 베고, 포로로 잡혀있던 2천여 명을 구출하였다. 이로써 두 장군은 장렬하게 전사하였지만, 거란군은 큰 피해(被害)를 안으면서 철수하게 되었으며 결국은 현종의 친조(親朝)를 조건으로 물러나게 되었는데 퇴각하는 거란군을 끝까지 무로대(無老代, 義州)에서 격파하는 성과를 거두었다.

　　강조의 변으로 2차 전쟁의 구실을 주었지만, 강조는 결국에 장렬하게 포로로 잡혀 처형되는데 일화로는 요 성종이 포로로 잡힌 강조에게 여러 번 신하가 되기를 요청하였으나, "나는 고려 사람인데 어찌 너의 신하가 되겠는가?"라고 끝까지 반대했지만, 이현운(李鉉雲, ?~?)은 거란의 신하가 되겠다고 말하자 강조는 이현운을 발로 차면서 "너는 고려 사람으로 어찌 그따위로 말하느냐?"고 화를 내며 끝까지 고려에 충심을 보였다고 한다. 이러한 고려에 대한 장수들의 충성심은 결국은 2차 침입을 막아내는 데 결정적인 역할을 하게 되었다.

　　이러한 1, 2차 전쟁의 승리에도 불구하고 거란은 고려에 대한 야욕은 꺾이지 않았다. 거란은 고려와의 전쟁에 대한 구실을 찾던 중 현종의 친조를 하지 않고 여전히 송나라와 밀접하게 관계를 지속하며 또한, 강동 6주도 반환하지 않고 1013년 거란과의 국교까지 단절하고 송나라와 관계하는 고려를 다시 침입하게 된다. 이것이 거란의 3차 침입이다.

　　이러한 이유로 1018년 성종은 고려와의 최후의 전쟁을 벌이게 되는데 1차 전쟁에서 물러났던 소손녕이 속전속결을 목표로 개경을 공격하여 왕을 사로잡겠다는 의지를 피력하면서 10만 대군을 이끌고 침입하였다.

　　따라서 거란군은 중간 위치한 성들을 거치지 않고 개경을 직접 공격하려고 하였으나 3차 침입의 영웅 강감찬(姜邯贊, 948~1031)은 흥화진 인근에 기병 1만 2천 명을 매복시키고 수공작전을 펴서 적들을 무찌르는 전과를 올리게 되었다. 이 전투에서 거란군이 물러나지 않자 1019년 2월 2일 27년간의 마감하는 전쟁이 일어나게 되는데 그 전투가 유명한 귀주대첩(龜州大捷)이다. 귀주대첩은 성(城)이 아닌 벌판에서 치열한 전투가 벌어진 가운데 거란의 성종은 소손녕에게 "네가 적을 너무 가벼이 여겨 깊이 들어가 이 지경에 이르렀으니 무슨 면목으로 나를 보겠느냐?, 내가 너의 낯가죽을 벗긴 후 죽이리라!"라고 하며 그를 질책했다고 하였다.

이 전쟁 이후 고려는 사기충천하게 되었고, 거란은 고려와의 3차례의 전쟁으로 결국은 국력이 소진되어 후일에 여진족이 세운 금나라에 멸망하게 된다. 또한, 거란족은 지금도 명맥만을 유지한 채 동아시아의 변방에서 살아가고 있는 형편이다.

거란과의 3차례의 전쟁은 고려는 어느 나라의 도움을 받지 않고 자신들의 힘만으로 외세를 물리친 역사적인 전쟁으로서 당시의 동아시아의 지형을 바꾼 것이다. 이 전쟁은 200만 인구 중 30만이 동원된 전쟁이었기 때문에, 고려 백성들이 전원 동원된 전쟁이기에 고려의 위상은 매우 달라졌고 높아졌다고 볼 수 있다. 따라서 국토를 회복하지는 못하였지만, 주변국인 흑수말갈, 탐라 등과 우호 관계를 맺으면서 조공을 받는 강대국으로 성장하게 되었다.

2. 여진의 침략과 금(金)의 건국

고려는 거란과의 전쟁에서 승리한 후 약 1세기 동안은 평화의 시기였다. 이 시기는 평화와 더불어 문화의 융성한 시기라 할 수 있다. 그러나 평화의 시기는 그리 오래가지 않았다. 12세기 초 고려를 혼란스럽게 만든 민족이 여진족의 등장이었다.

여진족은 원래 퉁구스족의 일파로서 말갈(靺鞨), 숙신(肅愼) 또는 물길(勿吉)로 불리는데 아사달족과 문화적으로 친화 관계가 있어서 삼국시대에는 고구려에 복속되어 있었고, 발해가 세워지자, 그 지배하에 있다가 발해가 멸망한 후 여진족은 압록강과 연해주 일대에 흩어져 살던 민족이었다. 위치적으로 여진족은 거란과 고려 사이에 위치하였으며 요나라의 억압을 받는 민족이었다.

여진족은 고려를 '부모의 나라'로 섬기는 민족이었다. 왜냐하면, 두만강 유역에 살았던 부족은 자신의 시조인 애친각라(愛親覺羅)가 고려인이었기 때문이다. 이로써 한때는 고려에 말이나 모피를 주고 식량, 무기, 옷감 등을 가져갔다.

그러나 고려가 두만강 유역에 대한 관리가 소홀해지자 또한 요나라의 세력이 고려와의 전쟁으로 약해진 틈을 이용하여 부족들을 통합하기 시작했다. 이러한 상황을 지켜본 고려는 그들의 움직임을 막기 위하여 두 차례 군대를 출병시켰으나 윤관 장군은 패하여 돌아오고 말았다.

원래 고려는 여진족을 숙여진(熟女眞, 즉 잘 길이 들린), 여진이라는 말로 부르면서 경제원조뿐만 아니라 고려의 발달한 문화와 문물들을 전달했을 뿐만 아니라 다른 한편으로는 적극적인 회유정책과 동화정책을 펴서 꽤 많은 여진인이 투항해 오기도 하였다. 따라서 투항하여 온 여진인들에게는 벼슬, 토지, 주택 등을 제공하여 당시에 투항하여 온 여진인들의 수는 8천여 명이었고 4,700여 호에 이르렀다.

그러나 북만주의 하얼빈 유역에 흩어져 살던 여진족의 완안부(完顔部) 부족에서 영가(盈歌), 완안오아속(完顔烏雅束, 1061~1113년, 재위 1103~1113년) 등 추장들이 출현하여 각 부족을 통합하기 시작하였고 결국에는 남하하기에 이르렀다. 이러한 상황을 주시하던 고려는 이들과 충돌하기 시작하였다. 당시 문벌귀족들이 고려의 정치에 깊이 관여하여 매우 혼란했던 시기로 국방력이 매우 약해진 상태였다.

이러한 상황에서 숙종(肅宗, 9년, 1104)은 윤관을 시켜 신기군(神騎軍), 신보군(神步軍) 그리고 항마군(降魔軍)으로 편성되는 별무반(別武班)을 조직하여 대비하였다. 신기군이라는 것은 일종의 기병 부대 그리고 신보군은 일종의 보병부대, 항마군은 일종의 승려부대로 구성되었다. 이는 여진족이 유목민과 기동력을 저지하기 위해 만든 군조직이라 할 수 있다. 이러한 별무반의 수는 약 17만 명이나 되었다.

예종 2년(1107) 여진족들은 고려를 침범하기 시작하였고 윤관은 여러 차례 승리를 한 후에 함주(咸州) 등에 9성(城)을 쌓았다. 당시 고려 조정에서는 여진족에 대하여 전쟁하자는 주전파와 화해를 청하자는 온건파로 나뉘었으나 예종은 윤관(尹瓘)과 오연총(吳延寵, 1055~1116)으로 하여, 별무반을 이끌고 여진족을 정벌하도록 하였고 여진족의 침입에 대비하여 점령지역에 9개의 성을 쌓게 하였다. 이 지역이 함흥 이북 지역이다. 그러나 9개 성의 최북단의 위치를 놓고 논란이 일어났는데 『고려사』에서는 두만강 북쪽 700리에 있는 선춘령(先春嶺)에 "윤관의 비"를 세웠다고 기록하였으나 선춘령의 위치를 함경도 길주로 보는 학자들이 19세기에 존재하였다.

9성의 위치는 함주(함흥), 영주(英州), 웅주(雄州), 길주(吉州), 복주(福州, 단천), 통태진(通泰鎭),

진양진(鎭陽鎭), 숭령진(崇寧鎭) 마지막으로 공험진(公險鎭)이다. 이 성을 쌓고 나자, 예종 4년 여진족들은 9성을 돌려주면 대대로 조공을 바칠 것이라 하고 다시는 침략하지 않겠다는 애원을 하기도 하였다. 당시 고려 조정에서는 군사적 저항을 막기도 어려웠고 서북쪽의 거란과 대치한 상태이기 때문에 '재추회의(宰樞會議)'의 결과로 1109년에 돌려주고 말았다. '재추회의'라는 것은 고려시대의 정무 기관인 중서문하성의 재상(宰相)과 재신(宰臣) 그리고 중추원(中樞院)의 추밀(樞密)이 모여 주요한 국정 현안 논의를 하던 회의체로서 재신과 추밀은 모두 정3품 이상의 관리로 국왕과 함께 국정운영의 주요한 역할 수행하는 관리이다. 재추회의의 운영 과정은 국왕과 재상 사이의 상호견제와 협력의 원리가 관철되었던 바, 우리의 민주주의의 실천 원리 중의 하나로서 역사적 의의가 있다.

여진족은 1115년 완안부의 아골타(阿骨打, 금 태조)가 마침내 여진족을 통합하여 금이라는 나라를 세웠다. 아골타는 이를 바탕으로 세력을 확장하여 1125년에 거란국을, 1127년에 북송(北宋)을 멸망시키고 난 뒤 고려국에 사대(事大)를 요구하기 시작하였고 1126년에 결국 군신관계(君臣關係)를 맺음으로써 더 이상의 침략전쟁은 없었다. 사대관계는 예종 12년(1117)에 "형(兄)인 대여진(大女眞) 금(金)국 황제가 아우 고려 국왕에게 글을 보낸다(……). 결위형제(結爲兄弟)하여 대대로 좋은 사이가 되자."라고 하며 현재 관계를 요구하자 인종(仁宗) 3년에는 금으로 파견한 사신의 국서에 칭신(稱臣)하지 않았다는 이유로 받아들이지 않는 사태가 발생했다. 따라서 더 이상의 현실적 차원에서 금의 요구인 사금(事金)의 요구를 이자겸 등이 주장하여 군신관계를 맺게 되었다.

제6장

고려 후기의
사회적 변동

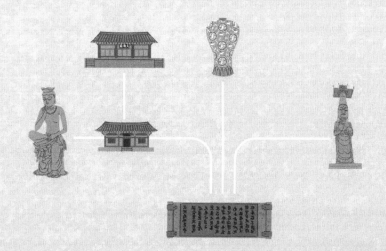

자랑스러운 우리의 역사

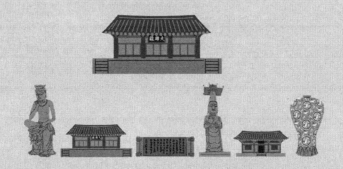

고려 후기의
사회적 변동

고려 후기는 거란과의 전쟁이 끝남에 따라 어느 정도 평화를 찾던 시기가 있었다. 따라서 안정된 기반 속에서 귀족 중심의 관료 사회가 풍요로움과 안일함이 가득 찬 시기였고 태평성대를 맞이한 것이 12세기 초까지였다.

그러나 이러한 시기는 100여 년이 지나자 또 다른 고난이 닥쳐왔다. 바로 여진족의 등장이다. 여진족은 세력이 커져 금나라를 세웠는데 요나라를 멸망시킨 후 고려를 탐내기 시작하였다. 당시의 권력가인 이자겸을 중심으로 금의 요구인 해마다 조공을 바치는 대가로 화친을 맺었으나 결국은 군신관계의 조건을 수락하여 일시적으로 1126년(인종 4년)에 고려의 위신을 추락시킨 대신 두 나라의 관계는 평화로울 수 있었다.

이러한 상황에서 중요 관직을 독점하고 있던 왕의 외척, 측근들을 중심으로 권력을 휘두르는 문벌귀족들이 나타났고 결국은 권력 다툼으로 인한 정변이 일어났다. 이 시기가 본격적으로 인종이 즉위한 이후라 할 수 있다. 이러한 권력 다툼의 시작은 이자겸에서 비롯되었다.

고려는 건국 이래로, 유교주의를 표방하고 문치를 내세운 나라였다. 이에 따라 유교주의 정치체계와 왕권 강화는 문신들의 입지를 더욱 공고화시켰으며 이 틈을 이용하여 정치, 경제, 경제적 특권들을 누렸다. 그러자 전통적인 문벌 세력과 지방 출신의 신진 관료 세력 사이에 대립이 일어나기 시작했다.

1. 도참설(圖讖說)을 이용하여 발생한 이자겸의 난

인종이 14세의 어린 나이에 왕위에 오르자, 인종의 외할아버지인 이자겸(李資謙, ?~1126)이 권력을 쥐락펴락하였다. 당시 이자겸은 세 딸을 왕비로 내어주면서 왕족과 외척 관계를 맺은 상황이었다. 그의 할아버지인 이자연(李子淵, 1003~1061)도 자기 딸들을 왕비로 만들었다. 따라서 인주(仁州) 이씨(李氏)는 고려 중기 이후에 최고의 귀족 반열에 오른 집안이었다.

그는 여기서 멈추지 않고 왕위 찬탈을 하려는 욕심을 품었다. 따라서 자신과 반대되는 세력을 제거하였으며 또 자신의 이름으로 송에 사신을 보내 임금 행세를 하였으며 여진 정벌에 공을 세운 척준경(拓俊京, ?~1144)과 사돈을 맺어 군사력까지 장악하였다.

이러한 부패에 싫증이 난 백성들과 다른 귀족 사이에서 오행(五行)의 상생(相生)에 따라 수덕(水德)을 가진 왕씨(王氏) 세상이 멸망하고 목덕(木德)을 가진 '십팔자(十八子)'를 가진 이씨(李氏) 성을 가진 임금이 되어 한양에서 새로운 세상을 개국한다는 도참설(圖讖說)이 널리 유행되고 있었다.

따라서 이자겸은 자신이 한양과 가까운 곳에서 살고 있다는 명목 아래 왕이 되겠다는 흑심을 품고서 인종을 독살하려고 하였다. 인종은 이를 눈치채고 이자겸을 제거하려고 하였으나 당시 군사력을 장악하고 있던 그의 사돈 척준경이 군사를 몰고 반격하는 바람에 궁궐이 불타버리고 인종은 이자겸의 집에 연금을 당하는 신세가 되었다.

그 뒤 인종은 이자겸의 독살을 피하고 부인(이자겸의 딸)의 도움으로 가까스로 죽을 고비에서 빠져나왔다. 인종의 독살에 실패하자 척준경과 이자겸의 틈을 이용하여 척준경을 회유하고 이자겸을 제거하였다.

2. 서경 천도(西京遷都)를 이용한 묘청의 난

인종은 문벌귀족의 전횡(專橫)을 막고 정치개혁을 하기 위하여 10개 조의 유신령(維新令)을 내렸다. 당시 인종은 궁궐이 이자겸의 난으로 인하여 불타 없어졌기 때문에, 개경에서 남경으로 옮기고 다음 해에 서경으로 옮긴 상황이었다.

　이러한 상황을 이용하여 서경에는 정지상(鄭知常, ?~1135)과 승려 묘청(妙淸, ?~1135), 백수한(白壽翰, ?~1135) 등이 만났는데 그들은 자신들이 권력을 장악하기 위한 좋은 기회로 생각했다. 특히 정지상(鄭知常, ?~1135)은 척준경(拓俊京, ?~1144)을 제거하는 데 앞장선 인물이라 인종의 신임을 얻고 있었으며, 이를 이용하여 묘청(妙淸)을 인종에게 천거하였다.

　정지상 등 서경 세력들은 인종과 함께 정치개혁을 하고자 평양으로 천도할 것과 황제 칭호를 사용할 것, 고려 독자의 연호를 사용하여 송과 금과 같이 대등한 관계를 유지할 것, 금나라를 정벌할 것 등을 주장하고 나섰으며 이를 관철하기 위해 군사를 일으키게 되었다.

　이를 주도한 인물이 승려 묘청(妙淸)이었다. 그는 고려 인종 때 승려 묘청 등의 금국정벌론(金國征伐論)과 서경 천도론이 개경 귀족들의 방해로 무산되자 서경(西京)에서 국호를 대위(大爲), 연호를 천개(天開), 군호(軍號)를 천견충의군(天遣忠義軍)이라 하여 대위국(大爲國)을 선언하고 일으킨 반란이다. 대위국이라는 새로운 국가이념 차원의 반란은 김부식이 지휘하는 진압군의 공격을 받고 내부적으로 분열을 일으키기도 했으나, 1년간 치열하게 지속되었다.

　서경 천도론(西京遷都論)을 처음 내세운 사람은 묘청(妙淸)이었다. 그는 일관 백수한을 제자로 삼고 이른바 음양비술(陰陽祕術)이라고 일컫는 풍수설을 바탕으로 서경 세력들을 규합하고 있었다. 그 결과 정지상을 비롯하여 내시낭중 김안(金安, ?~1135), 홍이서(洪彛敍, ?~?), 이중부(李仲孚, ?~?), 문공인(文公仁, ?~1137), 임경청(林景淸, ?~?) 등이 묘청의 풍수설에 매혹되었다.

　그는 유교를 신봉하는 관료들의 사대적이고 유약한 태도를 비판하면서 칭제건원(稱帝健元), 즉 중국처럼 왕을 황제라 부르고 연호도 중국 것이 아니라 독자적인 연호를 사용해야 한다고 했다. 그는 풍수지리 사상에 의하여, 개경은 이미 지세(地勢)가 다 했고, 서경의 임원역에 궁궐을 지으면 36방의 주변국들이 모두 머리를 조아릴 것이라며 왕을 설득했다.

　서경 천도론에 위기를 느낀 세력은 개경파였다. 당시 개경에서 온갖 혜택을 누리던 김부식 등은 서경 천도를 완강히 반대하였다. 김부식 등은 묘청이 반란을 일으키자, 인종의 허락하에 관군을 이끌고 서경을 함락하여 난을 평정했다.

묘청의 난에 대한 평가는 찬반이 분명하다. 조선 말 일제 강점기 초기에 활동했던 신채호(申采浩, 1880~1936)는 민족사관의 입장에서 묘청의 난을 일천년래 제일대사건(一千年來第一大事件)으로 평가한다. 만일 성공했으면 조선사가 독립적 진취적으로 발전했으리라고 한탄하였다. 그러나 이에 대한 반론도 적지 않다. 당시 개경 세력과 이에 반발한 지방 세력(서경) 간에 권력투쟁일 뿐이며, 금국정벌론(金國征伐論) 등은 단지 명분뿐이라는 것이다.

서경천도운동은 그들의 공리심(功利心)과 서경인(西京人)의 기질 등이 작용하였음은 물론이나, 그 밖에 그들의 정치적 혁신의 의욕도 간과할 수 없다. 당시 국내외의 정세에 비추어 개경의 타성적이며 부패한 귀족사회의 생태를 좌시할 수 없어, 당시 인심을 지배하고 있던 음양도참설(陰陽圖讖說)을 교묘히 이용하여 서경인 중심의 중흥 정치를 베풀어 보고자 한 것이 그들의 당초(當初)의 이상이었다는 평가도 있다. 이에 대하여 신채호(申采浩, 1880~1936)는 『조선사연구초』에서 다음과 같이 말했다.

> 서경 전역(戰域)을 역대의 사가들이 다만 왕사(王師)가 반적(反賊)을 친 전역으로 알았을 뿐이었으나, 이는 근시안의 관찰이다. 실상은 이 전역이 낭(郎)·불(佛) 양가 대 유가(儒家)의 싸움이며, 국풍파 대 한학파의 싸움이며, 독립당 대 사대당의 싸움이며, 진취사상 대 보수사상의 싸움이니, 묘청은 곧 전자의 대표요, 김부식은 후자의 대표이다. 이 전역에서 묘청 등이 패하고 김부식이 승리하였으므로 조선의 역사가 사대적·보수적·속박적 사상, 즉 유교 사상에 정복되고 말았거니와, 만일 이와 반대로 김부식이 패하고 묘청 등이 승리하였더라면 조선사가 독립적·진취적 방면으로 진전하였을 것이니, 이 전역을 어찌 '일천년래 제일대사건(一千年來第一大事件)'이라 하지 아니하랴.

이는 그는 묘청의 난이 실패로 돌아감으로써 유가의 사대주의가 득세하여 고구려적인 기상을 잃어버리게 되었다고 애석하기도 했다. 다시 말하면 진취적인 기상은 개경파에 의해서 서경파가 패배한 것이 우리 역사를 후퇴시켰다는 것을 의미한다.

묘청의 난의 영향으로 고려사회는 표면상 평온을 되찾았으나, 이 반란이 고려사회에 끼친 영향은 컸다.

우선 서경의 지위는 권력 구조에서 밀려나게 되었다. 이와 함께 고려 권력 구조의 균형이 깨졌다. 즉 서경 세력은 개경의 문신 귀족 세력을 견제하는 역할을 담당했는데, 서경

세력의 쇠퇴는 개경의 문신 귀족 세력의 독주를 가능하게 되었고, 문신(文臣)의 위신을 높이고 무신(武臣)을 멸시하는 풍조를 낳게 하여 후에 무신의 난을 유발하는 한 원인이 되었다.

그리하여 문신 귀족 세력은 더욱 득세하게 되어 왕권마저 능멸하는 풍조가 널리 퍼지게 되었다. 이자겸의 난을 극복했던 것을 계기로 새로운 정치 질서를 수립할 수 있었던 기회를 인종은 인재 기용의 실패로 놓치게 된 것이다. 결국은 뒤이어 왕위에 오른 의종은 무신의 난으로 인해 정상적인 정치체제가 붕괴가 되기에 이르게 된다. 인재 기용의 실패로 왕권은 땅에 떨어지게 된 것이다. 당시 문신 귀족사회가 안고 있던 정치적·사회적·경제적인 모순과 폐단은 뒤에 무신정변을 일으키게 하는 원인이 되었다.

3. 문벌귀족의 폐해와 무신정권의 등장

문신 주도의 고려사회는 '이자겸의 난'(인종 4, 1126년)과 '묘청의 난'(인종 13, 1135년)을 거치며 왕조 중기에 이르러 폭발 직전의 임계점을 향해 치닫고 있었다. 918년 태조 왕건이 고려를 세운 지 252년이 지난 1170년(의종 24년), 무소불위의 권력을 휘두르는 문신 귀족과 이들과 함께 흥건히 취해 균형감을 상실한 임금의 향락적인 삶은 무신들의 분노를 억제 불가능한 극한 상태까지 키우고 말았다

이자겸과 묘청의 양란이 일어난 지 35년이 지나자 1170년(의종 24년)에 고려는 다시 한번 정변이 발생하였는데 이것이 무신(武臣)의 난(亂)이다. 당시 귀족사회의 모순이 해결되지 않은 채 여전히 팽배하였고 귀족사회는 동요하기 시작하였다. 이러한 상황에서 무신들이 정변을 일으켜 권력을 잡기 시작하면서 발생하였다. 다시 말하면 개경의 경제와 군사 그리고 권력이 문신 귀족(文臣貴族)에게 너무나 집중되면서 차별을 느낀 무신들과 지방 세력들이 이에 반발하여 정변을 일으켰다고 볼 수 있다.

당시는 거란과의 전쟁 이후라 별다른 전쟁은 없었다. 이는 결국은 무신의 입지가 약화가 되어 왕과 문신들의 호위병이나 구경거리에 지나지 않는 시대였다. 당시 이러한 상황을 한영우는 다음과 같이 묘사했다.

의종 시대에는 천재지변에 기온이 떨어져 여름에도 큰 우박이 내리는 등 해마다 흉년이 들고 기근과 질병이 돌았으나, 의종은 각종 불교 행사, 초제, 팔관회 등으로 이를 극복하려고 했으며, 기은색(祈恩色)이라는 수탈기관을 만들고 별공사(別貢使)라는 관리를 지방에 파견하여 2중, 3중으로 백성을 수탈했다. 그 비용으로 개경과 그 인근에 별궁(別宮), 누정(樓亭), 사찰(寺刹) 등을 세우고 거의 매일같이 신하들과 격구를 즐기고 술 놀이판을 벌이면서 국가재정을 낭비하였다. 무신은 상장군(정3품)이나 대장군(종3품) 같은 높은 장군들도 문신의 놀이판에 경비나 서는 호위병으로 전락했다. 그런데도 신하들은 의종을 태평호문(太平好文)의 군주(君主)라 칭송하기에 바빴다(한영우, 다시 찾는 우리 역사).

이는 당시의 임금과 문신들의 호의호식(好衣好食)에 백성들은 안주에도 없었고 무신들을 하찮은 호위병으로 취급했던 상황을 보여주는 예이다. 백성들은 기근에 힘겨워함에도 불구하고 이를 가볍게 여겨 세금이나 강탈해 가는 당시의 문신과 임금에게서 더 이상 기댈 것은 없었다는 것이다. 또한, 당시의 상황을 너무나 가볍게 보고 있던 문신들은 반감을 사고 있었다.

엎친 데 덮친 격이라고 해야 할까. 바로 이 자리에서 사실상 무신정변의 직접적인 도화선(導火線)이 되는 중요한 사건이 발생했다. 당시 대장군이었던 이소응(李紹膺, ?~1180)이 오병수박희에 참가했는데, 이소응이 대회 도중 힘에 부쳐 뒤돌아섰을 때 환관 한뢰(韓賴, ?~?)가 그 앞에 나와 패기가 없다며 노 장군의 뺨을 후려쳤다. 물리적인 충격으로 이소응은 섬돌 아래로 떨어졌다. 그러자 의종과 문신들은 손뼉을 치며 크게 웃었다.

임계점(臨界點)을 넘어선 무신들은 당장이라도 칼을 뽑으려고 했지만, 정중부는 일단 눈짓으로 말리고 한뢰 앞으로 가서 정3품 벼슬인 이소응(李紹膺)을 "너 같은 사람이 모욕을 주느냐"며 크게 꾸짖었다. 이에 놀란 의종이 직접 정중부를 진정시키며 오병수박희에서의 상황은 종료됐다.

그러나 무신들은 보현원에서의 일에 격분한 나머지 행동에 들어가 신료들을 척살하고 이를 본 한뢰는 의종에게 달려가 왕의 침상 아래로 숨어들었다. 무신들은 의종에게 한뢰를 요구하자 용포를 잡고 버티던 한뢰는 이고(李高, ?~1171)가 휘두른 칼에 즉사하였고 이를 본 문신들이 왕 앞에서 칼을 휘두른다고 책망하자 "문관을 쓴 자는 비록 서리라도 모조리 죽이고 씨를 남기지 말라"고 외치면서 문신들을 살해하고 의종과 태자를 폐위하고 둘째 동생인 익양공(翼陽公) 호(皓)를 즉위시켰는데 그가 바로 19대 왕인 명종(明宗)이다.

이로써 정중부를 비롯하여 100여 년 원종이 복고(復古)할 때까지 이르는 무신 집권기가 시작되었다. 명종은 무신정권에서 허울뿐인 왕이었고 아무런 실권도 갖지 못하는 신세가 되었다. 무신들이 정권을 잡았으나 왕정을 되찾고자 한 문신들의 항쟁도 있었다. 동북면 병마사 김보당(金甫當, ?~1173)과 그 이듬해에 서경유수 조위총(趙位寵, ?~1176)이 일으킨 항쟁이 그것이다. 또한, 사찰 승려들이 무신정권에 대항해 항쟁을 일으키기도 했다. 그러나 이 모든 항쟁은 이의방의 부하인 이의민 등의 활약으로 3년 만에 진압됐다.

100년에 이르는 무신 집권기의 특징은 왕권의 '유명무실(有名無實)'과 집권한 무신이 정방, 도방, 교정도감 등과 같은 기구를 통해 모든 권력을 자의적으로 행사했다는 것이다. 아울러 최고 권력자들이 자주 교체됐다. 무신 집권기 초반의 최고 권력자는 정변 당시 견룡행수였던 이의방이다. 이의방은 정변 동지였던 이고 등을 죽이고 정중부를 밀어낸 후 권력을 장악했다. 이의방은 자기 딸을 명종에게 시집 보내는 등 국정을 마음대로 주물렀다.

당시 무신들이 집권하자 그들이 공신이 되어 주요 관직을 독차지하였고 그의 수하들이 지방의 관리로 추천되어 파견되었다. 이들은 관직에 대한 이해와 경험이 없어 법과 관례를 무시한 채 백성들을 수탈하는 폐단을 가져왔다. 따라서 지방에는 더욱 혼란이 가중되었고 여러 곳에서 반란이 일어났다.

정변을 주도한 정중부, 이의방, 이고 등은 처음에는 중방(重房, 최고 회의 기관)에서 모든 정사(政事)를 처리하는 듯하였으나 이들 또한 권력을 가지고 다투기 시작하였다. 처음에는 이의방이 자기의 딸을 태자비로 삼고 권력을 독점하려 하자 정중부의 아들 정균의 계략에 걸려들어 피살됐고, 이후 정중부가 권력을 장악했다. 이의방 시대와 다를 바 없이 정중부 시대에도 정중부 자신과 그 아들들의 국정 농단 등이 횡행했다. 이에 청년 장군이었던 경대승(慶大升, 1154~1183)이 등장해 정중부와 정균 등을 기습해 척살한 후 권력을 잡았다.

다만, 경대승의 경우는 이의방, 정중부와 달랐다. 경대승의 거사 이유는 왕권을 유린을 한 '난신적자(亂臣賊子)'들을 제거하는 것이었고, 실제로 권력을 잡은 후 경대승은 왕권을 어느 정도 존중하는 모습을 보였다. 또한, 의종을 죽인 이의민을 끝까지 찾아내 척결하려는 의지를 나타내기도 했다. 그는 모든 정사를 개인적인 도방을 설치하여 논의하였으나 경대승 역시 신변의 위협을 느꼈고, 끝내 젊은 나이에 요절(夭折)했다.

경대승이 죽고 나자, 변방에서 숨죽이고 있던 이의민(李義旼, ?~1196)이 나타나 권력을 장악했다. 이의민은 고려의 무신(武臣)이자 무신정권 4대 집권자로 계림의 천민 출신 한량에서 시작해 천하를 호령하는 권신의 자리까지 오른 나름 입지전적인 인물이다. 그러나 이렇듯 화려하게 등장했지만 탐욕스러움을 주체하지 못해 여러 난행을 벌였고 그만큼 비참한 최후를 맞이한 인물이기도 하다. 3남 중 막내로 아버지 이 선(?~?)은 소금과 체(篩)를 팔던 장사꾼이었고 어머니는 옥룡사라는 절의 노비였다.

이의민이 어렸을 때 이 선은 이의민이 푸른 옷을 입은 채로 황룡사(黃龍寺) 9층 목탑을 올라가는 꿈을 꾸었고 깨어난 뒤 이의민이 반드시 귀하게 될 것이라 여겼다. 하지만 이의민 역시 자기의 상관이었던 이의방(李義方, ?~1174)처럼 '전횡(專橫)'을 일삼았다.

그는 의종의 복위 모의를 저지하기 위해 산원(散員) 장군 박 존위(?~1175)와 함께 의종의 유배지인 경주로 내려가서 같이 술상에 앉아 기회를 엿보다 의종을 처단하였다. 이의민이 정권을 잡았을 때는 화려하였지만, 최후는 매우 비참하였다. 그는 사소한 문제로 인해 권력을 송두리째 잃게 되는데, 바로 이의민의 아들들이 저지른 만행 때문이었다. 김사미·효심의 난 토벌대에 파견된 장남 이지순(李至純, ?~1196)은 반군과 내통하여 여러 차례의 싸움에서 패배하였는데 이를 들킨 탓에 제 구실(口實)하지 못하게 되었다. 또한 다른 아들 이지영(李至榮, ?~1196)과 이지광(李至光, ?~1196년)도 아버지의 권세를 믿고 온갖 나쁜 짓들은 다 골라 했다. 이 둘을 가리켜 쌍도자(雙刀子), 즉 쌍칼같이 흉포한 아들이란 악명으로 불리었다. 그런데 하필이면 이지영이 최충수(崔忠粹, ?~1197)의 비둘기를 다짜고짜 강탈해 가는 사건이 벌어졌다.

『고려사』에는 워낙 기록이 간략하여 세부적인 정황을 알기 힘들다. 이지영이 최충수의 비둘기를 뺏었다는 기록과 더불어 이지영의 집에 최충수가 가서 비둘기를 돌려달라고 했는데 말투가 무례해서 이지영이 결박했다는 기록 등이 나온다. 참고로 무슨 비둘기였는지는 알기 힘들지만, 당시 무신들이 쓰던 연락용 비둘기였다는 추측도 있다.

아무튼, 이것이 발단되어 최충수와 그의 형 최충헌이 이의민을 처단하기로 결심을 굳혔다. 결국은 미타산 별장에 있던 이의민은 최충헌 형제의 습격을 받아서 1196년 4월에 비참하게 목숨을 잃고 만다. 이때 최충수가 말을 타고 있는 이의민을 급습하여 칼을 휘둘렀으나 빗나갔는데 최충헌이 덤벼들어 그를 칼로 베어 말에서 떨어뜨린 다음에 목을 베었다고 한다.

그의 아들 지광과 지영은 그 자리에서 잠깐 피했지만, 결국 이들도 붙잡혀 비참히 목숨을 잃었다. 이지순과 이지광이 먼저 죽자, 이지영은 모든 걸 포기했는지 마지막 죽기 전에 해주로 달아나서 거기서 잔치를 벌이며 즐기다가 그를 추격해 온 최충헌의 수하 장군 한휴(韓休)에게 붙잡혀 그 자리에서 목숨을 잃었고 이후 이의민의 일가 삼대가 모두 몰살당했다고 한다. 결국, 이의민과 그 아들들의 전횡을 참지 못한 최충헌, 최충수가 거사를 일으켰고, 이의민 등을 제거하는 데 성공했다. 이로써 최씨 정권의 시대가 도래한 것이다.

무신정변은 표면적으로는 김부식의 아들 김돈중이 대장군 정중부의 수염을 태워 원한이 쌓인 일이나 대장군 이소응(李紹膺, ?~1180)이 오병수박회(五兵手搏戱)를 하던 중 문신 한뢰(韓賴, ?~?)가 뺨을 친 사건이 도화선이 된 것으로 되어있지만, 사실 무신의 난의 배경은 무관을 경시하고 문관을 우대하는 우문정책(愚文政策)에서 연유가 된 것이다. 의종이 이러한 분위기를 감지하지 못하고 연회에만 빠져 있었던 게 주요 원인이다.

정변 후에 백성의 고초는 무신정변 기간뿐만 아니라 어느 시기에도 백성이 편했던 시절은 찾아보기 힘들다. 거기다 무신들이 핍박받는 백성을 위해 난을 일으킨 것이 아니며, 이렇게 무시당하면서는 '못 살겠다.'라는 분노의 표출일 뿐 백성을 구제해야 한다는 목표 의식은 처음부터 존재하지 않았다. 그래서인지 정변 세력은 대세를 장악하자, 일차적으로 문신들의 재물을 약탈하는 데 열을 올렸으며 이차적으로 문신들의 토지를 압수하여 자신들이 소유하는 데 집중하였다.

또한, 반발하는 백성들에게 문신들은 그나마 고리대금으로 착취하는 구조였다면 무신들은 생사를 장담하지 못하는 폭력으로 다스렸으니, 백성들의 삶은 정변 전보다 더 힘들어졌다고 말할 수 있다.

게다가 몽고 군의 침입으로 전 국토가 유린이 되는 참상에도 불구하고 무신들은 세금만 탈취했을 뿐 백성들은 그 스스로 살기 위해 싸울 수밖에 없는 구조가 되어버린다. 이런 와중에 어떻게 애국심이 나올까? 하는 의구심마저 들 정도로 백성의 삶은 처참하기 이를 데가 없는 시기였다. 무신정변의 영향은 무신정변 후 고려의 신분 질서는 크게 흔들렸다.

첫째는 문신 기반의 제도를 무신 기반으로 바꿨으며, 둘째는 몽고의 긴 침입으로 농민, 노비 신분들이 대거 신분 상승하였다. 셋째는 '왕후장상이 씨가 따로 있나'라는 전제로 폭력으로 권력을 탈취하는 방법이 흔하여 왕족의 정통성이 크게 훼손되었다는 점에서 매우 주목할 만하다.

4. 무신정권의 몰락

이자겸의 난, 묘청의 난을 비롯한 문신들의 부패로 인한 고려사회는 결국 무신들이 정변을 일으키게 되었다. 처음에 이러한 정변은 문신들이 무신들에 대한 차별을 못 이겨 일으켰으나 당시 고려는 이미 내부적으로 매우 부패하고 무능한 시기라 할 수 있었다. 따라서 정중부를 위시한 무신들은 문신들을 타도하기 위하여 정변을 일으켰으나 그들 또한 과거의 문신들과 마찬가지로 무능과 부패를 일삼은 폭도일 뿐이었다. 이런 지경에 이르자 정중부를 중심으로 한 무신들을 경대승에게 살해당하면서 정중부의 시대는 막을 내렸으나 권력에서 밀려난 이의민(李義旼, ?~1196)이 경대승이 자연사(自然死, 夭折)를 하자 지방에서 상경하여 권력을 잡았다.

이의민은 출신에서 보았듯이 어린 시절부터 망나니로 살아오다 군인이 되었으며 의종의 신임을 얻고 출세하였으나 자기를 믿고 아껴준 의종의 은혜를 배신한 입지전적 인물이었다. 그러한 이의민은 정권을 잡은 지 13년 만에 잦은 횡포와 재산을 축재하다가 1196년(명종 26년)에 최충헌(崔忠獻, 1149~1219)에 의해서 피살됨으로 최씨 집안이 권력을 앞세워 4대에 걸쳐서 60년간의 시대를 열었다.

최충헌은 당시의 권력투쟁의 참상을 겪으면서 언젠가는 권력을 잡기 위하여 당시의 문인들과도 관계를 맺으면서 기회를 노리고 있었다. 그는 최충헌, 최우, 최항, 최의(崔竩, ?~1258)의 최씨(崔氏) 정권의 서막을 올린 인물로서 이 기간은 무려 1196년부터 1258년까지이다. 따라서 이 시기부터 권력의 안정기에 접어들었다고 볼 수 있었으나 나라 안의 모든 권력을 독차지하였던 그의 가족들이나 집안들의 횡포는 더욱 심해졌다.

그는 권력을 잡고 나서 왕에게 『봉사(奉事 10條)』를 올려 정치, 경제, 사회의 혼란을 수

습할 것을 시정하면서 권력을 잡기 위한 수순(手順)이 진행이 되고 있었다. 이러한 『봉사 10조』의 목적은 무신정권의 초기 혼란을 극복하고 국가의 정책이나 안정을 확립하기 위해서 만든 일종의 사회개혁안이었다. 이것에 관한 내용을 살펴보면 귀족들의 불법적인 토지 겸병 금지, 승려들의 고리대금 금지, 조세개혁 등이 포함되어 있어서 백성들은 당시의 상황에 매우 지지하였으나 결국은 이는 최씨 집안의 권력 유지 및 정당화를 위한 포석에 불과하였으며, 개혁에는 별 도움이 없었다. 오히려 최충헌은 오히려 더욱 많은 토지와 노비를 차지하게 되었다. 최씨 집안의 무신정권은 대농장을 경영하고 사병을 양성하는 데 더욱 치중하여 경상도와 전라도 일대에 대규모 농장을 소유하였다.

결론적으로 보면 처음 집권 시기에는 국가제정에 피해를 일으키고 있는 사원 세력들을 제압하고 양인과 천민에게도 관직을 주어 불만을 잠재웠으며 심지어는 자유민(自由民)으로 해방하여 주기도 하였다. 또한, 무신들에게 껄끄럽던 문신들을 위하여 이규보(李奎報, 1168~1241) 등 문신들을 우대하였으나 하층민들의 반란이 빈번하게 발생하자 이를 진압하기 위하여 더욱 강력한 통제 수단인 기구를 만들어서 무력 정치(武力政治)를 펴기 시작하였다. 이를 위하여 도입한 기구가 '교정도감(敎定都監)'이었다.

'교정도감'은 최충헌의 집에 설치함으로써 인사와 행정 등을 독점하였다. 후에 그는 감찰권까지 장악하여 무소불위(無所不爲)의 권력을 가지게 되며 결국은 이 시기에 왕까지 마음대로 교체시키는 등 왕의 권위는 사라지게 되고 결국은 허수아비로 만들었다. 이는 고려 왕조에서 가장 강력한 권력자는 최충헌이었다. 무장 출신인 그는 무신의 반란, 혼란한 권력 교체기를 수습하고 무신정권을 수립했다. 최충헌이 돋보이는 것은 4대에 걸쳐 약 60년간 세습된 최씨(崔氏) 무신정권을 유지했다는 점이다. 권력의 세습은 국왕만의 전유물이었던 시대에 최씨(崔氏) 무신정권은 왕실을 대신해 독보적인 존재로 고려를 통치했다.

그러나 그는 4명의 왕을 교체하고 왕의 권력보다 더 많은 권력을 행사하면서도 첫째는 왕을 살해하지는 않았다. 이의방이 의종의 척추를 부러뜨려 살해한 후 백성과 관료들의 지탄(指彈) 대상이 되어 숙청당한 교훈을 최충헌은 잊지 않았다. 비록 4명이나 왕을 교체했지만, 단 한 명의 왕도 죽이지 않아 최충헌은 '왕을 시해한 대역죄인'이라는 민심이반(民心離叛)의 과녁에서 벗어날 수 있었다.

둘째는 왕이 되려는 욕심을 부리지 않았다. 최충헌은 신하의 위치에서 권력을 행사했다. 원래 권력을 맛본 인물들은 본인이 최고가 되겠다는 것이 일반적이다. 그는 왕을 능가하는 권력의 소유자로서 왕이 되려는 욕심도 있었겠지만, 그는 마지막 순간 절제했을 정도로 무섭고 냉정한 인물이었다. 왕이 되어 고려의 모든 관료, 문벌, 무신, 백성을 적으로 삼는 어리석은 행동을 하지 않았다. 실리를 택한 현명한 판단인 셈이다.

셋째는 최충헌은 이규보(李奎報, 1168~1241) 등 문신들을 등용해 문신들의 후원과 잠재적 용인술을 이끌어 권력의 일정 부분을 문신들, 특히 신진 사대부들에게 줌으로써 무식한 무신정권이라는 선입견을 없애고 또한 문신들의 조력을 받아 국정을 운영하는 노련미를 보여주었다.

최충헌이 정권을 사유화했고 이로써 고려 멸망의 계기가 되었다는 시각도 있지만, 왕조가 엄연히 존재하는 가운데 무려 60여 년간 자신만의 또 다른 왕조를 유지한 리더십과 처세술은 분명 연구하여 볼 필요가 있을 것이다.

최충헌은 1인 독재를 구축한 뒤 도방(都房)을 강화하여 자신을 호위하게 하였다. 원래 도방은 고려 때 경대승이 신변 보호를 위한 사병집단으로써 그것을 더욱 강화하여 1197년 명종을 폐위한 후에 명종의 아우 신종을 옹호하고 신종 다음에 희종이 등극하였는데 자신을 제거하려고 하자 명종의 아들 강종(康宗, 1152~1213)을 옹립하였다. 그러나 2년도 되지 않아 그의 아들 고종이 등극할 정도로 최충헌은 무소불위의 권력을 행사하였다.

최충헌에게는 두 아들 우와 향이 있었다. 최충헌은 두 형제간에 권력 다툼이 일어날 것을 염려하여 자신의 곁에서 돌보던 아들 최우를 가까이 오지 못하게 하였다. 최우(崔瑀, ?~1249) 역시 이후 병을 핑계로 아버지를 찾지 않았다. 차남 최향(崔珦, ?~1230)의 벼슬이 장남 최우(崔瑀, ?~1249, 후에 최이로 개명) 보다 높았으나, 최우가 최향의 부하들을 죽이고, 뒤로 무신정권을 잡았다. 최충헌의 관직을 종합하면 벽상삼한삼중대광, 개부의동삼사, 수태사, 문하시랑, 동중서문하평장사, 상장군, 상주국, 판병부어사대사, 태자태사(壁上三韓三重大匡, 開府儀同三司, 守太師, 門下侍郎, 同中書門下平章事, 上將軍, 上柱國, 判兵部御史臺事, 太子太師)이다. 그는 1219년 9월에 개성부 안흥리(安興里) 집에서 사망했는데,『고려사』에 의하면 그는 죽기 전 연회를 열다가 죽었다고 기록하고 있다.

다시 말하면 최충헌은 여러 형태의 벼슬을 독차지하다가 70세의 나이로 세상을 하직하였는데 24년간의 독재 권력을 마치고 그의 아들 최우(崔瑀, ?~1249, 후에 崔怡로 개명)에게 물려주었다. 왕이 아닌 자가 권력을 세습한 것은 우리의 역사상 유례없는 일이었다. 공교롭게도 그 당시에 일본도 마찬가지였다. 일본의 막부(幕府)는 천황을 두었으나 이는 곧 허수아비였으므로 1185년 가마쿠라막부가 정치를 시작하였던 곧 쇼군(將軍)이 세습을 편 막부정치와 비슷하다.

최충헌이 사망한 후로 최우는 아버지가 빼앗은 토지와 노비들을 돌려주는 등 백성들의 민심을 돌리려고 하였으며 또한 문신들을 회유하기 위하여 그의 집에서 정방(政房)이라는 인사기구를 만들어서 문신들을 자문관이나 비서로 활용하였다. 이로써 그의 권력 기반은 더욱 강화되었다.

이 시기에 특별한 기구는 '삼별초(三別抄)'였는데 기병의 기능을 가진 마별초(馬別抄)와 경찰 임무를 수행한 야별초(夜別抄) 후에 이를 확대하여 좌별초와 우별초로 기능을 나누어서 활용하였고 몽고 항쟁 때 포로로 갔던 군인들을 모아서 신의군을 만들어서 삼별초를 완성하였다. 후에 삼별초는 몽고(蒙古)와 항쟁 때 고려의 국난을 극복하는 데 매우 활약한 집단이었다. 다시 말하면 초기에는 도둑들을 잡기 위해 야간 순찰을 하였던 것에서 출발하여 각종 경찰 임무 및 군사 업무, 도성을 수비하는 수비대, 특공대 등의 임무를 맡았으며 순수한 사병집단이었던 도방과는 달리 녹봉을 국가에서 받았으며 공적 업무를 수행한 공병(公兵)의 역할을 하였다. 그러나 말이 공병의 성격을 가졌다고는 하나 실제로는 최씨 정권의 사병이라 할 수 있다.

최우의 아들 최항(崔沆, ?~1257)이 정권을 세습하였는데 최항의 이력은 다른 사람과는 달리 독특하였다. 그는 서자로서 중이 되었다가 권력을 승계한 인물로서 그의 아버지와 마찬가지로 민심을 얻는 데 주력하였으나, 후에 참언(讒言)을 잘 믿어서 신하들을 죽이는 등 만행을 저질렀으며 몽고와 관계 악화로 인하여 몽고 침략의 빌미를 준 자였다. 그는 8년간 집권을 하다가 마찬가지로 적자(嫡子)가 없어서 남의 집 여종 사이에 낳은 최의(崔竩, ?~1258)가 권력을 승계하였다.

최의도 민심을 얻기 위하여 개인 재산을 국가에 바쳤으며 노비에게도 벼슬을 주었고 선심 정치를 펼쳤으나 점점 횡포가 심하여 집권한 지 1년 만에 신하들에게 참살당하였다. 이로써 그는 최충헌의 가계에 의한 무신정권은 막을 내리게 되었다. 대사성 유경(柳璥,

1211~1289)이 최충헌의 노비 김윤성(金允成) 아들 김준(金俊, ?~1268)과 협력하여 최의를 죽이고 권력을 고종(高宗, 1192~1259)에게 복고를 시키면서 대단원의 막을 내리게 되었다. 최씨 정권이 무너지자, 김준 등 무신들이 12년간 정권을 잡았으나 1270년 임유무(林惟茂, ?~1270)가 무너지자 100년간의 무신 집권은 고려사에서 완전히 사라지게 되었다.

제**7**장

고려 후기의 민란
발생과 대몽과의 전쟁

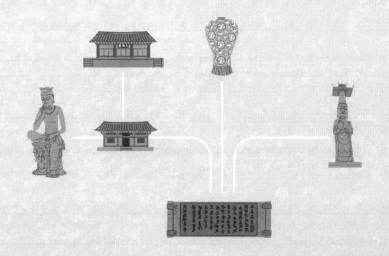

자랑스러운 우리의 역사

고려 후기의 민란 발생과 대몽과의 전쟁

1. 고려 후기 민란 발생

무신 집권기에는 지방사회에서도 마찬가지로 동요를 일으키기 시작하였다. 당시 거란과의 3차례의 전쟁을 마치고 난 후 문종 때에는 경제를 발전시키면서 태평성대가 계속되었다. 특히 농기구의 발전으로 인한 생산력의 증대는 백성들의 생활을 향상되는 듯하였으나 이는 오히려 귀족계급들의 이권만 채워준 꼴이 되었다. 오히려 귀족들은 생산력의 발달로 인하여 토지 수확이 늘어나면서 오히려 백성들의 토지를 침탈하기 시작하였다. 이로 인한 귀족들의 농장들이 대규모로 생겨나기 시작하였는데 이는 토지를 안정적으로 확보하기 위하여 민중들의 토지를 수탈하였기 때문이다.

또한, 경제적 수탈뿐만 아니라 정치적인 침탈도 마찬가지였다. 정치권력을 잡은 무신 정권들은 토지 겸병을 더욱 가속(加速)시켰는데 이는 백성들에게는 고통이 가중(加重)되었고, 마침 그 시기에 자연재해와 질병 등의 발생으로 인하여 민중의 고통을 심화시켰으며 지방관리의 '가렴주구(苛斂誅求)'로 인하여 민심이 이반(離叛)이 되기 시작하였다.

따라서 이를 견디지 못한 백성들은 11세기 후반부터 십중팔구(十中八九)는 집이 비어있었거나 심지어는 도적(盜賊)으로 변하였다. 이러함에도 불구하고 국가로부터 부과되는 세금은 오히려 이들의 생활고를 힘들게 하였다. 이와 같은 사회현상을 종합하여 보면 두 가지로 요약할 수 있다.

첫째는 문신 귀족이 사라지자, 무신정권의 권력자들은 신분이 미천하였기에 이들 정치권력의 이양(移讓)은 무신보다 더 낮은 지위를 가진 농민이나 노비들도 희망이 생기기 시작하였다. 이는 미천한 출신들도 정치적 출세와 사회참여가 가능하다는 희망이 생기게 되었고, 이러한 하극상의 풍조도 민란을 통해 가능하다고 믿게 되었기 때문이다. 다시 말하면 문신을 제거한 정중부, 이의방 등은 출신이 미천한 무신들이어서 일반 백성들도 신분 상승을 할 수 있다고 생각되게 하였다.

둘째는 무신란(武臣亂) 이후 자연재해가 매우 심하였던 시기였다. 따라서 기온이 급강하하여 생산력이 급감하여 백성들은 어려운 삶을 지내고 있었다. 또한, 그 시기에는 자연재해뿐만 아니라 질병들이 생겨나서 백성들을 괴롭혔고 이로써 농업이 피폐하여 민생이 어려워 지방의 백성들을 불안에 떨기 시작했다.

그러나 당시에 문신들이나 무신들은 자신들의 이익을 챙기기 바쁜 나머지 백성들을 보살피지 아니하고 오히려 권력 유지를 위하여 백성들을 더욱 핍박하였다. 오히려 무신들 사이의 권력투쟁은 더욱 심각해져 백성들의 삶은 더더욱 불안해졌다. 이에 12세기 중간부터 간간이 일어나던 민란은 무신란(武臣亂) 이후에는 지방 곳곳에서 일어나기 시작했다. 이 당시의 상황을 다음과 같이 묘사하였다.

> 무신 집권기 동북병마사를 지낸 조원정(曺元正, ?~1187)은 농민의 재물을 약탈하다 못해 여인들의 머리채까지 잘라 바치게 했다. 비교적 무신 가운데 개혁적이라 불리는 최충헌도 개인 저택과 격구장을 만들기 위해 민가 백 채를 헐어 그 규모가 궁궐과 같았다고 한다(한영우).

조원정(曺元正, ?~1187)은 고려 명종 때의 무신으로 이 시기의 무신들은 지역민들을 수탈함과 동시에 각종 조세 부담 원칙 등 행정의 무식함으로 인하여 지역 내부의 갈등을 조장하였고 중앙과 지방 간의 유대감이 미치지 못하여 중앙정부는 지방을 통제하는데 어려운 상황이었다는 것이다. 이러한 연유로 지방관들의 가렴주구로 인하여 민란이 더욱 확대되고 자주 발생하게 된 원인이 된 것이다.

또한, 1176년 공주지역에서 봉기가 일어났다. 이 지역을 중심으로 일어난 민란을 남적(南敵, 고려후기 특히 명종·신종대에 남부지방에서 봉기한 도적)이라고 칭하였는데 주로 하층민에 의해서 일어난 봉기였다. 가장 대표적인 봉기가 망이(亡伊, ?~?)와 망소이(亡所伊, ?~?)의 난이었는데 이들은 공주의 명학소(鳴鶴所, 지금의 대전시 서구 둔산지역)에서 일하던 수공업자들로서 1176년(명종 4년)에 반란을 일으켰다. 이들은 과중한 세금 부담에 불만을 품고 일으킨 반란이라 하겠다.

망이와 망소이는 『고려사』에 의하면 스스로 산행병마사(山行兵馬使)를 자처하면서 일거에 공주를 점령하고 충청도 일대를 확장해 나가 세력을 크게 일으켰다. 그들이 처음에 세력을 크게 확장하게 된 것이 치밀한 계획을 세워 봉기군들을 모집하였고 이외에도 내부 호응자(內部呼應者)의 도움이 있었었기에 가능하였다고 볼 수 있다. 또한, 그들은 대부분 지역민이었기에 그 지역에 대한 지형과 지물(地物)에 잘 알고 있었기에 유리했다.

이들의 세력을 진압하기 위하여 회유책과 강공책(强攻策)을 병행(竝行)하자, 망이(亡伊, ?~?)는 분노하여 2차 봉기가 1177년에 다시 일어났다. 2차 봉기군(蜂起軍)은 1차 봉기 때 한 달이 넘어서야 점령하였던 충주를 불과 열흘 만에 점령하는 데 성공하였다. 이어서 직산(稷山) 홍경원(弘慶院)이라는 사찰을 3월에 점령, 정중부 정권에 전달하는 편지를 작성하여 주지승에게 전하도록 하였다. 이 편지의 내용은 다음과 같았다.

> "이미 우리 고향을 현으로 승격시키고 수령을 발령하였음에도, 그 길로 병사를 보내어 토벌하고 우리의 모친과 처자를 잡아 가두었으니 그 뜻이 어디있단 말인가? 싸우다가 죽을지언정 결코 항복하여 포로가 되지는 않을 것이요, 반드시 개성에 가서 원한을 갚겠다(민중의 꽃 망이와 망소이)."

1182년 전주를 중심으로 관노(官奴)와 군인들 그리고 주민들에 의해 민란이 발생하였는데 원인은 개경에서 파견된 관리가 지방군을 동원하여 배를 만들고 가혹한 형벌을 내리는 것이 원인이 되었다. 이들은 전주를 점령하고 40여 일을 버틴 것으로 알려져 있다.

경상도 지역에서도 마찬가지였다. 1193년 지금의 경북 청도군 운문면 지역(지금의 운문사 지역)에서 김사미(金沙彌, ?~1194)와 울산 혹은 밀양지역인 초전에서 효심(孝心, ?~?)이 반란을 일으켰다. 이 민란은 유랑민들을 모아 주변 지역을 습격하였고 통제가 불능한 상황에 이르자 처음에는 토벌군이 계속 패퇴하였으나 결국은 진압되었다. 이 반란의 계기로 인하여 전국적으로 연대가 되는 양상을 보였으나 밀성(密城, 지금의 밀양) 전투에서 7천 명의 희생자를 내고 진압되었다.

또한, 신라와 백제를 부흥하고자 하는 반란도 계속되었다. 1202년 경주에서 '신라 부흥'을 외치며 운문, 울진, 초전지역으로 번지며 확대되었으며 '백제 부흥'을 외치는 봉기도 전라도를 중심으로 일어난 것도 매우 이례적이라 할 수 있다. 특히 '신라 부흥'을 외치는 이들의 민란 군들은 군인, 승려, 농민들이 대다수였는데 스스로 정국병마(正國兵馬)라 칭하면서 이들은 고려가 고구려 계승에 대한 반발이라는 데서 연유된 것이다. 이는 신라, 백제라는 역사의식과 지역감정을 표방하며 더욱 전국적으로 확대되는 양상을 보였다.

이러한 가운데 노비가 중심이 된 민란이 일어났는데 만적(萬積, ?~1198)의 난이었다. 만적(萬積)은 최충헌의 사노비로 수백 명의 개경 부근의 사노비를 송악산에 모아 놓고 권력을 탈취하는 연설을 하였는데 그 내용이 매우 유명하다.

> 경계(庚癸, 무신 난) 이후 공경대부(公卿大夫)는 천례(賤隷) 속에서 많이 나왔다. 장군이나 재상이 되는 씨가 따로 있는가? 때가 오면 누구나 할 수 있다. 우리가 어찌 상전의 매질을 당하면서 고생만 하고 살아야 하는가? 모두 자신의 주인을 죽이고 천인의 호적을 불살라 버려서 삼한(三韓) 땅에 천인(賤人)을 없애면 공경(公卿)과 장상(將相, 장군과 재상)을 우리가 모두 할 수 있을 것이다(『고려사절요』 14권 「신종(神宗)」 (개성의 북산에서).

고려시대는 신분 질서가 강조된 사회였는데 노비의 경우에는 그 처지가 매우 열악하였다. 따라서 무신들이 집권하자 무신정권에 협력한 사람들도 지위가 향상되었다. 이러한 세상을 경험한 만적(萬積)은 당시 만행하였던 정치적·경제적 횡포를 뒤집고자 민란을 일으켰으며 이러한 주장에 노비들이 지지하였고 계획적으로 민란을 일으킨 것이다.

만적의 난은 신분 해방 운동을 외친 노비들의 반란으로서 치밀하게 세워졌지만, 봉기에 많은 이들이 참여하리라고 생각했는데 실제 많이 모이지 않자, 봉기가 연기된 데 불안을 느낀 순정(만적의 난에 가담했고 당시 최충헌의 이웃이었던 율학박사 한충유의 노비였다.)이라는 노비가 자신의 봉기를 밀고하여 결국은 만적(萬積, ?~1198)을 비롯한 주동자 100여 명이 관군에게 체포되어 예성강에 던져지면서 실패로 돌아간 민란이었다.

2. 몽고의 침입과 삼별초의 저항

고려는 거란과 여진족과의 치열한 격전을 치른 뒤 어느 기간 평화를 누렸으나 거란족을 토벌하는 과정에서 첫 번째 조우(遭遇)이다. 고려와 몽고의 첫 접촉은 서경의 동쪽 강동성에 있는 거란족을 토벌하는 과정에서 몽고는 고려국에 군사와 보급품을 요청하게 되었고 이에 고려가 응해주면서 일어났는데 그 시기가 1219년 고종(高宗) 6년이었다.

몽고족은 지금의 몽골평원에서 거주하는 유목민으로서 요, 금의 지배(支配)에 있었으나, 13세기 초에 태무친(鐵木眞)이라는 사람이 몽고 주변의 여러 부족민을 통일하고 통합하여 그 세력을 유럽까지 떨쳐 대제국을 건설하였다.

몽고의 침입 배경은 사방으로 뻗어 가는 몽고의 세력 앞에 거란족 또한 무사할 수 없었다. 몽고의 공격에 견디다 못해 요동 반도에서 쫓겨난 거란족은 마침내 압록강을 넘어왔다. 칭기즈칸의 야심 때문에 고려는 뜻하지 않게 다시 거란족의 침입을 받게 된 것이다. 이때가 고종 3년인 1216년이다. 추장 걸노의 지휘 아래 거란족들은 의주, 삭주를 비롯한 북쪽 지방을 온통 휩쓸며 곡식과 가축을 마구 약탈해 갔다. 그리하여 그들은 1년 동안 피땀 흘려 지어 놓은 곡식을 눈 깜짝할 사이에 바닥을 내버렸다. 국경 지반의 양식을 바닥낸 거란족들은 이번엔 남쪽 지방으로 밀고 내려왔다. 이 급보는 최충헌에게도 전해졌다. 그러나 그는 태연하기만 했다. 여러 성으로부터 구원병을 청하는 역 말(驛馬이라고 함, 역마는 중요한 교통 통신수단의 하나로서 군사정보 및 공문서의 전달이나 사신과 수령의 왕래에 따른 영송(迎送), 그리고 물자의 운반에 커다란 역할을 하였다. 그래서 국가에서는 역마 등의 마필 확보를 원활히 하기 위하여 마정(馬政)에 온 힘을 기울이지 않으면 안 되었다)이 끊임없이 개경의 성문으로 들어오기 시작하였다.

그러나 그는 구원을 청하기 위해 먼 길을 달려온 사람들의 목을 베어 버렸다. 자세한 형편을 파악하지 못한 채 그런 식으로 일을 처리한 것은 최충헌의 실수였다. 그리하여 변방의 군사들은 저마다 성을 버리고 뿔뿔이 흩어져 버렸다. 도망치는 군사들이나 난을 피해 남쪽으로 내려가는 백성들은 최충헌과 조정을 원망했다. 그 무렵, 압록강 유역에는 양수척(楊水尺, 후삼국으로부터 고려에 걸쳐 떠돌아다니면서 천업(賤業)에 종사하던 무리)이라는 천민의 무리가 살고 있었는데 그들은 낚시와 사냥, 그리고 강가에서 자라는 버들로 고리짝을 만들어 팔아 생활해 나가고 있었다. 고려 조정에서는 그들을 천민으로 취급하여 노역도 시키지 않고 세금도 받지 않았다. 그러나 이의민이 권력을 쥐고 있을 때, 그 아들 이지영이 이 지방에서 자운선(紫雲仙)이라는 처녀를 데려다 소실로 삼았다. 그리고는 자운선(紫雲仙)에 주기 위하여 이들에게서 세금을 거두는 실정이었다. 이러한 상황에 직면한 것이 당시의 시대적 배경이었다.

몽고의 침입을 촉발한 것은 몽고 사신 저고여(著古與)의 피살사건이다. 즉 그가 1225년 귀국 도중에 압록강 변에서 암살당했는데, 이에 몽고는 외교 문제로 비화하여 국교단절을 표명하였고 결국은 몽고와 30여 년간 여섯 차례의 긴 전쟁이 시작되었다. 그러나 고려로 사신으로 왔던 저고여의 무례한 요구에 성난 고려가 그를 참살했다.

이 사건을 계기로 고종 18년 몽고는 살리타라는 장수를 앞세워 고려를 침입한 것이 제1차 몽고 침입이다. 이에 고려는 몽고 군이 개경을 압박하여 오자 박서(朴犀, ?~?) 장군의 지휘 아래 몽고군에 대항하여 귀주(龜州)에서 완강하게 저항하자 몽고 군은 우회하여 침입하였다. 당시 고려는 철주에서 백성들의 눈물겨운 항전과 귀주성(龜州城)에서 박서(朴犀, ?~?) 장군의 승전 소식, 자주성, 충주성의 승전에도 불구하고 고려는 화의를 청하자 1232년 다루가치(총독)를 서북지방에 두고 철수하였다. 당시 몽고 군의 다루가치는 72명에 달했던 것이다(2차 여, 몽 전쟁). 고려는 비록 몽고와 화친하였으나 무리한 조공과 인질을 요구하고 파견된 몽고 관리의 횡포가 너무나 심하여 고려 조정에서도 분노가 매우 높았다.

이러한 시기에 정권을 잡고 있던 최우는 재추회의(宰樞會議)를 열어 강화 천도를 결정하고, 1232년(고종 19년) 음력 6월에 수도를 강도(江都 : 강화도)로 옮기고 장기 항전의 각오를 굳게 다졌다. 이는 몽고에 대하여 적의를 보인 것이므로 살리타는 7개월 만에 다시 대군을 이끌고 침입하여, 서경의 홍복원(洪福源, 1206~1258)을 앞세워 개경을 함락하고 남경(南京 :

한양)을 공격한 다음 한강을 넘어 남쪽을 공략하였다.

몽고는 금을 멸망시킨 이후에 남송을 공격하는 한편 1235년부터 다시 고려를 침략했다. 2차 여, 몽 전쟁의 보복적인 성격을 가진 전쟁이었다. 몽고는 강화도를 침입하지 못하고 남부로 진입하여 약탈과 살육을 자행하였다.

그러나 해전에 약한 몽고는 강화도를 치지 못하고 사신을 보내어 항복을 권고하였으나 응하지 않으므로 다시 남하하여 처인성(處仁城: 지금의 용인)을 공격하다가 살리타는 고려의 김윤후에 화살을 맞아 전사하였다. 장군을 잃은 몽고는 사기를 잃고 철수하였는데, 이때 부인사(符仁寺) 소장의 『고려대장경, 초조판(初彫板)』이 불타서 없어졌다. 한편 몽고의 철수에 기세를 올린 최우는 북계병마사 민희(閔曦)에게 가병(家兵) 3천을 주어 앞서 반역한 홍복원을 토벌하고, 가족을 사로잡고 북부 여러 주현(州縣)이 대부분을 회복하였다(3차 여, 몽 전쟁).

1238년 고려는 사신을 몽고에 보내어 강화를 제의하고 철군을 요청하였다. 몽고는 고려왕의 친조(親朝)를 조건으로 강화를 받아들이고 철수하였는데 머지않아 몽고는 본국의 내부 사정으로 잠잠한 상태였다. 왜냐하면 몽고는 오고타이 칸이 죽고 권력투쟁이 있었기 때문이다. 몽고는 내부 사정이 정리되자 고려왕의 친조와 개경에 돌아오지 않는다는 핑계를 드러내면서 또다시 침략했다.

이전까지는 수전(水戰)에 약한 몽고는 주로 내륙을 목표로 삼았으나 1253년부터는 강화도를 침략하기 위해 전함을 준비하여 섬 지방까지 쳐들어왔다. 이로써 고려는 막대한 피해를 가져왔는데 포로로 잡힌 사람만 20만이 넘었다. 이들은 대부분 노예로 팔려나가는 수모를 당하였다. 그런데 몽고에 팔려 간 포로나 노예들을 고려는 방관하고 데려오는 노력에는 관심을 기울이지 않았다.

그동안 침략사를 정리하여 보면 제1차 전쟁은 1231년부터, 2차 전쟁은 1232년, 3차 전쟁은 1235년, 4차 전쟁은 1247~1249년, 5차 전쟁은 1253년, 6차 전쟁은 1254~1257년으로 여섯 차례의 전쟁에도 강화도를 굴복시키지 못하자 몽고는 적지 않게 당황하였고 따라서 또다시 강화를 요구하였으나 고려 또한 큰 손실을 보았다. 전쟁이 30여 년간 장기화가 되면서 전쟁에 대하여 대책이 없는 고려 조정에 백성들은 등을 돌리기 시작했다. 심지어는 몽고에 투항하거나 투항한 군사들이 고려와 전쟁을 하는 한편 함경도 주민들은 몽고 제국에 넘어가기도 하였다.

고려가 받은 재산상, 문화적으로 피해를 살펴보면 모든 국토는 전쟁으로 인하여 황폐되었고 방화와 살육은 곳곳에서 행해지고 있었다. 또한, 고려 시대의 많은 문화재가 소실되는 등 전쟁에 피폐해진 백성들은 고려 조정에 대한 원망과 배신감으로 가득 차 있었다. 당시 고려 조정은 주전파(主戰派)와 주화파(主和派)로 나누어져 갈등하고 있는 과정에서 전쟁하지 말고 강화를 맺어야 한다는 세력이 우세하여 결국은 계속해서 전쟁하자는 무신정권의 최의를 비롯한 주전파를 물리치고 고종에게 건의하여 1259년, 후에 원종(元宗, 1219~1274)인 태자를 보내 강화를 맺게 된 것이다. 이로써 후에 원종은 당시 권력을 잡고 있던 임유무(林惟茂, ?~1270)를 처단하고 난 뒤에 무신정권의 종말을 가져왔다. 이 해가 1270년이었으며 이듬해에 39년간의 강화도에서 개경으로 환도(還都)를 하였다.

구체적으로는 당시 강화도까지 침략을 우려한 나머지 왕과 문신들은 강화를 원하였으나 최의를 비롯한 무신들은 계속 항전하자는 의견을 내놓자 1258년 김준(金俊, ?~1268)과 임연(林衍, ?~1270) 등이 군사를 일으켜 최의를 살해함으로써 최씨(崔氏) 정권의 종말을 고하였다.

이듬해 몽고와 교섭을 통하여 강화도에서 환도할 것과 태자(후에 원종) 입조(入朝)를 요청하였는데 그 과정에서 고종과 몽고 황제가 사망하여서 교섭이 불발되는 듯하였으나 태자는 중국 개봉(開封) 근처에서 쿠빌라이 황제를 접견하고 난 뒤 다시는 고려를 침공하지 않겠다는 약조를 받았다. 여기에서 또 하나의 약조는 고려의 풍속과 제도를 존중하겠다는 뜻을 밝혔다. 이를 세조구제(世祖舊制) 혹은 불개토풍(不改土風)이라 한다.

당시 태자와 쿠빌라이의 약속은 고려는 몽골의 속국이 되더라도 고유한 풍속을 고치지 않아도 된다는 선언이었다. 이 약속은 세조구제(世祖舊制)라고도 불리는데 다른 사람도 아니고, 원나라의 초대 황제이자 몽골 제국의 제5대 대칸인 쿠빌라이(세조)의 유훈이라서 후대의 원나라 대칸들도 건드릴 수 없었다. 동양 왕조, 특히 유교 문화권에서는 선대 군주의 제도나 유훈은 함부로 거스를 수 없는 경우가 많았기 때문이다. 특히 건국조인 '태조'나 중흥지주인 '세조'처럼 왕조에서 중요한 군주들의 유훈은 거의 불문법 역할을 했다.

덕분에 고려는 원나라의 간섭을 받는 한편으로 고유한 정체성을 유지할 수 있었다. 부원배들의 입성책동에서도 고유한 정체성 유지가 가능했다. 물론 긍정적으로만 사용된 건

아닌네 권문세족의 기득권 유지 명분으로 자주 사용되었기 때문이다. 원 간섭기에는 '모수사패'와 '압량위천'을 통한 농장의 확대와 양인의 수 감소가 심각했는데 노비제 개혁을 통해 이를 개선하기 위해 원나라에서 '활리길사(원나라의 인물로, 고려 말 정동행성에 재상으로 파견됐다. 한국사에 등장하는 최초의 기독교 신자다.)'라는 관료를 파견했을 때, 권문세족이 노비제 개혁을 저지시킨 명분이 바로 '세조구제'였다.

그는 노비 문제에 관하여 원에 글을 올려 의례 등 문제를 지적하고 반년정도 뒤인 1300년 10월, 활리길사는 원과 다른 고려의 노비 제도를 바꾸려고 했다. 고려에서 양인과 천인은 태조의 유훈 아래 엄격하게 구분됐다. '일천즉천(一賤則賤)'이라 해서 부모 중 한쪽만 천인이라도 그 자녀는 모두 천인이 됐으며, 면천된 양인의 자녀도 마찬가지로 천인이 됐다. 원의 노비제는 부모 중 한쪽이 양인이라면 양인이 될 수 있었으니 훨씬 관대했던 셈이다.

충렬왕은 10월에는 표문(表文)을, 즉 표(表)는 신하가 임금에게, 또는 제후가 천자에게 올리는 글이다. 신하가 자기의 심중을 나타내 임금에게 알리거나 제후가 천자에게 자신의 마음을 알릴 때 쓴다. 이러한 표는 크게 두 가지로 분류할 수 있는데, 신하가 국왕에게 올리는 표가 그 하나이고, 외교문서로서 제후가 천자에게 올리는 표가 다른 하나이다. 표문(表文)이라고도 한다. 11월에는 원 중서성에 공문을 보내 옛 풍속을 따라야 한다고 주장했다. 또 고려의 신하 김지숙, 최유엄(崔有渰, 1239~1331) 등은 '활리길사' 앞에서 원 세조 때 고려의 노비 제도는 옛 풍속을 따르게 한 전례를 꺼내 들며 정면에서 맞섰다. 고려왕과 신하들이 하나가 돼 반대하니, 결국 원나라에서는 옛 풍속을 따르도록 했고 노비 문제를 건드리지 않았다. '활리길사'는 양인 부모를 둔 고려 노비들 일부를 해방하였던 것으로 보이는데, 1302년 충렬왕은 전민변정도감(田民辨整都監, 고려 후기, 권세가의 대토지 불법 소유 및 농민 문제를 해결하기 위하여 설치한 관청)에 명해 '활리길사'에 의해 양인이 된 이들을 다시 노비로 만들었고 원래 주인에게 예속시켰다.

이러한 약조를 받은 후에 돌아온 원종은 임연을 이용하여 김준을 죽였으나, 임연은 개경으로 환도하는 것을 반대하면서 원종을 폐위하자 몽고의 도움으로 4개월 만에 복위하였으며 1270년 개경으로 환도하면서 무신의 난은 역사 속으로 사라지게 되었다. 원종이 몽고의 도움을 받아 복위하자 정략결혼의 필요성을 느껴 몽고의 쿠빌라이에게 고려의 태자와 쿠빌라이 칸의 딸 제국대장공주(齊國大長公主)를 혼인시켜 왕권을 강화할 수 있었다. 이후부터 고려와 원의 공주와 결혼을 관행, 정례화하였다. 이로써 왕권을 강화한 원종은 삼별초를 해산시키고자 하였으나 해산령을 거부한 무신들이 주축이 된 삼별초는 반란을 일으키게 되었다. 이것이 삼별초의 난이라 하겠다.

위에서 말했듯이 삼별초는 도둑을 예방하기 위한 사병으로서 최이(崔怡, 1356~1426)가 만든 야별초에서 시작되었다. 야별초는 치안과 방범의 범위가 넓어져 좌별초, 우별초, 신의군으로 구성된 삼별초로 확대되었다. 후에는 전국적인 범위로 확대되었고 몽고 군과 전투를 통하여 많은 전과를 올렸다. 그러나 왕이 삼별초를 해산하라는 명이 떨어지자, 끝까지 강화도를 사수하며 싸우자고 하면서 결국은 왕의 해산 명령을 거부하였다.

이를 거부한 배중손(裵仲孫, ?~1271)은 1270년 삼별초를 이끌고 항전을 일으켜 승화후(承化侯, 고려의 비정통 국왕) 왕온(王溫)을 왕으로 삼고 관부(官府, 조정, 정부)를 세웠는데 사태가 불리해지자, 근거지로 진도로 옮긴 후 기세를 크게 떨쳐 남해·창선·거제·제주 등 30여 개 섬을 지배하는 해상왕국을 이룩했다. 1271년 고려와 몽고 연합군이 진도에 대한 총공세를 펼쳐 함락시켰다. 삼별초는 김통정을 중심으로 근거지를 제주로 옮기고 항거했으나 1273년에 진압되었다.

삼별초 항거는 반외세, 반정부의 기치를 든 일반 민중의 참여로 일어난 13세기 후반의 가장 방대한 항전이었고, 고려 정부와 원에 큰 타격을 주었다.

삼별초는 경찰로서의 치안유지 및 무신 집권자들의 정권 유지 기반의 역할을 했다(무인 정권). 또한, 대몽항쟁기에 모든 전투에서 중요한 역할을 했으며, 최씨 정권이 붕괴된 이후에도 무인 집권자들의 권력 쟁탈에 큰 영향을 미치는 세력이었다.

고려 왕실은 대몽 강화를 주도하면서 무신 집권기에 빼앗겼던 권력을 장악하고자 했다. 이에 따라 무인 정권의 무력 기반인 삼별초를 해체했고, 이는 곧 삼별초의 존립을 위협하는 것이어서 삼별초가 봉기했다. 한편 대몽 강화 후 국왕 측근의 문신들이 몽고와 친선 유대를 강화하여 왕권을 확고히 하는 동시에 무인들의 집권을 방지하려 한 데서 비롯된 무인들의 반발과 몽고의 압력에 의한 일본원정 준비로 고려가 입는 막대한 피해와 희생도 항쟁의 원인이 되었다. 그리고 이 항쟁에는 몽고에 대한 고려의 종속을 막자는 의도도 있었다.

당시 신도로 옮긴 삼별초 정권은 그 기세를 크게 떨쳐 남해(南海)·창선(彰善)·거제(巨濟)·제주(濟州) 등 30여 개 섬을 지배하는 해상왕국을 이룩했다. 육지에도 세력을 뻗쳐 육지의 물자를 진도로 옮겨 항전의 태세를 굳게 하고 장흥(長興), 합포(合浦: 지금의 馬山), 금주(金州: 金海), 동래(東萊) 등 연안 요지를 비롯하여 전라도 등지를 공격하여 그 위력을 떨쳤다. 이에 따라 조운(漕運)이 막힌 개경 정부는 경제적으로 큰 위협을 받았다. 이렇게 삼별초가 진도에 웅거하여 세력을 떨치자 주군(州郡)이 호응하여 진도까지 가서 알현했으며, 육지의 봉기 세력 또한 이들의 영향을 받는 형편이었다.

한편 개경 정부는 삼별초가 진도로 들어가자, 김방경(金方慶)을 역적추토사(逆賊追討使)로 삼아 몽고군과 함께 이를 쫓게 했으나 힘이 미치지 못했다. 이에 새로 김방경을 전라도 토역사(全羅道討逆使)로 삼아 몽고 군, 원수(元帥)인 아해(阿海)와 함께 진도를 공격하였다. 그러나 완강히 저항하는 삼별초의 기세를 꺾지 못했을 뿐만 아니라 아해는 겁을 먹고 후퇴했다. 몽고는 아해(阿海)를 소환하고 흔도로 대체시키는 한편, 군대를 증강했다.

고려에서도 양반, 백정(白丁), 잡색(雜色), 승도(僧徒)를 징발하고 다시 지방군까지 동원하여 병력을 증강했다. 이리하여 고려와 몽고 연합군은 1271년 5월에 진도에 대한 총공세를 폈고, 진도는 이들에게 함락당해 승화후 왕온과 배중손이 여기에서 죽었다. 이에 삼별초는 다시 김통정(金通精, ?~1273)을 중심으로 그 근거지를 탐라(耽羅: 濟州道)로 옮기고 마지막으로 항거했다. 개경 정부는 몇 차례 회유했으나 실패하자 김방경을 중심으로 다시 고려와 몽고 연합군을 편성, 탐라를 공격하여 1273년에 삼별초의 항쟁을 진압했다.

삼별초의 항쟁은 몽고와 강화한 뒤 민란으로 인해 민의 성숙한 사회의식이 고조된 상황에서 왕실, 친 몽고파 귀족들과 대립이 되는 친무신파(親武神派)와 기존의 반외세, 반정부의 기치를 든 일반 민중의 참여로 일어난 13세기 후반의 가장 방대한 항전이었고, 고려 정부와 원에 큰 타격을 주었다. 4년간의 걸친 대몽 항쟁은 실패로 마감하였으나 몽고는 고려를 두려운 상대로 바라보게 되었다.

그러나 삼별초 항쟁의 좌절은 민의 역동적인 사회변화 의식이 저하되었고, 이로써 14세기 민(民)의 움직임에도 깊은 영향을 주었다.

3. 원의 간섭과 고려의 개혁 정치

쿠빌라이는 1259년 즉위한 원나라의 황제로 고려를 굴복시킨 인물이다. 그는 도읍을 연경(燕京)으로 옮기고 1271년에 국호를 원(元)으로 바꾸었으며 1279년 남송을 멸망시키면서 중국의 대륙을 통일하였다. 이 시기는 고려 충렬왕(忠烈王, 1236~1308) 때이다. 원나라는 중국의 대륙뿐만 아니라 지금의 러시아인 중앙아시아와 유럽 일부분 지역까지 점령하여 세계에서 가장 큰 제국을 형성하였다.

또한, 쿠빌라이는 일본을 점령하여 제후국으로 만들고자 사신을 1268년에 파견하여 조공을 요구하였으나 이를 거절하자 1274년, 1281년 두 차례의 원정군을 보냈다. 그러나 막부(幕府)의 완강한 저항과 기상악화 그리고 고려군의 비협조로 원정에 실패하였다. 그리고 1287년에는 동남아시아(지금의 베트남, 安南國) 지역을 점령하였으나 이 역시도 쓴맛을 봐야 했다.

원나라는 전쟁을 치르면서 막강한 제국을 건설하였으나 유독 고려와는 힘겨운 전쟁을 치러야 했다. 따라서 고려 왕이 그대로 자치하도록 두었으며 고려의 풍속을 그대로 이어가도록 하였다. 또한, 쌍성총관부와 동녕부가 설치되고, 삼별초가 진압된 뒤에 제주도에 탐라총관부가 설치되어 몽고 지배하에 편제되었다.

당시의 상황을 『고려사절요』에서는 다음과 같이 적고 있다.

> "지금 넓은 하늘 아래 신하로 복종하지 않은 나라는 고려와 송나라뿐이었는데…. 이제 송나라도…멸망 직전이다. 고려도 (몽고에) 조회하니…."

이는 원나라로서는 기회를 얻었다. 원나라가 그토록 침략하였으나 굴복하지 못한 고려의 태자가 직접 찾아와 화의를 청하였기 때문이다. 그리고 나서 황제는 또 하나의 약속 제의를 하는데 다음과 같다.

"의관은 본국(고려)의 풍속을 좇아 상하 모두 고치지 마라. 개경 환도 시기는 고려의 형편대로
하라…."(『원고려기사』 1260년 6월).

한마디로 고려의 제도와 풍속은 존중하겠다는 약속이었다. 이를 '불개토풍(不改土風)' 혹
은 '세조구제(世祖舊制)'라 한다. 쿠빌라이는 고려에 통이 큰 선물을 했다고 스스로 자화자
찬(自畵自讚)하였지만, 이것이 후에는 몽고의 발목을 잡았다. 세조구제의 내용은 다음과
같다.

첫째는, 옷과 머리에 쓰는 관은 고려의 풍속에 따라 바꿀 필요가 없고
둘째는, 사신은 오직 원나라 조정이 보내는 것 외에 모두 금지를 한다.
셋째는, 개경 환도는 고려 조정에서 시간을 조절할 수 있다.
넷째는, 압록강 둔전과 군대는 가을에 철수를 한다.
다섯째는, 전에 보낸 다루가치는 모두 철수를 한다.
여섯째는, 몽고에 자원해 머무른 사람들은 조사하여 돌려 보낸다.

이러한 '세조구제'는 고려가 위험에 처할 때마다 이를 사용하여 고려의 독자성을 지키
는 데 크게 사용하였다. 쿠빌라이, 즉 원 세조가 유훈을 남긴 지 60여 년이 지난 뒤에 고려
를 침범하고자 하였을 때. 1323년(충숙왕 10년) 몽고(원나라)가 고려에 성(省)을 설치, 사실상
흡수통합을 강행하려고 하자 이제현(1287~1367)은 몽고 조정에 기막힌 상소문을 올리는데
다음과 같다.

"일찍이 세조(쿠빌라이) 황제께서 고려 고유의 풍속과 제도를 유지하라 했는데…. 그런데도
성(省)을 설치하려 한다면 세조 황제의 유훈은 어찌할 것입니까. 세조의 말씀을 따르지 않는
다는 말입니까."

　　이는 세조구제가 몽고(蒙古) 침입을 막아내는 결정적인 역할을 했다. 선황제(先皇帝)의 '유훈'을 들먹거리니 어쩌겠는가. 원나라는 '성의 설치계획'을 철회할 수밖에 없었다. 쿠빌라이의 선심이 몽고(蒙古, 원나라)의 발목을 잡았다. 고려는 훗날 몽고(蒙古, 원나라)가 내정 간섭을 강화할 때마다 이 쿠빌라이(세조)의 유훈, 즉 '세조구제'를 들먹이며 번번이 좌절시키게 되며, 고려는 항복을 한 지(1259년) 11년이 지난 1270년이 되어서 개경으로 환도한다. '개경 환도 시기를 고려 형편대로 하라'는 쿠빌라이의 약속을 들먹거리며 차일피일 미루었다.

　　사회적으로는 80여 년을 원의 간섭을 받으면서, 몽고(蒙古)의 풍속, 몽고(蒙古) 식(式)의 의복과 변발이 유행하는 등 고려 풍속의 변화를 가져왔다. 이에 대하여 다음과 같이 걱정하였다.

> 先君嘗病吾東婦人服飾及童子辮髮專襲蒙古. 盖高麗忠宣王, 自元而歸也, 效其俗, 辮髮而出. 當時士大夫郊迎者, 皆飲泣不忍見. 其後國俗因襲不改, 流弊至今. 吾東雖嚴於尊攘, 而此等陋俗, 恬不知恥.
> 及宰安義, 義乃桐溪鄭先生之鄕也. 先生之斥和歸鄕也, 童子皆令解辮雙髻. 尤菴先生之居巴串也, 亦用此制, 盖深痛一世之不復識華制也. 又其鄕之賢士劉君處一, 遵林葛川・盧玉溪之所嘗被服者, 倣朱子野服, 爲素衣玄純之制, 先君愛其高雅, 荷堂竹館, 時或以燕居焉, 知印童子之辮髮者, 皆令解而丱之. 不肯亦以四袿雙丱髻, 侍側焉, 皆先君好古曠惑之意.
> 而鄰宰過客, 皆瞠其駭俗也. 且荷堂甎築, 亦涉刱見, 或戲問曰: "此皆胡制歟?" 先君晒鹵莽也, 而不與辨.

이를 해석하여 보면

> 先君嘗病吾東婦人服飾及童子辮髮專襲蒙古. (선군께서 일찍이 우리나라 부인의 복식과 아이들의 머리를 뒤로 땋는 것이 몽고를 온전히 답습한 걸 걱정하셨다.)
> 盖高麗忠宣王, 自元而歸也, (대체로 고려 충선왕께서 원나라로부터 귀국하실 적에)
> 效其俗, 辮髮而出. (그 풍속을 본받아 머리를 땋고서 돌아오셨다.)
> 當時士大夫郊迎者, 皆飲泣不忍見. (당시의 사대부로 들판에서 맞이하던 사람들은 모두 눈물을 마시며 차마 보질 못했었다.)

其後國俗因襲不改, 流弊至今. (그 후로 나라의 풍속은 그대로 전해지고 고쳐지지 않아 나쁜 풍속이 지금에 이르고 있다.)

吾東雖嚴於尊攘, (우리나라는 비록 중화를 높이고 오랑캐를 물리침에 엄격했지만)

而此等陋俗, 恬不知恥. (이런 등등의 나쁜 풍속은 편안히 여기며 부끄러워할 줄을 모른다.)

及宰安義, 義乃桐溪鄭先生之鄉也. (안의현감으로 재임하였는데 안의는 동계 정온(鄭蘊, 1569~1641)의 고향이다.)

先生之斥和歸鄉也, (선생은 병자호란 때 오랑캐를 배척하자고 주장하셨지만 뜻대로 되지 않자 귀향하셨고)

童子皆令解辮雙髻. (아이들의 뒤로 땋은 머리를 풀고 머리를 양갈래로 묶어 총각을 틀게 하셨다.)

尤菴先生之居巴串也, 亦用此制, (우암선생이 파곶에 거처할 때 또한 이 제도를 사용했으니)

蓋深痛一世之不復識華制也. (대체로 깊이 한 세상이 중화의 제도를 모르는 걸 애통하셨던 것이다.)

又其鄉之賢士劉君處一, 遵林葛川·盧玉溪之所嘗被服者, (또한 시골의 어진 선비인 유처일이 임갈천(林薫)과 옥계 노진(盧禛)이 일찍이 입던 옷을 따라서)

倣朱子野服, 爲素衣玄純之制, (주자의 거친 옷을 모방하여 평상복으로 검은 가선을 두르는 제도를 삼았다.)

先君愛其高雅, 荷堂竹館, (선군께서 고상하고 우아한 걸 사랑해 하풍죽로당에 계실 적에)

時或以燕居焉, (그때에 간혹 이 옷을 입고 계셨고)

知印童子之辮髮者, 皆令解而丱之. (지인동자로 머리를 뒤로 땋은 사람을 모두 머리를 풀고 양 갈래로 총각을 틀게 하셨다.)

不肖亦以四裌雙丱髻, 侍側焉, (나도 또한 사규삼을 하고 양 갈래 상투를 틀고서 옆에서 모셨으니)

皆先君好古曠惑之意. (모두 선군께서 예스러운 걸 좋아하고 미혹된 걸 밝히고자 한 뜻이었다.)

而鄰宰過客, 皆瞠其駭俗也. (이웃의 관리나 지나는 손님들은 모두 해괴한 풍속이라 보았다.)

且荷堂甎築, 亦涉刱見, (또한 벽돌로 만든 하풍죽로당이 더욱 처음 보는 것이라)

或戲問曰: "此皆胡制歟?" (혹자는 장난스레 "이것은 모두 오랑캐의 제도인가요?"라고 물었다.)

先君哂鹵莽也, 而不與辨. (선군께선 경거망동함을 비웃으시며 함께 변론하진 않으셨다.

("고려와 몽고의 종전협정과 세조구제 그리고 부마국")

고려는 28년간 끈질긴 대몽 항쟁에도 불구하고 이후, 원의 간섭을 받으면서, 자주성이 크게 침해되었다. 또한, 원나라의 간섭기는 일제 36년의 세 배에 달하는 무려 100년간이었다. 몽고(蒙古) 군(軍)은 '혈통 말리기'식의 지배하였다. 이는 우리 민족의 혈통을 없애고자 한 정책이었다.

정치적으로는 원의 부마국(駙馬國)으로 전락하여 고려 여인들에 대한 태도는 완전히 달랐다는 것이다. 특히 몽고(蒙古)와 화친으로 인하여 왕권을 강화하기 위한 방책으로 고려 임금은 '원(元)' 나라 황실 여인과 정략으로 결혼해야 하였고, 백성들은 원나라 군인이나 관리들의 종자(種子, 정액)를 받아 몽고와 혈통을 같이하는 민족 대 혼합의 역사를 창조한 다면서 몽고 군의 고려 여성에 대한 겁탈을 공식화하는 정책을 감행했었다.

그리고 이 치욕적인 식민지 정책은 몽고(蒙古) 군(軍)도 아닌 고려왕의 칙령으로 반포가 되었다. 고려 왕은 몽고(蒙古) 군(軍)의 창검 앞에 더러운 목숨을 부지하고자 '꼭두각시' 노릇을 한 것이다. 어쨌든 이 치욕의 세월은 고려 제31대 공민왕(恭愍王) 때까지 자그마치 약 100년에 걸쳐 실행되었다. 이에 대한 칙령의 내용으로는 구체적으로 설명하면 다음과 같다.

> 그래서 어리석고 못난 우리나라 군왕(君王)은 결국 몽고와 강화조약(江華條約)을 맺으면서 세상에 두 번 다시 볼 수 없는 민족말살(民族抹殺) 정책인 칙령(勅令)을 반포하였다.
> "모든 고려의 여인들은 이후부터 치마 아래에 '단속곳'을 입으면 안 된다. 그리고 고려 여인은 어느 누구를 막론하고 몽고군(蒙古軍)이 원하기만 하면 때와 장소를 가리지 말고 즉석에서 그 청을 들어주어야 한다. 그리고 그 청을 쉽게 들어줄 수 있도록 항상 속옷의 밑이 타진 '고쟁이'만 입고 다녀야 한다"는 것이었다.

이는 매우 치욕적인 내용으로 나라 전체를 잃은 것과 같다. 수만 리에 떨어진 고려에 와서 승전의 대가를 확보했다고 볼 수 있다. 따라서 몽고군(蒙古軍)들은 지나가는 여자가 되었든 여염집에 들어앉아 있는 여자가 되었든 여자만 보면 닥치는 대로 노소(老少)를 가리지 않고 겁탈(劫奪)하고 다녔다.

그러나 누구라도 몽고(蒙古) 군(軍)들의 행패를 항의하거나 시비하는 사람도 없었고, 또 겁탈(劫奪)당한 여자도 어디 가서 하소연할 수 없었던 시대였다. 그러기 때문에 여자들은 그들 스스로가 놈들에게 겁탈(劫奪)당하지 않으려고 입고 있는 치마 속에다 '단속곳'이라고 하는 두툼한 옷을 몇 겹씩 껴입고 다녔다.

성에 대한 몽고(蒙古) 군(軍)에 대한 관념은 고려 여인들의 성에 대한 풍속도를 바뀌게 되어 사회 기강이 무너지게 되었다. 이는 조선 시대에 청나라의 침입과 매우 유사한 것이다. 한편으로는 100여 년이 지나자, 고려 여인들이 살아남기 위해서 너나 할 것이 없이 몽고족(蒙古族) 남자들에게 자청하여 수청을 들기도 했다. 심지어는 몽고군(蒙古軍)의 씨를 받아 수태하는 경우, 경사(慶事)가 났다고 할 정도였다. 이럴 정도로 성의 문화가 바뀌게 되는 수난을 겪게 되었다.

고려는 몽고(蒙古)로부터 실질적으로 부마국이 되었다. 고려가 원나라의 식민지로 전락한 것은 쿠빌라이의 사위가 되면서이다. 이때부터 고려 왕의 묘호에 조(祖)나 종(宗)을 쓰지 못하고, 왕의 시호 앞에는 충(忠)을 붙이도록 했다. 원나라에 충성하는 임금이 되라는 것이었다.

이러한 변화는 왕실 용어에서도 나타났다. 고려의 임금은 스스로 부를 때도 짐(朕) 대신 고(孤), 신하가 임금을 부를 때도 폐하(陛下)가 아닌 전하(殿下)라 했다. 황제를 부를 때 쓰는 만세(萬歲)도 천세(千歲)로 낮춰버렸고, 태자의 호칭도 세자가 됐다. 임금과 대신들도 앞다퉈 몽고(蒙古) 식(式) 복장과 머리 모양인 호복(胡服)과 변발(辮髮)하고 이름까지 몽고(蒙古) 식(式)으로 변해 버렸다. 오랑캐라고 얕잡아 보던 몽고(蒙古)에 정신과 혼까지 털린 굴욕적인 사건이라 할 수가 있다.

또 하나의 아픈 역사는 1274년에 고려는 공물을 여자로 보내라는 원의 요구를 들어주어 매년 140명의 여인을 보내야만 하였다. 이를 위해서 결혼도감을 설치하여 과부와 역적의 처, 노비의 딸 등을 뽑아 원에 보냈다. 그것이 공녀(貢女)의 시초다. 이것이 충렬왕 때 시행된 것이다. 공녀라는 말은 신하의 나라가 황제의 나라에 바치는 일종의 조공으로서 여인을 선물로 바치는 공물 중의 하나이다. 이들 중에는 삼별초 군인들의 아내와 딸들도 포함을 시켰는데 그들이 몽고와 끝까지 항쟁하였다는 이유이다.

공녀로 선발된 딸들은 도망을 치거나 자살 선택을 하는 경우도 생겨났다. 이 시기부터 조혼이라든가 데릴사위 제도가 생겨날 수밖에 없었다. 더욱 아쉬운 점은 국가가 아무리 힘이 열세라도 앞장서서 이들을 데려가는 데 협조했다는 것이다. 원나라는 초기에는 적은 숫자의 공녀를 요구하였지만, 날이 갈수록 많이 요구하자 "과부처녀추고별감(寡婦處女推考別監)"이라는 관청을 만들어 공녀를 뽑아 바쳤다. 또한, 처녀가 시집을 가기 위해서는 관아에 신고해야 하며 딸을 생산하면 숨기는 일도 허다했다. 이러한 상황이 전개되자 보다 못한 이곡(李穀, 1298~1351)이라는 사람이 원 황제에게 이렇게 상소문을 올렸다.

'공녀로 뽑히면 부모와 친척들이 서로 한곳에 모여 곡을 하는데, 밤낮으로 우는 소리가 끊이지 않습니다. 공녀로 나라 밖으로 떠나보내는 날이 되면, 부모와 친척들이 옷자락을 부여잡고 끌어당기다가 난간이나 길바닥에 엎어져 버립니다. 비통하고 원통하여 울부짖다가 우물에 몸을 던져 죽는 사람도 있고, 스스로 목을 매어 죽는 사람도 있습니다. 근심 걱정으로 기절하는 사람도 있고, 피눈물을 흘리며 눈이 멀어 버리는 사람도 있었습니다. 이런 사례는 다 기록할 수 없을 지경입니다.'(『고려사』, 천지일보에서 재인용).

이곡(李穀, 1298~1351)은 고려의 문관으로서 본관은 한산(韓山), 자는 중보(仲父), 호는 가정(稼亭)으로 1320년(고려 충숙왕 7년) 과거에 급제하여 도첨의찬성사(都僉議贊成事)를 역임하고, 한산군(韓山君)에 봉(奉)해진 인물로서, 1332년 원나라 정동성(征東省) 향시에 수석으로 합격하여 1350년(충정왕 2년) '봉의대부 정동행중서성좌우사낭중(征東行中書省左右司郎中)'을 제수받았다. 시호는 문정(文靖)이다.

아무리 전쟁에서 패한 패전국이라 할지라도 이러한 행태는 너무하다는 것이다. 이러한 공녀의 문제는 가정의 파탄과 사회의 풍습들이 사라지게 되었으며 심지어는 오늘날 농촌 총각이 결혼하지 못하는 현상과 같이 여인들이 부족하여 고려의 총각들이 장가를 들지 못하는 현상과 더불어 마을 그리고 가정마다 곡(哭)하는 소리가 울릴 정도이었다.

원종은 원과 강화를 맺은 인물로서 그가 세상을 떠나자, 후임으로 충렬왕이 등극하였다. 그는 원나라의 압력에 일본과 두 차례의 전쟁으로 고충을 받았는데 그 이유는 몽고(蒙古)가 일본을 침략하기 위해 군대, 함선 및 군량미를 지원해야만 했다. 또한, 공녀 이외에도 많은 조공품을 요구하였는데 주로 고려에서 생산되는 금과 은, 인삼, 옷감 등이었으며 환관과 궁녀까지도 포함되었다. 이들 궁녀로 끌려간 인물 중에는 원에 들어가 입지전적 인물을 배출하기도 하였다. 당시 몽고인(蒙古人)들은 고려 여자들을 매우 좋아하였다. 따라서 황후가 되었던 인물이 있었지만 대부분 원나라의 귀족 부인이 되었는데 이들은 원나라에 고려풍을 심어 준 면도 있지만, 그들은 총애를 얻어 고려정치에 많은 영향을 미쳤다는 것이다. 오늘날로 말하면 한류의 원조(援助) 격인 셈이다.

대표적인 입지전적인 인물은 기황후로서 그녀는 행주(幸州) 기씨(奇氏)로서 순제의 총애를 받아 황후가 되었고 그의 오라버니는 친원파로서 대단한 권력을 휘두른 기철(奇轍,

?~1356)로서 몽고(蒙古) 식(式) 이름은 '빠엔부카(伯顔不花)'이다.

기황후(奇皇后, ?~?)는 본관은 행주이다. 아버지는 사후 영안 왕에 추증된 기자오(奇子敖)이고, 어머니는 전서 이행검(李行儉, 1225~1310)의 딸 이씨이다. 오빠로는 기식(奇軾), 기철(奇轍), 기원(奇轅), 기주(奇輈), 기륜(奇輪) 등이 있었다. 그녀는 고려 출신 환관 고용보(高龍普)의 주선으로 황궁의 궁녀가 되었다가 원 혜종의 총애를 얻어 귀비(貴妃)로 책봉되고, 훗날 혜종의 뒤를 이어 황제로 등극하는 아들 아유르시리다르를 낳았다. 정적 관계였던 제1 황후인 다나슈리가 역모죄로 사사되자 외국인은 정궁으로 삼을 수 없다는 재상 바얀의 반대를 견뎌내고 제2 황후가 되었고, 1365년에 제1 황후인 콩기라트 출신의 바얀 쿠툭이 사망하자 정궁황후로 등극하였다.

이후 아들 아유르시리다르를 황태자로 옹립하였고, 휘정원(徽政院)을 자정원(資政院)으로 개편해 심복 고용보(高龍普)를 초대 자정원사(資政院使)에 임명한 뒤 고려인 출신 환관과 고려인 출신 관리 및 몽고 관료들을 포진시켜 자기의 친위대로 삼았다. 친정인 기씨 일족을 통해 고려 왕실에 영향력을 행사하였으나 얼마 못 가 사라졌다. 공민왕에 의해 친오빠 기철 등이 살해되자 원 혜종을 사주하여 충선왕의 서자 덕흥군을 왕으로 앉히고 고려를 침공하였으나 실패하였다. 태자인 아유르시리다르의 비(妃) 역시 고려 여인으로 정하여 권씨(權氏)를 태자비로 삼았다.

특히 환관(宦官) 중에서 세력가를 배출하였는데 이들은 대개 원나라에 인질로 간 세자를 보필하다 함께 귀국하여 세자가 왕이 되면 측근으로서 세도를 부리는 경우가 있었다. 또한, 통역관들도 마찬가지였다. 대표적인 사람이 조인규(趙仁規, 1237~1308)인데 그의 후손이 조선을 개국하는 데 많은 도움을 준 조준(趙浚, 1346~1405)이다. 특이하게도 몽고족(蒙古族)은 매사냥을 즐겼는데 고려는 이들을 위하여 매를 잡아 바치는 응방(鷹坊)이라는 관리도 있었다. 고려의 매는 해동청(海東靑)이라는 이름으로 매우 인기가 있었다. 이들은 모두 원나라의 위세를 이용하여 행패와 권력을 행사하는 기이한 일도 있었다. 원나라와 관련이 된 일에는 이익을 쫓아다니는 자들이 모여 권력을 행사하곤 했다는 것이다.

4. 부원세력과 공민왕의 개혁 정치

위에서 보듯이 원과 자주 교류를 하면서 새로운 세력가 수가 많이 늘어나 특권을 누리고 있었다. 이들은 특히 정식 관리가 아닌 무사나 통역관, 환관 등이 관직을 가지면서 관료 수가 많이 증가하였다. 이를 부원세력(附元勢力)이라 했다.

부원세력들은 정치, 경제 등을 어지럽히고 백성들을 괴롭히기도 하였지만, 민생을 보듬는 세력들도 있었다. 그러나 통역관 조인규처럼 부원세력을 등에 업고 출세하여 고위 관직에 올라 명문가가 되었다. 조인규는 당시 원과 고려의 교섭으로 인하여 몽고어(蒙古語)에 능통한 관료가 필요했는데 이를 이용하여 하찮은 집안에서 명문가로 도약한 사람이다. 그의 몽고어(蒙古語) 실력은 워낙 빼어나 원나라 세조는 그에게 관직까지 내려주었다. 따라서 원나라를 등에 업고 충렬왕 부부와 인연을 맺은 후 고위 관직을 받았고 그의 자손들은 재상과 왕비까지 지낼 정도였다.

홍복원(洪福源, 1206~1258)이라는 인물도 이력이 매우 특이하다. 그는 고려를 침공하는데 몽고(蒙古) 군(軍)을 고려로 인도한 사람이다. 한마디로 말하면 고려에는 배신자이었으나 몽고(蒙古) 측에서는 귀순자이다. 그는 고려의 무신, 군인이자 역신이며 원나라의 무신이다. 초명은 복량(福良)이다. 본래 당성(唐城) 사람이었으나 그 선조가 인주(麟州)로 이주했으며 부친 홍대순(洪大純)은 인주도령(麟州都領)을 지냈다. 시호는 충헌(忠憲)이다. 또한, 기황후를 순 황제의 황후로 추천한 인물이다.

그는 원나라가 통치하던 시기, 전쟁의 영향과 전후 고려가 원나라에 부속되었던 관계의 확립은 양국 간의 인적 교류가 전대에 없을 정도로 빈번하게 교류하게 하였다. 고려 민중이 원나라에 대량 이민하여 거주하게 됐고 원나라의 적지 않은 사람들도 고려에 건너가 거주했다. 요양행성(遼陽行省 혹은 遼陽等處行中書省)은 원나라 시기에 고려 이민이 가장 집중되어 있던 지역이었다. 1233년 고려의 반역자인 홍복원이 몽고(蒙古)에 투항했다. 그는 북부의 백성들을 모집하여 요양과 심양(瀋陽) 지역으로 이민을 오도록 했다. 그 후 몽고(蒙古)는 고려를 수차례나 정벌했다. 그때마다 투항했거나 포로가 된 고려인 대부분을 홍복원에 넘겨주어 통치하게 했다. 후에 고려에서는 영녕공(永寧公) 왕순(王淳)을 몽고(蒙古)에 인질로 보내었다. 왕순은 몽고의 종실 여자를 아내로 삼아 원조의 신임을 얻었다. 그는 홍복원과 고려 이민의 관리권을 쟁탈하기 위한 투쟁을 전개했다. 홍복원이 이때 피살되었다.

이들의 특징은 원나라를 등에 업고 고위 관직을 하였으며 오랫동안 세력을 유지한 것이다. 대표적인 집안을 살펴보면 부원세력 이외에 최충헌의 후손 우봉 최씨, 거란군의 침략을 막은 김취려의 언양 김씨 그리고 문벌 귀족인 파평 윤씨, 정안 임씨, 경주 김씨 등이 있다. 이들이 무신 집권기에도 관직을 유지할 수 있었던 것은, 무신들과 친분을 쌓아서 명문가로 남을 수 있었고 문장 실력이나 행정 실무능력을 발휘하여 권세가에 오른 경우가 있다. 따라서 고려 후기에 새로 명문가로 등장한 이들을 권문세가(權門勢家) 혹은 권문세족(權門勢族)이라 한다.

권문세족이라는 말을 요약하면 벼슬이 높고 권세가 있는 집안으로 원의 영향을 받은 새로운 지배 세력을 말한다. 이들은 고려 후기 지배 세력인 권문세족은 무신들이 몰락하고 몽고(蒙古)와 전쟁이 끝나는 등 정국이 변동하는 과정에서 성장하였다. 이들의 출신 성분도 매우 다양하였는데, 전기부터 지배층이었던 문벌 귀족, 무신정권 때 득세한 무인 세력, 무신정변 이후 새로이 성장한 신진 관료층 등이 있었다. 하지만, 원 간섭기에 양국의 교류로 원과 결탁한 새로운 계층이 나타났으니, 바로 권문세족이었다.

권문세족은 원을 배경으로 국내 왕위 계승 문제나 정치 운영에 막강한 영향력을 행사하였다. 이들 권문세족은 높은 관직을 독점하고 자신들의 지위를 세습시켜 나갔다. 그뿐만이 아니라, 막대한 농장과 노비를 소유하여 경제적인 부를 축적해 가면서 사적인 이익을 확대하여 국가 제도를 통한 지배층 전체의 공동 이익을 짓밟았다. 그리고 개간, 겸병 등의 방법으로 민전이나 국가의 공전을 침식함으로써 국가재정을 궁핍하게 하고 전시과 체제를 붕괴시키는 결과를 초래하였다. 이들이 차지한 땅을 가지고 농장으로 경영하면서 국가에 내는 세금은 한 푼도 내지 않았다. 또한, 이 농장에 소속된 농민들은 부역도 면제받는 일이 허다하여 국가재정에 큰 손실을 주었다.

이들의 경제적 기반은 토지였다. 당시 전쟁의 영향으로 주인이 없는 토지가 많았다. 왜냐하면, 옥토가 황무지로 변하였고 토지 대장들이 불에 타 없어져 주인을 알 수 없는 땅이 전국적으로 널려있었다는 것이다. 권문세가들은 자신들의 권력을 이용하여 이들 땅을 강제로 빼앗거나 농민을 강제로 동원해 이러한 땅을 개간하여 토지를 합병하여 농장을 형성할 수 있었다.

그들은 부원세력인지라 나라에 특별한 공로나 외교 분야에 인정받아 일정한 지역의 토지와 주민을 다스릴 수 있는 사패(賜牌)를 받았다. 즉 궁가(宮家)나 공신(功臣)들에게 종(노비, 僕), 논, 밭을 하사하는 것을 말한다. 사패(賜牌)는 세습되는 것과 그러하지 않은 것으로 나누어진다. 권문세가들은 사패(賜牌)를 가지지 않음에도 불구하고 이를 사칭을 하면서 백성들의 토지를 빼앗거나 괴롭혔고 비단 이러한 현상은 관청, 왕실, 사원도 마찬가지였다.

고려 후기에 들어와 가장 심하게 토지를 소유한 인물이 고려 충렬왕이었다. 그는 왕임에도 불구하고 전국적으로 가장 좋은 땅만을 골라서 차지하였고 심지어 응방(鷹坊)까지도 합세하여 마을 전체를 차지하는 경우도 있었다. 따라서 양인들은 토지를 잃고 노비로 들어가 노예가 되는, 사회구조의 틀을 흩트리는 결과를 가져왔다. 이들의 농장 확대는 날로 심해져 산과 강을 경계로 하나의 군이나 현을 모두 차지한 경우도 있다.

권문세가들은 고려 초기처럼 원과 결탁하고 세력을 확대하여 결국은 고려 왕실과 귀족 가문들과 혼인 관계를 맺음으로써 더욱 세력을 공고히 했다. 하나의 예로 충선왕(忠宣王, 1275~1325)은 귀족 가문 가운데 '재상의 종' 15 가문을 정하였는데 이들은 위와 같은 경로로 권문세가가 된 가문들이었다.

고려 후기 사회는 권문세가들이 권력을 좌지우지하는 사회로 많은 갈등과 문제점들이 나타나기 시작했다. 위에서 말했듯이 경제기반인 농장을 확대하여 수조지(收租地)로 하던 땅을 가로채어 자신의 소유로 하고 조세 납부와 부역도 거부하며 양인들을 노예로 삼아 양인의 수가 급속도로 경감되어 국가재정을 어렵게 하였다. 또한, 원나라를 등에 업고 국가 정치에 관여하였기에 원의 제도를 도입하면서 국가의 관청이나 기구도 자주 바꾸었다. 도평의사사(都評議使司)에서 재상들이 협의하여 정책을 결정하였으며 정방에서 인사권을 마구 휘두르며 일이 생기면 임시 관청을 세워 처리하는 등 부정부패가 매우 심각하였다. 도평의사사는 고려 시대의 최고 의정 기관이었는데 충렬왕 5년(1279)에 도병마사를 고친 것으로, 군사 문제 이외에 일반적인 사무를 집행하는 권한도 가졌다. 따라서 이곳에는 권문세가들이 약 70~80명이 포진되어 있어 그들이 정책들을 마구 휘두르는 결과를 초래하여 왕권의 기반이 약화가 되는 결과를 가져왔다.

이러한 부원세력에 불만을 가진 일부 세력이 등장하였는데 그들은 유학을 공부한 유신(儒臣)과 왕이었다. 개혁 세력들은 무신정권의 정치를 바로잡아 정상적인 문치(文治)를 주장하였다. 이들은 원의 간섭으로 무너진 정치를 바로 세워야 하며 고려의 정체성을 되찾는 데 주력해야 한다는 새로운 의식이 시대적 흐름으로 발전되어 나갔다.

　이러한 개혁은 충렬왕으로부터 시작하여 비록 개혁에 실패하였지만, 공민왕까지 이어졌다. 고려 충렬왕은 원의 시기에 같이 갔던 안향(安珦, 1243~1306)과 함께 성리학을 국가적으로 많이 보급하였다. 이들은 새로운 가치 아래 고려의 역사와 정체성을 잃지 않으려는 노력으로 역사책을 간행하였으며 이를 보급하는 데 주력하였다.

　안향(安珦, 1243년~1306년 9월 12일)은 고려 후기의 문신·학자·교육자이다. 원래 이름은 안유(安裕)인 그는 고려국 경상도, 상주 판관, 고려국 문하시중 등을 지냈으며 노년기에 이름을 안향(安珦)으로 개명하였다. 그의 초명(初名)은 유(裕)이며, 자(字)는 사온(士蘊), 호(號)는 회헌(晦軒), 본관은 순흥, 시호(諡號)는 문성(文成)이다. 주자의 저서인 『주자대전(朱子大全)』을 직접 필사하여 고려로 전하였고, 성리학(性理學)을 고려에 소개, 전파하였으며 후학 양성에도 힘을 기울였다. 죽은 지 12년째 되는 1318년(충숙왕 5년)에는 왕이 그의 공적을 기념하기 위하여 궁중에서 일하던 원나라 화가에게 명하여 그의 초상을 그리게 하였다. 이 초상화는 현재 소수서원에 보관되어 있는데 고려 때 그린 것으로 이제현의 초상화와 더불어 가장 오래된 그림의 하나로 매우 귀중한 가치를 지니고 있으며, 1962년 12월 20일 국보 111호로 지정되었다.

　충렬왕에 이어 왕위에 오른 충선왕(忠宣王, 1275~1325)은 사림원(詞林院)이라는 기관을 통해 고려의 정치개혁에 앞장섰던 왕이다. 사림원은 고려 시대에, 임금의 명령을 받아 문서를 꾸미는 일을 맡아 보던 관아로서 충렬왕 24년(1298)에 이전의 문한서(文翰署)를 고쳤다. 그가 가장 먼저 부원세력을 등에 업고 있던 환관 세력을 내치는 데 주력하였으며 문치주의와 당시 권문세가들이 가지고 있던 광대한 토지인 농장들을 정리하여 국가재정을 충당함으로써 양민에서 노비로 전락한 사람을 구제하는 동시에 농민의 부담을 경감시키는 데 주력하는 개혁 운동을 시행하였으나 권세가들의 반발로 성공하지 못했다. 따라서 그의 아들 충숙왕(忠肅王, 1294~1339)으로 개혁이 넘어가게 되었다.

　충숙왕은 원의 이간책으로 두 차례 왕위에 오른 불행한 왕이었다. 당시 원나라는 만주 지역에 있는 고려인들을 통치하기 위하여 심양(瀋陽)에 고려왕을 따로 두었는데 이가 바로 심양왕(瀋陽王)이다. 고려에 심양왕과 고려왕을 따로 두면서 원나라는 필요에 따라 통치하였다. 그는 부원세력들이 입성책동(入省策動)을 일으키자, 이제현(李齊賢, 1287~1367)과 유신들이 완강하게 반대하여 원나라의 정책에 반기를 들었다. 입성 정책은 고려의 지역을 원나라의 편제인 성(省)으로 만들려고 하는 정책이다.

이제현(李齊賢, 1287~1367)은 한국의 유교에 지대한 영향을 끼친 인물이자 고려 후기 '신진사대부(新進士大夫)'와 조선 사림파의 사상적 시조로 고려의 시인, 문신, 성리학자, 역사학자, 화가이다. 초명은 이지공(李之公), 자는 중사(仲思), 호는 익재(益齋), 역옹(櫟翁), 실재(實齋)이며, 본관은 경주이며 경주 이씨(慶州 李氏) 익재공파(益齋公派)의 파조(派祖)이다. 충선왕의 유배로 원나라 생활이 끝났고 입성책동이 활발해지자 그는 이를 막는 상소를 올렸다. 충선왕의 방환(放還) 운동도 벌여서 입성책동도 막아냈고 충선왕의 거처도 티베트에서 타마사로 옮기는 데 크게 영향을 주었다. 그러한 업적이 인정되어 1325년 재상의 지위에 올랐다. 여기서 그의 시의 한 수를 적어보도록 하겠다.

黃雀何方來去飛　　황작하방래거비
一年農事不曾知　　일년농사부증지
鰥翁獨自耕耘了　　환옹독자경운료
耗盡田中禾黍爲　　모진전중화서위

참새야 어디서 오가며 나느냐
일 년 농사는 아랑곳하지 않고,
늙은 홀아비 홀로 갈고 맸는데
밭의 벼며 기장을 다 없애다니〈익재난고, 소악부(益齋亂藁, 小樂府)〉.

이 시는〈사리화(沙里花)〉라는 시로 탐관오리들의 가렴주구(苛斂誅求)를 비판한 내용이다. 1연과 2연은 몰인정한 참새가 날아오는 것을, 3연은 농민들의 힘겨운 생활과 삶을, 4연에서는 참새의 횡포를 민요로 된 것을 소악부 11편으로 옮겼는데 그중의 네 번째 시이다. 이를 해석하면은 권력이 있는 자들의 수탈과 부당함을 "참새"라는 동물과 늙은 홀아비를 힘겹게 사는 농민으로 표현하여 1년 동안 애써 지은 농사를 모두 빼앗아 가는 가렴주구를 시로 표현하고 있다.

충목왕(忠穆王, 1337~1348)은 어린 나이 보위에 올랐으나(8세) 명망이 높은 원로 유신들이
보좌하면서 정치를 해나갔다. 대표적인 인물은 한종유(韓宗愈, 1287~1354), 이제현(李齊賢,
1287~1367), 박충좌(朴忠佐, 1287~1349)이다. 그는 1347년 정치도감이라는 임시 도감을 설치
하여 당시 골칫거리인 부원세력들을 척결하면서 권문세족들이 차지한 불법 토지와 노비
들을 주인에게 돌려주고 관리들의 녹봉을 위하여 녹과전(祿科田)을 부활시켰다. 녹과전이
란 고려 시대에 벼슬아치에게 녹봉 대신으로 나누어 주던 논밭이다. 몽고의 침입으로 국
고가 탕진되자, 고종 44년(1257)에 급전도감을 설치하여 원종 12년(1271)에 경기의 땅을 벼
슬아치에게 나누어 주었는데, 그 소유자는 경작자에게 전조(田租)만을 받았다. 전조는 논
밭에 대한 조세(租稅)를 말하며 고려 시대의 전시과나 조선 시대의 과전법에서 수조권자
(收租權者)가 경작자에게서 받는 일종의 토지 사용료로 수확량의 약 1/10 정도를 받았다.
수조권자(收租權者)란 조세를 받을 권리를 가진 사람을 말한다.

선대 왕들의 개혁 운동이 대체로 실패하는 것을 본 공민왕은 22세의 나이로 왕위에
올랐다. 그는 왕에 부임하자 과감한 개혁 정책으로 고려의 잃어버린 정체성을 회복하는
데 임무를 다하였다.

공민왕(恭愍王, 1330~1374)은 선대들의 이름에는 원나라에 충성한다는 충(忠)이라는 명칭
을 사용하지 않았다. 고려 제31대 왕(1330~1374), 이름은 전(顓), 호는 이재(怡齋)·익당(益當)
으로 왕위에 오른 뒤 중국 원나라를 배척하고 친원파(親元派)인 기씨(奇氏) 일족을 제거하
였다. 쌍성총관부를 폐지하였으며, 빼앗긴 영토를 수복하여 국위를 떨쳤으나 나중에는 정
치를 그르치고 최만생(崔萬生)과 홍윤(洪倫)에게 살해되었다. 재위 기간은 1351~1374년이다.

공민왕의 부인은 원나라 출신인 공주였다. 노국공주는 1365년(공민왕 14년) 2월 16일에
세상을 떠났다. 우리나라 역대 왕들을 볼 때 공민왕만큼 왕비를 절절히 사랑했던 왕은
없다고 자부할 수 있다. 따라서 공민왕과 노국공주는 항상 곁에 있는 것같이 세상 사람들
에게 회자(膾炙)되고 있다. 무덤도 쌍릉이며 초상화에도 공주와 함께 그려져 있다. 결혼
16년 만에 노국공주는 첫아이를 임신했으며 공민왕은 무탈을 기원하여 일급 죄인까지 사
면했으나 결국 노국공주는 죽었다.

『고려사절요』에는 왕이 슬퍼하여 손수 공주의 초상을 그려놓고 밤낮으로 마주 대하며
밥 먹으면서 슬피 울고 3년 동안 고기반찬을 먹지 않았다고 전한다. 두 사람의 능은 개성시

개풍군에 있다. 공민왕은 왕비가 원나라 공주임에도 불구하고 과감한 배원정책(背元政策)을 실시하였다. 그것은 노국공주의 지원 때문에 가능했다.

또한, 1350년부터 중국에서는 변화의 바람이 불어오기 시작했다. 그 시기의 원나라는 안팎으로 복잡한 양상을 띠기 시작했는데 내부로는 왕실의 분열과 한족(漢族)의 반란이었다. 외부적으로는 명나라의 기세가 원나라를 북방으로 밀어내는 등 원나라의 기세가 꺾이는 상황이었다. 명나라는 농민의 아들로 태어난 주원장이 원래 승려 노릇을 하던 중에 홍건적의 두목이 되어 그것을 바탕으로 나라를 건국하였는데 명나라였다.

주원장(朱元璋, 1328~1398)은 중국 명나라의 제1대 황제(1328~1398)로 자는 국서(國瑞), 묘호(廟號)는 태조(太祖), 창장강(일명 장강이라 불림, 長江) 일대를 평정하고 국호를 명(明), 연호를 홍무(洪武)라 하였다. 중국을 통일하였으며, 과거제도의 정비, 대명률의 제정, 전국의 토지·호구 조사와 같은 많은 업적을 남겼다. 명나라는 1368년에 주원장이 강남(江南)에서 일어나 원(元)을 북쪽으로 몰아내고 세운 중국의 통일 왕조이다. 영락제 때 난징(南京)에서 베이징으로 도읍을 옮기고 몽고(蒙古)와 남해에 원정하여 전성기를 이루었으나, 뒤에 북로남왜(北虜南倭)에 시달리고 환관의 전횡과 당쟁, 농민의 반란이 끊이지 않아 1644년에 이자성(李自成)에게 망하였다.

따라서 명나라의 건국과 융성은 원나라의 쇠락은 고려의 정체성과 자주성을 회복하는 데 절호의 기회였다. 당시 공민왕은 원에 머물러 있다가 1351년 왕이 된 그는 이 기회를 알아채고 본격적인 개혁에 나섰다. 공민왕은 10년간 원나라 조정에서 숙위(宿衛, 잠자면서 지킴)를 하면서 원나라의 쇠퇴 양상을 직접 목도(目睹)하였다. 비록 노국공주가 원나라 출신이지만 고려인으로서 반원정책(反元政策)으로 자주권을 회복하고 안으로는 권문세가를 정리하면서 왕권과 백성을 살피는 데 주력하였다. 그는 즉위하자마자 원의 연호인 폐지하고 몽고(蒙古) 식(式)의 머리 변발과 의복을 금지하고 고려의 관제를 환원시켜 놓았으며 내정간섭기관인 정동행성(征東行省)의 이문소(理問所)를 폐지했다.

당시 정동행성은 동쪽을 정벌하기 위하여 세운 행성으로서 후에는 내정간섭 기구로 변질되었는데 이 중에서 이문소의 폐해가 매우 심각하였다. 정동행성에 소속된 이문소는 소송심리를 전담하였는데 고려의 주권을 짓밟는 기구로서 주로 대원 관계의 범죄를 다스리는 기구였다. 이 기구는 나중에는 부원세력(附元勢力)을 규합하고 대변하는 역할로 변질

되었다. 즉 부원세력의 권익을 옹호하여 전민(田民)의 침탈을 방조하였으며 이를 고려의 지방관이 다스리면 불법적으로 투옥·압박하였다.

특히 이문소 관리들의 횡포와 전권은 고려 말에 이르러 더욱 심해져서, 공민왕 5년의 상표문(上表文)에서는 '정동행성의 관리들은 사람들의 거짓 호소를 듣고서는 여러 관청에서 판결한 문권(文卷)을 가로채어 시(是)를 비(非)라고 판정한다.'라는 비난이 일어났다. 이 비난은 행성 관리 중에서도 주로 이문소의 관리에 해당하는 것이었다. 이에 원나라 세력을 배격하는 첫 번째 조처로 정동행성(征東行省)의 이문소(理問所)가 타파의 대상이 되어 폐지되었다.

또한, 공민왕은 정방을 혁파하고, 도평의사사를 정비해 행정체계를 개편하였다. 당시 정방(政房)은 고려 최씨 집권 때 정무를 행하던 곳으로 최우가 인사 문제 처리를 위해 1225년(고종 12)에 자기의 집에 설치한 기관이다. 정방 역시 무신 정권기의 다른 기구와 마찬가지로 유력한 지배 기구의 하나로, 이것이 정방이라는 명칭을 띠고 공식 기구로 발전한 것은 고종 12년이라 할 수가 있다. 정방에 관해서는 이제현의 『역옹패설』에 잘 나와 있다.

원래 인사 문제는 이부(吏部)와 병부(兵部) 소관이었다. 문신은 이부에서, 무신은 병부에서 정안(政案)에 따라 처리했다. 그런데 『역옹패설』에 보면, 최충헌 때부터 최충헌이 인사권을 자기의 개인 집에서 자의적으로 휘둘렀다고 나온다. 최우는 이것을 자신의 사저(私邸)에 정방이라는 이름으로 공식 인사기구를 설치하면서 공식화하였다. 이로써 최씨(崔氏) 무인 정권의 권력은 더욱 확고해졌다. 무릇 권력의 핵심은 인사권에 있는바, 문무관 전반에 대한 인사권을 자의적으로, 그것도 권력자의 (공관도 아니고) 사저에서 이루어졌다는 것, 모든 권력이 이제 최씨(崔氏) 무신정권으로 귀속됨을 뜻한다. 도평의사사는 고려 시대의 최고 의정 기관인데 충렬왕 5년(1279)에 도병마사를 고친 것으로, 군사 문제 이외에 일반적인 사무를 집행하는 권한도 가졌다.

또 한편으로는 원나라 기황후의 오빠인 기철(奇轍, ?~1356) 등 권문세족들을 숙청하여 왕권을 바로 세움과 동시에 원의 직속령이었던 쌍성총관부(雙城摠管府)를 무력으로 수복하였다. 쌍성총관부(雙城摠管府)는 1258년에 원나라가 화주(和州)에 설치한 통치 기구이다. 쌍성총관부는 "쌍성등처군민총관부(雙城等處軍民總官府)"의 약칭으로 동녕부와 함께 고려인의 배반으로 몽고(蒙古)의 직속령이 되는 영토라는 공통점이 있다. 공민왕은 원나라의 지배에서 벗어나려는 주권 회복 및 영토 회복을 위한 북벌 정책의 핵심으로, 이 쌍성총관부를 무력으로 격파하고 잃어버린 영토를 되찾았다.

쌍성총관부 함락에 공을 세운 이성계의 아버지인 이자춘(李子春)은 동북병마사(東北兵馬使, 고려시대, 양계(兩界) 지역에 파견되어 군사와 민사행정을 총괄하던 지방 장관)가 되어 중앙으로 진출할 수 있었고, 쌍성총관부의 초대 총관이었던 조휘(趙暉, ?~?)의 후손, 조돈(趙暾, 1308~1380)도 조카인 총관 조소생(趙小生, ?~1362)을 몰아내고 쌍성총관부 함락에 적극적으로 협력하여 공을 세움으로써 조상의 배신을 청산하고 새로이 고려 중앙정계에 진출했다. 이후 조돈은 조선 건국에도 관여하여 개국공신에까지 이르렀다. 이성계가 나중에 태종을 싫어하여 함흥으로 떠나버린 것이 자기의 출신지가 이 지역이었기 때문이다.

공민왕(9~10년) 시기에 홍건적들이 원나라의 지배를 반대하다가 벽에 부딪히자, 고려로 쳐들어왔다. 홍건적(紅巾族)은 중국 원나라 말기에, 허베이(河北)에서 한산동(韓山童)을 두목으로 하던 도둑의 무리이다. 머리에 붉은 수건을 쓴 까닭에 이렇게 이르며, 두 차례에 걸쳐 고려에까지 침범하였다. 원나라 말기 중국에서는 몽고 귀족들의 횡포에 의해 백성들의 생활이 궁핍해졌다. 따라서 사회계급으로 몽고족(蒙古族)의 지배를 받던 한족(漢族)들은 불만이 심했다. 따라서 저항의 무리가 생겨났는데 이들이 붉은 천을 머리에 두르고 동지의 표시로 삼았기 때문에 홍건족(紅巾族)이라 부르게 되었다. 이들 중 일부는 원나라 군사들에게 쫓기고 그 외 일부는 고려로 2차례에 걸쳐 고려를 침입하였다.

이들의 침입은 공민왕이 안동까지 피난을 가는 계기가 되었으나 이성계(李成桂)가 이를 격퇴하였다. 홍건적의 2차 침입이었다. 주원장은 홍건적의 일부를 정비하여 중국을 통일하였는데 후에 명나라가 되었다. 홍건적, 명나라 그리고 이성계는 여기서부터 조선의 역사와 맞물린 셈이다.

이 당시 홍건족의 침입으로 피난하다가 공민왕은 김용(金鏞, ?~1363)에 의해 시해를 당할 뻔한 사건이 일어났었고 결국은 이 사건은 친원파의 보수세력이 중심이 되었다. 공민왕이 시해를 당한 사건은 왕권이 미약하다는 것을 의미한다. 신돈(辛旽, ?~1371)이라는 공민왕의 측근을 잃고, 또한 노국공주가 아이를 낳다가 죽은 후, 공민왕은 아내를 너무나 그리워하다가 매일 술로 지내고 있었다. 따라서 정치에는 관심을 두지 않고 왕비의 명복을 비는 불교 행사에만 관심을 두고 있었다.

이렇게 불교에 빠져드는 과정에 왕은 옥천사(玉泉寺) 여종의 아들인 승려 신돈(辛旽, ?~1371)을 만나게 되고 그를 등용하여 개혁하게 하였다. 그는 1366년 전민변정도감(田民辨正都監)을 설치하여 권세가들이 불법으로 탈취한 토지와 노비를 조사하여 원주인에게 돌려주는 등 일대 개혁을 하였다. 그 결과 신돈은 한때 성인(聖人)으로 추앙받았다.

공민왕 시해사건(弑害事件)을 추적해 보면 공민왕의 아들이 있었는데 후궁에게서 얻은 아이였다. 그러나 공민왕은 이 아이가 신돈의 아들이라고 오해하게 된다. 왜냐하면, 그 후궁이 신돈의 종이었기 때문이다. 그래서 새로운 아들을 얻고자 자제위(子弟衛) 중에서 자신의 후궁과 동침하라고 요구하였고 만약에 아이가 생기면 자제위(子弟衛)를 제거해야 하는 일이 생기게 되는데 이를 먼저 알아챈 왕의 침소에 들어서 공민왕을 시해하려고 했기 때문이다. 중국 당나라에서는 자제위(子弟衛)가 번국(蕃國, 오랑캐의 나라)들의 왕자와 천자를 숙위(宿衛)를 해야 하는 명분으로 장안(長安)에 인질로 잡아 놓고 번국(蕃國)들의 반란을 도모하지 못하게 한 일이 있었다. 공민왕은 이를 흉내 내어 나이 어리고 얼굴이 아름다운 소년들을 선발해 자제위(子弟衛)에 소속시켰다. 영화 '쌍화점'의 내용이 바로 자제위(子弟衛)와 공민왕의 시해 사건을 각색한 것이다.

다시 말하면 자제위(子弟衛)는 고려 공민왕이 1372년 설치한 기관으로 젊고 외모가 잘생긴 청년을 뽑아 이곳에 두고, 좌우에서 시중을 들게 하였다. 1374년 9월에 공민왕이 홍륜(洪倫), 최만생(崔萬生) 등 자제위(子弟衛) 소속의 미소년들을 궁중에 출입하게 하여, 그들과 동성애를 즐겼다는 주장이 있다. 또한, 공민왕의 지시에 따라 공민왕의 후궁과 성관계를 맺게 했다는 조선 측의 기록이 있다.

하지만 이러한 서술은 조선왕조 개창에 정당성을 부여하기 위한 목적으로 왜곡한 것으로 볼 수 있다. 홍륜(洪倫, ?~1374)은 공민왕의 후궁이었던 익비(益妃)와 간통하여 아이를 낳았는데 이를 최만생이 은밀히 공민왕에게 보고하였다. 공민왕은 "이 사실을 아는 자를 모두 죽여야겠다."라고 말했다. 최만생은 자신까지 죽게 될까 두려워 홍륜에게 사실을 고해(告解)하였고 며칠 후 그들은 쿠데타를 일으켜, 신하들과 궁녀들을 닥치는 대로 죽이고 방화를 일삼았다.

결국, 공민왕은 도망가려다가 홍륜(洪倫, ?~1374), 권진(權瑨, ?~1374), 홍관(洪寬, ?~1374), 고려의 반역자인 한안(韓安, ?~1374), 최선, 환관 출신인 최만생(崔萬生, ?~1374)에 의해 붙잡혀

1374년(공민왕 23년) 9월 21일에 암살되었고, 그해 새로 정권을 잡은 세력이 최만생을 처형하고 자제위를 폐지하였다. 공민왕은 자제위를 만들어 향락을 즐기다가 자제위에 의해 살해당하였다. 그의 최후는 이렇게 비참하였다.

또한, 신돈의 최후도 매우 비참하였다. 한때 성인으로 추앙을 받던 신돈은 과도하게 친위세력을 확대하여 권문세가와 대립이 되어 곤란을 겪었고 무장과 신진 관료들까지 숙청하면서 고립되었다. 결국은 반역 혐의로 공민왕이 사망하기 2년 전인 본인도 1371년 숙청되었다.

공민왕의 뒤를 이어 우왕(禑王, 1365~1389)이 등극하였는데 이는 공민왕과 신돈의 시녀인 반야(般若, ?~?) 사이에서 태어났으나 후에 신돈의 아이로 밝혀지면서 자기의 아이를 왕으로 만들려다 결국은 왕의 신임을 잃은 바람에 역모를 꾸미다가 처형을 당하였다. 권력의 행태는 예나 지금이나 권불십년(權不十年)이다. 이는 권력은 오만함을 낳고, 오만은 죽음을 가지고 온다는 권력의 속성은 신돈의 예에서 여실히 보여주고 있다.

그러나 공민왕의 업적 중의 하나는 1367년(공민왕 16년) 최고 교육기관인 국자감(國子監)을 성균관(成均館)으로 개편하고 이색(李穡, 1328~1396), 정몽주(鄭夢周, 1337~1392), 정도전(鄭道傳, 1342~1398), 박상충(朴尙衷, 1332~1375), 이숭인(李崇仁, 1347~1392), 김구용(金九容, 1338~1384) 등을 모집하여 성리학을 가르치고 토론을 장려한 것이다.

또한, 과거시험도 문학 중심에서 경학, 즉, 유교의 가르침을 적은 13개의 유가 경전의 본뜻을 탐구하거나 해설하는 학문으로 바뀌었다. 즉 공자, 맹자의 가르침의 본뜻을 탐구하는 학문 위주로 바꾸어 정치 경륜을 갖춘 학자들을 배출할 수 있는 발판을 만들었으며 다수의 성리학자(性理學子)를 배출하였다. 그러나 이들은 후에 역사적 평판이 달랐다. 한편으로는 새로운 역사인 조선을 개국하는 데에는 공헌했으나, 또 한편으로는 온건적 개혁파와 급진적 개혁파로 나누어 조선 초기에 매우 혼란을 가중하였다는 것이다.

제 8 장

고려 후기 새로운
학문의 유입과
문화, 예술

자랑스러운 우리의 역사

제8장 고려 후기 새로운 학문의 유입과 문화, 예술

1. 성리학의 유입과 신진사대부

정치와 경제는 혼란을 거듭 불안하였지만, 문화적인 면에서는 매우 달랐다. 왜냐하면, 새로운 문명이 유입되기 시작하였기 때문이다. 정복 전쟁을 통하여 세계 최대의 영토를 가진 나라인 원나라는 동서 문명의 집결지로서 새로운 문명이 생기게 하는 기틀이 되었다. 이 시기가 유학이 재정립되어 신유학인 성리학이라는 새로운 사상이 원에서 들어오게 되었다.

성리학(性理學)은 12세기에 남송의 주희(朱熹)가 집대성한 유교의 주류 학파이다. 성리학의 어원은 주희가 주창한 성즉리(性卽理)를 압축한 명칭이다. 성리학은 집대성한 주자(朱子, 주희)의 이름을 따서 주자학(朱子學)이라고도 하고, 송나라 시대 유학(儒學)이란 뜻에서 송학(宋學), 송나라와 명나라에 걸친 학문이라고 해서 송명이학(宋明理學)이라고도 하며, 송나라 시대 이전 유학의 가르침을 집대성한 새로운 기풍의 유학이라는 뜻에서 신유학(新儒學), 정호(程顥), 정이(程頤)에서 주희(朱熹)로 이어지는 학통이라는 뜻에서 정주학(程朱學), 정주 성리학(程朱性理學), 정주 이학(程朱理學)으로도 불리고, 이학(理學) 또는 도학(道學)이라고도 한다. 중국권과 서구에서는 주로 송명리학(宋明理學)이라고 칭해진다. 학문 목적은 위기지학(爲己之學), 자기(自己, 수양, 수기)를 위한 학문이다.

성리학은 일찍이 송과 교류를 하면서 소개는 들어왔으나 본격적으로 받아들인 것은 고려 후기인 13세기 후반이었다. 성리학의 정치도덕(政治道德)으로는 군신의 관계에서는 의(義)가 중심이 되어야 하고 대의명분을 매우 중시하였으며 이단(異端), 즉 옳지 않은 도는 과감히 버리고, 시류(時流)에 맞지 않은 사상이나 학설을 믿는 것이 아니라는 것이다.

우리나라에서는 고려 시대 안향(安珦, 1243~1306)이 『주자전서(朱子全書)』를 들여와 연구한 데서 비롯되었으며, 성리학을 본격적으로 연구하고 그 체계를 파악해 크게 일가를 이룬 이는 백이정(白頤正, 1247~1323)이라 할 수 있다. 조선 시대에 이르러 하연, 이언적, 이황, 김인후, 기대승, 이이 등 뛰어난 학자들이 배출되면서, 인간의 이성을 강조하여 정신적인 면과 도덕적인 면을 중시하는 주리설(朱利說)과 인간의 감성을 중시하고 현실 문제에 관심을 가지는 주기설(主氣說) 등이 나오게 되었다. 주리설은 영남지방에서 발전하여 '영남학파(嶺南學派)'라고 하는데, 이언적, 이황, 류성룡, 김성일로 이어졌으며, 주기설은 기호지방에서 발전하여 '기호학파(畿湖學派)'라고 하는데 서경덕, 김인후, 기대승, 성혼, 이이에 이르러 완성되었고 김장생 등으로 계보가 이어졌다.

당시에 충선왕(忠宣王, 1275~1325)이 원에 머물며 연경에 세운 만권당(萬卷堂)에는 원의 학자들이 드나들고 성리학에 관한 서적들을 수집하기도 하였다. 충선왕은 충렬왕과 갈등을 일으켰으나 그가 죽은 후 복위하여 관제 개혁과 노비 양민화를 시켰던 임금이고 충렬왕(忠烈王, 1236~1308)의 세자로서 충선왕이다.

원래 고려는 북송과 남송과 교류하였지만, 성리학은 문벌 세족들에게는 사상이 맞지 않아 수입을 주저하였다. 그 후 무신 집권이 들어서자, 그들은 학문에는 관심을 가지지 못하여 사상적 기반이 너무나 약한 세력이었다. 그 이유는 유학보다는 주로 사상적 기반은 불교가 그 주류를 이루었기 때문이다. 일부 승려들이 성리학에는 관심을 가졌지만, 대중화 속에 침투시키는 데 어려움이 있었다.

이러한 성리학이 발전하기 시작한 것은 고려 말기의 공민왕 때였다. 그는 성리학에 조예(造詣)가 깊어 성균관의 기능을 강화하였다. 과거의 단순한 암송위주(暗誦僞主)의 교육기관에서 연구와 토론을 하고 후학을 길러내는 등 순수한 유교 교육기관으로 변모하여 성리학에 관한 연구가 본격적으로 이루어졌다. 이 당시 성리학자들은 연구와 토론을 통해 많은 서책을 만들어 냈다.

대표적인 서책으로는 최초의 성리학 입문서인 정도전(鄭道傳, 1342~1398)의 『학자지남도(學者指南圖)』, 『심문천답(心問天答)』, 『심기리(心氣理)』, 권근(權近, 1352~1409)의 『입학도설(入學圖說)』 등이 있으며, 성리학의 우수성을 널리 알리는 데 공헌했다. 특히 이 저서들은 성리학적 입장에서 불교, 도교를 동양에서 가장 훌륭하게 비판했다고 알려져 있다.

이러한 학문을 추구했던 성리학자들은 공민왕의 개혁정치가 원의 세력과 권문세가 등 귀족 세력의 반대로 실패로 돌아간 뒤, 고려는 안팎으로 더욱 심한 어려움을 겪게 되었다. 북쪽으로부터는 거듭 홍건적의 침략을 받았고, 남쪽으로는 왜구가 전국 각지의 해안지방에 침범하여 노략질을 해왔다. 특히 왜구는 내륙 깊숙이 쳐들어와 백성들에게 피해를 주었다. 한편, 안으로는 오랜 세월을 두고 권세를 잡아 온 권문세가를 중심으로 한 구세력과 새로 과거시험에 합격하여 중앙정계(中央政界)에 진출한 신진 세력 사이에 정치적 대립이 생겨 혼란을 빚었다. 신진 세력은 대체로 원나라로부터 들어온 새로운 학문인 성리학을 공부하고 과거시험을 거쳐 벼슬길에 오른, 이른바 신진사대부(新進士大夫)라고 불리는 세력이었다. 이들은 안으로 고려가 겪고 있는 여러 가지의 어려움을 해결하기 위해서는 개혁 정치를 펴야 한다고 주장하였다.

그들의 중심인물은 조준(趙浚, 1346~1405), 정도전 등이었다. 이들은 강한 군사력을 지닌 이성계와 손을 잡고 기울어져 가는 고려의 정치적 실권을 손에 넣으려고 하였다. 이때 이성계는 북쪽에서 침입해 온 몽고의 나하추(원나라 출신 인물로 북원의 장군) 세력을 물리치고 남쪽으로부터 침입해 온 왜구를 계속 쳐부수는 등 용맹을 떨치면서 중앙정계에 진출하고 있었다. 『조선왕조실록』에서는 나하추와 이성계에 관하여 다음과 같이 서술되었다.

> 이성계가 (나하추의) 말을 쫓아 추격하니 "이 만호(李萬戶)여! 두 장수끼리 어찌 이리 핍박하는 것이오?"라고 했고, 또 나하추가 말하기를 "지난 날 원 조정에서 이자춘과 마주쳤는데 이자춘이 나에게는 재주 있는 아들이 있다더니 과연 거짓이 아니었네."라고 했다는 기록이 있다.

고려 말기에 성리학을 바탕으로 새롭게 등장한 지식층을 사대부(士大夫)라고 하는데 이를 한영우는 다음과 같이 적었다.

원 간섭기에 성장한 지식인층을 사대부(士大夫)라고 한다. 사대부라는 말은 좁게는 '벼슬아치'를 가리키는 말이지만, 넓은 의미로는 벼슬아치를 포함하여 성리학으로 무장된 학자=지식층을 가리킨다. 순수한 우리말로는 '선비'라고 한다. '선비'는 본래 고조선-삼국-고려 시대의 종교적 무사 단체를 가리키는 말이었지만, 이제는 성리학을 공부한 집단으로 바뀌었다.

사대부에서 중국에서 왕, 제후(諸侯) 아래에서 정치를 장악하고 있는 치자계급(治者階級)을 말하며 이를 한자씩 풀이하면 사(士)란 독서인을 말하며, 대부(大夫)는 정치인을 말하는 것으로, 사대부란 학자적 관료 또는 관료적 학자 그리고 정치적인 학식을 갖춘 사람들을 말한다. 여기서 치자계급(治者階級)은 세습적으로 영토를 부여받는 계급이다. 그러나 우리나라에서는 성리학을 중심으로 한 정치력을 갖춘 학자적 관료를 말한다. 쉽게 말하면 학식이 높은 자들이 국가의 부름을 받고 관직에 진출하는 것을 말한다.

사대부는 고려 말부터 생겨나기 시작했는데 주로 향리층, 즉 한 고을에서 세습하여 내려오던 벼슬아치로서 하급 관리를 말하며 이들로부터 배출되기 시작하였다. 이들은 문벌귀족과는 엄연히 다르다. 정도전은 이들 문벌귀족을 구가세족(舊家世族), 『고려사』에서는 이들을 '호활의 무리'라고 표현했는데 다시 말하면 세력을 형성하여 교활한 짓을 하는 무리라는 뜻이다. 또는 권문세족(權門勢族), 권문세가(權門勢家)라고도 표현한다.

문벌귀족은 고려의 문벌 귀족 가문을 말하며 대대로 이어오며 왕과 왕실의 친인척 관계를 맺어 권력을 세습하는 가문을 말하는데 이들은 원 간섭기가 지나 몰락하기 시작했다. 반면 향리를 세습하던 계층에서 성리학을 공부하여 관리에 오른 사대부는 본인의 능력으로 벼슬아치에 오른 집단으로 구세력과는 확연한 차이를 보였다. 그리하여 새로운 세력인 벼슬아치라 하여 '신진사대부(新進士大夫)'라고 불렀다.

이러한 '신진사대부'들이 고려 말 새로운 학문과 사상 그리고 새로운 정신으로 국가건설에 참여하게 된 명분을 준 학문이 바로 성리학이다. 이들 세력은 처음에는 고려를 개혁해야 한다는 데에는 입장이 같았으나 개혁의 방법에는 서로의 의견이 다르게 나타났다. 즉 조선을 개국하는 데 있어서 온건파와 급진파로 갈려지기 시작했다. 온건파는 조선을 건국하는 데 있어서 모든 정치, 제도, 정책 등을 고려 왕조의 기틀에서 하자는 측면이고 급진개혁파는 왕조 자체를 바꾸어 새로운 국가를 만들어야 하자는 측면이다. 전자(前者)는 이색과 정몽주를 포함하고 있고, 후자(後者)는 정도전이라 할 수 있다. 이렇게 갈라진 이유에 대하여 한영우는 다음과 같이 적었다.

> 이렇게 온건파와 급진파가 갈린 이유는 정치적, 경제적 기득권을 어느 정도 가진 부류와 그렇지 못한 부류의 차이와도 관련이 있었다. 똑같이 성균관에서 공부했으면서도 이색과 정몽주는 온건파에 속하고, 정도전이 급진파에 속한 것은, 이런 이유 때문이다. 무장(武將)도 마찬가지다. 최영과 이성계가 다른 길을 걸어간 것도 비슷한 이유로 보아야 할 것이다.

고려 말기의 상황은 매우 어려워 온건파와 급진파는 새로운 개혁을 하자는 데에는 동의하였지만, 온건파는 성리학의 사상에 따라 사대부의 익을 추구하는 것보다도 국가와 농민을 위한 안정을 원하였으나 급진파들은 토지 제도와 고려사회의 제도 아래에서는 더 이상의 기댈 것이 없어서 완전한 혁명을 하자고 주장하였다.

온건파 사대부의 대표적인 인물로는 정몽주(鄭夢周, 1337~1392), 길재(吉再, 1353~1419) 등이 있으며 급진파 사대부의 대표적인 인물로는 정도전, 조준, 남은 등이 있다. 급진파 사대부들은 사장(詞章) 중심에서 경학 중심으로 학풍을 전환하려고 시도하였다.

2. 문학과 예술

사대부들의 성장과 더불어 고려 전기와는 다른 변화가 있었는데 특히 문학에서도 마찬가지였다. 경기체가(景幾體歌)라는 문학이 나타났다. 경기체가는 고려 중기에서 조선 초까지 이어온 시가(詩歌)로서 한문 투의 장가(張歌)로 양반들의 생활이나 감정 등의 애환을 담은 노래를 말한다.

경기체가(景幾體歌)는 고려 중엽 이후 사대부들에게 불린 시가(詩歌)로서, 경기하여가(景幾何如歌)라고도 한다. 경기체가는 한문을 사용하되 고유의 전통을 살려서(부분적으로 이두 표기를 사용, 모든 작품이 이두 표기를 쓰는 것은 아님) 이루어진 새로운 형식의 시가이다. 경기체가는 고려 후기 무신들과 권문세족에 억눌려 있던 신진사대부 계층이 창작한 운문 장르로, 이들은 새 왕조를 개국하는 데에 주도적인 역할을 한 조선 전기의 훈구파로 이어진다. 「한림별곡(翰林別曲)」은 무신정권 시대의 한림원(翰林院은 동아시아 한자 문화권의 국가 학술기관의 명칭으로, 한국사에서는 고려 때 있었다. 국왕 명의로 된 공문서 작성과 서적 출판 등의 업무를 맡았다. 조선의 예문관, 홍문관에 해당한다. 기관장은 판한림원사, 判翰林院事 및 한림학사승지, 翰林學士承旨이다) 학자 출신 사대부들이 풍류를 읊은 것으로 경기체가의 시초이다. 여기에는 최씨(崔氏) 무신정권 밑에서 새로이 정치적으로 등장하는 사대부들의 의기에 찬 생활이 화려하게 그려져 있다. 그 뒤 안축(安軸, 1287~1348)의 「관동별곡(關東別曲)」 등 사대부 출신의 의연한 풍모가 나는 작품이 나타났다. 현존하는 작품으로는 「한림별곡」, 「죽계별곡」, 「관동별곡」, 「독락팔곡」 등이 있다. 특히 「관동팔경」은 1330년 고려 충숙왕 17년 안축이 44세 때 강원도존무사(江原道存撫使)로 있다가 돌아오는 길에 관동지방의 뛰어난 경치와 유적 및 명산물에 감흥(感興)되어서 짓게 되었다. 경기체가로 되어있으며, 전체 9장이 『근재집(謹齋集) 2권』에 전한다. 내용은 다음과 같다.

> 1장−서사(序詞), 2장−학성(鶴城), 3장−총석정(叢石亭), 4장−삼일포(三日浦), 5장−영랑호(永郎湖), 6장−양양(襄陽)의 풍경, 7장−임영(臨瀛), 8장−삼척 죽서루(竹西樓), 9장−정선(旌善)의 절경을 표현하였다.

귀족들과는 달리 일반 서민층에게는 민요풍의 가요가 유행하였는데 이것이 장가(長歌), 혹은 고려가요이다. 이러한 장가(長歌)는 자연을 벗 삼아 사는 멋을 노래로 표현하였다. 대표적인 장가(長歌)로는 「청산별곡(靑山別曲)」과 서경 지역 남녀의 애정을 표현한 「서경별곡(西京別曲)」, 「정읍사(井邑詞)」, 남녀의 이별을 그린 「가시리」, 1월에서 12월까지 월령(月令)을 노래한 「동동(動動)」, 남녀 간의 정열적이고 퇴폐적인 사랑을 노래한 「쌍화점(雙花店)」이 대표적이다. 이 장에서는 대표적인 장가(長歌)인 「쌍화점」과 「청산별곡」을 소개하고자 한다.

雙花店(쌍화뎜)에 雙花(솽화) 사라 가고신딘
回回(휘휘)아비 내 손모글 주여이다
이 말숨미 이 店(뎜) 밧긔 나명 들명
다로러거디러 죠고맛감 삿기 광대 네 마리라 호리라
더러둥셩 다리러디러 다리러디러 다로러거디러 다로러
긔 자리예 나도 자라 가리라
위 위 다로러거디러 다로러
그 잔 딕가티 덦거츠니 업다

三藏寺(삼장ᄉ)애 블 혀라 가고신딘
그 뎔 社主(샤쥬)ㅣ 내 손모글 주여이다
이 말ᄉ미 이 뎔 밧긔 나명 들명
다로러거디러 죠고맛간 삿기上座(샹좌)ㅣ 네 마리라 호리라
더러둥셩 다리러디러 다리러디러 다로러거디러 다로러
긔 자리예 나도 자라 가리라
위 위 다로러거디러 다로러
긔 잔 딕ᄀ티 덦거츠니 업다

드레 우므레 므를 길라 가고신딘
우믓 龍(룡)이 내 손모글 주여이다
이 말ᄉ미 이 우물 밧긔 나명 들명
다로러거디러 죠고맛간 드레바가 네 마리라 호리라
더러둥셩 다리러디러 다리러디러 다로러거디러 다로러
긔 자리예 나도 자라 가리라
위 위 다로러거디러 다로러
긔 잔 딕ᄀ티 덦거츠니 업다

숨 풀 지븨 수를 사라 가고신딘
그 짓 아비 내 손모글 주여이다
이 말ᄉ미 이 집 밧긔 나명 들명
다로러거디러 죠고맛간 싀구바가 네 마리라 호리라
더러둥셩 다리러디러 다리러디러 다로러거디러 다로러
긔 자리예 나도 자라 가리라
위 위 다로러거디러 다로러
긔 잔 딕ᄀ티 덦거츠니 업다

만두집에 만두 사러 갔더니만
회회인(이슬람교 믿는 색목인) 아비가 내 손목을 쥐더이다
이 소문이 이 가게 밖에 나고들면
다로러거디러 조그마한 새끼 광대 네 말이라 하리라
더러둥셩 다리러디러 다리러디러 다로러거디러 다로러
그 잠자리에 나도 자러 가리라
위 위 다로러거디러 다로러
그 잔 데같이 답답(난잡)한 곳이 없다

삼장사에 불 켜러 갔더니만
그 절 지주가 내 손목을 쥐더이다
이 소문이 이 절 밖에 나고들면
다로러거디러 조그마한 새끼 상좌 네 말이라 하리라
더러둥셩 다리러디러 다리러디러 다로러거디러 다로러
그 잠자리에 나도 자러 가리라
위 위 다로러거디러 다로러
그 잔 데같이 답답(난잡)한 곳이 없다

두레 우물에 물을 길러 갔더니만
우물 용이 내 손목을 쥐더이다
이 소문이 이 우물 밖에 드나들면
다로러거디러 조그마한 두레박아 네 말이라 하리라
더러둥셩 다리러디러 다리러디러 다로러거디러 다로러
그 잠자리에 나도 자러 가리라
위 위 다로러거디러 다로러
그 잔 데같이 답답(난잡)한 곳이 없다

술 파는 집에 술을 사러 갔더니만
그 집 아비 내 손목을 쥐더이다
이 소문이 이 집 닭에 드나들면
다로러거디러 조그마한 시궁 바가지 네 말이라 하리라
더러둥셩 다리러디러 다리러디러 다로러거디러 다로러
그 잠자리에 나도 자러 가리라
위 위 다로러거디러 다로러
그 잔 데같이 답답(난잡)한 곳이 없다

쌍화점이 당시의 아주 인기 있었던 곡으로 오랫동안 불려 졌다는 측면에서 궁중 안에서 소수가 즐기던 것이 아닌 여항(閻巷, 마을이나 궁중의 거리)에서 즐기던 노래라고 보는 것이 타당성이 있다. 즉, 쌍화점이 조선 시대에 남녀상열지사로 분류되었지만, 『악장가사』에 실려 전하는 것을 생각하여 볼 때, 여항(閻巷)에서 광범위하게 불렸던 것을 오잠(吳潛, 1259~1336, 고려 시대의 奸臣, 초명은 기(祈). 여러 벼슬을 거쳐 지도첨의사사(知都僉議司事)가 되었으나 중신들을 모해한 죄로 원나라로 압송되어 귀양살이를 하였다) 등이 충렬왕을 즐겁게 해주기 위하여 남장별대(南粧別隊)를 조직하던 과정에서 궁중에까지 들어갔다고 보는 것이다. 다음에는 「청산별곡」의 일부이다.

> 살어리살어리라짜
> 靑山의살어리라짜
> 멀위랑ᄃ 래랑ᄲᅡ먹고
> 靑山의살어리랏다
> 얄리얄리얄라얄라성얄라 〈時用鄕樂譜 所載－靑山別曲〉.

「청산별곡」은 작자, 연대가 미상이다. 오랫동안 입으로 전해져 오다가 한글이 창제 이후에 문자로 기록되었기 때문이다. 내용을 보면 슬픔이든 속세를 벗어나던 혹은 전란을 피해서 도망가던 상처를 받은 사람들이 고독을 피해 청산으로 가고자 하는 열망을 노래하였다.

고려 후기의 건축물은 대표적인 것이 안동 봉정사의 극락전이다. 이 건물은 우리나라에서 가장 오래된 목조건물로 상량문(上樑文)에서 1363년(공민왕 12년)에 중창되었다는 기록이 발견되었다. 다음으로 영주 부석사(浮石寺, 1376) 무량수전(無量壽殿)과 예산의 수덕사(修德寺) 대웅전, 부석사의 조사당(祖師堂)도 대표적인 건물이라 할 수 있다.

특히 영주 부석사 무량수전(榮州 浮石寺 無量壽殿)은 1376년에 중수된 목조 건축물로 대한민국의 국보 제18호이다. 경북 안동의 봉정사 극락전과 함께 한국에서 가장 오래된 목조 건축물이다. 정확한 건조 연대는 알 수 없으나 고려 중기 후반경의 건축물로 추측된다.

봉황산 중턱에 있는 부석사는 신라 문무왕 16년(676)에 의상대사가 왕명을 받들어 화엄의 큰 가르침을 펴던 곳이다. 무량수전 뒤에는 '부석(浮石)'이라고 새겨져 있는 바위가 있는데, 『삼국유사』의 설화를 보면, 의상대사가 당나라에서 유학을 마치고 귀국할 때 그를 흠모한 여인 선묘(善妙, ?~?)가 용으로 변해 이곳까지 따라와서 줄곧 의상대사를 보호하면서 절을 지을 수 있게 도왔다고 한다. 이곳에 숨어 있던 도적 떼를 선묘가 바위로 변해 날려 물리친 후 무량수전 뒤에 내려앉았다고 전한다. 무량수전은 부석사의 중심 건물로 극락정토를 상징하는 '아미타여래불상'을 모시고 있다.

신라 문무왕(재위 661~681) 때 짓고 고려 현종(재위 1009~1031) 때 고쳐 지었으나, 공민왕 7년(1358)에 불에 타 버렸다. 지금 있는 건물은 고려 우왕 2년(1376)에 다시 짓고 광해군 때 새로 단청한 것으로, 1916년에 해체와 수리 공사를 하였다.

규모는 앞면 5칸·옆면 3칸으로 지붕은 옆면이 여덟 팔(八)자 모양인 팔작지붕으로 꾸몄다. 지붕 처마를 받치기 위해 장식한 구조를 간결한 형태로 기둥 위에만 짜 올린 주심포 양식이다.

주심포양식(柱心包樣式)은 지붕의 무게를 기둥에 전달할 때 그 무게를 분산시키고 아름답게 보이기 위해 기둥 위에만 공포(栱包, 일반적으로 궁궐·사찰·기념적 건축에 쓰이며, 기둥과 보, 기둥과 도리 등의 수직재(垂直材)와 횡재(橫材)가 맞추어질 때 장식적 또는 구조적으로 짜여져서 여러 부재가 결속된 것을 말한다)를 얹는 양식을 말한다. 이에 반해 공포를 기둥 위뿐만 아니라 기둥 사이에도 설치한 것을 다포식(多包式)이라고 한다. 다포식은 건물의 크기가 클 때 많이 사용하는데 고려 후기에 시작되어 조선 시대에 널리 유행한 양식이었다.

또한, 문인화(文人畵)로서는 천산대렵도(天山大獵圖), 이제현(李齊賢, 1287~1367)의 초상화(肖像畵)가 전해져 오고 있다. 최근에 밀양에서 고려 말 박익(朴翊, 1332~1398)의 무덤에서 채색 벽화가 발견되었다. 특히 천산대렵도는 고려 공민왕이 그렸다고 전해지고 있는데 국립중앙박물관에 소장되어 있다. 수렵장면을 비단에 세밀하게 채색하였는데 한 폭의 그림은 옆으로 기다란 두루마리 그림이었던 것이 조각난 것으로 비슷한 그림 여러 폭이 천산대렵도(天山大獵圖), 혹은 음산대렵도(陰山大獵圖)라고도 한다. 특히 수렵하는 사람이 고려인이 아니라 몽고인(蒙古人)으로 추정되고 있다.

3. 고려 최고의 기술, 화약 무기, 금속활자의 발명

　고려 후기에 들어와서 큰 전쟁을 치르는 동안 일본으로부터 새로운 세력이 침입하는데 그들이 바로 신라에서부터 우리 연안을 노략질하는 왜구(倭寇)였다. 따라서 고려 후기에서는 그들을 막아내기 위하여 새로운 무기가 필요하였는데 바로 화약이었다.

　화약은 본래 원나라와 송나라에서 이미 사용하고 있었으나 워낙 민감한 부분인지라 고려에게는 비밀로 하자 고려는 독자적으로 개발하기 시작하였다. 이를 해결한 사람이 최무선(崔茂宣, 1325~1395)이었다.

　당시 고려 후기 원의 간섭에서 벗어나 개혁을 추진하던 공민왕은 홍건적과 왜구의 침입으로 인하여 막대한 손실을 보았는데 이는 14년 동안 378회의 침입을 받았을 정도로 피해가 심각하였다. 따라서 나라 살림이 더욱 어려웠다. 이 시기에 최무선은 화약을 만드는 데 필요한 염초 기술자인 이원(李元)을 만나게 되어 자기 집으로 초대하여 끈질기게 제조법에 대하여 알아내게 되어 마침내 화약을 발명하게 된 것이다.

　이후 최무선은 고려 조정에 화약과 화약 무기를 담당하는 관청을 만들어 달라고 요청하여 화통도감(火㷁都監)을 1377년에 설치하여 고려는 마침내 화약을 제조하는 국가가 되었다. 최무선 장군은 1380년 8월 500여 척의 전선을 이끌고 우리나라의 서해로 쳐들어온 왜구들을 지금의 군산과 서천 근처인 진포해전(鎭浦海戰)에서 모두 격침하였다. 이때 100여 척의 고려 군선에 처음으로 최무선이 개발한 대포를 장착하고 여러 종류의 화약 무기를 사용하여 왜구의 전선을 모두 격침하고 불태웠다고 한다. 이에 대하여 다음과 같이 『태조실록』 최무선 졸기에서 적고 있다.

경신년 가을에 왜선 3백여 척이 전라도 진포(鎭浦)에 침입했을 때 조정에서 최무선의 화약을 시험해 보고자 하여, 〈무선을〉 부원수(副元帥)에 임명하고 도원수(都元帥) 심덕부(沈德符)·상원수(上元帥) 나세(羅世)와 함께 배를 타고 화구(火具)를 싣고 바로 진포에 이르렀다. 왜구가 화약이 있는 줄을 뜻하지 못하고 배를 한곳에 집결시켜 힘을 다하여 싸우려고 하였으므로, 무선이 화포를 발사하여 그 배를 다 태워버렸다. 배를 잃은 왜구는 육지에 올라와서 전라도와 경상도까지 노략질하고 도로 운봉(雲峯)에 모였는데, 이때 태조(이성계)가 병마 도

원수(兵馬都元帥)로서 여러 장수들과 함께 왜구를 〈한 놈도〉 빠짐없이 섬멸하였다. 이로부터 왜구가 점점 덜해지고 항복하는 자가 서로 잇달아 나타나서, 바닷가의 백성들이 생업을 회복하게 되었다.

진포해전으로 불리는 이 전투는 우리 군선에 국산 화포를 처음으로 장착하고 사용하여 승리한 첫 해전이다. 전쟁사를 연구하는 전문가들은 진포해전이 세계 최초로 함포를 전투에 이용해 승리한 전투라 평가하고 있다.

1383년에는 남해안 관음포로 150척의 군선을 이끌고 쳐들어온 왜구를 격퇴하였는데 이때도 정지와 최무선(崔茂宣, 1325~1395) 장군이 47척의 함포가 설치된 군선을 이용하여 승리하였다. 1389년에는 박위 장군이 전함 100척을 이끌고 대마도 정벌에 나서 포구에 정박 중인 왜구의 전선 3백여 척을 화포로 공격하여 파괴하고 화전과 주화 발사하여 불태웠다. 대마도 정벌 이후 40년에 걸친 왜구들의 침략과 노략질은 대폭 줄어들었다. 결국은 최무선의 화약 무기가 왜구들의 침투와 노략질을 해결한 셈이다.

화약 기술에 이어 고려 말에는 획기적인 혁명을 가져오는 일대 사건이 있다. 바로 원나라에 사신으로 갔던 문익점(文益漸, 1329~1398)이 목화씨를 몰래 가져와 어려운 시행 끝에 재배에 성공하였고 이를 토대로 중국인 승려로부터 씨를 뽑는 씨아(목화 씨를 빼는 기구)와 실을 뽑는 물레를 만드는 기술을 익혀 마침내 의류 혁명을 가져오게 되었다.

사실 삼국시대에도 목화를 길렀던 적이 있었는데 재배하는 데 어려움을 겪어 무명이 매우 귀했다. 하지만, 목숨을 걸면서 가지고 온 목화씨 덕분에 백성들은 추운 겨울에 솜옷을 만들어서 입어 따뜻한 겨울을 보낼 수 있었으며 나중에는 이것을 일본에 판매하기도 하였다.

그 뒤 고려 조정에서는 남해안 지역에 목화를 보급하여 그동안 베나 모시 또는 명주에서 벗어나 값싼 재료로 된 무명옷으로 교체되기 시작했다. 무명은 옷감으로만 사용되었을 뿐만 아니라 시골에서 화폐로 사용하였는데 이를 포화(布貨)라고 하였으며 배의 돛대로도 사용하여 항해하는 데 사용하였다.

고려 시대의 최고 발명품은 금속활자(金屬活字)라고 할 수 있다. 당시에『고려대장경』을 목판으로 만들어 세계 수준의 인쇄술을 선보였던 고려는 사대부들의 책에 대한 수요가 증가하자 책을 쉽고 빠르게 간행할 방법을 고안하였는데 이것이, 금속활자(金屬活字)이다.

금속활자(金屬活字, Metal movable type)는 고려 숙종 때인 1102년에 만들어졌다는 설이 있으나 정설로는 취급되지 않는다. 『상정고금예문』을 1234년에 금속활자로 찍었다고 하지만 지금은 전해지지 않는다. 1372년 공민왕 대(代)에 고승 백운 화상이 『직지심체요절』을 썼고 1377년 청주 흥덕사에서 인쇄하였다. 『직지심체요절』은 2001년 유네스코 세계기록유산에 등록되었고, 그 한 본(本)은 프랑스 국립도서관에 보관이 되어있다.

고려 후기에 우리의 역사를 볼 수 있는 역사서와 다양한 책들이 저술되었다. 승려 일연(一然, 1206~1289)이 지은 『삼국유사(三國遺事)』와 李承休의 『제왕운기(帝王韻紀)』 같은 역사서가 저술되었다. 『삼국유사(三國遺事)』에는 민간의 내용과 불교와 관련된 사적이 많이 실려 있다. 일연은 김부식과 같은 경주 김씨로 경상북도 군위 인각사(麟角寺)에서 『삼국유사(三國遺事)』를 저술하였는데 주로 신라지역에서 전승되어 온 신화와 설화 등을 모아서 썼다.

『제왕운기(帝王韻紀)』는 고려 시대의 학자 이승휴(李承休)가 충렬왕 13년(1287) 한국과 중국의 역사를 시로 쓴 역사책이다. 상, 하 2권으로 출간되었으며, 단군부터 고려 충렬왕까지의 역사를 기술했다. 공민왕 9년(1360)과 조선 태종 13년(1413)에 각각 다시 간행되었다. 오늘날 유포된 책은 이 3간 본을 영인(影印)한 것이다. 이승휴가 강원도 삼척시 두타산 아래의 천은사(天恩寺)에서 은거할 때 저술한 것으로 알려져 있다.

제왕(帝王)은 황제와 임금을 아울러 말하는데 황제는 중국에 있는 것만이 아니라 우리나라에서도 황제가 있음을 말하며 우리 역사가 단군에서 시작되어 기자와 위만을 시작으로 삼한을 거쳐 삼국으로 이어진 것으로 쓰고 있으며 예맥, 부여, 옥저, 삼한, 삼국을 모두 단군의 후손으로 보고 있다는 점이다. 이점은 『삼국유사』에서 부여, 고구려, 백제만을 단군 후손으로 보고 있으며 신라는 중국계로 보고 있는 것이 차이점이 있다.

『제왕운기』는 상, 하 2권으로 되어있는데, 상권은 중국의 반고로부터 금나라까지의 역대 사적을 264구(句)의 '칠언시(七言詩)'로 읊었고, 하권은 한국의 역사를 다시 1·2부로 나누어, 시로 읊고 주기(註記)를 붙였다. 제1부에는 지리기(地理記)와 전조선(前朝鮮), 후조선

(後朝鮮), 한사군(漢四郡), 삼한, 신라, 고구려, 백제, 발해와 후삼국을 264구(句) 1,460언(言)의 칠언시(七言詩)로 기술하였으며 제2부는 고려 초부터 충렬왕 때까지를 '5언시(五言詩)'로 기록하였다. 제1부에 있는 단군조선에 관한 기록은 『삼국유사』와 더불어 가장 오래된 기록이며, 발해사를 한국사로 인식한 최초의 역사서이다. 특히 서두에 단군신화를 기록하여 몽고(蒙古)의 침략과 원의 간섭을 받는 시기에 우리 민족이 고유한 오랜 역사와 문화 전통을 지니고 있었다는 것을 강조했다.

『제왕운기, 권 하, 전조선기(前朝鮮紀), 본기(本紀)』에 단군신화에 대하여 다음과 같이 기록하였다.

> 상제(上帝) 환인(桓因)은 서자(庶子)가 있었으니 이름이 웅(雄)이었다. 이 웅에게 일러 말하기를 "내려가 삼위태백(三危太白)에 이르러 크게 인간을 이롭게 할 수 있을까?"라고 하였다. 이리하여 웅이 천부인(天符印) 세 개를 받고 귀신 3천을 거느려 태백산 마루에 있는 신단수(神檀樹) 아래에 내려왔다. 이분을 단웅천왕(檀雄天王)이라 이른다고들 한다(......) 손녀(孫女)로 하여금 약을 먹여 사람이 되게 하여 단수신(檀樹神)과 결혼시켜 아들을 낳게 했다. 이름을 단군(檀君)이라 하니 조선의 땅을 차지하여 왕이 되었다. 이런 까닭에 시라(尸羅), 고례(高禮), 남북 옥저, 동북부여, 예와 맥은 모두 단군의 자손인 것이다. 1038년을 다스리다가 아사달산에 들어가니, 신이 되어 죽지 않은 연고이다.
> 요 임금과 함께 무진년에 나라를 세워 순(舜)임금 때를 지나 하(夏)나라 때까지 왕위에 계셨도다. 은(殷)나라 무정(武丁) 8년 을미년에 아사달 산으로 들어가 산신이 되었네. 지금 구월산(九月山)으로 일명 궁홀(弓忽) 또는 삼위(三危)라고 부르는데, 사당(祠堂)이 아직도 있다. 나라를 다스린 지가 1,028년으로 어찌 변화시켜 환인께 전할 것이 없었겠는가? 그 뒤 164년 만에 어진 사람이 군신(君臣) 관계를 다시 열었도다. 다른 곳에서는 이후 164년 동안 비록 부자 관계는 있었으나 군신 관계는 없었다고 되어있다.

이와 같은 내용으로 살펴볼 때『삼국유사』와『제왕운기』의 공통점은 한국사의 시작을 고조선으로 보고 있으며 단군의 개국 시기와 요(堯)임금과 같다는 것이고 단군이 산신이 된다는 신성한 존재로 보고 있으며 고조선 이후 왕조들이 단군에 뿌리를 둔다는 점이다. 차이점이 있다면 단군의 표기와 계보 그리고 단군 후손의 범위가 다르다는 것이다.

고조선(왕검 조선)의 단군신화를『제왕운기』의 원문과 비교하여 보면 다음과 같다.

魏書云(위서운). 『위서, 중국의 역사책』에서 이르기를,

乃往二千載有壇君王儉(내왕이천재유단군왕검). 단군왕검이 있어 이천 명을 데리고 가,

立都阿斯達(입도아사달) 〔經云無葉山(경운무엽산). 亦云白岳(역운백악). 아사달에 도읍하고(백주땅에 있는 무엽산 또는 백악이라고 하고,

在白州地(재백주지). 或云在開城東(혹운재개성동). 今白岳宮是(금백악궁시)〕. 혹자는 현재 개성 동쪽에 있는 백악궁아라고 하기도 한다.

開國號朝鮮(개국호조선). 개국하니 그 이름이 조선이다.

與高同時(여고동시). 古記云(고기운). 같은 시기, 고기(현재 전해지지 않는 옛날 역사서)에 따르면,

昔有桓因(謂帝釋也)庶子桓雄〔석유환인(위제석야)서자환웅〕. 옛날에 환인(하늘의 황제를 이름이다)의 서자 환웅이 있어,

數意天下(수의천하). 貪求人世(염구인세). 항상 천하에 뜻을 두고, 인간 세상을 몹시 바랐다.

父知子意(부지자의). 아버지(환인)는 아들(환웅)의 뜻을 알고,

下視三危太伯可以弘益人間(하시삼위태백가이홍익인간). 삼위태백을 내려다보매 홍익인간(널리 인간을 이롭게 하다)할 만한지라,

乃授天符印三箇(내수천부인삼개). 遣往理之(유왕리지). 이에 천부인 세 개를 주어, 내보내서 세상을 다스리게 하였다.

雄率徒三千(웅솔도삼천). 환웅은 삼천명의 무리를 이끌고,

降於太伯山頂(卽太伯今妙香山)神壇樹下〔강어태백산정(즉태백금묘향산)신단수하〕. 태백산 정상(태백은 지금의 묘향산이다) 신단수 아래로 내려왔는데,

謂之神市(위지신시). 是謂桓雄天王也(시위환웅천왕야). 그곳을 신시라고 하고, 이분을 환웅천왕이라 한다.

將風伯雨師雲師(장풍백우사운사). 풍백, 우사, 운사를 거느리고,

而主穀主命主病主刑主善惡(이주곡주명주병주형주선악). 곡식, 수명, 질병, 형벌, 선악들을 주관하고,

凡主人間三百六十餘事(범주인간삼백육십여사). 在世理化(재세이화). 무릇 인간사 삼백육십여 가지를 주간하여, 인간 세계를 다스려 교화시켰다.

時有一熊一虎(시유일웅일호). 同穴而居(동혈이거). 이때 곰 한 마리와 호랑이 한 마리가 있어 같은 굴에 살았는데,

常祈于神雄(상소우신웅). 願化爲人(원화위인). 항상 신웅(환웅을 뜻함)에게 빌기를 사람이 되기를 원한다고 하였다.

時神遺靈艾一炷(시신유령애일주). 蒜二十枚曰(산이십매왈). 이에 신(환웅)이 신령한 쑥 한 심지와, 마늘 스무 개를 주면서 말하길,

爾輩食之(이배식지). 不見日光百日(불광백일). 便得人形(갱득인형). "너희들이 그것을 먹고, 백일 동안 해를 보지 않으면, 사람의 모습으로 바뀔 것이다."

熊虎得而食之(웅호득이식지)。곰과 호랑이는 그것을 받아서 먹었다.

忌三七日(기삼칠일)。熊得女身。삼칠일(21일)을 참고, 곰은 여자의 몸을 얻었고,

虎不能忌(호불능기)。而不得人身(이부득인신)。호랑이는 능히 참지 못해서 인간의 몸을 얻지 못했다.

熊女者無與爲婚(웅녀자무여위혼)。웅녀는 그녀와 혼인하려는 자가 없어서,

故每於壇樹下呪願有孕(고매어단수하주원유잉)。오랫동안 매일매일 신단수 아래에서 아기 배기를 기원했다.

雄乃假化而婚之(웅내가화이혼지)。孕生子(잉생자)。號曰壇君王儉(호왈단군왕검)。웅(환웅)은 이에 임시로 인간으로 변하여 혼인하니, 임신하여 아들을 낳았는데, 그 이름을 단군왕검이라 하였다.

以唐高卽位五十年庚寅(이당고즉위오십년경인) 중국 요임금이 즉위한 지 50년인 경인년,

[唐堯卽位元年戊辰(당요즉위원년 무진)。則五十年丁巳(즉오십년정사)。(요임금의 즉위 원년은 무진년이니, 50년은 정사이지,

非庚寅也(비경인야)。疑其未實(의기미실)]。都平壤城(도평양성)。경인이 아니다. 아마 사실이 아닌것 같다.)에 평양성에 도읍을 정하고,

今西京始稱朝鮮(금서경시칭조선)。지금의 서경 처음 조선이라 불렀다.

又移都於白岳山阿斯達(우이도어백악산아사달)。후에 다시 도읍을 백악산 아사달로 옮겼다.

又名弓(一作方)忽山[우명궁(일작방)홀산]。又今彌達(우금미달)。그곳을 궁(혹은 방자로도 되어 있다)홀산 또는 금미달이라 한다.

御國一千五百年(어국일천오백년)。그는 천오백년 동안 나라를 다스렸다.

周虎王卽位己卯封箕子於朝鮮(주호왕즉위기유봉기자어조선)。주나라의 호왕(무왕을 뜻함)이 즉위한 기묘년에 기자를 조선에 봉하니,

壇君乃移於藏唐京(단군내이어장당경)。단군은 이에 장당경으로 옮겼다.

後還隱於阿斯達爲山神(후환은어아사달위산신)。후에 아사달에 돌아와 숨어 산신이 되었다.

壽一千九百八歲(수일천구백팔세)。이때 그의 나이가 1,908세이었다.

4. 고려 말 새로운 풍속의 유입과 전래

고려 후기에서는 원과의 교섭이 활발하여 이들 가운데 원나라에 정착하는 사람들이 매우 많았다. 원나라에서 고려인이 모여 사는 곳을 고려장(高麗莊)이라고 하였는데 그 지

역은 내부분 요양(遼陽)과 심양(瀋陽) 지역에 한정되어 많이 살았다. 또한, 역으로는, 원에서 고려로 온 사람들도 많이 있었는데 대부분 몽고인(蒙古人)과 중국인 그리고 위구르인 등 다양하였다. 이들의 계층은 관료, 상인, 라마교, 이슬람 승려 그리고 개경에는 회회인(回回人, 위구르인)이 운영하는 만두집 쌍화점이 있었다.

따라서 원나라와 고려 그리고 다양한 민족이 살아가면서 고려의 풍습도 바뀌기 시작하였다. 결혼할 때 연지곤지를 찍는 풍속도 이때부터 생겨난 것이다. 연지곤지는 혼례를 올릴 때 신부의 뺨과 이마에 찍는 붉은 반점을 말한다. 연지곤지는 연지+곤지의 합성어로 여자가 화장할 때 입술이나 뺨에 찍는 것을 의미하고 곤지는 신부가 단장할 때 이마 가운데 찍는 붉은 반점을 의미한다. 빨간 점을 찍는 이유는 예로부터 붉은색을 무서워한다는 의미이며 마귀나 귀신을 쫓아낼 때 붉은 염료를 연지를 몸이나 물건에 발랐다는 것이다. 다시 말하면 나쁜 잡귀들이 신부 주변에 오는 것을 방지하는 목적으로 사용했다고 전해졌다.

이익(李瀷, 1681~1763)의 『성호사설(星湖僿說)』에서는 연지곤지와 손가락에는 가락지를 끼는 연유에 대하여 다음과 같이 전하고 있다.

> 후세 부인들은 모두 얼굴에 붉은 연지(丹柱)를 찍고 손가락에는 가락지를 낀다. 연지라는 것은 옛날 천자의 여러 첩이 월경(月經)이 있을 때 월경(月經)이 있다는 것을 표시해 임금을 모시지 않았다는 데서 유래한 것이라 했다. 월경(月經)을 하므로 모시기가 어렵고 이를 스스로 말하기도 어려워 얼굴에 붉은색으로 점을 찍어 표시한 것이다.

이것에 대하여 사마천(司馬遷)의 『사기(史記)』에서도 연유가 나왔는데

> 정희가 월경을 하므로 임금 모시기를 원하지 않았다고 했다. 정희는 한나라 경제의 네 번째 부인으로 월경이 있어 황제나 제후를 모시지 못하는 것을 정희의 이름을 따 '정희의 병'이라 했다. 은반지의 유래도 마찬가지이다. 후궁이 이금의 사랑을 받아 동침한 것을 승은(承恩)이라 한다. 한나라 위광이 서한(西漢)의 전례를 기록한 『환관구의』에 의하면 다음과 같이 기록되어진다.

궁녀들이 임금을 모시게 되면 은반지를 하사해 당번이 되는 달을 따지도록 했다. 또 『시경(詩經), 정녀(靜女), 모형전(毛亨傳)』에는 "옛날 후비와 후궁들이 예법에 따라 임금의 처소에 나아갈 때 그 여사가 그달과 그 날짜를 적고 반지를 주어 물러가도록 하고 마땅히 모시게 된 자에게는 은반지를 주어 나가도록 했다." 또한, 중국의 『호속전(胡俗傳)』에서도 "남녀가 처음 혼인 때 서로 한평생을 굳게 약속한다는 뜻으로 금으로 만든 반지를 주었다."라고 했다.

반지를 끼는 것에도 요령이 있다. '어느 손에 끼느냐'는 문제이다. 원래 승은을 입기 위해 나아갈 때는 반드시 왼손에 끼고 왕과 동침하고 나면 오른손에 낀다. 그 이유는 『오경요의(五經要義)』에 따르면 음양으로 볼 때 "왼손은 양(陽)인 까닭에 여자가 남자에게 나아갈 때 반지를 왼손에 끼게 되고, 오른손은 음(陰)이기 때문에, 이미 모신 후에는 바꿔 오른손에 끼게 된다는 것이다. 조선에서는 궁녀가 왕의 승은을 입으면 아침에 치마를 뒤집어 입고 나와 은혜를 표시했다.

이에 대해 조재삼은 1885년 쓴 『송남잡지, 松南雜識』에서 왕의 잠자리를 모시고 나서 은가락지를 오른손에 낀 것과 같은 뜻이라 했다. 한편 이익은 새 신부의 연지곤지와 가락지를 끼는 풍속에 대해 그 유래가 아름답지 못한 것이라며 혁파(革罷)를 펴기도 했다. 하여튼 조선 후기 실학자 이규경(李圭景, 1788~1856)은 흉노의 고유 습속(習俗)이 중국에 전래했다가 다시 우리나라로 넘어온 것이라 하였고 육당 최남선(崔南善, 1890~1957)은 몽고족(蒙古族)의 풍습이 고려 시대로 넘어온 것이라 했다.

또한, 머리 형태도 달라지기 시작하였다. 1278년 충렬왕은 몽고(蒙古) 식(式)으로 머리를 깎고 관을 쓰게 했는데 변발은 아시아 북방 여러 민족 사이에서 유행했던 남자의 머리 형태로 몽고(蒙古) 발음으로는 캐쿨(kekul)이라 한다. 몽고족이 예로부터 변발하였기에 그들이 세운 원나라가 세력이 강대해지자 그들의 지배하에 놓였던 고려, 페르시아, 중국 일부에까지 이 풍습이 퍼졌다. 후두부만 남겨놓고 주변의 머리털을 깎아 나머지 모발을 땋아서 등 뒤로 늘어뜨린 것을 변발이라고 한다.

고려 시대인 1272년 원종 13년에 혼인 문제로 원에 갔던 세자 심(諶)은 후에 충렬왕이 몽고 풍속에 따라 변발에 호복(胡服) 차림으로 돌아왔는데, 이를 처음 본 백성들이 매우 해괴하게 여겨 슬퍼하여 우는 자도 있었다는 기록이 있다. 그 후 변발(辮髮) 풍습은 온 고려에 크게 확산이 되어 고려 왕들은 변발과 호복(胡服)을 입었다. 반원(反元) 운동을 추진한 공민왕은 자신이 하고 있던 몽고(蒙古) 식(式)의 변발과 호복(胡服)을 벗고 원의 지배하에서 지속(持續)되어 온 문화적 복속을 떨쳐버림으로써 고려 왕실의 자주권을 재확립하려는 의도에서 호복(胡服)을 금지하고, 몽고(蒙古) 식(式)의 머리 깎는 풍습을 금했다.

이후 변발 풍습은 없어졌으나 관례를 올리지 않은 사내나 시집가지 않은 여자가 머리를 땋는 풍습은 오늘날까지 그대로 남게 되었다. 후일 유럽인들에게 돼지 꼬리라고 비웃음을 산 변발도 당시의 만주족에게는 그들 민족의 자랑거리가 되었다. 일본의 무사들이 앞머리를 깎는 것을 중대한 의식으로 생각한 것처럼 만주인들은 머리둘레를 깎지 않는 것은 그들의 부모가 돌아가신 것을 의미한다고 하였다.

이 시기에 소주(燒酒)도 몽고(蒙古) 침략과 함께 유입되었다. 소주라는 말은 태워서 만든 술이라는 뜻이다. 소주의 원명은 증류, 땀을 가리키는 아랍어인 '아라크(Araq)'를 한역(漢譯)한 '아자길(阿剌吉), 아리걸(阿里乞)'이라고 중국 문헌에 나오며, 평안북도에서는 아랑주, 개성지방에서는 아락주라고 하는 데서도 그 흔적이 드러난다. 불을 붙이면 불이 난다고 화주(火酒), 한 방울씩 모아서 된 술이라 하여 노주(露酒), 한주(汗酒)라고도 부른다. 소주(燒酒)는 곡류를 발효시켜 증류하거나,

에탄올을 물로 희석하여 만든 술이다. 몽고족(蒙古族)이 소주를 즐기는 이유는 육(肉)고기 위주의 식습관과 어울리기 때문이다. 여전히 소주의 명산지로 유명한 개성과 안동은 몽고(蒙古) 군(軍)의 사령부가 있던 곳이다. 페르시아의 과학자인 무하마드 자케리아 라지가 최초로 알코올의 증류(蒸溜)를 발견했다고 한다. 이후 몽고(蒙古)가 페르시아의 이슬람 문화를 받아들이면서 증류 방식의 술을 들여왔다.

언어에서도 많은 변화가 있었다. 특히 왕실 언어 등이 유입되는데, '마마(媽媽)', '수라(水剌)' 등의 용어가 대표적이다. 이러한 용어가 조선 왕실에까지 전해졌다. '마마'라는 용어는 원래 벼슬아치의 첩을 높여 이르던 말이다. 그러나 후대에 존대의 뜻으로 임금과 그 가족들의 칭호 뒤에 쓰이던 말로 변용되었다. '수라(水剌)'는 임금께 올리는 진지이다. 다시 말하면, 궁중에서, 임금에게 올리는 밥을 높여 이르던 말이다.

또한, 고려 사람들이 원에 넘어가 고려의 풍속을 널리 알렸는데 이를 '고려양(高麗樣)'이라 했다. 중국 원나라에서 유행하던 고려의 음식이나 의복 따위의 풍속을 원나라에서 이

르던 말이다. 주로 원나라에 끌려간 '공녀'들에 의해 전해졌는데 대표적인 것이 고려는 딸이 부모를 봉양하기 때문에 딸을 아들보다 선호하는 사상이 퍼져나갔다.

『고려사』에는 80여 년 동안 50여 차례에 걸쳐 170여 명의 공녀를 보낸 기록이 있다. 공녀들은 기황후(奇皇后, ?~?)처럼 황후가 된 경우가 있지만, 기생으로 팔려 가거나 황실의 궁녀나 귀족의 처첩이 되는 경우가 대부분이었다. 따라서 고려 말(言)이 전래(傳來)되는 기이한 현상이 벌어졌다. 황궁에서는 고려 복식을 착용하고 다닐 정도로 고려 여인들의 인기가 많았고, 그녀들의 패션도 유행하였다. 『속자치통감』에는 수도의 고관들은 반드시 고려 여인을 얻어야 명문가가 되었고 의복, 신발, 모자 등 고려를 모방해서 입고 다닐 정도였다. 음식과 생활용품으로는 고려청자, 쌈, 비파, 시루떡, 약과, 고려만두, 고려 아첨 (즉 검정에 가까운 청색) 등은 매우 인기가 좋았다. 다시 한번 정리하자면, 몽고(蒙古)와 고려의 왕래가 잦아들면서 몽고(蒙古) 풍습이 고려에 들어오고, 고려의 풍습이 몽고(蒙古)로 전해졌는데 이를 '몽고풍'과 '고려양'이라 하였다. 대표적인 것이 결혼식 때 입는 '원삼', '족두리', '귓불을 뚫고 귀고리를 하는 풍습', '장사치', '그 치', '이 치'처럼 끝에 '치'가 붙는 말 등이다.

이 시기에는 자연과학의 발달도 주목할 만하다. 원나라를 통해 들어온 중세 아라비아의 천문학, 기상학, 지리학이 수입되기 시작했다. 이 당시 최성지(崔誠之, 1265~1330)는 원의 역법인 수시력(授時曆)을 배워왔다.

지도와 지리학도 원으로부터 중앙아시아, 아라비아, 아프리카에 관한 지도 및 지리정보가 들어왔다. 원나라의 주사본(朱思本)이 제작한 「여지도(輿地圖)」, 이택민(李擇民)이 만든 「성교광피도(聖敎廣被圖)」, 청준(淸濬)이 만든 「혼일강리도(混一疆理圖)」 등의 세계지도가 들어와서 사람들의 안목을 넓혀놓았다. 이런 지도들을 참고하여 나흥유(羅興儒, ?~?)는 세계지도를 만들어 왕에게 바쳤다. 이 지도는 조선 태종 때 이회 등이 만든 「혼일강리역대국도지도(混一疆理歷代國都地圖)」의 토대가 되었다. 이 지도에는 아프리카, 유럽, 중앙아시아, 인도, 중국, 동남아시아, 그리고 한반도와 일본 등이 그려져 있다(한영우).

또한, 우리나라에서 남아 있는 가장 오래된 의서인 1236년에 간행한 『향약구급방(鄕藥救急方)』이 있는데 이는 우리나라에서 구하기 쉬운 약초로 병을 치료하는 책으로 식전, 식후로 복용하는 약재를 세세히 기술하고 있다. 현재의 '인삼, 애엽, 목단피' 등과 같이 약재 용어와 일치하는 것도 있지만 당시 속명을 이용하여 현재의 용어와 일치하지 않는 것도 있다. 고려 시대의 본초학(本草學) 내지는 약용(藥用) 식물들의 연구를 보여주는 중요한 문헌이다.

자랑스러운 우리의 역사

제9장

조선의 개창(開創)과
체제 정비

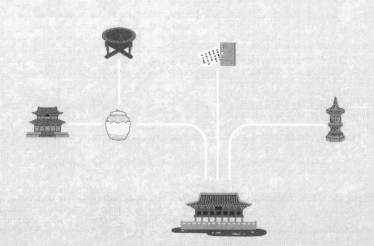

자랑스러운 우리의 역사

제**9**장

조선의 개창(開創)과 체제 정비

1. 새로운 권력 이동 : 신진사대부(新進士大夫)

고려 말기에 중국으로부터 들어온 성리학은 한국사에 매우 중요한 의미가 있다. 왜냐하면, 조선의 건국은 성리학이 정치 및 사회이념으로서 기본 철학으로 삼고 있기 때문이다. 원래 성리학은 남송에서 발달하여 주희가 집대성한 학문이다.

성리학의 어원은 주희가 주창한 성즉리(性卽理)를 축약한 명칭이다. 성리학은 집대성한 주자(주희)의 이름을 따서 주자학(朱子學)이라고도 하고, 송나라 시대 유학이란 뜻에서 송학(宋學), 송나라와 명나라에 걸친 학문이라고 해서 송명이학(宋明理學)이라고도 하며, 송나라 시대 이전 유학의 가르침을 집대성한 새로운 기풍의 유학이라는 뜻에서 신유학(新儒學), 정호(程顥)와 정이(程頤)에서 주희로 이어지는 학통이라는 뜻에서 정주학(程朱學), 정주 성리학(程朱性理學), 정주 이학(程朱理學)으로도 불리고, 이학(理學) 또는 도학(道學)이라고도 한다. 중국권과 서구에서는 주로 송명리학(宋明理學)이라고 칭해진다. 학문 목적은 위기지학(爲己之學), 자기(수양, 수기)를 위한 학문이다.

우리나라에서는 고려 시대에 안향이 『주자전서(朱子全書)』가 들어와 연구한 데서 비롯되었으며, 성리학을 본격적으로 연구하고 그 체계를 파악해 크게 일가를 이룬 이는 백이

정(白頤正, 1247~1323)이라 할 수 있다. 조선 시대에 이르러 하연(河演, 1376~1453), 이언적(李彦迪, 1491~1553), 이황(李滉, 1501~1570), 김인후(金麟厚, 1510~1560), 기대승(奇大升, 1527~1572), 이이(栗谷 李珥) 등 뛰어난 학자들이 배출되면서, 인간의 이성을 강조하여 정신적인 면과 도덕적인 면을 중시하는 주리설(主理說)과 인간의 감성을 중시하고 현실 문제에 관심을 가지는 주기설 등이 나오게 되었다. 주리설(主理說)은 영남지방에서 발전하여 '영남학파(嶺南學派)'라고 하는데, 이언적(李彦迪, 1491~1553), 이황(李滉, 1501~1570), 류성룡(柳成龍, 1542~1607), 김성일(金誠一, 1538~1593)로 이어졌으며, 주기설(主氣說)은 기호지방에서 발전하여 '기호학파(畿湖學派)'라고 하는데 서경덕(徐敬德, 1489~1546), 김인후(金麟厚, 1510~1560), 기대승(奇大升, 1527~1572), 성혼(成渾, 1535~1598), 이이에 이르러 완성되었고 김장생(金長生, 1548~1631) 등에게 이어졌다.

성리학은 "성명의리지학(性命義理之學)"의 줄임말로, 송대(宋代) 이전 유학의 사장(辭章), 고증(考證), 훈고(訓詁)와 대립이 되는 의리의 학문을 말한다. 심성의 수양을 철저히 하면서 도덕규범과 자연법칙으로서 의리를 깊이 연구하여 성인의 정신 경지를 완전하게 실현해 가는 학문을 말한다. 또한, 송대(宋代) 유학이 다룬 핵심 개념인 성(性)과 리(理)를 중심으로 붙여진 이름이라 하여 성리학이라고도 하며, 특히 이학(理學)은 '리(理)' 혹은 '천리(天理)'를 최고의 범주로 삼는다는 의미에서 심학(心學) 혹은 기학(氣學)과 구별해서 부르는 이름이다. 심학(心學)은 명대 중기 이후에 주도적 지위를 차지했던 왕수인(王守仁)을 대표로 하는 학파로서 심을 최고 범주로 삼은 사상체계이다.

성리학은 정치 도덕으로서 군신의 의리를 강조하고, 대의명분(大義名分)을 중시하였으며, 이단을 엄격히 배척하였다. 충선왕이 원에 머물며 연경에 세운 만권당(萬卷堂)에는 원의 학자들이 드나들고 성리학 관련 서적들을 수집하였다. 당시에 연경에 머물렀던 안향을 비롯하여 백이정 등은 성리학을 고려로 도입하였고 이색(李穡, 1328~1396), 이숭인(李崇仁, 1347~1392), 정몽주(鄭夢周, 1337~1392), 정도전(鄭道傳, 1342~1398) 등의 연구와 교육을 거치며 성리학은 '신진사대부(新進士大夫)'들의 사상적 기반이 되었다. 이들의 주장은 다음과 같았다.

'신진사대부'들은 당시 불교의 폐해와 함께 불교는 충효의 인륜을 끊게 한다고 비판하면서 성리학에 입각한 사회 개혁을 주장하였다. 대외관계에서는 친명 외교정책을 표방하고, 대내석으로 농단의 폐단을 바로잡아 국가의 경제기반을 튼튼히 하고 민생을 안정시킬 것을 주장하였다(송찬섭 외).

'사대부(士大夫)'라는 말은 원나라 간섭기에 새로이 성장한 지식인을 말한다. 한영우는 다음과 같이 적었다.

> 좁게는 벼슬아치를 가리키는 말이지만, 넓은 의미로는 벼슬아치를 포함하여 성리학으로 무장한 학자=지식층을 가리킨다. 순수한 우리말로는 '선비'라고 한다. '선비'는 본래 고조선-삼국-고려 시대의 종교적 무사 단체를 가리키는 말이었지만 이제는 성리학을 공부한 집단이라는 것이다.

이러한 '사대부', 즉 '신진사대부'들은 당시의 권문세족들이 토지와 농장을 확대하고 농민을 사적(私的)으로 부려 농민 저항이 일어났고, 권력 독점에 따른 지배층 내부 갈등도 심각한 상황에서 성장하였다. 대륙에서는 원나라가 붕괴하고 명이 건국되면서 고려가 원의 지배로 벗어날 수 있는 개혁 세력이 등장하게 되었다.

이들은 이러한 사상을 근간으로 하는 개혁파들은 두 갈래로 나누어지는데 하나는 정몽주를 위시한 온건 개혁파(溫乾改革派)이고 또 하나는 고려를 멸망시켜 새로운 나라를 만들자는 정도전을 위시한 급진개혁파(急進改革派)이다. 당시 상황은 내부적인 어려움과 당시 외부적으로는 왜구의 침입으로 인해 더욱 혼란이 가중되었다. 이러한 혼란 속에서 백성들은 새로운 인물의 등장을 기대하였는데 바로 고려 말의 이성계와 최영 장군이었다.

이성계와 최영은 처음에는 이인임(李仁任, ?~1388) 일파(一派)를 몰아내는 데는 뜻을 같이하였으나 이성계는 급진개혁파인 정도전, 조준(趙浚, 1346~1405)과 협력하여 사회 개혁을 위한 준비에 박차를 가하고 있었다. 이 무렵에 명나라가 철령 이북의 땅을 요구하자 이에 반발한 친원 세력이 요동 정벌을 하려고 하였는데 이성계가 군사를 이끌고 돌아와서 권력을 장악하였다. 이를 '위화도회군(威化島回軍)'이라 한다. 한영우는 이성계가 요동 정벌에 반대한 이유를 이렇게 적었다.

이성계는 처음부터 요동 정벌을 반대하였다. 이러한 계획은 자신의 정치적 야망을 좌절시킬 뿐만 아니라 신흥(新興)하는 명(明)과 적대관계에 놓이는 것은 국가 장래가 불리하다고 판단하였기 때문이다. 여기에 우기(雨期)에 작전을 벌이는 것과 군량미 부족이었다.

따라서 이러한 생각을 이성계는 왕에게 건의하였으나 최영에게 묵살(默殺)되어서 출병하였다. 그러나 그는 위화도에서 회군하여 권문 세력과 최영 장군을 제거하고 또한 우왕을 폐위시키고 우왕의 아들 창(昌)을 왕으로 옹립하였다. 결국은 회군하여 온 이성계는 정몽주 등 온건 개혁파들을 제거하고 마침내 권력을 장악하게 된 것이다. 뒤이어 역성혁명의 형식을 빌려 이성계가 즉위하게 되니 이것이 조선왕조의 등장이다.

이러한 혁명으로 국호를 조선으로 하고 수도를 한양으로 천도(遷都)하였는데 그 이유는 조선을 이어간다는 점과 민심을 수습하기 위한 정당성을 확보하기 위함이다. 한양은 국토의 중앙에 위치하여 수로가 발달하여 교통이 편리할 뿐만 아니라 주위에는 산으로 둘러싸여 있어서 국토를 방위하기에는 요새이자 명당이었기 때문이다. 그리고 권문 세력의 근거지에서 벗어나고자 하는 의도가 있었다. 따라서 한양은 정종 때 일시적으로 개경으로 천도한 이후 500년 동안 조선의 수도로서 자리를 잡게 되었다.

한양은 고려 시대에도 명당으로서 많은 왕이 머물다 갈 정도로 도시화와 궁궐을 짓는 등 풍수가들에 의해서 한강명당설(漢江明堂說)을 들고나와 여러 번 천도설(遷都說)이 제기된 곳이었다. 이에 대하여 한영우는 다음과 같이 썼다.

한양으로 도읍을 옮기면 사해(四海)의 신령한 물고기들이 한강으로 모여들고, 한강의 어룡(魚龍)들이 사해(四海)로 뻗어 나가며, 나라 안팎의 상인들이 보배를 갖다 바치는 세계중심국가가 된다고 주장했다.

이 같은 주장은 풍수설대가(風水說大家)인 도선(道詵, 827~898)의 후예라고 말하던 김위제(金謂磾, ?~?) 말을 인용한 것인데, 이렇게 좋은 것인 줄 알면서도 도읍을 옮기지 않은 이유는 왕위에 대한 불안한 마음과 백성의 민심이었기 때문이다. 당시에 민간에서는 한양의 주인은 왕씨(王氏)가 아니라 목자(木子)의 성을 가진 이씨(李氏)가 왕이 된다는 믿음 때문이었다. 이성계는 이러한 민심에 따라 정도전의 주장에 따라 백악산(白岳山)을 주산(主山)으로 하는 도시구조가 결정되었다.

이로써 관료, 상인, 백성 등이 모여 인구 10만 명이나 되었으며 진입하지 못한 사람은 무인이나 승려는 한양으로 들어오지 못하게 하였다. 도성 밖 10리(4km)를 성저십리(城底十里)라 하여 개인의 무덤을 쓰거나 벌채(伐採)하지 못하게 하고 왕족과 관료들은 궁궐 주변에, 종로에는 시전(市廛)으로 불리는 상가를 형성하는 도시계획을 수립하였다.

2. 조선 초기의 국가체제 정비

태조 이성계는 즉위하자마자 통치구조를 개혁하기 시작했다. 그러나 이러한 계획은 왕자의 난으로 인하여 주춤하였다. 조선을 건국하는 데 일조한 정도전 등이 이방원이 난을 일으키자, 이성계는 자기의 고향으로 돌아가는 비운을 맞이하였다. 이성계의 둘째 부인의 아들이 세자에 책봉되자 이방원은 난을 일으켜 방석을 제거하고 둘째 아들 방과가 왕위에 올랐으나 스스로 물러나서 이방원에게 권력을 넘겨주었는데 그가 바로 조선 3대 왕인 태종(太宗, 1367~1422)이다.

태종은 왕이 되자 왕권을 강화하기 시작하였으며, 사병(私兵)을 해체하기 시작하였다. 이를 위해서 외척을 배척하고 6조(이조 吏曹, 호조 戶曹, 예조 禮曹, 병조 兵曹, 형조 刑曹, 공조 工曹)를 직접 장악하였다. 그는 초기에는 이성계와의 갈등으로 어려움을 겪었으나 왕권 강화를 위하여 철저하게 권력을 독점하였다. 즉 재상 중심에서 왕으로 권력을 국왕 중심으로 이동시켰다는 것이다.

그의 대표적인 업적으로는 사간원(司諫院)이라는 언론기관을 독립시키고 신문고를 설치하여 반란 음모 및 백성의 원함을 고발하도록 하였다. 국가 경제에 악이 되었던 사원의 토지를 몰수하고 토지 제도인 전제제도를 확립하였으며 억울하게 공노비가 된 자를 풀어주었으며 균역(均役)을 부담하도록 하였다. 이 같은 일들은 모두 왕권을 강화하기 위한 도구로 사용하기도 하였다. 이어 세종에게 왕위를 이양하고 강력한 후원자로서 역할을 자처하였는데 이 같은 일이 가능하게 된 것은 병권(兵權)을 장악하게 되었기 때문이다.

　태종은 재위 18년 만에 셋째 아들 충녕대군(忠寧大君)에게 양위하였는데, 바로 조선 4대 왕인 세종(世宗, 1397~1450) 임금이다. 세종은 태종의 후원을 받아 조선 최고의 임금이라는 칭호를 받게 되었는데 그의 업적은 조선의 통치 기반의 틀을 마련했다는 것이다.

　그는 집현전을 설치하여 유교적 문화통치의 꽃을 피웠으며 사가독서(賜暇讀書)를 실시하여 유능한 인재들을 학문연구에 몰두하게 하였다. 특히 그는 민생의 안정을 위해 백성의 복지정책을 실행하였는데 구체적인 내용은 다음과 같다.

> 공법(貢法)을 통하여 전세(田稅)를 낮추고 공평하게 부과했으며, 의창제(義倉制)를 실시하여 빈민을 구제하고, 감옥을 개선하였으며, 관비의 출산휴가를 15일에서 산전(産前) 한 달, 산후(産後) 100일로 늘려주고, 남자에게도 산후 한 달간 휴가를 주었다. 그 밖에 사형수에 대한 복심제(覆審制)를 시행하여 억울하게 죽는 일이 없도록 하였다(한영우 2).

　세종(世宗, 1397~1450)은 『훈민정음(訓民正音)』 창제와 『소학(小學)』, 『삼강행실도(三綱行實圖)』를 편찬하여 유교 윤리를 강화하였으며 특히 과학과 천문학 분야에서 간의(簡儀, 천체 운행과 현상을 관측), 혼천의(渾天儀, 천체의 운행과 위치를 관측), 해시계, 앙부일구(仰釜日晷), 강우량을 측정하기 위한 측우기(測雨器) 등의 획기적인 발명을 가져왔으며 이를 통해 생산력을 높일 수 있는 『농사직설(農事直設)』을 간행하여 농업을 장려하였다. 세종은 농업은 천하의 근본(農者天下之大本)을 통하여 백성들의 생활 안정을 마련하는 데 주력하였다. 또한, 그는 여론정치를 중요시하였는데 특히 백성들에 관한 정책은 더욱 그리하였다. 예를 들면 공법을 제정할 때 모든 신하와 백성들에게 묻고 난 뒤 그래도 잘못 시행에 염려하여 10년간 실험을 거쳐 실시하였고, 찬반에 참여한 인원만 하여도 18만 명이 되었다.

　이러한 결과로, 유독 세종(世宗, 1397~1450) 때에 훌륭한 재상들이 배출되었는데 청백리(淸白吏)로 꼽히는 맹사성(孟思誠, 1360~1438), 황희(黃喜, 1363~1452), 유관(柳寬, 1346~1433), 허조(許稠, 1369~1439)와 같은 인물이다. 특히 유관은 동대문 밖에 살았는데 우산을 받치고 살 정도의 초가에서 살았으며 맹사성은 소를 타고 다닐 정도로 청렴한 벼슬아치들이었다.

　　그는 대외적으로는 김종서(金宗瑞, 1382~1453)로 하여 여진족을 토벌하여 4군 6진을 설치하였고, 이종무(李從茂, 1360~1425)를 쓰시마로 보내 그동안 골칫거리였던 왜구를 토벌하고 정벌하였다. 그가 죽은 뒤 백성들은 세종을 '해동(海東)의 요순(堯舜)'으로 칭송하였다.

　　세종이 죽자, 문종(文宗, 1414~1452)이 뒤를 이었는데 병으로 요절하였고 또한 단종(端宗, 1441~1457)이 올랐으나 나이가 어려 국왕의 권위는 김종서(金宗瑞, 1382~1453)나 황보인(皇甫仁, ?~1453) 등 대신들이 장악하여 국권이 흔들리는 듯하였으나 단종의 숙부인 수양대군(首陽大君)은 원로들을 제거하고 권력을 장악했다. 그는 한명회(韓明澮, 1415~1487)와 권람(權擥, 1416~1465) 등의 도움으로 조선 제7대 임금으로 왕권을 장악하였는데 세조(世祖, 1417~1468)였다.

　　여기서 단종(端宗, 1441~1457)은 17세의 나이로 강원도로 유배를 떠났는데 그의 죽음에는 몇 가지 설이 있다. 이를 살펴보면 다음과 같다.

　　『실록(實錄)』에는 그해 10월 21일에 단종의 장인 송현수를 교수형에 처하자, 그 소식을 듣고 단종도 스스로 목을 매어 죽은 것으로 기록되어 있다. 또 『해동야언(海東野言)』에도 스스로 목을 매어 죽었다고 전하고 있다. 하지만 『병자록』에는 10월 24일에 사약을 내려 죽였다고 기록되어 있다. 『해동야언(海東野言)』은 조선 선조 대에 허균(許筠, 1569~1618)의 형인 허봉(許篈, 1551~1588)이 펴낸 야사이다. 조선 태조에서 명종에 이르기까지의 야사를 비롯하여 진기한 이야기, 색다른 역사 따위를 기록하였다.

　　『병자록(丙子錄)』을 보면, 금부도사 왕방연(王邦衍, ?~?)이 사약을 받들고 영월에 이르러 감히 들어가지 못하고 머뭇거리고 있으니, 나장이 시각이 늦어진다고 발을 굴렀다. 도사가 하는 수 없이 들어가 뜰 가운데 엎드려 있으니, 단종이 익선관(翼善冠)과 곤룡포(袞龍袍)를 갖추고 나와서 온 까닭을 물었다. 그러나 도사가 대답을 하지 못했다. 그때 단종의 심부름을 하던 통인 하나가 항상 노산을 모시고 있었는데, 스스로 할 것을 자청하고 활줄에 긴 노끈을 이어서 노산(魯山君)이 앉은 뒤에 있던 창구멍으로 그 끈을 잡아당겼다. 그때 단종의 나이 17세였다. 통인은 미처 문밖으로 나오지 못하고 아홉 구멍에서 피가 흘러 즉사하였다. 시녀와 종인들이 다투어 고을 동강에 몸을 던져 죽어서 뜬 시체가 강에 가득하였고, 이날에 뇌우가 크게 내려 지척에서도 사람과 물건을 분별할 수 없고 강렬한 바람이 나무를 뽑고 검은 안개가 공중에 가득 차서 밤이 지나도록 걷히지 않았다.

　　『영남야언(嶺南野言)』에 따르면, 호장 엄흥도가 옥거리에 왕래하며 통곡하면서 관을 갖춰 이튿날에 아전과 백성들을 거느리고 군 북쪽 5리 되는 동을지에 무덤을 만들어서 장사 지냈다. 이때 홍도의 혈족들이 화가 있을까 두려워서 다투어 말리매 홍도가 말하기를 "옳은 일을 하고 해를 당하는 것은 내가 달게 생각하는 바다" 하였다.

『아성잡설(鵝城雜說)』에는 노산이 해를 당하자, 명하여 강물에 던졌는데, 옥체가 둥둥 떠서 빙빙 돌아다니다가 다시 돌아오곤 하는데, 옥 같은 가는 열 손가락이 수면에 떠 있었다. 아전의 이름은 잊었으나, 그 아전이 집에 노모를 위하여 만들어 뒀던 칠한 관이 있어서 가만히 옥체를 거둬 염하여 장사지냈는데 얼마 안 되어 소릉(현덕왕후의 능)의 변이 있어 또 파서 물에 던지라고 명령하였다. 아전이 차마 파지 못하고 거짓 파는 것같이 하고 도로 묻었다.

단종은 태어나면서부터 '비운의 왕'이라는 것을 감지한 일화가 『세종실록』에 전해져 오고 있는데 다음과 같다.

태어나는 날부터 그의 앞날을 보여주는 듯한 불길한 일이 있었다. 단종이 태어났다는 소식을 들은 할아버지 세종대왕이 기쁨에 겨워 2급 이하의 죄수를 모두 사면하는 대사면 교지를 발표했는데, 이 교지를 다 읽기도 전에 용상 근처의 큰 촛대가 땅에 떨어져 버렸다. 세종 역시 안 좋은 예감을 느꼈는지 그 촛대를 치워 버리도록 명했다. (......) 교지를 읽기를 끝마치기 전에 전상(殿上)의 대촉(大燭)이 갑자기 땅에 떨어졌으므로, 빨리 철거하도록 명하였다(『조선왕조실록 세종 23년(1441) 7월 23일』).

이 시에서 나타나듯이 단종은 어린 나이에 노산군으로 강봉(降封)되어 영월 청령포(淸冷浦)로 유배가 사약을 받았고 삼중신(三重臣), 삼상신(三相神), 사육신(死六臣) 등이 단종의 억울함을 꾀하고 복위를 주도하다가 세조로부터 처형당했다. 삼중신은 민신(閔伸, ?~1453), 조극관(趙克寬, ?~1453), 김문기(金文起, 1399~1456)이고, 삼상신은 재상으로서 황보인(皇甫仁, ?~1453), 김종서(金宗瑞, 1382~1453), 정분(鄭苯, ?~1454)이며, 사육신은 박팽년(朴彭年, 1417~1456), 성삼문(成三問, 1418~1456), 이개(李塏, 1417~1456), 하위지(河緯地, 1412~1456), 유성원(柳誠源, ?~1456), 유응부(俞應孚, ?~1456)이다.

세조는 정치 윤리적으로는 부당한 처사를 많이 하였으나 이를 계기로 왕권을 강화하였다. 종친을 정치에 참여시킴으로써 친위체제로 만들었으며 호적사업과 호패법을 강화하고 보법(保法)을 실행해서 군정수(軍丁數)를 불리는 데 일조를 하였다.

세조가 죽고 그의 아들 예종(睿宗, 1450~1469)이 요절하자 그의 형의 아들이 왕위에 등극하였는데 이가 성종(成宗, 1457~1494)이다. 성종은 단종과 마찬가지로 선왕이 요절함으로써 정치적 기반은 한명회를 비롯한 대신들이 정권을 장악하였다. 특히 한명회는 태종 시절부터 정치에 참여하여 두 딸을 성종과 예종의 비로 삼음으로써 실세를 가진 대신이었다.

한명회의 일화로는, 한명회가 말년에 성종으로부터 좌천되어 한강 변에 정자를 짓고 갈매기들과 노닐며 '압구정(狎鷗亭)'이라는 현판을 걸고 시 한 수를 써 붙였다(『세조실록』).

靑春扶社稷(젊을 때는 사직을 돕고)
白首臥江湖(나이 들어 강가에서 쉬노라)
김시습이 정자 앞을 지나가다가 이 시를 보고 두 글자를 고쳤다.
靑春危社稷(젊을 때는 사직을 위태롭게 하고)
白首汚江湖(늙어서는 강호를 더럽혔네)

한명회의 호는 압구정(狎鷗亭)이다. 그는 세조의 정치적 후원자로서 은퇴를 결심하고 서울 중심부에 정자를 만들어 이름을 '물새들이 희롱하는 정자'라는 뜻의 압구정이라고 지었다. 압구정동은 여기에서 유래한 것이다. 한명회는 자기가 권력이 아닌 자연을 좋아하는 사람임을 과시하고 싶어 했을지도 모른다. 지금 서울에 있는 압구정은 예나 지금이나 명당이었던 것 같다.

성종(成宗, 1457~1494)은 20세가 되어서 친정(親政)을 시작했다. 어린 나이 13세에 왕위에 올랐으나 7년간 할머니와 어머니가 대리 청정(代理聽政)을 하고 대신들이 실권을 장악하였기 때문이다.

세종 때에는 통치 기반을 정비하였다면 성종 때부터는 국가체제를 정비하기 시작하였는데 먼저 선비를 등용하여 권신들을 견제하고 문인들로 하여 왕권을 뒷받침하게 하였다. 그는 세조 때부터 시작한 『경국대전(經國大典)』을 완성하였는데 조선의 통치 기구와 이를 관리, 운영하는 제도와 질서, 여러 가지 의례와 절차에 관한 규정을 기술하였다.

또한, 『대전회통(大典會通)』, 『대전통편(大全通編)』, 『속대전(續大典)』과 같은 법전과 『국조오례의』와 같은 예제도 편찬되어 유교적 국가로서의 질서가 완성되었다는 것을 알 수 있다.

대외적 질서의 정비로는 『해동제국기(海東諸國記)』의 편찬으로 외교적인 기틀을 마련하였다. 『해동제국기(海東諸國記)』는 일본에서 보고 경험한 것들을 자세하게 설명하였으며, 이에 따라 일본과의 관계 설정을 위한 외교상의 책이라 할 수 있는데 신숙주(申叔舟, 1417~1475)가 편찬하였다.

지리서(地理書)로는 『동국여지승람(東國輿地勝覽)』, 역대 문장들을 모은 『동문선(東文選)』, 우리나라 통사(通史), 즉 우리나라 역사를 전반적으로 기술하는 『동국통감』을 완성해 국왕과 대신 그리고 정치인들이 서로 균형과 조화를 이루는 문화를 완성하였다. 성종이라는 묘호(墓號)가 이러한 의미에서 붙여진 이름이다.

3. 사대교린(事大交隣) 정책(政策)

조선은 건국 직후부터 영토에 대하여 적극적인 정책을 추구하였다. 고려 말기에서 조선 초로 넘어갈 무렵 중국에서도 대변화가 일어났다. 원나라가 쇠퇴하고 명나라가 개국한 그 시기부터 명나라와의 관계 설정이 매우 중요해졌다. 따라서 명(明) 중심의 국제질서에 탄력적으로 외교정책을 추구해 왔다.

옛 선조들은 우리나라가 원래는 만주를 포함한 '만리(萬里)의 대국(大國)'이라고 생각하였고 지도나 지리지를 편찬할 때 만주를 우리 국토에 포함을 시켰다. 그 예가 『고려사(高麗史)』, 『지리지』, 그리고 『동국여지승람』의 서문에 그렇게 표현이 보인다. 원래 뿌리를 고조선으로 하는 우리의 역사는 잃어버린 만주 땅에 대한 꿈을 잊지 않으려는 것일지도 모른다.

원래 조선이라는 국호(國號)는 이성계에 의해 정해진 것이 아니라 명나라 황제가 정해 준 이름이었다. 이성계는 개국하자, 국호를 '화령(조선 태조 이성계(李成桂)가 국호를 개정하기 위해 명나라에 택정을 청했던 명칭)', '조선'이라는 두 가지를 가지고 명나라 황제에게 간청하였으나 황제는 이름이 아름답고 오래되었다는 이유로 조선을 간택하여 준 것이다. 원래는 태조는 명과의 관계는 미묘했다. 초기에는 요동의 정벌을 생각하였다. 그러나 태조의 요동 정벌의 목적에는 다음과 같은 의도가 숨어 있었다. 이에 대하여 이렇게 서술했다(한영우 2).

> 태조의 요동 정벌은 왕자나 종친들이 거느린 사병을 혁파하여 공병으로 귀속시키고 왕자 간의 권력투쟁을 막으려는 의도도 숨어 있었다.

그러나 이와 같은 의도는 오히려 이방원이 사병을 잃을 것을 우려해 먼저 선수(先手)로 반격(反擊)하였다. 이를 계기로 이방원은 태종으로 등극하고 요동 정벌을 중단시키고 대명 관계를 추진하였다.

태종은 사대관계를 하게 된 것은 자기보존과 국가 안위를 위한 현실적인 방법을 택하고, 이를 위해서 조공과 책봉을 하게 된 것이다. 명나라가 조선 초기에 문제 삼은 것은, 정통성에 관한 것이다. 따라서 세종은 사대(事大)를 내세워 유교 국가체제를 완성하고자 하였다. 또한, 명나라는 원나라를 중원에서 몰아냈지만, 여전히 명에게는 위협적인 나라이었기에 조선과의 관계를 악화시킬 필요성이 없었다.

대명(大明)과의 안정은 4군과 6진을 개척함으로써 두만강 유역으로 영토확장을 할 수 있었고 최윤덕(崔潤德, 1376~1445) 장군을 파견시켜 압록강 변에 여진족 이만주(李滿住)를 토벌하고 다음에는 김종서(金宗瑞, 1382~1453)를 두만강 유역에 보내 여진족을 강 이북으로 몰아냈다. 이로써 우리나라는 오늘날과 같은 국경선을 확보할 수 있었다.

김종서(金宗瑞, 1382~1453)는 1405년(태종 5년) 문과에 급제한 뒤 함경도 절제사가 되어 1434년(세종 1년) 함경도 지역에서 여진족을 몰아내고 육진을 개척하여 국토 확장의 위업을 이룩한 인물이다. 문종 때 우의정을 거쳐 좌의정에 제수되어 어린 단종을 보필하였으나 수양대군이 제6대 왕 단종(재위 1452~1455년)의 보좌 세력들을 살해, 제거하고 정권을 잡은 사건인 '계유정난' 당시 수양대군에 의해 두 아들과 함께 모두 죽임을 당한 비운의 장수이다. 김종서는 또 『고려사』, 『고려사절요』, 『세종실록』 등을 편찬한 뛰어난 문필가였다.

조선은 당시에는 압록강과 두만강을 국경선으로 정하지는 않았다. 그 이북의 땅은 여전히 우리가 회복하지 못한 땅이라 여겼으며 수복된 지역에는 토착민(土着民)을 토관(土官)으로 임명하여 자치를 허용하고 강변 지역은 전략촌(戰略村)으로 특수하게 편제하여 여진족의 침략에 대비하였다. 그리고 삼남(三南) 지방의 농민들을 이주시켜 농사 기술과 여진족의 생활을 돕기 위하여 식량, 농기구 등을 보급하거나 국경에서 무역을 허용하고 여진족에게는 조공과 귀화를 추진하였고 많은 여진족이 귀화했다.

　조선은 대명과의 관계에서는 '황복제후(荒服諸侯)'의 관계를 맺고 체제안정을 꾀하였지만, 일본과 여진족, 동남아에 대한 관계는 사뭇 달랐다. 즉 주변국 일본과 여진의 관계는 교린정책(交隣政策)을 폈다. 조선의 영토확장은 남방에까지 미쳤는데 고려 공민왕 이후로 일본은 남북조시대(1336~1392)라는 혼란에 처해 통제가 매우 어려운 상황이었다. 이 때문에 물질적으로 상황이 좋지 않았던 왜구들이 우리나라 해안지역으로 쳐들어와 백성들은 산속으로 들어가 농사조차도 마음대로 지을 수 없는 상황이었다. 따라서 고려는 왜구를 물리치기 위하여 화약 무기를 개발하였고 이를 바탕으로 조선은 국방력이 강화되어 노략질이 현저히 줄어들었다. 이에 따라서 조선은 외교적, 경제적으로 회유정책을 하기도 하고 무력으로 응징하기도 하였다.

　조선 초 왜구가 충청도, 황해도에서 노략질하자 1419년에 왜구의 소굴인 대마도(對馬島)를 소탕하기 위해 이종무(李從茂, 1360~1425)로 하여, 함선 227척과 수군 17,000여 명을 보내 토벌 작전을 시행한 결과 대마도주의 항복을 받고 돌아왔지만, 규슈(九州)지방 호족이 총동원되어 방어작전을 폈기 때문에 완전 소탕을 하지는 못하였다.

　따라서 세종 말에는 1426년 내이포(乃而浦, 현 창원의 웅천), 부산포(釜山浦, 동래) 그리고 염포(鹽浦, 울산)의 삼포를 개항하였고 1443년에는 계해약조(癸亥約條)를 맺어 무역선을 제한하고 대마도주에게 벼슬을 내려주어 조선왕조의 신하로 만들었다.

　조선은 이러한 나라들 이외에도 여진과 유구(琉球) 그리고 섬라(暹羅), 지금의 인도네시아인 자바와도 육상과 해상을 통해 교류하였는데 조선과 토산품을 가져와 문방구, 서적, 불종(佛鐘), 부처 등을 회사품(回賜品)으로 받아 갔다. 특히 유구는 17세기까지 조선과의 교류를 통하여 그들 불교 화를 진흥시키는 데 많은 영향을 미쳤다. 이에 대하여 한영우는 다음과 같이 적고 있다.

『조선왕조실록』을 보면 경복궁 대궐 앞에는 일본 및 동남아시아에서 온 사신들로 붐볐다고 하며, 궁 안에서 대포를 발사하는 실험에 놀라 혼비백산(魂飛魄散)한 일이 많았다고 기록되어 있다.

조선은 주위의 국가들과의 교류를 통하여 문화를 수입하고 발전시켜 동남아시아 및 동북 아시아국들과의 교류를 활발히 하여 왔다.

4. 조선의 신분제도

조선 초기에는 고려 시대의 신분제도를 어느 정도 완화하는 정책을 했는데 이는『주례』의 만민평등사상(萬民平等思想)에 영향을 받은 것으로 신분 해방 운동을 반영하고 있다. 『주례(周禮)』는 유가가 중시하는 경서이자 13경의 하나로『의례』,『예기』와 함께 삼례(三禮)의 하나이다.

고려 시대의 신분제도는 양인과 천민으로 단순하게 나누었지만, 실질적으로는 다소 복잡한 면이 있다. 양인 속에는 문벌귀족과 같은 특권계층과 양인이면서도 천역(賤役)을 지는 신량역천(身良役賤) 층이 존재하고 있었고 천민 중에서도 상층 천민으로 부곡민(部曲民)과 하층 천민으로 노비가 존재하고 있다. 신량역천(身良役賤)이란 고려, 조선 시대에 양인(良人)의 신분으로 천인의 일을 하던 사람으로 양인과 천인 사이의 특이한 계급을 이루었다. 예를 들면 염전에서 일하는 사람, 봉수대에서 일하는 사람 등을 말한다. 부곡은 본래 중국에서 호족세력 등에 예속되어 있는 사천민(私賤民)으로서 그 자체가 특정한 신분층을 가리키던 말이었으며, 일본에서도 유사한 의미로 사용되었다. 이에 대해 우리나라에서는 군현에 준하는 행정구역의 명칭으로 사용되었으며, 그 주민은 부곡인(部曲人)이라 하였다.

이러한 복잡한 고려의 계층구조는 조선 시대에 와서 다소 단순화시켜 모든 주민을 양인과 노비로 나누고 특권층과 신량역천(身良役賤)을 없애는 것과 노비를 줄이는 정책 시행하여 고려 시대보다도 노비가 크게 줄어든 것은 사실이지만. 이러한 정책은 국가 재정의 확보와 백성의 안정을 도모하기 위한 포석이었다. 경제적으로는 대 지주제를 없애고 중소 지주와 자영농을 육성하여 중산층을 확보하기 위한 목적이었다.

조선 초기 태종이 노비변정도감(奴婢辨定都監)을 두고 노비의 수를 집계한 결과 노비 중에는 양인이었다가 경제적 여건으로 노비로 전락한 사례가 많았다. 노비변정도감(奴婢辨定都監)은 조선 초기에 노비의 쟁송을 맡아보던 임시 관아로서 노비의 호적에 따라 시비를

판정하였다. 태종은 수십만 명의 노비를 해방하고 사찰 소속 노비를 양인이나 공노비로
전환하여 노비의 수를 고려 시대 때보다 많이 줄였다. 이에 대하여 권근(權近, 1352~1409)은
『태조실록』에서 이렇게 설명하였다.

"주상전하, 노비 문제를 바꾸지 않으면 나라가 바로 설 수 없을 것이옵니다. 노비변정도감을
만들어서
압량위천이 된 노비는 양인으로 전환하고 부당하게 개인소유로 된 공노비는 다시 제자리로
돌려야 할 것이옵니다."

압량위천(壓良爲賤)은 양민을 경제적으로 곤란하게 만들어 노비 즉 천인으로 만들어 버
린 것을 말하는데 이러한 경우는 노비는 사유재산이므로 나라에 세금을 내지 않아서 국가
경제에 해가 된다는 것이다. 따라서 이들을 원상 복귀를 하면 국가 경제에 이득이 되기
때문에 필요하다는 것이다. 따라서 이를 위하여 억울하게 노비로 전락한 이들을 구제하는
기관이 '노비변정도감(奴婢辨定都監)'이다.

노비를 일컫는 다른 용어로는 종(從), 위에서 말한 창적(蒼赤) 외에 천구(賤口)라는 용어
도 사용하였다. 이들은 천하게 태어났기 때문에 서당에 다니거나 관직에 나갈 수도 없고
결혼에도 제약이 있었다. 왜냐하면 노비는 백성으로 간주가 되지 않았기 때문이다. 다시
말하면 공민권이 없다는 것이다. 그러나 이들은 국역의 의무를 갖고 있지 않았으며 주인
이 노비의 식솔(食率)을 가지고 있다는 것 외에는 양인과 결혼할 수 없으며 사유재산으로
서 주인이 매매, 양도, 상속을 할 수 있는 불리함이 있었다.

노비가 되는 것은 두 가지가 있는데 첫째는 위에서 말한 압량위천(壓良爲賤)이고 또 하
나는 일천즉천(一賤則賤)에 의해 한쪽 부모가 노비일 경우 자녀도 노비가 되었다. 고려 시
대 천자수모법(賤者隨母法)으로 노비끼리 혼인을 한 경우 어머니의 주인이 자녀의 소유권
을 가졌다. 조선 후기 노비종모법(奴婢從母法)으로 어머니의 신분을 따랐다. 아버지 신분과
무관하게 어머니가 양인(良人)의 경우는 자녀도 양인이 되었고, 어머니가 노비라면 자녀도
노비가 되었다. 노비는 개인 재산을 가질 수도 있고 가족과 함께 살 수 있으며 주인과

노비 사이에는 임금과 신하의 윤리가 적용되어 주인이 함부로 죽이거나 사형(私刑)을 가하는 것은 법적으로 금지하였다.

평민으로서 범죄를 저지르지 않고, 빚이 없는데도 하인과 유사한 역(役)에 종사하며 숙식을 해결하는 이들도 있었는데, 이들은 머슴으로 불렸다. 노비와 같은 일을 하지만 신분상 노비는 아니었다. 외거노비는 재산을 소유할 수 있었고 그 스스로 몸값을 주인에게 지불(支拂)하면 노비에서 해방이 되어 양민으로 신분이 전환될 수 있었다.

노비가 상민으로 면천(免賤)되는 방법은 여러 가지가 있었다. 『관직명 사전, 2011.1.7., 한국학중앙연구원』에 따르면 국가의 기득권을 위협할 만한 전쟁이나 자연재해 같은 특수한 상황에서 활약하는 방법, 나라에 큰돈을 기부하는 방법이 있었다. 그러나 그런 사건은 일생에 여러 번 있는 것이 아니었기 때문에 현실적으로 노비가 면천(免賤)되는 방법은 거의 차단되었다.

다른 방법으로는 '속오군(束伍軍)'에 지원하는 방법이 있었다. 임진왜란을 계기로 신설된 '속오군(束伍軍)'은 병농일치제에 따라 평상시에는 농사와 무예훈련을 하다가, 유사시에는 소집되어 국가 방어에 동원되는 체제로서 부자 2대에 걸쳐 '일평생' 군대에 복무해야 양인으로 면천종량(免賤從良)될 수 있었다. 다만 이들에게는 국가의 물질적 급여는 없었고, 훈련 경비도 군인 스스로 조달해야 했다. 숙종 7년에는 그 수가 20만에 달하기도 했다고 한다. 임진왜란과 정유재란, 정묘호란, 병자호란 당시 전공을 세우거나 의병으로 참전한 공로로 노비나 백정에서 면천되는 일도 발생하였다. 노비는 반역 음모를 고발하면 면천(免賤)이 될 수 있었다.

노비의 종류에는 공노비(公奴婢)와 사노비(私奴婢) 두 종류가 있는데 먼저 공노비를 살펴보면 중앙의 각 관아에 소속된 각사 노비와 지방관아에 소속된 각관 노비로 나누어지며, 다시 신공을 바치는 납공노비(納貢奴婢)와 일정한 기간 관아에 입역(入役)하는 선상노비(選上奴婢)로 분류된다. 납공노비는 조선 시대에, 독립된 가정을 이루고 신역(身役) 대신에 일정한 대가인 공물을 치르던 노비를 말한다. 다시 말하면 몸으로 일하는 것 대신 매년 50%의 병작료(幷作料) 이외에 남자는 무명 한 필(疋)과 저화(楮貨, 종이를 만드는 재료인 나무로 만든 종이돈) 20장, 여자는 무명 한 필(疋)과 저화(楮貨) 10장을 신역 대신에 바쳤고 선상노비는 기술을 가진 사람이 국가나 관청에 나가, 일정한 물건을 만드는 장인이라 할 수 있다.

특이한 것은, 공노비는 하급 기술관직으로 임명될 수 있는데 단순히 유외잡직(流外雜職)으로 한정되어 있었다. 다시 말하면 공노비 중에는 궁중에서 음악 연주(演奏)하고, 정원을 가꾸고 요리하고 의복을 제조하는 등의 기술을 가진 경우가 많았으며, 이러한 일을 맡은 노비에게는 유외잡직이라는 벼슬이 주어졌다. 즉 공노비는 유외잡직(流外雜職)이라 불리는 하급 기술직에 종사하여 물품의 제조나 책 인쇄, 요리, 바느질, 말 기르기 등 잡일을 하였다. 일반 관직과 구별되는 유외잡직은 노비뿐만 아니라 장인과 상인도 받을 수 있었다.

사노비(私奴婢)도 두 종류가 있는데 솔거노비(率居奴婢)와 외거노비(外居奴婢)이다. 솔거노비는 주인과 함께 살면서 주인집에 직접적 노동력을 제공하는 노비를 말하며 외거노비는 주인과 따로 살면서 주인집의 땅을 경작하는 노비를 말한다. 신공(身貢)으로는 주인집에 포나 쌀을 바쳤고 별도의 재산을 가질 수 있어서 일반 농민들과 비슷하였다.

쉽게 정리하자면 솔거노비는 가족들과 주인집의 행랑채에 살면서 주로 여자는 밥 짓기, 빨래하기, 청소하기, 바느질하기 등의 일을 맡았고, 남자들은 물을 길어오거나, 나무하기, 농사짓기 등의 일을 하였다는 것이다. 사노비는 직역에 따라서도 구분된다.

예를 들면 주가의 가내 사환이나 직영지 경영에 노동력을 제공하는 노비를 양역 노비, 주가의 의복 세탁을 담당하는 노비를 탕조노비(湯槽奴婢), 주인이 상을 당하면 대신 울어주는 곡비(哭婢), 상전의 자식을 키워주는 유모, 조상 대대로 내려오는 노비인 조업 상전 노비 등이 있다. 이러한 노비들인 주인의 사랑을 받아 주인의 재산을 상속받는 경우와 주인에게 학문을 배워 관료로 진출하기도 하고 주인의 사랑을 받아 첩이 되는 경우가 있었다.

관직을 한 경우는 조선 중종 때 반석평(潘碩枰, ?~1540)이다. 그는 재상(宰相)의 집 가노(家奴)로 지내다가 문과에 합격하여 관직에 오른 경우이다. 반석평은 賤奴宰相(천노재상)으로 비천한 종(노예)신분에 재상이 되었다. 그에 대한 일화를 소개하자면 형조판서가 거지를 찾아다니는 내용은 과거 1533년 조선에서 중종의 신임을 한 몸에 받던 반석평이 한 거지를 찾기 위한다는 것이다. 백방으로 거지를 찾던 반석평은 갑자기 머리를 조아리며 거지에게 예를 갖추어 절을 하였다. 반석평은 알고 보니 그 거지의 집안 노비였다. 과거 반석평은 추노꾼에 무시당하기 일쑤였다. 그런 반석평은 이 참판 어른의 집에서 공부 배우기 시작했다. 그의 글을 보고는 이 참판은 반석평을 양아들로 삼았고, 반석평은 병과에 급제했다. 형조판서 반석평이 노비임을 밝히고 관직에서 물러나려 하자 당시 왕은 그의 청렴함에 감동해 모두가 구제됐다. 실제로 반석평의 이야기는 『중종실록』에 까지 수록되었다. 『사기(史記), 세가(世家)』에 나오는 글귀이다.

　우리가 흔히 양반이라는 말은 양인과는 다르다고 볼 수 있다. 양반의 서열에 대하여 『한국민족문화대백과사전』에서는 다음과 같이 서술하고 있다.

> 양반 중에는 문벌 가문이 있는가 하면 비정상적인 방법으로 양반임을 모칭(冒稱)하는 사람들도 많아졌다. 그리하여 같은 양반 중에는 문묘에 종사된 대현(大賢)이나 종묘 배향공신(配享功臣)을 배출한 국반(國班) 및 대가(大家), 세가(世家) 이외에 도반(道班), 향반(鄕班), 토반(土班), 잔반(殘班) 등의 구분이 생기게 되었다.

　양인 가운데 중소지주층이 문무 관원의 자제들 다음으로 사회적 신분(身分)을 유지하고 있는 계층이다. 이들은 지방사회에서의 경제력을 바탕으로 사회적 진출을 하였는데, 주로 과거시험을 통하여 관직에 진출하는 경우로서 매우 잠재력이 높은 계층이라 할 수 있다. 주로 한량(閑良)으로서 아직 무과에 급제하지 못한 이들은 전제 개혁을 통해 과전(科田)이나 군전(軍田)을 받고 있어서 경제적인 면에서 훨씬 유리한 측면이 있었다.

　'한량'이라는 뜻은 한량(閑良), 할냥 혹은 활량(ᄅ~)은 원래 한국 고려 후기와 조선 시대에 "과거에 급제하지 못한 무반"을 뜻하는 말이나, 보통 "일정한 직사(職事) 없이 놀고먹는 양반 계층"으로 넓게 쓰였다.

　다음으로 향리(鄕吏)라는 양인 계층이 있는데 이들도 또한 문무 관원으로 올라갈 잠재력이 있는 계층이었다. 이들은 조선 시대 지방 관청에 속해 있던 하급 관리이다. 고려왕권의 지속적인 중앙집권체제의 강화로 호족 세력은 극도로 약화가 되었으며 중앙에서 파견된 지방관의 명령에 따라 지방의 행정업무를 수행하는 향리층으로 전락하였다. 고려 시대 향리는 조선 시대 향리와 큰 차이점이 있다. 고려 향리는 과거시험의 제한이 없었기에 향리들의 자제가 과거에 많이 합격했지만, 조선 향리는 문과 시험 응시는 가능했지만, 실질적으로 과거 응시가 어려웠다. 고려 시대 향리는 보수로 외역전을 받았는데 군사 지휘권도 있었고 호장(戶長), 부호장이라는 명칭이 있었다. 조선 시대는 보수도 없고 군사 지휘

권도 없었고 수령을 보좌하고 행정실무를 담당하는 보조자 역할로 격하되었다.

그러나 이들은 스스로 사족(士族)이라 자부하면서 학문을 터득하여 유명한 학자나 관원이 되는 경우가 있었는데 대표적인 사람이 윤상(尹祥, 1373~1455)이라는 인물이다. 그는 향리의 아들로 태어나 과거시험으로 양반 신분에 올랐다. 향리 역(役)에 종사하면서, 퇴식(退食, 관청에서 물러 나와 집에서 밥을 먹음)을 오가는 사이에 솔기름을 가져다 몰래 숨겨두었다가 밤에 책 읽기에 사용할 정도로 노력을 기울였다.

양인 중에 대부분을 차지하며 주로 농업에 종사하는 일반 평민이다. 이들도 마찬가지로 공민권을 가지고 있어서 벼슬길이 열려 있다. 이들은 생활 여건에 따라 공부를 할 수 있어서 과거에 응시하여 출세할 수 있다는 것이다. 그러나 영세 농민들은 하급 기술직이나 무반으로 나가는 길을 택하는 경우가 허다했다. 그래서 '사(士)는 농(農)에서 나온다'든가, '사와 농은 조정에서 벼슬한다'라는 말이 널리 유행했다. 이를 사농일치(士農一致)라고도 했다(한영우 2).

장인(匠人)이나 상인의 자제들은 상대적으로 다른 계층보다는 벼슬길에 나가는 길이 어려웠다. 즉 과거 응시에 필요한 교육을 받기에는 충분한 기회를 보장받지 못하여 주로 별도의 벼슬체계인 유외잡직(流外雜職)인 하급관리로 나가는 경우가 많았지만, 그 가운데서도 더러는 문과에 합격하는 자도 있었다.

양인 중에 최하층이라 할 수 있는 신량역천(身良役賤)은 양인으로서 대접받았으나 실질적으로는 일시적이었다고 할 수 있다. 상민 대부분은 세금을 내고 군대를 의무적으로 가야만 했다. 교육을 받는 제도권에 있지 않기 때문에 관직을 얻는 것은 상당히 어려웠다.

이러한 계층을 살펴보면 농민, 공장(수공업자), 상인과 뱃사공(조졸), 묘지기(수능군), 어부(생선간), 목축인(목자간), 봉화 올리는 이(봉화간), 광부(철간), 도살꾼(화 척), 광대(재인), 소금 굽는 이(염간) 등과 같은 신량역천과 문관청의 사령(조예), 무관청의 사령(나장), 역의 조역(일수), 수군, 조군, 역졸, 봉군인 신량 7천이 이에 해당이 된다. 특히 조선 시대의 묘지기는 매우 힘든 직종의 하나였다. 묘지기란 말 그대로 도굴 등의 불상사를 방지하기 위해 무덤을 지키는 사람이다. 일반 가문이라면 고용인이 지키지만, 왕릉의 경우에는 이야기가 다르다. 고구려 광개토대왕릉비의 비문을 보면 광개토대왕의 크고 아름다운 정복 사업을 한껏 찬양한 후 마지막 부분에 '수묘인(守墓人)'이라고 하여 고구려 역대 왕들의 능에 묘지기를 두고 어떻게 관리할 것인지에 대하여 명시해 놓았다.

공동묘지 개념이 일찍부터 발달한 서양에서는 평소 공동묘지 부근에 상주하며 묘를 관리하는 동시에 새로 묻힐 사람이 생길 때마다 그 무덤을 파는 일을 전문적으로 하는 사람이 있었다. 이 직업이 등장하는 문학 작품이 국내에 번역될 때 대체로 그 직업명을 '묘지기'로 번역하면서, 앞의 "도굴 등의 불상사를 방지하기 위해 무덤을 지키는 사람"과 혼동을 일으키게 되었다. 어쨌든 서구에서의 묘지기는 묘를 지키는 것뿐 아니라 평소의 관리와 묘혈 파기도 겸한다. 여기에서 조선 정조 때 묘지기인 능참봉의 처세술을 소개하고자 한다.

조선왕조의 벼슬자리 가운데 하나인 능참봉이라는 관직이 따로 있는 것이 아니고 종9품 최하위 문반직 '참봉' 중에서 선왕과 선후의 왕릉을 관리하는 참봉을 따로 능참봉이라고 불렀다. 조선 후기에 능참봉을 제외한 다른 참봉직이 대부분 혁파되면서 능참봉이 곧 참봉을 뜻하는 말이 되었다.

천민은 과거를 볼 수 없는 계층으로 최하층에 속한다. 노비가 가장 많으며 기생, 백정, 무당 등이 포함되며, 천민이 양인이 되기는 극히 어려웠다. 그러나 천민은 세금의 의무가 없었는데 그 이유는 양반이나 중인에게 천민은 거래의 수단이고 돈이 없을 때 팔아서 쓸 수 있는 물건과도 같은 존재였기 때문이다. 노비들에게는 자유가 없고 국가의 일을 한다고 해서 돈을 받는 것도 아니었기 때문에 도망을 치거나 하는 일들이 많았다.

또한, 조선 시대에는 서얼(庶孽)이라는 계층이 존재하였는데 첩의 자식에 해당한다. 다시 말하면 서얼(庶孽)은 양반의 후손 가운데 첩(妾)에서 나온 자손을 뜻하며, 양인(良人) 신분에 속하는 첩이 낳은 서자(庶子)와 천민(賤民)에 속하는 첩이 낳은 얼자(孽子)를 함께 이르는 말이다. 서얼 자식은 그 후손도 서얼이기에 아무리 서자와 얼자의 모든 자손이라 할지언정 비록 그 서자와 얼자의 정실부인(본처)에게서 태어났어도 서얼로 불렸다. 이는 정실부인의 위상을 높이기 위한 목적이었는데 그 이유는 양인 여자보다는 여자 종이나 혹은 다른 특수계층의 여자들을 첩으로 삼았기 때문이다.

따라서 그들은 많은 차별 대우를 한 것은 사실이다. 그러나 조선 초기에는 그다지 심하지 않았다. 서얼 출신의 면모를 살펴보면 조선 초기에는 개국공신이나 고관대작(高官大爵)들이 많이 있었다. 대표적인 인물들을 살펴보면 정도전(鄭道傳, 1342~1398), 조영규(趙英珪,

?~1395, 조선 초기의 무신, 신창 조씨의 시조), 함부림(咸傅霖, 1360~1410, 본관은 강릉), 하륜(河崙, 1347~1416), 황희(黃喜, 1363~1452), 유자광(柳子光, ?~1512) 등이 있다.

『경국대전』이 법제화되고 난 뒤 각종 과거시험에서 제외되기 시작하였다. 이『법전』은 6조에 관한 법률을 다루고 있다. 이전(행정체계)은 통치의 근간인 중앙 및 지방관의 관제, 관리의 등용과 면직을, 호전(재정)은 조세 제도, 녹봉, 호적, 매매, 채무, 상속에 관하여, 예전(교육, 외교)은 과거제 시행에 대한 규칙, 관혼상제, 외교, 문서 작성예시 등을, 병전(군사)은 군사 제도와 징병, 상비군을 형전(법)은 형벌과 재판을, 그리고 공전(국가 기간산업)은 도로 및 운송, 도량형 등을 다루고 있는『법전』이다. 이『법전』의 서문에는 다음과 같이 기록되어 있다.

우리 조종의 심후하신 인덕과 크고 아름다운 규범이 전장에 널리 퍼져있으니 이는『경제육전』의 원전, 속전
과 등록이며, 또 여러 번 내린 교지가 있어 법이 아름답지 않은 것은 아니지만, 관리들이 재주가 없고 어리석어 제대로 받들어 행하지 못한다(……). 이제 손익을 헤아리고 회통할 것을 산정하여 만대성법을 만들고자 한다(서거정, 『사가문집 권4』, 『경국대전』의 서문).

기존에 있던『조선경국전』, 『경제육전』과『속육전』이후의 시행 법령을 묶어 만든 통일『법전』이다. 『경국대전』은 특징은 크게 4가지로 정의할 수 있다.

첫 번째, 『경국대전』은 정치, 경제, 사회를 아우르는 종합『법전』이다. 행정법과 군법, 민법의 가족법, 형법들이 모두 들어있다.

두 번째, 『경국대전』은 행정법의 성격이 강하다. 이전, 호전, 예전, 병전, 형전, 공전 순으로 구성되었다. 상술했듯이 민법과 군법, 형법 등 다른 분야의 법도 다루고 있지만 국가 조직이나 인사 등을 규정한 행정법, 즉 공법(公法)이 대부분을 차지하고 있다. 이는 원래 당으로부터 마련된 율령 체제의 연속으로, 율(律)과 영(領)이 상호보완적 관계에 있지만, 영은 양(陽), 율(律)은 음(陰)이라는 음양설(陰陽說)에 비유한 영의 우월성이『경국대전』에 그대로 녹아 있음을 보여준다.

세 번째, 『경국대전』은 신분법의 성격이 강하다. 신분 차별은 경국대전 곳곳에 드러나고 있는데, 매우 엄격하고 세세(細細)하다. 이는 노비나 농민 같은 피지배 계층에게 불리하게 작용하였다.

네 번째, 『경국대전』은 관습법을 종합한 성문법이다. 최초 편찬 과정과 이후의 법전 편찬 과정에서도 드러나지만, 왕명으로 시행된 법령들의 항목을 모아 만들어졌다. 관습법을 성문화한 법전이라고 할 수 있다.

상속에서는 재주(財主)에 따라 상속인의 몫을 자세하게 규정하고 있는데, "분배하지 않은 노비는 아들과 딸의 생사를 막론하고 나누어 준다. 중자녀(衆子女)에게 균등하게 나누어 준다."라고 하여 남녀균분상속을 선언하였다. 이러한 남녀평등상속법은 성리학이 강화되는 조선 후기, 그중에서도 숙종 대 이후부터 붕괴가 되어갔다. 사형수에게는 3번의 심판 기회를 제공하는 삼심제(三審制)가 있었다. 또한, 왕이 직접 재판하도록 했다.

5. 조선 초기의 교육제도

조선 시대의 교육열은 고려 후기에 이르러 과학기술과 활자의 발명으로 더욱 일반화되어가기 시작하였다. 조선 시대에는 성리학이 근간이 되었기에 과거제도를 통해 신분 상승하려는 욕구는 교육열로 승화되기 시작하였다. 이는 유교의 정립, 혹은 국시(國是)의 영향이 크게 작용하였다. 즉 조선 시대는 '출세하려면 공부해야 한다.'라는 생활철학이 백성들 사이에 특히 양인들 사이에 팽배해졌다. 따라서 인문학뿐만 아니라 유교의 영향에 따라 기술학도 발전하였는데 이는 『주례』의 정신이 깃들어져 있다고 볼 수 있다.

『주례(周禮)』는 유가가 중시하는 경서이자 13경의 하나로 『의례』, 『예기』와 함께 삼례(三禮)의 하나이다. 주나라의 이상적인 제도에 대해 주공 단(周公 旦)이 저작한 것으로 여겨지지만 실제로는 그 이후인 시대인 전국시대 이후에 성립된 것으로 볼 수 있다. 주나라 시대의 관제에 대해 매우 자세히 기술되어 있지만 확실하게 신뢰할 수는 없다.

1) 향교

우선 지방에서는 향교(鄕校)에서 학생을 가르쳤고 이들의 교육비는 국가가 부담하였다는 것이 매우 특징적이다. 이러한 향교는 전국에 모든 지방에 설치되었는데 오늘날의 지방 국공립대학 혹은 거점국립대학에 해당이 된다. 즉 향교가 지방 교육을 담당하였다. 이러한 향교는 교육기관 이외에 유교 교육과 선현의 위패를 모시고 제사를 지내는 2가지 역할을 맡았다.

향교는 성균관의 하급 관학(官學)이었다. 고려 시대부터 존재하였으며 조선이 세워지며 유학을 국가 운영의 유일한 사상으로 부각하면서 전국 각 도시에 하나씩 세웠다. 경내 건물로는 문묘(文廟), 명륜당(明倫堂), 중국과 한국 역사를 통틀어 어진 인물들을 제사 지내는 동무와 서무, 유생들이 생활하는 동재, 서재가 있었다. 동재에는 양반, 서재에는 서류를 두었다.

지방의 교육을 담당하고 선현 제사를 하는 곳인 만큼 향교는 지역사회에서 중요한 위치를 점하고 있었다. 그 중요도 때문에 향교 주변 근방에 하마비(下馬碑)를 세워 말을 타고 온 사람들이 내려서 향교 주변을 걸어가게끔 했을 정도로 향교 주변을 신성시하기도 했다. 향교를 그냥 문묘(文廟)라고 부르기도 했다.

향교의 입학에는 제약이 따랐다. 천인에게는 개방되지 않았으며 양인 이상의 신분만 입학이 허용되었다. 이에 따라 입학한 아이는 8세 이상이 되어야 하며 이를 교생(校生)이라 하였다. 정원은 부(府), 대도호부(大都護府), 목(牧)은 90명이었으며, 도호부는 70명, 군 50명, 현은 30명으로 인구의 비율에 따라 정해졌다. 전국적으로 교생은 약 1만 5천 명이 되었으며, 액외생(額外生, 정원 외)을 합치면 그 이상이 되었을 것이다.

이들의 학업 방식은 매우 독특하였다. 매일 학업만을 하는 것이 아니라 농사일도 병행한 것이다. 예를 들면 농번기에는 방학을 두어 농사일에 전념하도록 하고 농한기에는 기숙사인 재(齋)에 들어가 『사서오경, 논어, 맹자, 중용, 대학, 시, 서, 역, 춘추, 예기』와 『소학』 등을 수학하였으며 매년 두 번씩 시험을 치러 성적우수자에게는 생원과 진사 시험의 초시를 면하게 하여 주고 낙오자에게는 군역을 지게 하는 등 엄격하게 관리하였다.

조선왕조는 유교적 정치이념을 널리 보급하려는 의지로 모든 향교는 유학에 소양이 있는 지식인을 교관으로 선임하고 수령과 함께 파견되도록 법제화했다. 하지만 조선 초기부터 교관으로 임명된 우수 인재들은 지방에 파견되는 것을 꺼렸으며, 이로써 교육의 질이 점차 저하되고, 중기·후기로 가면서 관학 교육기관에 대한 비판적 언론과 사학 교육기관의 활성화로 인해 양반의 자제들은 향교에 입학을 기피하고 서원, 서당 등의 사학기관을 찾게 되었다. 이에 제독관, 교양관을 두어 관학의 교육 기능을 부활시키려 했으나 그 결과는 부분적 성과에 그쳤다. 이후 향교는 문화적, 정치적 기능이 강화되었다.

2) 부학

또한, 향교와 비슷한 교육의 기능을 한 곳이 한양에도 설립이 되었는데, 이를 부학(部學)이라 하였다. 부학은 서울을 크게 네 등분하여 설립하였는데 정원은 100명 정도이며 설립된 장소는 서학, 동학, 남학, 중학 4곳이었다.

사학(四學), 혹은 부학(部學)은 서울의 중앙(中學), 동쪽(東學), 서쪽(西學), 남쪽(南學)에 설치한 성균관의 부속 학교로, 고려의 오부 학당, 동서학당에 해당한다. 성균관에 비교하면 규모가 작고 교육 정도가 낮은 점, 문묘를 두지 않은 점을 제외하고는 교육방침·교육 내용 및 방법 등에서 성균관과 비슷하였다. 중학교, 고등학교에 해당한다고 볼 수 있을 것이다.

여기에 입학한 학생들은 과거시험을 통해 관직을 차지할 수 있었으며 또한 이들은 사회적 존경의 대상이 될 만하다고 믿었다. 이들은 유학(幼學)으로 부르기도 하였다.

3) 성균관

또한, 이들은 더 높은 학문을 경험하기 위하여 성균관에 진학하였다. 당시의 최고 학부인 성균관은 향교뿐만 아니라 부학의 학생들도 입학하였고 생원이나 진사에 합격한 학생들도 가능하였다.

성균관에서 수학한 학생은 약 200명이 되었는데 이 인원은 부학의 학생들도 포함되어 있다. 이들도 마찬가지로 혜택이 주어졌는데 그것은 문과의 초시를 면제하여 주거나 직접 2차 시험인 복시(覆試)에 응시할 자격이 있었고 학문이 높은 자에게는 일정한 나이 즉 50세 이상이 되면 과거 응시가 없어도 벼슬로 나가는 길을 터주기도 하였다.

4) 서원

서원(書院)은 중국에서 발단하여 한자 문화권의 동아시아(일본, 한국, 베트남)에 파급된 사학의 한 유형이다. 북송 대 이후 국가의 관학에 대해 특히 민간의 사학에서 이루어졌다. 한국의 서원은 조선 중기 이후 설립된 사설 교육기관이며, 유교의 성현에게 제사를 지내던 곳이다.

서원이라는 이름의 유래는 당나라 현종 때 여정전서원(麗正殿書院)·집현전서원(集賢殿書院) 등의 설치에서 유래하였다. 원래 내외의 명현(名賢)을 제사하고 청소년을 모아 인재를 기르는 사설 기관이었는데, 선현을 제사하는 사(祠)와 자제를 교육하는 재(齋)를 합하여 설립되었다고 한다. 서원의 이용에 대하여 퇴계 이황(李滉, 1501~1570)은 『백과사전』에서 다음과 같이 적고 있다.

> 성균관이나 향교는 번잡한 도시에 있어서 앞으로는 번거로운 학칙에 얽매이고 뒤로는 세상에 마음을 빼앗기기 쉬우니, 어찌 서원과 비교할 수 있겠는가?

라고 하면서 학문을 하는 데 있어서, 무엇보다도 환경의 중요성을 강조하였다.

우리나라는 1542년에 최초로 서원이 설립되었다. 당시 풍기 군수였던 주세붕(周世鵬, 1495~1554)은 안향(安珦, 1243~1306)을 추모하기 위해 그가 학문하던 곳에서 우리나라 최초의 서원을 설립하였는데 이를 '백운동서원'이라 하였다. 후에 이황이 풍기 군수로 부임하여 서원에 대한 국가적인 지원을 건의하였고 이에 명종이 서적 등의 물자와 함께 친필로 소수서원(紹修書院)이라 사액(賜額, 임금이 사원이나 서원에 편액을 내리는 일)하여 오늘날까지 전해지고 있다.

이황을 비롯한 성리학자들에 의해 서원이 전국적으로 퍼져나갔다. 그리하여 명종 대(明宗代)에 17개소에 불과했던 서원이 선조 대에는 100개가 넘었으며, 18세기 중반에는 전국에 700여 개소에 이르렀다. 서원이 설립되던 초기에는 위에서 언급한 순기능이 컸다. 본래 국가에서 설립한 교육기관인 향교가 있었지만, 임진왜란과 병자호란을 거치며 서원이 난립하자 관리가 제대로 안 돼서 황폐화가 심했고 제 기능을 하지 못했기 때문이다.

조선 초기에는 지방의 교육 기능을 담당하였던 서원은 조선 후기로 갈수록, 17세기 이후 서원이 남설(濫設)이 되면서 부작용이 커졌다. 다시 말하면 서원은 양적으로 늘어나면서 일부 계층의 특권이 되었으며 여기에 부속된 군역을 기피(忌避)되는 온상이 되었으며, 유생(儒生)은 서원에 들어가서 공부를 하는 대신 붕당에 가담하여 당쟁에 가담하였으며, 서원을 근거로 하여 양민을 토색(討索, 꾸짖는 일)을 하는 폐단도 생겼다. 또한, 서원의 노비는 국역을 지지 않았으며 이로 인하여 국가재정에 문제를 남겼다. 이와 같은 서원의 남설(濫設), 누설(累設)은 조정의 중대한 두통거리가 되어 1644년(인조 22년)에는 서원 설치를 허가제로 하였고 1657년(효종 8년)에는 서원을 누설한 자는 처벌하는 규정을 만들었다.

그 이유는 엄청난 숫자의 서원들 때문에 민생에 끼치는 폐단이 엄청났고 심지어 산 사람을 모시거나 성현도 아니지만, 자신의 조상이라는 이유로 모시느라 집안마다 서원을 만들고 한 사람을 모시는 서원이 5~6곳에 이르는 등 말이 아니었다.

이러한 서원의 폐단은 19세기에 이르러 달라지기 시작하였다. 19세기부터 세도 가문들이 정권을 잡으면서 서원의 정치적 영향력은 사실상 없어졌지만 그래도 지방에선 터줏대감으로 큰소리를 칠 수 있었고 무엇보다 경제적인 폐단이 심각했다. 이들은 선현(先賢)의 제사를 지낸다는 명목으로 지방 농민들을 사사로이 수탈하였으며 이에 반발하는 지역민들을 향약이나 반상의 도리를 어겼다 하여 처벌하거나 지역사회에서 매장하는 전횡을 저지르고 나라에서 막대한 식량과 노비를 받으면서도 세금을 내지 않는 면세 특권이 있어 국가재정을 악화시켰다. 다시 말하면 남설과 누설의 폐단이었다.

결국, 경제적인 문제를 비롯한 다양한 문제점이 발생하면서 조선이 뿌리 뽑으려 했던 고려 말 사찰의 폐단을 답습하는 꼴이 되었다.

5) 서당

서당은 군현(郡縣, 군과 읍) 밑의 마을에 설치되었는데 오늘날 일종의 사립초등학교라 할 수 있다. 이들의 수는 전국적으로 수만 개 이상이 설치되었는데 이곳에서는 『천자문, 千字文』을 비롯하여 『사서삼경, 四書三經』의 유교 경전(經典, 성인의 말과 글)을 주로 가르쳤다. 서당의 교육내용은 강독(講讀), 제술(製述, 시나 글을 지음), 습자(習字, 붓글씨 등)의 세 가지였다. 강독의 과목은 『천자문』, 『유합(類合)』, 『동몽선습(童蒙先習)』, 『통감(通鑑)』, 『격몽요결

(擊蒙要訣)』,『소학(小學)』,『사서(四書)』,『삼경(三經)』,『사기(史記)』,『당송문(唐宋文)』,『당률(唐律)』 등으로 하는 것이 보통이었다. 서당에 따라서『춘추(春秋)』,『예기(禮記)』,『근사록(近思錄)』 등을 읽히기도 하였다. 제술로는 일반적으로 오언 절구(五言絶句), 칠언 절구(七言絶句), 사율(四律), 고풍(古風), 십팔구시(十八句詩), 작문 등을 가르쳤다. 그러나 서당과 훈장의 품위에 따라 각종 문제를 연습시키기도 했다. 벽촌의 작은 서당에서는 전혀 제술이 없는 곳도 많았다. 습자로는 해서(楷書, 서체의 하나)를 많이 연습시켜 어느 정도 익숙해지면 행서(行書)·초서(草書)의 문체(文體, 문장의 양식)를 익히게 하였다.

서당의 조직은 훈장(訓長), 접장(接長), 학도(學徒) 등으로 되어있다. 훈장은 서당 책임교사이다. 그의 학식(學識)의 기준은 일정하지 않았으며, 경사(經史, 경서와 사기)·백가(百家, 여러 학자)를 강독(깔끔하게 알고 읽는)할 수 있는 자는 드물었고, 국문이나 주석을 참고하여 경서(經書)를 해석(짧은 이야기 보고 이런저런 이야기로 풀어 이야기하는)하는 자가 많았다. 벽촌(僻村)의 경우에는 한자의 활용조차 잘할 줄 모르는 자도 있었다. 또한 제술(製述)로는 표(表)·책(策)·기(記)·명(銘)의 글을 짓고, 시(詩), 율(律)의 참뜻에 통달한 자가 드문 실정이고, 사율(四律), 십팔구시(十八句詩)를 읊는 것이 고작이었다. 궁촌(窮村)의 훈장은 제술을 모르는 자가 많았다.

접장(接長)이란 '집단의 우두머리'라는 뜻인데, 접주(接主)라고도 불렀다. 서당이 큰 경우 훈장 혼자서 많은 생도를 지도하기 곤란하므로 생도 가운데서 나이가 많고 학력이 우수한 자로 훈장을 돕게 했는데, 이를 '접장'이라 했다. 접장은 직접 훈장에게 지도를 받는 한편 자기 아래에 있는 생도를 가르치기도 했다. 학행(學行)이 뛰어난 훈장 밑에 훌륭한 접장이 나타나는 것은 말할 나위도 없다. 접장은 직접 생도들과 친근히 접촉하게 되므로 서당의 풍기에 미치는 영향은 훈장보다 큰 경우가 많았다.

서당이 설립되는 이유로는 네 가지가 주를 이루고 있다. 첫째는 훈장 자영(訓長自營)의 서당으로서 훈장 자신의 생계를 위하거나, 자기의 교육적 취미로 세워 경영하였다. 둘째로는 유지 독영(有志獨營)의 서당으로 가세(家勢)가 넉넉한 사람이 자기의 자녀나 조카를 교육을 담당하기 위해 세운 것이다. 이 경우에는 훈장의 급료는 서당을 설립한 유지가 단독으로 부담한다. 또 가난한 이웃 아동도 무료로 공부하게 하였다. 세 번째로는 유지 조합(有志組合)의 서당으로 마을 전체가 비용을 각기 분담하고 훈장을 초빙해 마을 아이들을 가르쳤다. 마지막으로는 촌 조합의(村組合) 서당이다.

　서당에서 일정 기간 학습하게 되면 평가를 하는데 능통한 정도에 따라 순(純), 통(通), 약(略), 조(粗), 불(不)의 다섯 단계나 순을 뺀 네 단계로 평가를 하였다. 또 책 한 권을 다 끝마치면 책 일부분을 암송하거나 배운 내용을 묻고 답하면서 괘책례(掛冊禮)를 하였는데, 마친 책을 걸어놓고 약간의 음식을 마련하여 나누어 먹으며 축하하는 행사였다. 이 외에도 백일장(白日場)이나 장원례(壯元禮, 글짓기를 통해 장원이 된 사람이 한턱내는 일)와 같은 행사를 통해 평가와 동시에 학습을 장려하였다(김영숙, 1995).

　남자들과는 달리 여성들에게는 교육의 기회가 주어지지 않았다. 따라서 학교에 다니는 경우는 거의 드물었고 집에서 부모로부터 직접 공부하거나 홀로 독학하는 경우가 허다했다. 예를 들면 우리에게 현모양처(賢母良妻)라고 알고 있는 신사임당(申師任堂, 1504~1551)의 경우는 시, 그림, 글씨로 유명한데 그것은 아버지로부터 유교 교육을 받았으며 아들 율곡 이이에게 훌륭하게 교육하여 조선에서 가장 유명한 이황과 더불어 쌍벽을 이루었다.

6) 기술교육기관

　조선 시대에서는 유교 교육, 즉 인문교육뿐만 아니라 기술교육도 중시하였지만, 사회적으로는 특권층이 되지는 못했다. 왜냐하면, 성리학을 중시하는 유교를 국시로 하였기 때문이다. 기술교육은 조선 시대에는 잡학(雜學)이라 불렀다. 주로 중인과 해당 관청이 담당하였다. 의학과 역학은 양반자제와 서자들도 입학하였다. 주로 역학은 사역원에서 가르쳤는데 중국어, 몽고어, 여진어, 일본어 등 외교나 경제활동의 측면에서 필요했기 때문이다. 음양학은 관상감에서 율학은 형조에서 산학은 호조에서 의학은 전의감(典醫監), 혜민서(惠民署)에서 담당하였다. 여기에서 역학은 한학, 몽학(蒙學), 여진학(女眞學)은 평안도에서, 왜학(倭學)은 경상도의 삼포(三浦)에서 가르쳤는데 이들은 잡과에 응시하여 기술관이 되는 경우였고 이들 중에는 높은 벼슬을 갖는 이들도 있었다.

6. 과거제도

조선 시대의 관리를 선발은 대부분 선발제도를 거쳤다. 따라서 고려 시대에 행하였던 음서제도가 거의 폐지되었고 능력주의를 중심으로 선발하는 과거제도로 변하기 시작했다. 음서제도라고 하는 것은, 5품 이상의 벼슬의 아들, 손자, 사위, 동생, 조카 중 한 사람에게 혜택을 주었으나 조선 시대에는 그 범위가 축소되어 공신과 2품 이상의 벼슬아치들에게만 주어졌다.

즉 고려 시대 중류층 자제들 대다수가 성리학을 학문하여 정치적, 학문적 능력을 갖추면서 과거를 통해 고려사회로 진입하였는데 이들을 신진사대부라고 하였고 이들은 고려 시대의 폐단과 부패를 척결하는 데 비전을 제시하였다. 신진사대부들은 고려 시대의 권문세족들이 누렸던 관료직을 과거제도를 통해 신분 상승을 하려고 하였다. 따라서 조선을 건국한 신진사대부들은 조선을 성리학적 정치이념을 가진 국가로 만들려고 하였으며 그것을 위해서는 철저하게 과거제도를 통한 입증된 실력을 갖춘 관료들이 필요하였기 때문이다.

따라서 과거제도를 통한 인재 등용은 다음과 같은 원칙에 의해서 선발하였다.

조선 시대의 인재 등용의 대원칙은 입현무방(立賢無方)과 유재시용(惟材是用)이었다. 즉 '어진 사람을 등용함에 모(출신 지방, 혈통, 학벌 등)가 나서는 안 된다.'라는 것과 '오직 재주가 있는 사람을 등용한다.'라는 것이다. 전자가 도덕성을 중시하는 것이라면, 후자는 전문성을 중시한다. 그러니까 도덕성과 전문성을 평가하여 인재를 등용해야 한다는 뜻이다. 이러한 대원칙에 따라 조선이 지향하고 있는 선비의 나라, 성리학의 나라로 이끌려는 의도가 있다고 보아야 하며 이를 위해 음서제도를 배격하고 과거제도나 천거 제도가 발달하게 되었다.

조선 시대의 과거제도는 소과(小科, 생원 진사과, 사마시, 司馬試라고도 함), 문과, 무과, 잡과의 네 종류가 있으며 또한 정기시(定期試)와 부정기시(不定期試)로 나누어져 있다. 이 밖에도 간단한 시험을 치러 하급관원을 선발하는 취재(取才, 재주를 보는 시험)가 있었다.

한편으로는 세종 19년 이후부터는 과거시험의 장소를 공정성을 가지기 위해서 1 소(所)와 2 소(所)로 나누어 告示(고시)하였던 것이 과거와는 다르다는 것이다. 이러한 제도는 송나라의 별두장(別頭場)을 본떠서 만든 것으로 시관(試官, 과거시험에 관련이 있는 모든 관원)의 자제들을 따로 모아 시험 장소를 만들었고 1 소관의 자제나 친척 등의 상피인(相避人, 가까운 친척)을 2 소로 보내고 반대로 2 소관의 자제를 1 소로 보내면서 과거의 공정성을 꾀함과 동시에 부자(父子)가 한 곳에서 시험을 치르는 것을 막기 위함이라 할 수 있다. 이를 분소법(分所法)이라 하는 데 위와 같은 장점이 있음에도 불구하고 단점은 같은 시험이라도 시관(試官)이 다르고 시험문제가 달라 수험생의 우열을 가리는 데 불편했다.

생원 진사과(소과)에서 합격을 하면 문과에 응시하거나 성균관으로 진학하는 경우가 많았으며 1차 시험인 초시에는 합격자의 7배수를 배출하였고 2차 시험인 복시(覆試, 초시에 합격한 사람이 두 번째로 보는 시험)에서는 1차 초시에서 지역적으로 강제 배분한 것과는 달리 성적 순으로 합격자를 배출하였다. 여기서 합격한 자는 백패(白牌, 흰 종이의 증서)와 주과(酒果)를 표시로 받았다. 이 의식이 끝나면 생원, 진사들도 대과 급제자들처럼 유가(遊街, 과거의 급제자들이 좌주(座主, 강사), 先進이나 친척들을 찾아보기 위한 시가행진을 말함)를 하였다. 이들은 주로 고위직에는 오르지 못하였으나 하급직인 능참봉, 교수, 훈도 등의 관직이었으며 면역 특권을 주었다.

문과는 고시 중에서 가장 경쟁률이 심한 과거였다. 문과를 다른 말로 대과(大科) 또는 동당시(東堂試)라고도 하는데 생원이나 진사가 응시하게 되어있으나 일반 유생인 유학(幼學, 벼슬하지 못한 유생)자에게 자격이 주어졌다. 조선 시대의 문과 시험은 시험 중에서 최고봉으로, 고급 관료로 가는 일종의 고시(考試)라 할 수 있다. 비유하자면 문과는 흔히 말하면 고시라 할 수 있고 소과(小科)의 합격은 일반 공무원이라 할 수 있다. 조선 시대는 문(文)을 중시하는 경향이 있어 흔히 과거라 하면 문과를 이야기할 정도로 그 비중이 컸다. 따라서 누구나 응시할 수 없는 제한이 있는데 문과에 응시할 수 있는 유자격자를 신분상으로 제한하는 것이 특징이었다.

부적격자를 살펴보면 일반 서민과 천인(賤人)은 물론, 같은 양반이라도 서얼(庶孼) 출신은 응시할 수 없고 양반들만이 응시하여 합격과 가문을 빛나게 하는 영광을 누리게 되었다. 특히 재가(再嫁)한 여자의 아들과 손자 그리고 탐관오리의 자식도 시험에서 배제되었다. 그러나 조선 중기에 이르러서는 서얼 출신자들도 단계적으로 응시할 수 있었는데 이때가 명종 11년(1556)이었다. 따라서 '개천에서 용'이 나듯이 후기로 갈수록 서얼 출신들이 과거급제하는 영광을 누리는 횟수가 많아지기 시작했다.

　문과의 정기시험은 최종적으로 선발하는 인원은 33명이었으며 소과(小科)처럼 초시에서는 7배수인 인구 비율로 도별로 안배하여 뽑았으며 복시에서는 도별 안배(按排)를 없애고 7배수 중에서 성적순으로 33명을 뽑아 궁 안에서 전시(展試)를 쳐서 전시는 갑과 3인, 을과 7인, 병과 23인을 뽑아 등급을 나누고 최고 6품에서 최하 9품의 품계를 주어 안배하였다. 그러나 현직관원에게는 특혜를 주었는데 현재의 직급에서 1~4계(階)를 올려 주었다.

　과거제도에서 각 지방이나 한양에서 과거를 보러 가는 것을 관광(觀光)이라고 하였는데 소과(小科, 생원과 진사를 뽑는 과거)에서 백패(白牌)를 주듯이 합격 증서는 붉은 종이인 홍패(紅牌)를 써서 주었다.

　사전적 정의에서 보듯이 관광(觀光)은 주로 기분 전환이나 여가의 목적으로 떠나는 여행이다. 다른 지방이나 나라의 풍경, 풍습, 문물 등을 구경하고 즐기는 것을 말한다(『국어대백과사전』). '관광'이라는 말의 어원은 주나라 때의 『역경』에 나오는 '관국지광이용빈우왕(觀國之光利用賓于王)'이라는 구절에서 비롯되었다. 이는 한 나라의 사절이 다른 나라를 방문하여 왕을 알현하고 자기 나라의 훌륭한 문물을 소개하는 동시에, 그 나라의 우수한 문물을 관찰함이 왕의 빈객으로 대접받기에 적합하다는 일종의 의전적인 개념이다.

　서울에 가는 것부터가 '영광'이고, 여행이 그리 쉽지 않은 시절에 임금이 계신 수도 서울을 가 보았으니, '임금의 성휘(星輝)를 보러 간다.', '영광(榮光)을 보러 간다.'라는 의미에서 '관광을 가다.'라는 말이 나왔을 만하다. 우스운 소리가 될지 모르겠지만 과거를 보러 가는 것은, 출세하는 통로로 보고는 있지만, 오히려 괴나리봇짐을 메고 임금이나 한양의 모습을 보는 것 자체를 즐기는 것이 아닌가 싶은 생각이다.

　예를 들면 '이 도령이 관광 갔다.'라는 말이 있는데 이는 옛날 선비들은 과거시험에 응시하러 고향을 떠날 때 항상 '觀光(관광)하러 간다.'라고 했다. 여기서 관광이라는 말은 한자로 풀이를 하면 관광(觀光)은 글자대로 빛(光)을 본다(觀)는 뜻이다. 여기서 빛(光)이란 중세의 태양과 같은 존재, 바로 임금(王)이다. 따라서 곧 관광은 임금을 보러 간다는 의미라 할 수 있다. 당시는 일반 백성들이 임금을 보는 것이 허용되지 않았던 시절이었다. 따라서 왕은 관리(官吏)가 아닌 이상 볼 수 없는 존재로 매우 신성시되었다. 임금의 얼굴을 용안(龍顔, 혹은 天顔)이라고 표현하듯이 과거를 보러 가는 것은 합격하여 임금의 얼굴을 본다는 의미라 할 수 있다. 이는 곧 과거에 장원 급제해서 임금과 독대(獨對)를 하겠다는 뜻이다. 반드시, 과거에 급제하겠다는 굳은 의지와 결의를 나타내는 것이 관광(觀光)이라 보고 있다.

조선 시대에는 무과라는 시험을 통하여 군인을 뽑았다. 일종의 초급장교 이상의 관직을 뽑는 제도의 과거시험이라 볼 수 있다. 무과는 3년마다 시행되는 식년시(式年試)와 특별한 경사나 행사가 있을 때 실시하는 별시(別試)가 있다. 이 역시도 초시에는 도별(道別)로 안배하였으며 특이한 점은 서얼도 가능하였다는 것이다. 또한, 중간 계층의 자녀도 가능하였고 흔치는 않지만, 고위관직의 자녀도 응시하였다. 초시에서는 190여 명을 선발하여 최종합격자는 28명에 불과했다. 문과는 장원이 있었으나 무과는 장원이 없으며 갑과 3명, 을과 5명, 병과 20명으로 선발되었는데 이 역시도 등급에 따라 종7품에서 9품까지 임용되었다.

시험과목은 초시에는 활쏘기 등 무예를 실시하였고 복시에서는 『경국대전』, 『병서』, 『경서』 등의 시험을 보았는데 문과 무를 겸비한 자질을 함양하기 위한 목적이라 할 수 있다. 마지막 전시에서는 말타기, 격구 등을 통하여 순위를 정해 관직 등용을 하였다.

또한 잡과(雜科, 일종의 기술관 시험)는 기술 관원을 뽑는 3년마다 실시하였는데 역과(譯科, 외국어에 능통한 사람을 뽑는 과거)는 19명, 의과(醫科, 의술에 능통한 사람을 뽑는 과거)에는 9명 그리고 음양과(陰陽科, 천문, 지리, 명리학 즉 길흉화복과 운명에 밝은 사람을 뽑는 과거)는 9명, 율과(律科, 형률에 밝은 사람을 뽑는 과거)는 9명으로 총 46명을 선발하였다. 특히 음양과에서 천문학은 천문학을 전공하는 생도만이 응시 가능하며, 다른 과는 교생(校生, 향교의 유생)과 부학생(副學生)도 응시를 할 수 있었다.

이를 정리하자면, 고려, 조선 시대에 잡학(雜學)은 유학(儒學)과 무학(武學) 이외의 모든 학문을 뜻했다. 조선 시대에 설치한 십학(十學)에서는 유학과 무학을 제외한 이학(吏學), 역학(譯學), 음양풍수학(陰陽風水學), 의학(醫學), 자학(字學), 율학(律學), 산학(算學), 악학(樂學)을 잡학이라고 불렀으며 그 외에 서학(書學), 천문학, 화학(畵學), 도학(道學), 지리학, 복학(卜學) 등도 잡학이라고 불렀다. 잡과에 합격하면 3품까지 승급할 수 있었으나 문과에 응시하여 합격하면 그 이상의 품계를 받을 수 있었으며 이러한 예로는 태종 때의 정신(鄭信)과 세조 때의 임건(林健)은 율관(律官)으로서 문과에 합격한 예가 있다.

과거시험이 아닌 간단한 시험으로 하급 관리를 뽑는 제도가 있는데, 이를 취재(取才)라고 한다. 조선 시대 전기까지는 하급 관리를 무시험으로 뽑는 경우가 많았는데 이런 부조리를 막기 위해 치러진 시험이었다. 예를 살펴보면 지방의 교관(校官), 역승(驛丞, 역참 일을 하는 사람), 도승(渡丞, 나루터에서 일하는 사람), 서제(書題, 기록하는 사람), 음자제(蔭子弟, 조선 시대, 과거를 치르지 않고도 벼슬을 할 수 있는, 공신이나 높은 벼슬을 지낸 양반의 자손을 이르던 말), 녹사(錄事, 문서를 취급하거나 기록하는 사람 혹은 공문서를 전달하는 사람, 書吏), 도류(道流, 도를 닦는 사람 혹은 조선 시대에 소격서 즉 도교를 관장하던 관청)에 속하여 도교에 관한 업무를 보는 잡직 벼슬, 악생(樂生, 연주하는 사람), 악공(樂工, 악기를 만드는 사람) 등이 있다.

이로써 조선의 과거제도는 노비나 천민이 아닌 이상은 본인의 학문적 수준이나 능력에 따라 충분히 출세하는 길이 개방되어 있었다. 우리가 흔히 양반 이외에는 출신의 계층이 이동하지 못한다고 오해하고 있으나 고려 시대보다는 훨씬 더 개방되었다. 또한, 관직도 세습되지는 않았다. 따라서 조선 시대의 과거제도가 훌륭한 가문이나 자제들에게 많은 특혜를 주는 불공평하다는 것은 잘못된 편견이라 할 수 있다.

물론 양인의 신분에는 약간의 차별이 있었다. 왜냐하면, 양반, 중인, 상민 3계층의 위계 질서는 존재하였지만, 이는 상민(常民)에 대한 잘못된 해석이다. 상민은 평범하고 보통 사람이라는 의미인데, 대부분 이들은 농민이었고 이들도 학문을 탐구하여 과거급제하는 길이 열려있었다. 물론 농민은 중인보다 경제적으로 궁핍하여 농사일 이외는 생각하지도 못하였으며, 따라서 합격률은 중인보다도 현저히 낮았다. 반면에 중인들은 지방의 하급 관리나 기술자를 말하는데 이미 이 사람들은 지식수준은 상당하게 높은 수준에 있었고 지방에 토지를 갖고 있어서 과거시험에 나가는 길이 농민보다는 훨씬 유리하였다.

한편, 관리를 선발하는 방법 중에는 천거제도(薦擧制度)가 있다. 천거제도란 정치적으로 유능하면서 지방이나 은거하고 있는 학식이나 덕망이 높은 인재를 발굴하기 위한 제도이다. 중국 한(漢)나라 때에 관리 등용 제도의 하나로 성립된 '천거제'는 우리나라의 삼국시대 초기에 도입되어 시행되었으며, 고려와 조선 시대로 이어져 계속 운용되었다. '천거제(薦擧制)'의 정신은 고려왕조 개국 직후부터 강조되었다. 태조 때에 현인의 발탁을 촉구하는 교령을 반포하였고, 실제의 천거 사례도 나타났다.

고려의 천거제도는 성종 대에 이루어진 유교의 정치 이념화(政治理念化)와 중앙 및 지방

관제 정비 등과 함께 정비되었다. 즉 성종 6년(987) 8월에 내려진 교령에 의하여 천거가 항식화(恒式化)됨으로써 성립되었고, 교령의 내용은 열심히 공부를 한 자(者) 중 재주가 뛰어난 자를 서울로 천거토록 하고 그것을 항식화(恒式化)하라는 내용이다.

조선 시대는 유교의 정신으로 국가가 성립되었다. 따라서 유교의 정치이념은 인, 의, 예, 덕의 윤리가 매우 중요하다. 윤리로 나라를 다스리는 목적은 '강경 탄압'이 아닌 '온건 통제'이기에 관직과 복록을 통해 서한 시기부터 특히 한대부터 확립되어 박식한 유생을 조정으로 불러 관직을 주고 어용 문인으로 만드는 것이다. 한(漢)의 제도에 따르면 지방관은 조정에 인재를 추천하는 것이 중요한 임무 가운데 하나였다. 추천하지 않으면 그 죄를 물었고 잘못 추천해도 마찬가지다. 한 무제는 이렇게 말했다.

> "열 집이 모인 읍에도 반드시 충신이 있고, 세 사람이 동행할 때면 그들 가운데 내 스승이 있다"(『한서, 武帝記』).

한 무제 시대에는 이러한 제도를 찰거제(察擧制)라고 하였는데 유교적 정치이념에 따라 도덕적인 것이 중요해졌다. 그러나 이러한 유교적 이념이 변질되어 이 제도를 폐지하고 인재를 9등급으로 분류하여 품계에 따라 관직을 주는 천거제(薦擧制)를 도입하기 시작했다. 천거는 아무나 하는 것이 아니라 3품 이상의 고관들이 할 수 있었고 천거된 인재는 간단한 시험인 '현량(賢良)'이라고 통칭이 되는 과목을 시험하는 것이 일반적이었으나 바로 선발되는 경우가 있었다.

시행 시기는 정기적으로 시행되기도 하였고, 천재지변이 일어날 때 시행되기도 하였다. 그러나 천거에 책임을 묻는 것도 특징이라 할 수 있는데 예를 들면 천거된 자가 부정이나 죄를 지으면 천거한 사람도 함께 죄가 있어서 아무나 천거하지도 않았고 실제로 천거된 사람은 별로 없었다. 그러나 인치의 색채가 짙고 독단적이며 사족(士族)의 농단이 심해서 과거제로 바뀌었다.

자랑스러운 우리의 역사

제 **10** 장

한국인의 얼을 심어준
한글 창제와 문화유산

자랑스러운 우리의 역사

제10장 한국인의 얼을 심어준 한글 창제와 문화유산

1. 성리학의 발달

조선의 건국은 고려가 불교를 숭상했던 것과는 달리 유교가 그 중심이 되었다. 그렇다고 해서 불교를 완전히 배척한 것이 아니라, 불교의 폐단을 바로잡으면서 유교가 중심인 정신문화를 상호보완적으로 이끌어 갔다. 따라서 성리학은 남송의 주자(朱子)가 만든 이론으로 우리나라에 도입된 시기는 고려 말이었다. 성리학의 이기론은 우주 자연의 원리와 인간사회의 질서를 주장하는 이론이다.

사대부들은 성리학을 적극적으로 도입하여 현실정치에 이용하였다. 구체적으로는 권근(權近, 1352~1409), 정몽주, 이색 등이 이를 적극적으로 수용했다.

이러한 과정에서 불교를 비판한 사람이 정도전(鄭道傳, 1342~1398)이었다. 그는 사람에게는 성(性)으로, 자연에는 오행으로 구현되는 이(理)가 사물의 발생과 소멸을 결정하며 사회의 윤리, 도덕과 질서를 주관하며 불교를 윤리, 도덕을 저버리는 이단아라고 불교를 비판하였다. 조선의 정신을 개혁하는 데 있어, 불교의 비판은 필요하였기 때문이다. 당시 동양 최고의 불교 비판서인『불씨잡변(佛氏雜辨)』을 통해 승려의 정치참여를 금지하고 원래의 종교로 돌아가게 하였으며 그 중심에 성리학을 올려놓았다.

정도전은 고려 말, 진사시(進士試)에 합격하여 성균관에서 유학을 공부하였는데 특히 『맹자(孟子)』에 심취하였다. 고려 말 나라의 어지러운 꼴을 보면서 인(仁)을 강조한 공자보다 의(義)를 내세우고 역성혁명(易姓革命)을 주장한 맹자의 사상에 깊이 공감했다.

정도전은 동문수학한 정몽주(1337-1392)가 명나라에서 가져온 책들을 구해 읽으면서 함께 역성혁명 사상에 공감하였다. 그러나 두 사람은 동문수학하였음에도 불구하고 혁명의 방법을 두고 둘이 갈라져 한 사람은 개국공신으로 또 한 사람은 죽음으로 서로 다른 길로 걸어갔다. 이들을 가르친 스승이 이색(李穡, 1328-1396)이다. 정도전과 정몽주는 혁명에는 동감하였으나 정도전은 급진적으로 개혁하여 고려왕조를 없애는 것이고 정몽주는 고려왕조를 토대 위에 점진적으로 개혁을 하자는 방법론을 두고 다른 길로 가야 했다.

정도전이 고려 말의 정치 문란, 민생 파탄의 주요인 중 하나로 특히 분노한 것이 권문세족과 불교의 부패였다고 굳게 믿고 있었다. 『불씨잡변(佛氏雜辨)』에서 부처님을 불씨(佛氏)라고 부른 것이 엄청난 파격적이다. 『불씨잡변』은 정도전의 작품을 수록한 『삼봉집(三峯集) 9, 10권』에 『심기리(心氣理)』, 『심문천답(心問天答)』과 함께 실려 있으며 『조선경국전』과 함께 조선 건국의 사상적 기초를 닦은 작품이다. 삼봉 스스로 후대 사람들에게 불교의 허망함을 깨닫도록 할 수 있다면, 죽어도 마음이 놓인다고 했을 정도로 '척불론' 사상을 피력했다.

불교 비판의 사상적, 현실적 배경은 원나라에서 성리학이 도입되자 유학자들은 불교의 폐단을 지적하였고 결국에는 불교사상에 대하여 전반적으로 비판하게 되었다. 정도전 역시 성균관 박사로 활동하면서 배불(排佛 혹은 斥佛) 사상을 체계적으로 전개해 나가기 시작했는데, 정몽주, 이색 등 온건 세력이 불교의 사회적 폐단을 단순하게 비판했던 반면 삼봉은 사상적 측면과 정치적, 사회적 측면에서 불교를 공격했다.

정도전은 우선 사상적 측면에서 불교의 윤회설(輪廻說), 인과설(因果說), 심성론(心性論)을 가감 없이 비판하였다. 예를 들어 인간은 기를 받아서 태어나고 죽을 때는 기가 흩어져 없어지므로 불교의 교리대로 다시 몸을 받아 태어날 수 없다고 윤회설을 비판하며, 불교에서 마음 자체를 본성으로 파악하여 비움(虛)을 추구하는데, 이는 마음과 본성을 구분하지 못한 잘못이라고 지적하였다.

한편 현실적 측면에서 정도전은 불교의 사회적 폐단, 즉 사원이 세금을 포탈하거나 종교 행사를 위해 너무나 많은 재물을 소비하였고 고려 후기 신돈(辛旽, ?~1371)과 같은 승려들이 정치에 깊이 관여하여 나라를 혼란스럽게 하였으며 불교가 출가를 권장하는 등 유교적 오륜과 인륜을 어지럽게 한다는 것이다.

성리학의 본질인 도덕 수양을 강조한 학자들은 조선왕조 개국에 반대하여 재야로 숨어 버렸다. 이들은 16세기경부터 두각을 내기 시작하였는데 이들이 사림파(士林派)이다. 사림파(士林派) 또는 사림(士林), 유림은 전원의 산림(山林)에서 유학을 공부하던 문인, 학자로서 15세기 이후에 조선 중기 중앙정계를 주도한 정치집단이다. 고려 말기의 유학자 길재(吉再)가 은퇴하여 고향에서 후진 양성에 힘쓴 결과 영남 일대는 그의 제자가 많이 배출되어 조선 유학의 주류를 이루었다. 온건파 사대부를 계승하여 훈구파와 대립하였다. 이들의 계보를 살펴보면 학맥상(學脈上)으로는 백이정과 안향에게까지 거슬러 올라가는데, 백이정, 안향→이제현→이색→정몽주→길재→김숙자→김종직으로 이어진다. 김종직 대에 이르러 많은 제자를 양성하게 된다.

사림은 대부분이 조선의 건국에 협력하지 않고 지방에 내려간 학자들로, 중소지주층을 이루고 있었다. 이들은 대농장을 소유하고 있었던 훈구세력과는 달리 생업에 힘쓰면서 학문을 해야 했기 때문에, 훈구(勳舊)세력에 비하면 경제적 기반이 취약했다. 그러나 16세기 이후로『농사직설』과 같은 농서가 간행되고, 목화와 약초 등의 재배가 널리 퍼지면서, 농산물을 사고파는 장시가 발달하여 전국적으로 형성되었다. 이모작 역시 널리 퍼지면서 농업 생산성이 향상되었다. 이를 통해 농촌의 중소 지주인 사림도 경제적 여유가 생겼고 농민과 공존하는 안정된 농촌사회를 건설하고자 하였다. 이때 훈구세력은 권력을 사용하여 광대한 농장과 많은 노비를 소유하는 등 재산을 크게 늘렸다.

조선의 건국에 참여하지 않은 신진사대부들은 향촌에 살면서 학문과 교육에 힘쓰고 있었다. 이들은 유향소를 구성하여 지방의 백성들을 교화하고 수령의 자문에 응하는 등 향촌의 행정을 도왔다. 사림은 향약을 보급하는 데에도 힘썼다. 이에 따라 중국의『여씨향약』을 번역하여 전국에 보급하고, 점차 조선의 실정에 맞는 향약을 만들어 마을 단위로 시행하였다. 아울러 동네에서 자발적으로 만들어 시행해 오던 계의 운영 방식을 향약 속에 흡수하여 가난한 농민들의 생활 안정에도 힘썼다.

요약하면 이들은 이성계의 정치세력에 참여하지 않은 점진적 개혁가로서 고려말 고려의 충신 정몽주를 깊이 추앙하면서 공리(功利, 공명과 이익)와 부국강병(富國强兵)을 배격하고 기절(氣節, 기개와 절개)과 의리(義理, 사람으로서 지켜야 할 도리)를 존중하며 향촌 사회의 정치적, 사회적 자율성을 강조하였던 학자들이다. 즉, 학문에 있어서 개인의 도덕적 수양을 강조한 학자들을 칭(稱)한다.

또한 조식(曺植, 1501~1572)은 조선 중기의 대표적인 성리학자로 영남을 대표한 인물이다. 그는 이황과 영남에서 쌍벽을 이루는 대학자로서 지리산 부근에서 처사(處士, 벼슬을 하지 않고 초야에 묻힌 사람)로 지내면서 경(敬)과 의(義)를 근본으로 하는 실천적 학풍을 만들었다. 조식은 경상좌도의 대학자 이황과 같은 시대에 살면서 경상우도를 대표하는 유학자로 그와 쌍벽을 이루었다. 저서로 『남명학기유편』, 『남명집』 등이 있으며 특히 의(義)와 경(敬)을 존중하고 아는 것을 실천하는 선비정신을 강조하였다.

2. 기록문화의 전성시대

조선은 고려와 달리 성리학 중심의 국가이기 때문에 무엇보다도 학문에 대한 기록이 매우 많았다. 이에 대하여 다음과 같이 적었다(한영우 2).

> 성리학은 경학(經學, 사서오경을 연구하는 학문)을 도(道)를 담은 학문, 사학(史學, 역사학)을 사실을 기록하는 학문으로 이해하고, 경학과 사학을 경위(經緯, 직물의 날과 씨), 곧 날줄과 씨줄로 보았다. 따라서 조선 시대 성리학이 발달하면서 역사학과 기록문화가 발달했다. 또 유교는 정치에 대한 백성들의 믿음을 중시하고 그 믿음을 얻기 위해 정치에 대한 기록을 철저히 하여 정치의 투명성과 책임성을 높여야 한다고 보았다. 기록을 '정치의 거울'로 보았다.

이러한 성리학의 발달은 백성들에게 올바른 통치와 과거 정치에 대한 불신을 없애기 위해 모든 정치의 일들을 기록으로 남기는 기록문화의 전성시대를 만들게 되었다. 결국은 이러한 기록(記錄)을 편찬하여 민본정치를 구현하기 위함이고 결국에는 백성들의 이로움을 주기 위한 임금의 정치를 횡포에서 벗어나고자 함이라는 것이다. 그 예가 『실록』과 『등록』이다.

『등록(謄錄)』이라는 것은 일지 형식으로 기록되어 있으며, 관아의 소관 업무나 관아 간에 문서의 전달 및 업무 과정 등을 잘 파악할 수 있는 자료이다. 대표적『등록』인『비변사등록』은 비변사에서 매일 회의한 내용을 수록한 것으로, 1617~1893년까지 즉 광해군에서 고종 30년까지 280여 년 동안 열두 명의 왕을 거쳐 273책이 남아 있어 조선 후기의 국정 전반에 걸친 기본자료가 수록되어 있다.

『등록』은 기관의 문서가 시기(時期) 순(順)으로 정리되어 있어 사료(史料)로서, 이용하고, 편리하고 가치도 커 조선 후기부터 말기의 정치적, 사회적, 경제적 동향을 보다 더 구체적으로 알 수 있다. 원본을 해당 관원들이 등사한 것이기 때문에 내용의 첨삭(添削)이 많다는 점도 특성이다.

이 등록류(謄錄類)들은 일지식(日誌式)으로 기록되어 있으며, 각 관아의 소관 업무나 관아 간 문서의 전달 및 업무의 시행과정 등을 잘 파악할 수 있는 자료이다. 우선 왕실과 관련이 있는 등록류(謄錄類)로서는 종친부에서 왕실 및 종친에 관련된 모든 사실을 일지로 기록한『종친부등록(宗親府謄錄)』, 종부시에서 소관 업무를 기록한『종부시등록(宗簿寺謄錄)』등이 있다. 각 궁의 행사와 사건 등의 기록으로『용동궁등록(龍洞宮謄錄)』등이 있다. 한편 예조 전향사에서 각 능의 관리에 대하여 기록한『각능등록(各陵謄錄)』,『국조능침등록(國朝陵寢謄錄)』이 있다(『백과사전』).

이를 위해서 각 관청에는 업무 일지를 편찬하는데 이를,『등록(謄錄)』이라 하고 춘추관에서 해마다『시정기(時政記)』— 시정(時政) 가운데 역사에 남을 사료들을 추려 사관(史官)이 기록한 것 — 를 편찬했다. 예를 들면 오늘날 대통령의 비서기관인 격인 승정원에서는 임금의 일과(日課)를 매일 기록한 것을『승정원일기(承政院日記)』를 만들었는데 이는 왕과 신하 사이에 오고 간 문서, 일과(日課)이다.

『승정원일기(承政院日記)』는 조선왕조는 초기부터 왕명 출납과 관계된 기록을 남겼는데, 일부는 여러 차례의 병화(兵火, 전쟁으로 인한 화재)로 소실되었다. 1894년 이후 승정원이 승선원, 궁내부, 비서감, 비서원으로 바뀌면서『승정원일기』도 그 명칭이 바뀌어 1910년까지 존속했다. 본래 3,047책이었으나 모두 3,045책이 남아 있다. 1894년 이후 것까지 합하면 3,245책이다. 일기에 수록된 내용은 왕명 출납(王命出納), 궐문감약(闕門監鑰), 등연(登筵), 입시(入侍), 추국(推鞫), 정사(政事), 포폄(褒貶), 과시(科試), 병무(兵務), 제향(祭享), 의절(儀節), 사대(事大),

교린(交隣), 승정원과 다른 관직인 의정부(議政府), 대신(大臣), 사관(四館), 사관(史官), 옥당(玉堂), 분사(分司), 승전색(承傳色), 사알(司謁), 선전관(宣傳官)과의 관계 등 이었다. 이 책은『일성록 (日省錄)』,『비변사등록』과 더불어『조선왕조실록』의 편찬에 기본자료로 이용되었고, 실록 에 앞서는 1차 사료로 평가되고 있다. 국보 제303호이며 규장각에 소장되어 있고 지금은 유네스코 세계 기록문화 유산에 등록되어 있다.

『일성록(日省錄)』은 국보 제153호인 조선왕조의 대표적인 관찬사서(官撰史書)로 관청에 서 편찬한 책의 하나이다. 2,327책의 필사본인데, 현재 전하는 것은 정조 연간 676책, 순조 연간 637책, 헌종 연간 199책, 철종 연간 220책, 고종 연간 562책, 순종 연간 33책이다. 정조 는 세손 때부터 매일 일기를 써서 이를『존현각 일기』라 했다. 즉위한 뒤에도 계속 일기를 썼고, 1781년 규장각 신하들에게 일기를 쓰는 습관을 밝혀 공식적인 기록으로 후세에 전 하고자 했다. 이에 제목을『일성록』이라 정하고 초기에는 정조가 직접 적어나가다가, 1785년부터는 규장각 관료들이 편찬하게 했다.『일성록』을 편찬한 목적은 영조의『어제 자성편(御製自省編)』의 뜻을 본받아 유교적 덕치를 이상으로 하는 국왕이 자성의 근거로 삼기 위한 것으로 규장각에 소장되어 있다.『조선왕조실록』,『승정원일기(국보 제303호)』, 『비변사등록』과 더불어 조선왕조의 대표적인 관찬 사서의 하나이다.

『어제자성편』에서 영조는 오직 '애민(愛民)'만을 군주의 의무로 규정하였으며, 각종 윤음 (綸音, 윤언, 윤지, 임금이 백성에게 내리는 말)에서 "임금이 백성을 위해 있는 것이지, 백성이 임금을 위해 있는 것이 아니며", "민심의 향배와 천명의 거취가 오로지 자신에게 달려 있 으니", 백성을 구제하지 못한다면 역성혁명의 대상이 되는 독부(獨夫)에 지나지 않는다고 극언하기를 서슴지 않았다. 이제 맹자(孟子) 사상으로 무장한 새로운 형태의 초월적인 국 왕이 역사 무대에 등장하였다. 더욱이 영조는 어제(御製)에서 "군주는 백성에 의지하고, 백성은 나라에 의지하니", "군주와 백성이 서로 의지하고", "백성과 나라도 서로 의지한다." 라고 하여, 백성을 시혜의 대상이 아니라 왕정의 동반자로 간주하였다. 18세기 탕평 군주 는 사족, 서얼, 중인, 농민, 공인, 시인, 천인 등을 모두 국가에서 배려해야 할 '광의(廣義)의 백성'으로 재선정하고, 왕정의 지지 세력으로 끌어들여 사회 변동기를 지혜롭게 대처하였다 (『태백산 사고본, 82책 125권 12장』,『국편 영인본, 44책』500면).

또한, 국정을 논의하는 자리에는 항상 사관이 참석하는 것이 반드시 있어서 그 자리에서 논의된 말과 행동을 속기(速記)했는데, 이 자리에는 예문관(藝文館)의 한림(翰林, 검열, 봉교, 대교)이 두 사람씩 조를 만들어 참석하였다. 사초(史草)는 조선 시대에 공식적인 역사서인 실록편찬에 사용되었던 자료이다. 사관들의 근성에 관하여 소개한다면

> 親御弓矢, 馳馬射獐, 因馬仆而墜, 不傷。顧左右曰: "勿令史官知之"
> 친히 활과 화살을 가지고, 말을 달려 노루를 쏘다가, 말이 거꾸러짐으로 인하여 말에서 떨어졌으나, 다치지는 않았다. 좌우를 돌아보며 말하니: "사관(史官)이 알게 하지 말라(태종 4년(1404) 2월 8일 4번째 기사)"

왕이 알리기 싫어한 일조차 기어코 사관들이 알아내어 기록에 남겼고, 후대에도 그걸 없애지 않고 편찬까지 했다는 얘기이다. 특히 태종 때 민인생(閔麟生)이란 사관은 경연 때 왕이 말하는 걸 들으려고 병풍 뒤에서 숨어있던 경우도 있었고, 평범한 연회 때도 기록하려고 초대도 안 받고 불쑥 나타나지 않나, 태종 때 이름 모를 사관은 왕과 중전 등이 거주하는 내전에 들어가려고 했었다고, 이 정도의 근성을 가진 오늘날의 기자정신을 발휘하고 있다.

사초(史草, 사기의 초고)는 조선 시대에 사관(史官)은 왕이 참석하는 행사에 모두 동행하여 사실 있는 그대로 기록하여 사초를 만들었으며 기록의 객관성을 확보하고 사관의 독립성 확보를 위해 임금이라도 사초의 내용을 볼 수 없었다. 편찬 작업을 통해 기록물이 작성되고 나면 세초(洗草: 사초를 물에 씻어 흘려 버리는 일)를 하고 사초에 쓰인 종이는 재활용하여 사용하였다.

세초(洗草)란 초초와 중초 때문에 나중에 문제가 발생함을 막고자 아예 물에 씻어서 새 종이로 만들어 버리는 것을 말한다. 이 세초식(洗草式)은 실록편찬의 '쫑파티' 역할을 하기도 했는데 세초식 장면을 그림으로 그려 남겨두기도 했다. 세초가 시행되는 곳은 현재(現在)에 남아 있는 서울 종로구 신영동의 '세검정'이었다. 세초 후에는 '세초연'이라는 잔치를 열었다고 한다. 어떤 의미에서 실록편찬 과정은 세계적인 역사 기록의 편찬 과정이면서도 세계적으로 유례없는 기록 말살의 과정인 셈이기도 하다.

세초에는 두 가지 이유가 있다. 첫째는 물자를 아끼기 위해서이다. 왕도정치를 표방한 조선 왕조는 꽤 검소하게 정부를 운영했기 때문에 모든 물자를 귀하게 여겼다. 조선 조정(朝廷)에서는 초초본과 중초본의 제작에 들어가는 종이는 무척 아까운 지출이었다. 굳이 검소를 표방하지 않았더라도, 당시 종이는 현대에 생각하는 것보다 훨씬 더 귀한 물건이었고, 반도 내에 널리 퍼져있는 험난한 산세(山勢) 같은 환경의 문제들로 인해 세금을 거두는 것이 한계가 있었던 조선 조정에서는 너무 많은 지출이었다. 특히 한지는 제작공정이 까다로워서 대량생산이 불가능했고, 고급지(高級紙)는 더욱 귀했다.

여기에 두 가지 판본 외에도, 사료 편찬을 위해 왕의 재위기간(在位期間) 동안 사관들이 열심히 여러 가지 일을 기록한 원본 사료인 사초에 쓰인 종이까지 합하면 그 양이 어마어마했다. 이 정도 양을 한 번 쓰고 말기에는 너무 아깝다고 생각하여 정 초본이 완성되면 필요성이 줄어든 다른 사료들의 종이를 재활용하고 전부 세초를 하는 것이다. 한지(韓紙)는 찢어지지 않도록 주의해서 물로 잘 씻어 먹물을 빼낸 뒤 잘 말리면 다시 사용할 수 있다.

두 번째로는 사초 기록에 있어 사관들의 자율성을 보장하고, 정쟁의 소지를 차단하기 위해서이다. 다듬어서 완성된 형태로 만든 실록과는 달리 사초는 그야말로 어떤 상황에 대해 사관의 생각이 여과가 없이 기록된 경우가 많았기 때문에 이로써 사관들이 화를 입거나 정쟁이 불거지는 경우가 많았다. 특히 연산군 때 김일손(金馹孫, 1464~1498)의 사초에서 비롯된 무오사화는 사초의 내용이 공개될 경우, 어떤 일이 벌어질 수 있는지를 잘 보여준다.

무오사화가 벌어지는 과정에서 연산군이 사초를 열람하였고, 이 때문에 많은 신하를 처벌하였기 때문에 중종 때 대대적으로 세초를 하고, 아예 세초를 의무로 규정하여 이전에 세초를 하지 않고 남겨뒀던 사초까지 모두 씻어 버렸다. 연산군 이후 사초를 보려 한 임금은 없었다. 금기시되는 일인 데다, 연산군 이후 사초 열람을 시도하는 것 자체를 '나는 연산군 같은 폭군이다!' 하고 선언하는 짓으로 인식했기 때문이다. 물론 그렇다고 해서 명색이 '기록물'인데 왕이 실록을 참고조차 하지 않은 건 아니다. 왕이 실록을 직접 읽지는 않되, 조정에서 중요한 판단을 내려야 할 일이 있으면 그 전례를 찾아보기 위해서 왕이 사관에게 지시를 내려 열람하여 기록을 찾도록 했다. 과거에는 연산군 때부터 세초가 시작되었다고 널리 알려져 있었으나, 성묘보전세초록이 발견되며, 조선 초기에도 세초가 행해져 왔다는 것이 밝혀졌다.

이러한 사초는 역사편찬의 첫 번째 자료로 실록편찬의 토대가 되었다. 시정의 득실과 관원의 잘잘못, 기타 사회의 모든 비밀을 보고 듣는 대로 직필하여 비밀리에 가지고 있다가 실록편찬 때 춘추관으로 납부했다. 『실록』을 편찬하게 되면, 공고해서 그 시대에 사관을 지낸 사람들에게 일정한 기한 안에 사초를 납부하게 했다.

만약 정해진 기간 안에 사초를 내지 못할 경우, 그 사관의 자손을 관리로 등용하지 않는 등의 형벌을 가했다. 원칙적으로 왕을 비롯한 누구라도 『실록』을 편찬하기 전까지는 볼 수 없었기 때문에, 사관들이 안심하고 직필할 수 있도록 했으나 종종 지켜지지 않아 말썽이 일어나기도 했다. 이러한 예가 『인조실록』에 적혀 있다.

> 개새끼 같은 것을 억지로 임금의 자식이라고 칭하니, 이것이 모욕이 아니고 무엇인가?
> 狗雛強稱以君上之子, 此非侮辱而何?

사관들이 보고 들은 모든 것을 적은 문서이긴 하나 일단은 공문서(公文書)다 보니 왕이나 주변 인물들이 하던 욕설은 '흉참한 말', '입에 담을 수 없는 말', '차마 듣지 못할 하교' 같은 식으로 돌려서 말하는데, 자기 손자들에게 한 패드립에 대한 기록이 『인조실록』에 적혀 있다. 『실록』에서 찾아볼 수 있는 왕의 몇 안 되는 욕설 기록이다. 실록 외의 기록에는 정조의 비밀 편지 등에서 확인, 가능하다(인조 24년(1646)).

따라서 『실록』은 왕이 바뀌면 편찬하는데 당대에서는 편찬하는 것이 금지되었다. 실록을 편찬하기 위해서는 임금 사후에 실록청을 설치했는데 여기에 참석하는 인원만 하여도 200여 명이 되었으며 전왕의 통치기록인 『사초』, 『시정기』, 『승정원일기』, 『조보』 등을 정리하여 편찬하였으며 편찬 뒤에는 4부를 필사하여 춘추관(서울), 전주(전라도), 성주(경상도), 충주(충청도)의 사고(史庫, 정부의 서고)에 분산 보관을 하였다.

『실록』은 지우개를 쓰지 않는 전형적인 기록의 역사서이다. 다시 말하면 있는 그대로를 썼다는 데서 의의가 있다. 여기에 대하여 다음과 같이 말하고 있다(『백과사전』).

삼가 살피건대 역대에서 역사를 수찬하는 자는 모두 당시의 기거주(起居注)를 근거하고 간혹 여러 사서(史書)의 기록을 간추려 채록하며 그가 직접 보고 기록한 것을 덧붙였는데도 오히려 어긋나고 잘못된 것이 많았기 때문에 『강목(綱目)』에도 『고증(考證)』, 『집람(集覽)』, 『집람정오(集覽正誤)』의 설이 있었던 것이다. 만약 그중에 사사로이 좋아하고 미워하거나, 공변되지 못하게 시비한 것이거나, 심지어 굽은 것을 곧다고 하거나, 정(正)을 사(邪)라고 하거나, 제현(諸賢)을 무함하거나 일세를 더럽게 먹칠한 부분에 대해서는 바로잡지 않을 수 없었으니, 송(宋)나라 범충(范沖)의 『사서(史書)』가 바로 그것이다. (…) 무사(誣史) 중 특히 근거가 없는 것에 대해서는 약간의 유기(遺記) 및 이목(耳目)이 미치는 바의 사실만을 가지고 이를 증변(證辨)하면서 끝내는 "『실록』을 살펴보건대"로 예(例)로 삼았다. 그 나머지 제신들이 무고되고 모욕을 당한 것에 대해서는 일일이 거론하여 말끔히 씻어내지는 못하였으나, 그 사람의 처음과 끝을 살피면 그의 옳고 그름을 판정할 수 있을 것이니, 보는 사람이 자세히 살필 일이다(『선조수정실록』, 『선조실록』 수정에 참가한 채유후의 후기).

『조선왕조실록』의 또 다른 의의로는 이전 편집의 주체가 마음에 들지 않아 수정본을 새로 내더라도, 원래 『실록』을 없애버리지 않고 온전히 남겨두었다는 점이다. '역사는 승자의 기록'이라는 말이 있듯 당대의 역사를 서술하는 주체가 누구냐에 따라 승자에게 유리한 기록은 부풀려지고 패자에게는 다소 억울한 기록을 넣거나 곡해하는 경우가 다반사다. 하지만 조선왕조실록은 새롭게 쓰더라도 이전 내용과 바꾼 내용을 고스란히 남겨 그 평가를 후손들에게 맡겼다.

이러한 『실록』은 임진왜란으로 모두 불타 없어지고 전주사고 만이 태인 선비 손홍록(孫弘祿, ?~?)과 안의(安義, ?~?) 노력으로 살아남아 이를 다시 네 부를 필사하여 강화도 정족산, 평창 오대산, 봉화 태백산, 무주 적상산에 나누어 보관하였으나 이괄(李适, 1587~1624)의 난으로 춘추관 실록이 불타고 나머지는 1910년까지 보관되었다.

그러나 일제 강점기에 『오대산 본』은 동경대학으로 보냈는데 관동대지진으로 일부가 소실되고 『적성산 실록』은 『창경원 실록』, 『적상산 실록』, 『태백산 실록』은 경성제국대학에 보관하였으나 후에 정부로 이관되었으며 『정족산 실록』은 서울대학교에서 관리하고 있다. 창경원에서 보관되어 있던 『실록』은 6. 25동란에 북한으로 탈취를 당했고 이 『실록』들은 1997년 유네스코에서 세계 기록문화 유산으로 등록되어 세계 유일한 왕조기록으로 남아 있다. 그러나 아쉽게도 고종과 순종 때의 『실록』은 일제 강점기에 편찬되었기에 왜곡이 많다.

또한, 나라의 중요한 행사를 할 때 『의궤(儀軌)』를 만들었다. 이는 나라의 큰 행사가 있을 때 그림이나 기록을 남긴 것이다. 예를 들어 중요한 행사는 왕실의 혼사, 제사, 장례, 외국 사신 영접, 과거시험 등을 말한다. 이러한 행사에서 그림과 행사비용, 참가자를 세세하게 기록하였다. 이러한 노력에도 불구하고 임진왜란 이전 것은 모두 사라지고 조선 후기에 만들어진 『의궤』는 많이 남아 있는데, 서울대학교 규장각, 한국학중앙연구원에 보관되어 있다. 1866년 병인양요 때 프랑스군이 강화도 외규장각에서 약탈해 간 고급어람용(高級御覽用) 『의궤』 약 300권이 소장되어 있었는데 2011년 대여형식으로 프랑스 파리 국립도서관에서 우리나라로 반환되었고 일본에 있던 것도 같은 해에 모두 반환되었다. 우리나라에 있는 『의궤』는 2007년 세계 기록문화 유산으로 인정을 받았고 이를 통해 조선 후기 궁중의 생활양식과 풍습 그리고 국고의 상황을 살펴보는 데 귀중한 자료가 되고 있다.

조선왕조는 『등록』과 『실록』의 편찬에도 관심이 많았지만, 유교적, 성리학적 이념 아래 새로운 시각으로 역사를 편찬하기 시작했다. 태조 4년에 정총(鄭摠, 1358~1397)과 정도전은 37권의 『고려사(高麗史)』를 편년체(編年體, 연도 순으로 역사를 기술)로 완성하였으나 국왕보다 신하들 위주로 작성된 것이 문제시되어 태종에서 세종에 이르기까지 수정하여 1451년 문종에 이르러 기전체로 된 『고려사』를 보완하였다. 이것을 완성한 학자가 조선 초기의 정인지(鄭麟趾, 1396~1478)이다.

편년체와 기전체는 한자 문화권에서 역사책을 기록할 때 사용되는 방법이다. 편년체는 역사적 사실을 세세하게 연, 월, 일 순으로 기록하는 전통적인 방법이고 현존하는 편년체의 사서 중 가장 오래된 것은 공자(孔子)가 노나라의 역사를 쓴 『춘추(春秋)』이다. 우리나라의 대표적인 편년체는 『삼국사절요』, 『고려사절요』, 『동국통감』, 『조선왕조실록』 등이다. 기전체는 인물 중심으로 서술하였으며 『본기(本紀, 제왕의 사적을 기록한 기전체)』, 『세가(世家, 대대로 내려오는 집안의 지위나 특권을 누리는 세족)』, 『지(志, 관직이나 재정 그리고 지리나 제도 등을 기록)』, 『열전(列傳, 많은 사람의 전기를 차례로 펼쳐 놓은 책)』, 표(表, 要項을 순서대로 기술) 등으로 구분하는 정사체(正史體)이다. 이러한 기록하는 방식의 기원은 사마천의 『사기(史記)』이며 『삼국사기』, 『고려사』, 『해동역사』가 기전체로 작성되어 있다.

또한, 역사서를 기록하는 방법 중에는 기사본말체(紀事本末體)와 강목체(綱目體)가 있는

데 기사본말체(紀事本末體)는 사건의 발단과 결과를 실증사학적으로 기술한 것으로서 이긍익(李肯翊, 1736~1806)의 『연려실기술(燃藜室記述)』이 있으며 강목체는 강(綱, 가장 주가 되는 것, 대의), 목(目, 細目)으로 구분하여 서술하는 방식으로 안정복(安鼎福, 1712~1791)의 『동사강목(東史綱目)』이 있다.

조선왕조는 고려 시대에 김부식이 지은 『삼국사기(三國史記)』를 새롭게 편찬하였는데 이 역시도 성리학적 관점에서 작업하였다. 이것을 정리한 책이 『동국사략(東國史略), 일명 三國史略』이다. 여기에서 권근은 불교를 성리학적으로 비판하였고 책의 분량은 단군에서 삼국시대를 망라하는 총 6권으로 되어있다. 그 뒤에 1436년에 권근의 아들 권제(權踶, 1387~1445)는 단군에서 고려 말까지 역사를 노래 형식으로 정리하여 『동국세년가(東國世年歌)』를 편찬하였다. 또한, 이 시기에 『용비어천가(龍飛御天歌)』를 편찬하였다.

세조에 이르러 『동국통감(東國通鑑)』을 고조선과 고구려를 중심으로 편찬하려 하였으나 신하들의 반대로 뜻을 이루지 못하였다. 반대하는 이유에는 자료의 신빙성이 떨어지는 고기류(古記類)를 이용했다는 명목에서이다. 쿠데타로 집권한 세조는 군주의 세습을 옹호하는 유교적 명분을 빌려 자신의 위상을 정당화할 수 없었다. 그래서 그는 유교에서 부정하는 신화적인 역사를 빌어 자신의 왕권을 강화하려고 했다. 그리하여 그는 각종 고기류를 수합(收合)하여 『동국통감』 편찬의 참고 자료로 삼는 한편 동국통감청(東國通鑑廳)을 설치하여 업무를 분담시키는 등 수찬 작업을 적극적으로 주도(主導)하였다. 이러한 연유로 뜻을 이루지 못하다가 성종에 이르러 신숙주(申叔舟, 1417~1475), 노사신(盧思愼, 1427~1498) 등이 이를 수정하여 『삼국사절요(三國史節要)』를 편찬하였다.

후에 세조가 완성하지 못한 『동국통감(東國通鑑)』을 삼국사절요와 고려사절요를 합하여 1484년 성종 때 완성하였으나 성종은 다시 사림파를 이 작업에 참여시켜 수정한 결과로 『신편동국통감(新編東國通鑑)』을 다음 해 완성했다.

조선 초기에 역사서, 통치기록을 기록한 『등록』과 『실록』만 아니라, 통치를 강화하기 위하여 지리도와 지도 그리고 각 지방의 자연환경에 대하여서도 편찬을 시작했다. 지도로는 『혼일강리역대국도지도(混一疆理歷代國都地圖)』가 완성되었다. 이 지도는 세계지도로서 원나라의 세계지도를 참고하였는데 이는 아라비아의 영향을 받았다. 1402년 태종 때 이무(李茂)와 김사형(金士衡, 1341~1407)이 발의하여 이회(李薈, ?~?)가 제작을 하였고 권근이 발문

(發文)을 썼다. 지도 이름은 역대 나라의 수도를 표기한 지도라는 뜻이다. 원본은 현재 전하지 않으며 일본에 필사본 2점이 보관되어 있다. 현존하는 것은 사본뿐이지만 여기에 적혀 있는 지명으로 유추하면 늦어도 1592년까지의 정보가 혼입되어 있을 가능성도 있다(長崎県ホームページ混一疆理歴代国都地図 2008年3月7日確認).

『혼일강리역대국도지도』는 이슬람과 중국의 선진과학이 결합된 산물로(『백과사전』) 6백년 전에 이미 아시아와 유럽, 아프리카까지 아우른 세계지도를 작성했다는 데에서 이 지도의 가치는 매우 높다. 그러나 아직 대륙과 시대 인식이 넓지 않았던 터에 아메리카 대륙과 오스트레일리아(호주) 대륙은 이 지도에는 없다. 이 지도는 15세기 말까지 세계지도로서는 유럽의 것보다도 훨씬 우수한 것이다(Peter Jackson, "The Mongols and the West", p.330). 종합적으로 말하자면 한반도와 일본 지도를 첨가하였으며 중국과 한국을 중심으로 크게 그려놓았으며 아프리카, 유럽은 아시아 지역에 비하면, 보다 상대적으로 작았다. 그러나 호주와 아메리카 대륙은 빠져 있다. 당시에는 호주와 아메리카 대륙이 발견되지 않았기 때문이다.

이 지도를 자세하게 보면 한반도의 지도는 오늘날의 모습과 매우 닮아 있는 것이 희한할 정도이다. 당시의 측량 기술로는 상상이 되지 않을 정도이다. 이 지도를 제작하기 전에 『조선팔도도』가 지도로 나온 적이 있지만 두 지도는 원본이 존재하지 않으며 일본 류코쿠대학(龍谷大學)에 보관하고 있는 지도는 원본에 가까우며 원본과의 제작연대는 50여 년이나 차이가 나는 필사본이다.

세종 때부터 지도와 지리지 편찬이 본격화가 되었는데 새로 편입한 북방영토를 실측하여 만든 『팔도도』가 있으며, 문종, 세조 때의 지도로는 정척(鄭陟, 1390~1475)과 양성지(梁誠之, 1415~1482)가 1463년에 『동국지도』를 만들었는데 이 지도에는 도, 주, 부, 군, 현별로 자세하게 실측하였다.

한반도와 만주 그리고 요하(遼河)지역의 흑룡강(黑龍江, 아무르강)이 그려져 있는 『조선팔도지도』는 우리나라를 "만리(萬里)의 나라"로 표현하였는데 이는 만주를 미수복지역으로 앞으로 차지하여야 할 땅으로 생각하고 있었던 것을 의미한다. 이러한 구절은 『고려사』와 『동국여지승람』의 서문에 적혀 있다. 또 이 지도의 특색은 채색으로 되어있으며 채색의 수는 다섯 가지로 되어있음을 볼 때 오행 사상(五行思想)의 관점에서 국토를 바라보았다는 것이다. 현재 우리나라의 국사편찬위원회가 소장하고 있다.

지리지(地理志)로서는 세종 시기에 『경상도지리지(慶尙道地理志)』, 『신찬팔도지리지』를 필두로 1454년(단종 2년)에 『세종실록지리지』가 편찬되었다. 이 지리지는 『세종실록』에 실려져 있기는 하나 부록이 아니라, 독자적이다. 다른 이름으로는 『세종장헌대왕실록지리지(世宗莊憲大王實錄地理志)』라고도 하는데 조선 초기의 지리서이자 한국 역사상 세 번째로 만들어진 지리지이다. 이 지리지가 『세종실록』에 수록된 것은, 세종의 업적 때문이었다. 조선왕조 사상 가장 빛나는 업적을 담았기에 『실록』에 모두 담을 수 없어서 지리서를 따로 수록하였기 때문이다.

이때의 지리서는 『신찬팔도지리지』를 기본으로 하여 1419년과 1432년에 다시 확인한 지리적 변화들을 추가하고, 4군 6진 개척 이후 편입된 압록강, 두만강 유역의 지리 상황을 추가한 것이다.

경기도 41개 도시, 충청도 55개 도시, 경상도 66개 도시, 전라도 56개 도시, 황해도 24개 도시, 강원도 24개 도시, 평안도 47개 도시, 함길도(조선 시대에 둔 팔도의 하나. 태종 16년(1416)에 영길도를 고친 것인데, 성종 1년(1470)에 영안도(永安道)로 고쳤다가 중종 4년(1509)에 다시 함경도로 고쳤다) 21개 도시에 대한 기록이다. 각 고을에 파견된 지방관의 등급과 인원, 연혁, 각 고을의 별호, 속현과 그 연혁, 진산과 명산대천, 고을 사방 경계까지의 거리, 호구(속현도 따로 기재)와 군정의 수, 성씨(속현도 따로 기재), 토질과 전결(田結), 토의(土宜), 토공(土貢), 약재, 토산, 누대, 역, 봉수, 산성, 제언(堤堰), 사찰 등의 순서로 기록되어 있다. 『신증동국여지승람』과는 달리 각 고을의 공물, 조세, 군역 등 국가가 징발할 수 있는 모든 요소를 총정리해 놓았다.

이 지리지는 다음과 같은 의미가 있는데 첫째로는 우리나라에서 만든 지리지 가운데 모든 것을 풍부하게 적어놓은 최초의 지리지라는 것이다.

1145년 김부식이 편찬한 우리나라 역사상 최초의 지리지인 『삼국사기지리지(三國史記地理志)』와 『고려사지리지(高麗史地理志)』와는 확연하게 차이를 보였다. 그 체제나 형태가 삼국사기의 부록 수준으로 매우 미숙하고 내용도 거의 없으며 그나마 있는 내용은 통일신라가 차지한 대동강 이남의 한반도 지명의 연혁(沿革)에 관한 내용이었다.

두 번째 의의로는 고려왕조보다도 더욱 안정된 중앙집권 국가를 구축하였다는 대표적

인 자료이다. 이는 중앙집권적인 행정력이 지방에까지 영향력을 미쳤기에 자세한 정보를
수록할 수 있기 때문이다.

전대 왕조인 고려는 왕권이 가장 강했던 광종 시기에도 행정력이 지방 구석구석에까지
미치지 못했고 지방관 파견도 중앙 5도 지역과 일부 큰 주현에만 한정되었고 기타 속현에
는 파견할 수 없었다. 고려 자체가 호족연합체로 시작한 나라라 지방세력 통제 실적이
오히려 전 왕조 통일신라보다도 부실하여 세금조차도 따로 내야 했을 정도였다.

조선의 경우 이때를 기점으로 지리지를 편찬하고 전국 모든 고을의 조세 수취, 군역
징발 등의 제반 사항을 중앙에서 직접 통제했다. 지리지를 통해 모든 고을에 지방관을
파견하였고 중앙에 바치는 조세와 군역 등을 파악하는 것일 뿐만 아니라 각 지방의 문화,
백성들의 생활과 처한 상황까지 전부 보고해 올리도록 했다. 각 지역에서 난립하던 호족,
문벌귀족, 권문세족들은 조선 시대에 이르면 서리(書吏)와 같은 아전으로 격하되었고 중앙
정부에 종속되었다.

세 번째로는 현대사에서 일본과 대한민국 사이에 영토문제를 해결하는 데 결정적인
사료라는 것이다. 즉 한반도의 독도나 녹둔도에 대한 영유권 분쟁에서 다른 국가에 사료
로 제공하는 데 가장 결정적인 역할을 한다는 것이다.

특히 독도는 한국 내에서 독도를 직접으로 언급한 최초의 기록 문헌이 바로 이『세종실
록지리지』이고, 일본의 최초 기록인『은주시청합기(1667년)』보다 일찍이 편찬된 매우 중
요한 자료다. 그리고 고려 시대 동북 9성의 공험진 위치 비정을 두만강에서 700리 넘어
송화강 유역이라고 적어놓아서 간도 영유권 문제에도 훌륭한 사료가 된다.『세종실록지
리지』는 1938년 조선총독부 중추원에서『교정세종실록지리지(校正世宗實錄地理志)』라는 제
목으로 출판하였다.

또한, 세종에 이어 문종, 세조에서 지리지가 편찬되었는데 1478년 군사적 사항들이 자
세하게 기록하여 놓은『팔도지리지』가 양성지(梁誠之, 1415~1482)에 의해서 나왔지만 전해
지지 않고 있으며 1469년 예종 원년에 편찬된『경상도속찬지리지』가 있다.

성종 12년에『동국여지승람(東國輿地勝覽)』이 편찬되었는데 이는 동문선(東文選) 가운데
서 뽑은 시문(詩文)을 합한 것으로 반포되지 못하였다. 조선 성종의 명(命)에 따라 노사신
등이 편찬한 우리나라의 지리서이다.『대명일통지』를 참고하여 우리나라 각 도(道)의 지

리·풍속과 그 밖의 사항을 기록하였다. 특히 누정(樓亭), 불우(佛宇), 고적(古跡), 제영(題詠) 따위의 조(條)에는 역대 명가(名家)의 시와 기문도 풍부하게 실려 있다. 55권 25책의 활자본이다.

이 책은 김종직 등에 의해 개찬(改撰)이 되었는데 이를 『신찬동국여지승람』이라 하였고 임사홍이 다시 수정하여 『신증동국여지승람』이라 했다. 우리가 알고 있는 『동국여지승람(東國輿地勝覽)』은 이 책을 말한다. 성종이 노사신, 양성지, 강희맹(姜希孟, 1424~1483), 서거정(徐居正, 1420~1488) 등에게 세조 때의 『팔도지리지』를 바탕으로 지리지를 편찬하게 하였는데, 이것이 55권 55책이 되었다.

정확히는 성종 때 간행된 것은 『동국여지승람』이고 이를 다시 증보, 개정한 것이 중종 때 간행된 『신증동국여지승람』이다. 현재 성종 본은 전해지지 않고 중종 때 간행된 것은 남아있다. 이 책의 구성은 1~2권은 경도(京都), 3권은 한성(漢城), 4~5권은 개성, 6~13권은 경기도, 14~20권은 충청도, 21~32권은 경상도, 33~40권은 전라도, 41~43권은 황해도, 44~47권은 강원도, 48~50권은 함경도, 51~55권은 평안도에 대해서 쓰여 있다.

각 도의 지리를 수록하였는데, 기존 지리지와 크게 달라진 것은 바로 토지나 군사 대신, 인물의 비중을 기록하였다는 것인데, 이것은 성리학이 조선에 전파된 영향으로 보인다. 역대 지리서 중 가장 종합적인 지리서로 꼽고 있으며, 정치사, 제도사는 물론 향토사 연구에도 필수 불가결한 책이다. 지방 통치를 위한 정보를 확보하기 위해 간행되었다.

『동국여지승람』과 『신증동국여지승람』의 특징은 전자는 훈구세력에 의해서 작성되어 있기에 부국강병과 우리나라의 혼을 담겨놓는 데 중점을 두었고 이를 반증하는 것이 우리의 국토를 '만리대국(萬里大國)'으로 표현했다는 것이고, 후자는 사림세력이 국토를 관리하는 측면에서 행정적 차원에서 작성하였다. 이를 증명하는 것이 우리의 국토를 압록강 이남으로 한정시켜 놓았다는 것이다.

앞에서 말했듯이 조선 시대에는 행사 때마다 『의궤』를 작성하였다고 했다. 『의궤』를 작성할 때 규범이 되는 『국조오례의(國朝五禮儀)』를 신숙주(申叔舟, 1417~1475), 정척(鄭陟, 1390~1475) 등이 편찬하였다. 『국조오례의(國朝五禮儀)』는 조선 시대 다섯 가지 의례(儀禮)에 관하여 규정한 책이다. 처음에 『세종실록』과 동시에 편찬이 시작되었으나, 성종 때인 1474년 최종적으로 완성되었다.

『오례』는 다음 다섯 가지 예를 말한다. 다섯 가지 예를 보면, 길례(吉禮), 가례(嘉禮), 빈례(賓禮), 군례(軍禮), 흉례(凶禮)로 의식(儀式)을 정리하여 놓은 책이다. 『세종실록 부록』에는 제작 동기를 나타내는 취지문인 서문을 비롯해 의례마다 서례(序例)와 의식을 규정하였다. 『세종실록 부록 오례의 서문』에는 『오례』를 편찬하게 된 이유를 싣고 있다. 건국 초기에 나라의 의전이 갖추어지지 못해, 태종은 허조(許稠, 1369~1439)에 명하여 길례(吉禮)의 서례(序例)와 의식을 매뉴얼화 했다.

그러나 다른 부분은 미처 매뉴얼이 되지 못해 그때마다 재량에 따라 처리하는 불편이 있었다. 이에 세종은 정척(鄭陟, 1390~1475)과 변효문(卞孝文, 1396~?)에게 명하여 가례, 빈례, 군례, 흉례 등의 예규(禮規)를 규정화시켰다. 이미 시행하던 전례(典禮)와 고사(故事)를 취하고, 당송의 제도와 명나라의 제도를 취하였는데, 절차의 과감은 모두 세종이 직접 결정하였다. 이미 완성된 사례와 허조가 찬술한 길례를 덧붙여 『실록』의 끝에 부록으로 첨부하였다는 내용이 기술되어 있다(『조선왕조실록, 오례(五禮), 서문(序文)』).

먼저 길례에는 길례서례(吉禮序例)와 길례의식(吉禮儀式)이 있으며, 종류에는 변사(辨祀), 시일(時日), 단유(壇壝), 신위(神位), 축판(祝版), 폐백(幣帛), 제기도설(祭器圖說), 찬실도(饌實圖), 생뢰(牲牢), 악기도설(樂器圖說), 악현도(樂懸圖), 재계(齋戒), 헌관(獻官) - 직급, 직책별 역할, 관면(冠冕) - 갖추어야 할 복식, 장비가 있고 길례 의식에는 종묘에 제사를 지내고, 친제사직(親祭社稷), 풍수제 등의 좀 더 구체적인 길례의 내용이 소개되어 있다. 가례의 종류에는 납비의(納妃儀), 책비의(冊妃儀)를 비롯하여 책왕세자의(冊王世子儀), 책왕세자빈의(冊王世子嬪儀), 왕세자 납빈의(王世子納嬪儀), 왕세자 혼례(王世子昏禮), 왕녀 하가의(王女下嫁儀), 그리고 문과 전시의(文科殿試儀), 무과 전시의(武科殿試儀), 문무과 방방의(文武科放榜儀), 생원 방방의(生員放榜儀) 등도 가례의 종류에 속한다. 이 외에도 양로의(養老儀)나 중궁 양로의(中宮養老儀) 등의 양로잔치나 왕세자에게 정월·동지에 백관들이 하례(賀禮)하는 의식인 왕세자 정지 백관 하의(王世子正至百官賀儀)도 있다(『조선왕조실록, 오례, 가례, 서례』).

손님이나 사신 등을 맞는 의전인 빈례(賓禮)는 빈례서례(賓禮序例)와 빈례의식(賓禮儀式)으로 구성되어 있으며, 준작, 악기, 집사관이 있다. 빈례의 종류에는 연조정사의(宴朝廷使儀) - 조정(朝廷)의 사신을 연회하는 의식, 왕세자 연조정사의(王世子宴朝廷使儀) - 왕세자가 조정(朝廷)의 사신을 연회하는 의식, 종친 연조정사의(宗親宴朝廷使儀) - 종친(宗親)이 조정(朝廷)

의 사신을 연회하는 의식, 수인국서폐의(受隣國書幣儀) - 근처 국가에서 서폐(書幣)를 받는 의식, 연인국사의(宴隣國使儀) - 이웃 국가의 사신을 연회하는 의식, 예조 연인국사의(禮曹 宴隣國使儀) - 예조(禮曹)에서 인국(隣國)의 사신을 연회하는 의식이 있다(세종실록, 오례/빈례 의식 연조정사의).

군례(軍禮)는 군례서례(軍禮序例)와 군례의식(軍禮儀式)으로 구성되어 있으며, 군례 서례 에서는 병기(兵器), 사기(射器), 집사관(執事官)이 있다.

흉례(凶禮) 의식에는 조선 시대 왕실의 상과 관련된 의전이 모두 이곳에 규정되어 있다. 왕이 승하하기 전의 의식과 절차부터 발인, 종묘에 고하는 부묘의(祔廟儀) 등의 절차가 모 두 이곳에 있다.

그리고 마지막으로는 관료와 사서인들의 장례의식을 첨가하여 놓았다. 한반도 국가들 의 왕실에 대한 기본 예법과 예식은 고대부터 존재해 왔으나 중국의 영향을 받기 전 초기 삼국의 예법은 구체적으로 기록이 남아 있지 않고, 후기 삼국시대부터는 중국의 황실이나 제후와 관련된 행사를 따라하는 데에만 급급했다. 또한, 그나마 자연 발생한 우리나라 독 자적인 예법들은 기록으로 남지 않아 고려~조선 시대를 거치며 많은 수가 사라졌다.

그러다가 정도전이 『조선경국전(朝鮮經國典)』에서 최초로 우리나라만의 예제(禮制)를 기 록했으나 부족한 점이 많았다. 강희맹(姜希孟, 1424~1483)은 『오례의서(五禮儀序)』를 편찬하 며 『두씨통전』과 중국의 여러 예제와 함께 우리나라만의 『속례(俗禮)』를 모으게 된다. 이 후 이를 바탕으로 『국조오례의』가 편찬되며 『경국대전』과 함께 국가의 기본 예전(禮典)이 다. 『국조오례의』는 다음과 같은 의의가 있다.

첫째로 고조선, 삼국, 고려 시대까지는 의식에 일정한 준칙이 없었고 의식의 내용을 통일하거나 기록을 남기지 않았다. 또한, 이전까진 중국의 의례서(儀禮書)에만 기대었으나 『국조오례의』 이후부터 한반도의 국가 의식들은 국가 규정에 따라 정례화되고 체계적으 로 변하게 된다.

둘째로 이전에 그나마 구전되어 전해지던 우리 고유의 왕실의례들은 불교, 유교, 민속 적인 것이 혼합된 잡통(雜統) 의식이었으나 조선조에 와서는 유교를 바탕으로 한 의식, 즉 예교질서(禮敎秩序)가 정립되었다.

셋째로 단순 왕실의 의식만 기록한 것이 아니라 산천, 기우 등 제의식(祭儀式)과 특정일에 치러지는 명절의식, 달마다 치러지는 시향 행사 등 민간의식에 관한 내용도 상세히 기재되어 있어서 고대 민간인들의 문화에 대해서도 상세히 알아볼 수 있다.

그리고 의식 절차뿐만 아니라 의식에 사용된 의복, 재물, 물건, 사용한 제기 등에 대한 모든 것이 상세히 기록되어 있다. 예를 들어 경번갑의 경우 국조오례의에 그려진 삽화들을 통해 우리나라만의 독자적인 경번갑 유형을 파악할 수 있게 되었다. 기타 두두미갑, 두정갑 등 수많은 갑옷과 무기에 대한 삽화들도 모두 『국조오례의』에 기록되어 있다(『국조오례의, 서례, 병기도설』, 『백과사전』에서 재인용). 경번갑(鏡幡甲, 철판 사슬갑옷, 미늘 갑옷 혹은 미늘 사슬 갑옷 영어로는 plate and mail 이라고도 불림)은 철판이 삽입된 갑옷의 일종이다. 찰갑(札甲)과 쇄자갑(鎖子甲)의 혼합형이며 쇄자갑의 단점인 타격, 관통성 무기에 약한 점을 보완하기 위하여 만들어졌다. 이런 형식의 갑옷은 중동, 일본, 중국, 한국, 중앙아시아, 이란 지방, 인도, 동유럽, 무어 등지에서 쓰였다.

이 시기에 특이한 것은 왕조나 양반들뿐만 아니라 일반 백성의 윤리서도 함께 나왔다. 이것이 『삼강행실도(三綱行實圖)』이다. 『삼강행실도(三綱行實圖)』는 1434년 설순(偰循, ?~1435) 등이 세종의 명에 따라서 조선과 중국의 서적에서 군신, 부자, 부부의 삼강(三綱, 유교 도덕의 기본이 되는 세 가지 강령)에 거울이 될 만한 300여 명의 인물을 가려, 충신, 효자, 열녀의 행실을 모아 그림과 함께 만든 책으로 3권 3책의 금속활자 인쇄본이다. 이 책을 편찬하게 된 동기가 다음과 같이 알려져 있다.

> 세종 10년(1428) 무렵, 진주에 사는 김화(金禾)의 아버지 살인사건이 일어났다. 유교 사회를 지향하는 조선으로서는 중대한 일이 아닐 수 없었으며 지배층, 특히 세종이 받은 충격은 컸다. 윤리 도덕을 어긴 강상죄(綱常罪)로 엄벌하자는 주장이 일어났지만, 세종은 엄벌이 능사가 아니고 아름다운 효풍을 널리 알릴 수 있는 서적을 만들어서 백성들에게 항상 늘 가까이 읽게 하는 것이 좋겠다는 생각으로 이를 간행하기에 이르렀다. 말하자면 아들의 아버지 살인사건이 『삼강행실도』를 만들게 되는 동기가 되었다(『한국민족문화대백과사전』).

이러한 동기에서 보듯이 세종의 애민사상이 담겨 있음을 볼 수 있다. 이러한 애민사상은 결국은 훈민정음을 창제하는 밑거름이 되었다고 볼 수 있다. 원래 이 책은 한문으로 편찬이 되어있으나 후에 우리나라의 말의 필요성을 깨닫고 일반 백성들에게 쉽게 이를 알리기 위해 한글 창제로 이어졌다고 볼 수 있다.

3. 문학과 예술

1) 문학

고려 시대의 대표 문학은 고려가요로 대부분 구전(口傳)으로 전해오다가 조선 시대에 이르러 『악장가사』, 『악학궤범』에 한글로 기록하면서 알려지게 되었는데 주로 남녀 간의 사랑, 이별의 정한이나 삶의 고뇌 등을 주제로 한다. 대표곡으로는 「가시리」, 「서경별곡」, 「청산별곡」, 「동동」, 「정석가」 등이 있다.

또한, 고려 시대에 와서는 경기체가(景幾體歌)라는 독특한 문학이 탄생하였다. 경기체가는 신흥사대부에 의해서 창작되었는데 이들은 원래 정치권에서 밀려나 있던 지방세력이나 향리들이었다. 그런데 이들이 무신정권하에서 문벌귀족들이 숙청당한 후 과거제를 통해 중앙으로 발탁됨으로써 신흥사대부 계층이 된 것이다. 따라서 경기체가의 내용은 자긍심과 득의에 찬 모습, 풍류적인 삶 등이 나타난다. 「한림별곡」이 대표적이다.

시조는 고려 중엽 이후에 창작되었고 오늘날까지 간헐적으로 이어오고 있다. 주된 내용은 나라를 잃은 슬픔과 조선 건국을 반대하는 내용이 대부분이다. 후에 조선으로 넘어오면 내용이 달라진다. 대표적인 작가로는 이존오(李存吾, 1341~1371), 이색(李穡, 1328~1396), 정몽주, 이조년(李兆年, 1269~1343) 등이 있다.

그리고 가전문학(假傳文學)이 등장하는데 가전(假傳)에서 '가(假)'는 가짜를 의미하고, '전(傳)'은 한 인물의 일대기를 뜻한다. 즉 사물을 의인화하여 일대기를 소개하고 교훈을 남기는 문학이다. 대표작으로는 『국순전』, 『국선생전』, 『공방전』, 『죽부인전』 등이 있다. 쉽게 설명하자면, 가전문학(假傳文學)은 사람이 아닌 사물을 바탕으로 꾸며낸 문학 갈래이다. 예를 들어 술, 엽전, 지팡이, 거북 등을 의인화(擬人化)한 가전문학 작품이 고려 후기에 유행하였다. 중국 당나라 때 시작된 가전문학의 영향을 받았다.

가전문학(假傳文學)은 사마천의 『사기』 열전의 형태를 따라 하였으며 소설과는 달리 각

부분의 내용이 분리되어 나타난다. 전체 내용이 유기적이지 않고 갈등이 두드러지게 나타나지는 않는다.

　한시는 한문학이 발달하였기 때문에 매우 성행하였는데 대표적 작가로는 이규보, 이색, 정지상, 이제현 등이 있다. 조선의 문학은 전기와 후기로 구분할 수 있는데 대략으로 전, 후기를 구분하는 시기는 임진왜란(壬辰倭亂)과 병자호란(丙子胡亂)을 기준으로 한다. 문학 향유층(享有層)은 전기에는 귀족계급이 주를 이루었으나 후기에는 전쟁을 거치며 평민의식이 신장이 되고 신분제의 동요로 백성과 부녀자로 넓어지게 되며 내용도 다양하게 나타나는 것이 특징이다.

　대표적인 문학으로는 악장(樂章)이 나타나기 시작하는데 조선 건국과 함께 지어졌으며 조선 창업의 정당성을 주로 노래하고 있다. 대표적인 작품으로는『용비어천가』,『월인천강지곡』,『신도가』등이 있다. 특히『신도가』는 정도전이 지은 악장으로 조선의 새 도읍인 한양의 경치와 임금의 덕을 칭송한 노래이다.

　조선 전기의 시조로는 주로 양반층이 주도하였고 충(忠), 강호한정(江湖閑靜)을 노래하였으며 교화의 목적도 있었다. 기녀들도 시조를 많이 창작하였다. 길재(吉再, 1353~1419), 김종서(金宗瑞, 1382~1453), 왕방연(王邦衍, ?~?), 성삼문, 황진이(黃眞伊, ?~?), 홍랑(洪娘, ?~?) 등이 대표적인 작가이다.

　이 장을 시작하면서 시조에 대하여 잠깐 설명하였다. 고려 말부터 사대부 사이에서 유행하였던 시조는 조선 창업의 패기를 담은 시조들이 나타나기 시작했다. 고려 말의 내용과는 사뭇 다르다고 볼 수 있다. 여기에서는 대표적인 기녀 시인 황진이와 홍랑 그리고 여진족을 토벌하고 난 뒤 남아의 기개를 노래한 남이장군의 시조를 소개하고자 한다.

　기녀(妓女, 기생을 의미, 주로 관비)는 불과 100여 년 전까지만 하여도 쉽게 듣는 용어였다. 우리가 흔히 말하는 기생이라는 의미가 있었지만, 원래는 술집에서 웃음이나 몸을 파는 여인은 아니다. 기녀는 궁중 행사나 연회에 참석하여 가무나 풍류를 담당하는 것을 업으로 하는 여성이었다.

　기녀는 신라에서 발생하였다는 원화(화랑의 수장)가 시초라는 발생설이 있지만, 고려 때 유랑생활을 하던 백제 유기장(柳器匠)의 후손 양수척(楊水尺)들의 이름을 관에 등록하여 남자는 노예로, 여자는 기녀(妓女)로 '등록'을 했다는 것이 시초라고 할 수 있다. 이들이 고려 때 세분화(細分化)되어 국가에 소속되어 관기로 불렸으며 일부는 관비로, 나머지는 연회에서 여악(女樂)을 담당했다는 것이다. 이로 보건대, 기녀는 두 가지 기능을 하였는데 첫째는 예능인과 둘째는 창기(娼妓, 몸을 팔던 천한 기생)이다.

이러한 기녀는 조선 시대에 들어와 특수한 신분이 되었다. 그 이유는 당시의 유교적, 가부장적 제도하에서 철저하게 규제를 당했던 여성들과는 달리 하층 천민이면서 사대부들의 유흥(遊興)에 참석하여 자유롭게 생활하였기 때문이다. 또 한편으로는 스스로 생계를 책임지는 유일한 여성집단으로서 일종의 장인(匠人)이라는 것이다. 따라서 기녀들은 사대부들과 거리낌이 없이 시조를 읊으면서 대화와 시조 그리고 사랑을 나누었기 때문에 기녀 시조는 일반 사대부들과는 시조의 성격과 내용이 사뭇 달랐다. 현재 기녀 시조는 60여 수가 전해지는데 조선 전기의 대표적인 작가는 황진이, 홍랑, 한우, 매창 등이 있으며, 후기에는 송이, 매화, 천금, 계단, 명옥 등이 있다.

황진이(黃眞伊, ?~?)는 조선 최고의 기녀로 꼽는다면 단연코 그녀라고 할 수 있다. 황진이는 명문대가(名門大家)인 진사댁의 첩의 딸로 출생했다. 그녀의 미모에 대한 일화(逸話)로는 "동네 머슴이 황진이를 짝사랑하다가 그만 상사병으로 죽어 그의 상여가 황진이 집 앞을 지나가다 멈춰 어느 점쟁이의 부탁으로 황진이의 속곳을 상여에 덮어 주어 그 상여가 움직이게 하였다(윤덕진, 손종흠, 2019)."라는 일이 있었다고 한다.

황진이의 시조인 「동짓달 기나긴 밤」을 감상하면

> 동짓달 긴긴 밤의 한가운데를 베어 내어
> 봄바람처럼 따뜻한 이불 아래에 서리서리 넣어 두었다가,
> 정든 임이 오신 밤이면 굽이굽이 펼쳐 내어 그 밤이 더디 새게 이으리라.

이 시는 육체적인 사랑을 시적으로 표현하고 있는 은근한 야한 시라고 볼 수 있다. 이불(니불)과 정든 임(어론님)을 표현하면서 즉 임을 그리워하는 마음을 성관계로 추상화하고 있다는 것이다. 따라서 한번 동침하면 이불 속에서 나가지 않겠다는 은근한 성욕과 그리움을 표현한 시조라 할 수 있다.

홍랑(洪娘, ?~?)은 이름은 애절(愛節)이며 함경남도 홍원 출신으로 경성(鏡城) 관아의 관기였다. 신분은 비록 비천했으나 시, 문학, 그림 등 문학적인 면에서는 사대부들과 어깨를 견주었다. 여기서 홍랑의 사랑에 관하여 한 편을 소개하고자 한다.

> 충신불사이군이요, 열녀불경이부라(忠臣不事二君 烈女不更二夫)
> 충신은 두 임금을 섬기지 아니하고, 열녀는 두 남편을 섬기지 않는다.

홍랑은 비록 천한 신분인 기녀였지만 당시에 명성과 풍류로 명성을 떨쳤던 삼당시인(三唐詩人)인 고죽(孤竹) 최경창(崔慶昌, 1539~1583)만을 사랑한 여인이었다. 위의 시조를 보면 당시에 한 남자만을 섬기지 않아도 되는 비천한 신분인 기녀이지만 어느 양반댁 자제에게도 넘어가지 않은 두 사람의 운명적인 사랑 이야기이다.

기녀 시조가 연정과 사랑을 표현하는 반면에 조선왕조 창업 결의가 담긴 시조들도 등장하고 있다. 대표적인 시조는 절재(節齋) 김종서(1390~1453)가 6진을 개척하면서 지은 「호기가(豪氣歌)」이다. 남이 장군의 「북정가(北征歌)」는 조선 세조 시절 남이 장군이 함경도의 여진족을 몰아내고 돌아오는 길에 백두산에 올라 비문에 새긴 시로서 남아(男兒)의 기개를 잘 나타내고 있다. 그러나 이 시가 그를 단명으로 이끄는 계기가 될 줄이라고 생각지도 못하였다. 유자광(柳子光, ?~1512)이 미평국(未平國)'이란 글귀를 '미득국(未得國)'이라고 조작한 것이다. 즉 '나라를 평정하지 못하면'을 '나라를 얻지 못하면'으로 왜곡하여, 반역의 뜻이 있다고 모함받아 남이(南怡, 1441~1468)는 영의정 강순(康純, 1390~1468) 등과 함께 주살(誅殺)되었고 1818년(순조 18년)에 관작(官爵)이 회복되었다.

뿐만이 아니라 문인들의 시조도 유명한 것이 많이 전해지고 있다. 맹사성(孟思誠, 1360~1438)의 「강호사시가(江湖四時歌)」 그리고 성삼문(成三問, 1418~1456)의 시조도 오늘날까지 전해진다. 맹사성의 「강호사시가」 일부를 소개하고자 하면 다음과 같다.

춘사(春詞)
강호(江湖)에 봄이 드니 미친 흥이 절로 난다
탁료계변(濁醪溪邊)에 금린어(錦鱗魚) 안주로다
이 몸이 한가해옴도 역군은(亦君恩)이샷다

하사(夏詞)
강호에 여름이 드니 초당(草堂)에 일이 없다
유신(有信)한 강파(江波)는 보내나니 바람이로다
이 몸이 서늘해옴도 역군은 이샷다

추사(秋詞)
강호에 가을이 찾아드니 물고기마다 살이 올랐다
작은 배에 그물을 싣고서. 물결 따라 흘러가게 배를 띄워 버려두니
다 늙은 이 몸이 이렇듯 고기잡이로 세월을 보내는 것도 역시 임금의 은혜이시도다

동사(冬詞)
강호에 겨울이 닥치니 쌓인 눈의 깊이가 한 자가 넘는다
삿갓을 비스듬히 쓰고 도롱이를 둘러 입어 덧옷을 삼으니
늙은 이 몸이 이렇듯 추위를 모르고 지내는 것도 역시 임금의 은혜이시도다

위의 시조에서 보듯이 자연 친화적이고, 가난함에 만족하면서 도를 지키면서 사는 안빈낙도(安貧樂道), 안분지족(安分知足)을 추구하는 화자(話者)의 삶과 태도를 보여주는 서정적 시조라 할 수 있다.

또한 가사문학(歌辭文學)이 생겨났는데 이는 시가(詩歌)와 산문의 중간 형태이다. 행수에 제한이 없고, 4음보의 연속체 시가라고 보면 된다. 주된 내용은 안빈낙도, 충, 의, 연군(戀君)의 정 등이 있다. 대표적인 작품으로는 「상춘곡」, 「면앙정가」, 「사미인곡」, 「속미인곡」 등이 있다.

한편, 고려 시대에 싹을 보인 시조 문학도 조선 초기부터 발달하기 시작하여 우수한 시조들이 많이 지어졌다. 이러한 시조들 가운데는 조선왕조의 창업을 찬양한 것, 오랑캐를 물리치면서 국토를 개척하는 정신을 나타낸 것, 유교적 충성심을 노래한 것이 대부분

이다. 그리고 시조 문학은 훈민정음이 창제되면서 더욱 발달하여 우리나라의 독특한 시로 자리를 굳혔다. 이는 성리학의 가르침에 따라 시, 노래, 산문 등에는 도문일치(道文一致)를 강조하는 유학 정신이 담겨져 있다. 대표적인 문장가로는 정도전을 비롯하여 김수온(金守溫, 1410~1481) 등이 유명하였는데 이들은 대부분 관인 출신이다.

특히 정도전은 「문덕곡(文德曲)」과 「신도가(新都歌)」를 지어 조선 건국을 찬양하고 도성의 아름다움을 노래한 가곡을 지어 궁중에서 연주되었다. 특히 문덕곡은 조선을 창업한 태조 이성계를 찬양한 글이다. 「문덕곡(文德曲)」은 1393년 7월에 정도전이 태조의 문덕(文德, 학문의 덕)을 찬양하고자 「몽금척(夢金尺)」, 「수보록(受寶籙)」과 함께 지은 노래로, 이후 악장으로 불렸다. 처음에는 한시였다가 후에 무악화(舞樂化)되었다. 춤과 함께 노래로 되면서 무악에 맞추기 위하여 현토(懸吐, 한문을 읽을 때 그 뜻이나 독송을 위하여 각 구절 아래에 달아 놓는 표기법으로는 토·입결·현결)를 수반하게 된 것으로 추측한다. 그런데 이 춤은 춤이라기보다 노래를 부르기 위한 정재(呈才, 대궐 안 잔치에서 벌이던 춤과 노래)라 할 수 있다. 후에는 한양 신궁, 즉 경복궁에서 거행되는 연희에서 연주되기도 하였고, 의정부연조정사신악(議政府宴朝廷使臣樂) 등의 연례악(宴禮樂)으로 사용되었다. 성종 때 나온 『악학궤범』에 「문덕곡」의 가사가 실려있고 현재까지 전하지만, 음악은 전승되지 않는다.

2) 훈민정음 창제

조선왕조 역사상 세종을 가장 추앙하는 이유 중에는 여러 가지가 있지만, 백성을 사랑하는 마음이 담긴 애민주의(愛民主義)를 나타내는 것이 『훈민정음(訓民正音)』 창제라 할 수 있다. 『훈민정음(訓民正音)』은 조선 제4대 국왕 세종대왕이 지은 책의 제목이면서 후에 한글로 불리게 된 한국어의 표기 문자 체계를 말한다.

중국에서 도입한 한자와 삼국시대, 고려 시대의 이두와 향찰을 더불어 사용하였으나 우리의 실정에 맞지 않아 불편함이 있었다. 따라서 백성 모두가 쉽고 많은 사람이 읽고 쓰기 위한 언어가 필요하였다. 세종대왕은 이를 해결하기 위하여 즉위 25년(1443년)에 직접 창제하여 궁중에 정음청(正音廳)을 두고 성삼문, 신숙주, 최항, 정인지, 박팽년 등 집현전 학자들에게 명(命)하여 해설서인 『훈민정음』 해례본을 발간하고 즉위 28년(1446년)에 반포하였다. 이것이 『훈민정음』이다. 『훈민정음』이라는 말은 '백성(民)을 가르치는(訓) 바른

(正) 소리(音)'라는 뜻으로, 독창적이며, 쓰기 편한 28자의 소리글자였다. 이 『훈민정음』은 우리가 지금 사용하고 있는 한글이다.

『훈민정음』에 대하여 설명하려면 반드시 아래의 글귀를 알아야 한다.

> 나라의 말이
> 중국과 달라
> 한문·한자와 서로 통하지 아니하므로
> 이런 까닭으로 어리석은 백성이 이르고자 하는 바가 있어도
> 끝내 제 뜻을 능히 펴지 못하는 사람이 많다. 내가 이를 위해 불쌍히 여겨
> 새로 스물여덟 글자를 만드니
> 사람마다 하여금 쉬이 익혀 날마다 씀에 편안케 하고자 할 따름이다.

세종대왕은 백성들의 고통을 없애기 위하여 우리의 글을 만드는 데 있어서 『훈민정음』을 비밀리에 추진하였다. 이는 『훈민정음』을 반대하는 사람이 많았다는 것을 의미한다. 세종이 훈민정음을 비밀리에 만든 이유는 두 가지가 있다.

그 첫 번째는 명나라와의 외교적 마찰을 없애기 위함이다. 조선과 명나라는 당시에 사대 관계를 맺은 상태였다. 사대 관계라고 하는 것은 큰 나라인 명나라를 섬기는 군신 관계이기 때문에 명나라 연호를 쓰고 있는 조선이 자신의 글을 갖는다는 것은, 독자성을 가진다는 의미가 되어 명나라와의 외교적 충돌이 발생하기 때문이다.

두 번째 이유로는 당시 집권 세력의 저항을 불러올 수 있기 때문이다. 당시의 집권 세력은 백성들이 우둔하기를 바랐고 백성들이 글을 알면 통치에 어려움이 생기기 때문에 기존 문자인 한자를 사용하고 있던 권력자들이 저항할 수 있다는 것이다. 조선 초기에 지식인들은 한자를 사용하였고 이를 가지고 권력에 이용하였다. 이를 말하면 '문자 권력'인 셈이다. 문자 권력을 손에 쥐고 있는 기득권자들은 쉽고 쓰기 좋은 『훈민정음』이 만들어지면 자신들의 권력에 치명타를 입는다는 생각이 있었기 때문에, 세종은 비밀리에 창제할 수밖에 없었다.

세종은 왜 비밀리에 어렵게 『훈민정음』을 만든 이유는 『삼강행실도』와 '김화(金禾)'의 존속살인 사건과의 연관성이 있다. 즉 『삼강행실도』의 간행 배경과 한글 창제의 씨앗이

다. 이를 구체적으로 살펴보면은 1428년(세종 10년) 9월 진주에서 김화(金禾)라는 자가 아버지를 죽이는 전대미문(前代未聞)의 사건이 발생한다. 이른바 '김화 살부 사건'이다. 실록에 의하면 형조 보고를 받은 세종은 깜짝 놀라 "계집이 남편을 죽이고 종이 주인을 죽이는 것은 혹 있는 일이지만, 제 아비를 죽인 자가 있었더냐"라고 하면서 "내가 덕이 없는 까닭이로다"라고 크게 자책했다. 판부사(判府事) 허조(許稠, 1369~1439)가 나서 "신의 나이 이미 60세를 넘겨 50년 동안의 일을 대강 알고 있지만, 이런 일은 없었사옵니다. 반드시 죄를 엄히 다스려야 합니다."라고 아뢰었다. 형조가 "법률에 따라 능지처참해야 한다."라고 건의하자 임금이 "그대로 시행하라."라고 명했다. 김화는 부대시참(不待時斬)에 처했다. 부대시참이란 시기를 기다리지 않고 참형(斬刑)에 처함. 사형을 집행할 때 가을철 추분(秋分)까지 기다리는 것이 상례이나, 십악 대죄(十惡大罪) 등 중죄(重罪)를 범한 죄인은 이에 구애받지 않고 사형을 집행하는 것을 말한다. 후에 이와 비슷한 사건이 숙종실록에도 일어났다. 이 사건은 평안도 곽산(郭山) 출신인 김사견(金士見)이 아버지의 병치료를 위하여 시체의 살점을 베어 먹었다가 발각되는 사건이다. 이때 감사(監司, 관찰사)가 아뢰었으나 법률에 정한 조문(條文, 법령)에 없다고 김구(金構, 1649~1704)의 재처(裁處)하여 품청(稟請)이 임금이 대신들에게 논의를 맡겼다. 그 결과 강도율(强盜律)과 어떤 사람은 관(棺)을 열고 시체를 본 율(律)을 적용해야 된다고 하기도 하였다. 우의정(右議政) 이세백(李世白, 1635~1703)이 의논하는 결과로

乙丑/引見大臣´備局諸臣° 先是, 平安道 郭山人金士見爲名者, 爲治病, 掘發葬屍, 割食其肉, 事覺承款, 監司具由以聞° 至是, 刑曹判書金構, 以律無定文, 稟請裁處, 上命大臣議° 或言當用强盜律, 或言當用開棺見尸律° 右議政李世白議以爲: "開棺旣是絞罪, 而此則太輕° 剝割架葬人衣服, 猶且不待時處斬, 則割食死肉, 豈不較重乎? 宜施以不待時之律° " 上命依此施行°

"관(棺)을 열고 본 것도 이것이 교죄(絞罪)에 해당하는데, 이는 너무 가볍습니다. 가장인(架葬人)의 의복을 벗겨도 오히려 부대시 처참(不待時處斬)하는 법인데, 시체의 살점을 베어 내어 먹었으니, 어찌 더 무겁게 하지 않을 수 있겠습니까? 의당 부대시의 율(律)을 시행해야 한다."

고 주장했다. 이에 임금(숙종)은 의논에 따라 엄벌할 것을 명했다.

당시 유교를 정치이념으로 삼은 조선은 당시에 이 사건은 매우 큰 사건으로서 아버지를 살해한 반인륜적 패륜범죄의 충격은 쉽게 가시지 않았다.

따라서 세종은 이에 충격을 받아 신하들을 소집해 우매한 백성들을 교화할 대책을 논의했다. 변계량(卞季良, 1369~1430)이 "청컨대 효행록 등의 서적을 널리 반포해 백성들이 이를 항상 읽고 외우도록 하여 스스로 효행을 깨치게 하소서"라고 주청했다. 이에 임금은 직제학 설순(偰循, ?~1435) 등에게 윤리, 도덕 교과서 제작을 추진하게 되는데 이것이 바로 1432년 편찬한 『삼강행실도(三綱行實圖)』이다.

이 책의 구성은 군신, 부자, 부부의 삼강에 모범이 될 만한 충신 112명, 효자 110명, 열녀 94명의 행실을 실었다. 이 중 대부분이 중국 사람이고 우리나라는 충신 6명, 효자 4명, 열녀 6명이다. 교육적 효과를 극대화하려다 보니 소개된 사례들은 지나치게 자극적이다. 충, 효, 열을 내세운 무수한 자해와 자살, 심지어 자식 살해 시도까지 정당화했다. 이 때문에 '약자에게 가해진 도덕적 폭력'이라는 견해가 일각에서 제기된다.

이 책의 특징은 백성들이 쉽게 알아볼 수 있도록 세종은 친절하게 사례별로 그림까지 그려서 첨부했으며 담당 관청을 정해 학식 있는 자를 뽑아 책을 가르칠 수 있도록 지시했다. 많은 사람이 책을 쉽게 받아들이게 하겠다는 세종의 집념은 결국 1433년 『훈민정음』 창제로 이어진다. 세종은 『훈민정음』을 만든 후 신하들에게 그 필요성을 강조하면서 "내가 만일 언문으로 삼강행실을 번역하여 민간에 반포하면 어리석은 남녀가 모두 쉽게 깨달아서 충신, 효자, 열녀가 반드시 무리로 나올 것"이라고 하교해 한글 교화서 제작이 『훈민정음』 반포의 주된 이유 중 하나였음을 밝힌다. 실제 성종 때인 1481년 세종의 유지를 받들어 한글로 뜻을 풀어 쓴 언해본을 만들었다.

세종대왕의 이러한 노력은 과거에 고려 시대에 있었던 『효행록』을 개정해 백성에게 배포했다. 그러나 이 책은 한자로 쓰여 있어서 한자를 알지 못하는 백성들에게는 무용지물이었다. 그래서 세종 13년, 삽화를 추가한 『삼강행실도』를 편찬했지만 이 역시도 삽화만으로는 내용을 이해하는 데 어려움이 있었다. 무엇보다도 백성이 죄를 지은 이유는 임금이 교화하지 못해 발생했다고 여기는 그의 애민주의가 한글을 창제하는 데 큰 역할을 하였다.

오늘날 전해지고 있는 훈민정음의 판본 가운데 하나인『훈민정음』'해례본'은 유네스코 세계기록유산과 대한민국 국보로 지정되어 있다. 『훈민정음』의 판본에는 크게 '해례본(한문본)', '언해본'이 있고, 그 밖에 '예의본', '실록본'이 있는데, 이는 '예의본'에 해당이 된다. 이 가운데 완전한 책의 형태를 지닌 것이 '해례본'이다.

『훈민정음』'언해본'은 '해례본'에 한글 번역이 붙어있는 것을 말한다. 본디 한문으로 되어있던 '해례본'의 내용에 1459년(세조 5년) 간행된『월인석보』에 실린『훈민정음』의 어제 서문과 예의(例義) 부분을 한글 번역하여 붙여서『세종어제훈민정음(世宗御製訓民正音)』에 합본(合本)되어 있는 것이다. '해례본'의 한 종류라 할 수 있지만, 편의상 따로 '언해본'으로 불린다.

이 책은 한글의 창제 취지와 한글의 원리를 설명하고 있으며, 중세 한국어의 모습을 살펴볼 수 있다는 점에서 굉장히 중요한 책이다. '해례본'에 포함이 되어있는 예의(例義)는 특히 창제 당시의 자체(字體)를 그대로 보고 있어, 그중 가장 높이 평가된다. 또한, 해례는 오랫동안 문제로 삼던 글자의 기원 등 여러 가지의 의문점을 밝혀 주고 있다.

3) 풍속

우리나라에서 전통적으로 내려오는 고유풍속은 조선 시대에 오면서 바뀌기 시작한다. 성리학이 국교가 되면서 모든 관혼상제 등 풍속이 유교식으로 변화하게 되었다. 특히 선비 집안의 자제들은 15~20세가 되면 관례를 행하는데 이것이 상투를 틀고 갓을 쓰는 것이다. 이쯤부터는 어른의 법도를 배우고 자(字, 사람의 본이름 이외에 부르는 이름, 결혼한 뒤에 부르는 이름을 말함)를 갖게 되는 것이다.

관례(冠禮), 또는 원복(元服)은 동아시아의 유교 문화권 국가(중국, 한국, 베트남 및 일본)에서 이루어지던 관혼상제의 하나로서, 원시사회에서 미성년자를 한 사람의 성인(成人)으로서 인정하던 성인식에서 유래하였으며, 주로 20세가 되는 남자(여자의 경우는 15세)에게 거행되었다. 미혼(未婚)이더라도 관례를 치르고 나면 성인으로서 대우받았다.

계례(筓禮)는 남자의 성인식인 관례에 대해 여자가 행하는 성인식이었다. 예전에, 15세가 된 여자 또는 약혼한 여자가 올리던 성인 의식이며 땋았던 머리를 풀고 쪽을 찌었다.

관례는 아이가 태어나서 자라 성년이 되는 것을 사회적으로 알리는 의식이다. 다시 말

하면 성숙이 되지 못한 미성년에서 성년이 된 것을 주위 사람에게 공식적으로 알리는 것
이다.

조선 시대 혼인의 풍속은 관례를 치른 사람이 하게 되는데 남녀는 15세에서 14세로
일반적으로 하며 왕실의 세자와 세자빈은 이보다 빠르게 하곤 했다. 이는 빠른 혼인을
통하여 국본(國本)을 이어가기 위한 것이다. 그러나 경제력이 없는 평민들은 오늘날과 비
슷하다. 이들은 현대의 혼인과 같이 혼인하는 연령이 늦은 편이며, 30세가 되어서도 혼인
하지 못하면 국가에서 보조금을 주고 했다.

혼인할 때 유의 사항은 조선 시대의 결혼 풍속도는 전기만 해도 결혼하면 남자가 여자
집에서 살았는데 조선 후기의 결혼 풍속도는 여자가 남자의 집에서 사는 것이 일반화되었
다. 그리고 여자는 친정집에 가서 아이를 낳아 기르다가 시집으로 데려왔으며 남자 중심
의 친족은 17세기 이후부터이다.

조선 시대의 여성은 남성과 달리 많은 차별을 받았다. 특히 여성은 재혼할 수 없었는데
당시 조선 시대는 유교적 이념이 강하여 정절(貞節, 여자의 곧은 절개)을 요구하였기 때문이
다. '재혼한 여자의 자손에게는 벼슬을 주지 말라'는 양반 남성을 위한 법과 제도를 만들
어서 여성을 억압했다. 시대에 따라 여성의 삶은, 특히 조선 시대에는 재혼이 어렵고 스
스로 목숨을 끊어 열녀가 되는 것이 자랑일 정도로 구속받는 삶을 살아가는 것이 운명이
었다.

동성동본 사이의 결혼은 신진사대부에 의해 성리학이 도입되면서 조선 시대 초부터
금지되었고, 일제 강점기에도 조선의 관습법으로 인정되었으며, 대한민국에서도 1960년
1월 1일부터 시행된 민법에 이를 규정하였다. 그러나, 중국에서는 중화민국『민법』의 '친
속편(親屬編)'이 시행된 1931년 5월 5일 동성금혼 제도가 폐지되었고, 조선민주주의인민공
화국에서는 1948년에 동성동본금혼 제도가 폐지되었는데, 대한민국 민법 제정 당시에도
이에 대해 시대착오적 입법이라는 반론이 있었다(『법률』제7427호 2005년 3월 31일 시행).

동성동본 금혼 규정에 대해서는 친족 관계를 확인하기 어려운 지나치게 광범위한 범위
에서 단지 성과 본관이 같다는 이유로 혼인을 금지하는 것은 타당성이 없다는 이유로 계
속 이의가 제기되었으며, 1978년, 1988년, 1996년에는 각각 1년 동안 '혼인에 관한 특례법'
을 시행하여 동성동본인 사실혼 부부가 혼인신고를 할 수 있도록 법적으로 구제하였다.

결국, 1997년 7월 16일에 헌법재판소는 이 규정에 대해 헌법불합치 결정을 내려 효력을 중지시켰고, 2005년 3월 2일 국회에서 『민법』 개정안을 의결함으로써 같은 해 3월 31일에 폐지되었다. 현재 대한민국에서는 8촌 이내의 혈족, 6촌 이내의 인척 사이에서의 혼인을 금지하고 있다.

고대사회를 거치고 조선 사회로 들어서게 되면서부터 유교 사상의 영향을 받아 칠거지악(七去之惡), 삼종지도(三從之道) 등을 내세워 여성에게 정절을 강요하고 재혼을 금지하였으며, 시집가면 출가외인(出嫁外人)이라는 생각을 주입했다. 그러다가 조선 후기에는 지나친 유교적 여성관에 대한 저항으로 자유연애 결혼과 신정조론(新貞操論)이 대두되었으나 신여성들이 첩이나 후처로 들어서자, 성도덕이 문란한 여성으로 낙인찍히면서 이러한 가치관은 사회적인 지지를 받지는 못하였다.

하지만, 성문화를 비롯하여 모든 방면에 유교 사상이 도입되고 자리를 굳히기까지의 과정 중에 몇 가지의 흥미로운 사실을 발견할 수 있다. 역사상 어느 사회든지 정상적인 사랑이 있으면 그에 반대되는 일탈(逸脫)된 사람이 있게 마련이다. 그렇듯 유교적 풍속 교화를 외쳤던 조선 시대였지만 동성애가 없었던 것은 아니며, 금기되었던 매춘도 엄연히 존재했다.

결혼 풍속 중에서 장모가 사위에게 씨암탉을 잡아주었는데 예로부터 반가운 손님이 오면 닭을 잡는 것이 최고의 손님 대접이었다. 특히 농촌에서는 대부분 닭을 기르고 있어서 언제든지 필요하면 쉽게 잡을 수 있었다. 그래서 백년손님이라는 사위가 처가에 가면 꼭 먹는 것이 씨암탉이었다. 장모에게 가장 귀한 손님은 사위였고, 딸을 잘 부탁한다는 간절한 마음에서 아낌없이 씨암탉을 잡아 대접했다. 씨암탉을 잡는다는 것은 병아리를 깔 수 있는 알을 얻을 수 없다는 것이고, 이것은 집안의 중요한 재원 하나를 버린다는 의미다. 그래서 손님으로 가서 그 집의 씨암탉을 얻어먹었다면 최고의 대접을 받은 것이다. 결혼식 초례상에는 반드시 닭이 필요했다. 신랑 신부가 초례상을 가운데 두고 마주 보고 서서 백년가약을 맺을 때, 닭을 청홍 보자기로 싸서 상 위에 놓거나 동자가 안고 옆에 서 있었다. 즉, 닭 앞에서 결혼 서약을 하는 것이다.

옛날 나라의 임금들이 서로 서약을 맺을 때 말 피로 맹서(盟誓, 맹세의 본딧말)했다고 하는데, 부부 인연의 서약은 닭으로 맹서(盟誓, 맹세의 본딧말)했다. 혼인 의례가 끝나고 신부가 시댁 쪽에 폐백례(幣帛禮)를 드릴 때도 닭고기(鷄肉脯, 계육포)를 놓고 절을 하였다. 이처럼 일생에서 가장 행복하고 중요한 평생 의례인 혼인에 닭이 등장하는 것은, 닭을 길조라고 생각했기 때문이다(천진기, 2008).

닭은 귀신을 물리치는 역할도 하였다. 귀신을 물리치는 데 닭 피를 사용했다. 우리가 흔히 알듯이 귀신은 밝은 것을 싫어한다는 것이다. 이 같은 것은 동서양을 막론하고 있다. 이러한 연유 때문에 귀신의 시간인 밤이 지났다는 의미로 닭을 사용하여 울음소리로 귀신을 물리쳤다는 것이다. 닭은 이같이, 성스러운 동물이다. 나쁜 정령이나 귀신을 제압하기 위해 닭의 그림을 걸어 놓거나 닭 피를 뿌렸다.

과거에 시신을 찾지 못하는 경우, 특히 물에 빠져 죽은 사람의 위령제를 올릴 때 닭을 물에 던져 점을 쳤다. 즉 부활의 의미이다. 닭이 우는 곳에 죽은 사람의 넋이 있다고 생각하고 그 자리에서 굿을 하였다.

조선 시대의 장례문화는 고려 때와는 사뭇 다르다. 우리나라의 죽음에 대한 의미는 전통적인 무속 신앙에서는 사람의 육체는 죽어도 영혼은 죽지 않고, 단지 영혼이 몸에서 떠나는 유체이탈(幽體離脫, out-of-body experience) 현상이라고 생각한다. 우리의 속담에도 "조상의 제사를 잘 모시면 자손이 번성한다."라는 말이 있다. 따라서 죽은 자의 영혼을 안식처로 잘 모시면 자손이 복을 받고, 죽은 사람의 시신 매장과 장례 절차를 잘 행하면, 조상의 영혼으로부터 보호를 받는다고 믿었다.

이러한 죽음의 의미에 맞춰 우리나라의 장례문화는 죽음에 대하여 큰 의미를 두고 특히 죽은 자의 마지막 떠나는 과정인 장례 의례를 성대하게 치르고 좋은 자리에 매장하여 후손 대대로 묘지를 관리하는 관습이 있다.

조선 시대에 들어서 유교의 통치 이념하(理念下)에 국가적으로 제도화되었으며, 주자가례(朱子家禮)를 기본으로 하여 상례(喪禮, 상중의 예절과 절차)가 실행되었다. 사람이 죽으면 백일제(百日齊)를 지내던 것이 3일 장(葬), 왕과 왕비는 5일 장(葬)으로 변화하였다. 누구나 죽는다. 모든 사람은 죽음을 피할 수 없다. 이러한 죽음에 대하여 동서양과 시대를 막론하고 독특한 장례문화가 나타났다.

무엇보다도 장례문화는 철저하게 유교의 형식으로 꾸려져 갔다. 불교가 고려 시대의 장례문화를 이끌어 갔다면 조선은 유교의 절차로 행해졌기 때문에, 시대에 따라 다르다는 것이다. 예를 들면 고려 시대에는 사람이 죽으면 화장하는 풍속이 있었는데, 조선 시대에는 화장이 금지되었다. 이는 신진사대부들이 화장을 금지해야 한다는 상소를 고려 말 공민왕 때부터 올렸다. 이는 성리학이 도입된 이후 유교적 절차에 의한 것으로 추측된다.

이에 따라서 삼년상(三年喪) 등 상제례(喪祭禮)를 유교 이념에 맞게 법령으로 제정하였다. 법령을 제정한 이후에도 화장은 여전히 민간에 팽배해 있었고, 세종과 성종 대에도 화장에 관한 논쟁은 이어져 왔다. 또, 조선 초기에는 고려의 여러 제도가 유지되던 상태였으나, 성종 대에『국조오례의(國朝五禮儀)』가 완성되면서, 국상에서는 유교적 상제가 자리를 잡았다.

조선 시대에는 귀후서(歸厚署, 장례를 관장하는 관아)라는 관청이 있었다. 여기에서는 관곽(棺槨)을 제작하거나 장례의 물품을 공급하거나 장례를 담당하는 임무를 담당하였다. 이 기관은 고려 시대의 관곽색(棺槨色)이라는 관청이 조선 시대의 귀후서(歸厚署)가 되었을 것이다. 관곽색, 관곽소(棺槨所), 시혜소(施惠所), 귀후소(歸厚所)로 여러 번 고쳐 귀후서가 되었다.

'귀후(歸厚)'라는 이름은 증자(曾子)의 민덕귀후(民德歸厚)라는 말을 따온 것인데 죽은 사람을 추모하고, 그 예를 다하면 백성의 덕이 후한 곳으로 돌아간다는 뜻이다. '백성의 덕이 후한 곳으로 귀(歸) 한다.'라는 아랫사람들이 교화되어 덕(德)이 후(厚)함을 의미한다.

장례를 치를 때 입관(入棺)의 절차를 가진다. 입관이란 한자 그대로 관으로 들어가는 것으로 시신을 관에 넣는 것을 의미한다. 입관은 때가 있어서 아무 때나 하지 않는다. 시신은 바로 관 속에 넣을 수 없다. 예를 들면 신분에 따라 관에 들어가는 것이 정해졌다. 즉 입관 날짜와 장례 기간은 다르게 하였다.

왜 시신을 바로 관에 넣지 않고 그대로 놓아두었을까? 그 해답은 공자와 제자들이 나눈 대화에 기록되어 있다.『예기』문상편에 공자는 "죽은 지 사흘이 지난 뒤에 염(殮, 주검을 널에 넣어 안치하는 일)을 하는 그 까닭은 무엇입니까"라는 제자의 질문에 그 이유를 이렇게 답했다.

첫째, 부모가 돌아가셨을 때 효자의 심정은 슬프고 애통해 기어다니면서 곡을 하며 혹시라도 살아날 것 같은데 어찌 시신을 빼앗아 염을 할 수 있겠는가. 3일이 지나 염을 하는 것은 다시 살아나기를 기다리는 것이며, 3일이 되어도 살아나지 않으면 효자의 마음이 더욱 쇠잔(衰殘)해져 돌아가신 것으로 인정해 염을 해 입관을 할 수 있는 것이다.

둘째, 장례를 치르려면 관이나 수의, 상복과 같은 장례 물품을 집안 형편에 맞게 준비한다 해도 적어도 3일은 걸린다는 것이다. 3일이란 시간적 여유를 갖지 않으면 장사를 치를 수 없기 때문이다. 바꾸어 말하면 3일은 걸려야 죽은 이를 떠나보내는 최소한의 예를 갖출 수 있다는 것이다.

셋째, 멀리 있는 자식이나 친척이 와 돌아가신 부모님을 볼 수 있도록 하기 위한 것이라 하였다. 미리 염을 해 관 속에 넣어버리면 친척이나 자식이 돌아가신 부모의 얼굴을 볼 수 없어 이를 배려한 것이다.

위에서 보듯이 3일이 지난 후에 시신을 안치하는 것은 조상의 시신과 남은 가족들을 배려한 것이다. 오늘날 산업화로 인하여 모든 물품이 풍족한 시기에는 장례 물품을 구하는 것이 어렵지 않지만, 당시에는 3일 정도가 필요했으며 당시 교통수단이 발달하지 못했기에 가족들과의 마지막 만남을 기원하기 위한 것이라 할 수 있다. 부모님이 돌아가시기 전에 미리 장례 물품을 만드는 것은 부모에 대한 불효를 저지르는 것과 같다. 그러나 관과 수의는 미리 준비하면 장수한다는 믿음 때문에 예외로 두었다.

당시에 입관을 이른 시간(3일 내)에 하는 것은 살인 행위라 믿었다. 와 같은 이유는 『가례원류』에서 기록되어 있다. 조선 시대 대사헌과 이조참판을 지낸 유계(1607~1664)는 3일 이전에 입관하는 것은 살인 행위와 마찬가지라 했다. 그는 "죽었다가 다시 살아난 사람이 있는 까닭으로 『예기』에서는 3일에 염한다고 하였으나, 조간자라는 사람은 죽은 지 열흘이나 되어 구더기가 혀와 귀에 생겼는데도 죽지 않고 살아났으므로 3일 전에 입관하는 것은 '살인의 기(技)'가 있는 것이다."라고 했다. 오늘날 입관은 3일 장을 보통으로 행하고 있으나 더 빨리 진행하는 경우가 있다. 그러나 사망 당일에는 할 수 없다. 법으로 사망 선고는 받았을지라도 법으로는 입관하는 것은 불가능하게 되어있다. 혹시라도 다시 살아날 수 있기 때문이다.

각 고을에서는 상장(喪葬, 장사 지내는 일과 상중에 하는 모든 의식)을 도와주는 풍습이 있었다. 이러한 풍습은 원래 향도(香徒, 화랑도의 딴 이름, 상여꾼을 말함), 거사패(居士牌), 사장(社長, 조선 때 사창(社倉)에서 곡식을 관리하는 사람)이라 불리는 장례 풍습이었다. 이는 이름에도 나와 있듯이 화랑도의 유습(有習)으로서 무속 신앙과 불교 신앙이 결합이 된 일종의 풍습으로서 일정 기간 노래와 춤으로 보내는 일종의 마을 축제였다. 후에는 상두꾼으로 변모하게 되었는데 이는 상여를 메는 사람이라 했다.

상두꾼은 일종의 산역(山役) 무덤을 만드는 일을 담당한다. 사람이 죽은 이후부터 산에 시신을 매장하는 일까지를 행하는 절차를 장례라고 하였을 때 상두꾼의 역할은 매우 중요하다. 시신을 매장하러 가는 가운데 가족들은 슬픈 모습이지만 주위 사람들은 죽은 자를 보내는 역할을 하며 위로를 해학으로 풀어내는 일종의 의식이라 할 수 있다. 이는 상여를 만드는 과정과 메고 가는 모습에서 그리고 상여를 메고 가는 과정에 죽은 자를 보내는 상여꾼들이 부르는 노랫가락에 있다.

예를 들면 어느 집안의 상여 행렬과 조문 행렬 그리고 그들을 대접한 양식이 쌀 12가마도 모자랐을 경우이다. 그것을 재연한 것이, 무형문화재 제27-4호 고양 '상여회 다지 소리'이다. 그리고 상여는 북망산천(北邙山川, 무덤이 많은 곳이나 사람이 죽어서 묻히는 곳을 이르는 말, 중국의 베이망산에 무덤이 많았다는 데서 유래함)으로 가는 길이 슬프게 보내는 것이 아니라 누구보다도 호사스럽게 보내는 길이다.

돌아가신 분을 보내드리기 위해 매장지로 가는 행렬에서 망자(亡者)와 헤어지는 마음을 엿볼 수 있다. 그 과정을 살펴보면 상여꾼들은 노래와 악기를 연주하면서 망자의 먼 여정을 위로하며, 또한 망자의 두려움과 지루함을 달래주기 위하여 흥을 내며 황천길에 무사히 갈 수 있도록 위로한다.

장례 행렬을 보면 두 가지를 볼 수 있다. 첫째는 영여(靈輿)이고, 둘째는 상여(喪輿)이다. 먼저 영여(靈輿)를 살펴보면 죽은 자의 혼백을 상여 앞에 먼저 가는 작은 가마를 말한다. 이때 여(轝)라는 의미는 수레 혹은 가마라고도 하는 것으로 망자의 영을 모시고 상여 앞에서 가는 일종의 작은 가마로 여기에는 혼백상자(魂帛箱子)와 영정 그리고 향로를 싣고 가는데 이는 망자의 영혼을 태워서 가는 작은 가마라 볼 수 있다. 원래는 영여는 2인이 가마를 엇걸어서 어깨에 메고 가마채를 잡고 상여 앞에 가는데 현대에 와서는 이러한 모습은 사라지고 영정을 들고 상여보다 먼저 가는 경우라 할 수 있다.

상여는 상을 당하여 발인한 후 망자의 시신을 장지까지 운구하는 도구이다. 상여의 구조를 살펴보면 '밑채'라는 것이 있는데 이것은 본체의 좌우에 길게 늘어뜨려 있고 양쪽 끝에는 상여꾼들이 막대로 가로로 대고 그곳에 끈을 매어 어깨에 멘 채로 이동한다. 상여는 죽은 자를 모시고 가는 도구이기 때문에 평등하다고 볼 수 있다. 왜냐하면, 누구나 죽는다는 것은 같은 처지이기 때문이다. 따라서 상여는 화려하고 호사스럽게 꾸민다.

상여를 메고 시신을 안치하는 무덤까지 수고를 아끼지 않는 사람을 '상여꾼', 혹은 '상두군', '향도군(香徒群)'이라 표현한다. 조선 시대에는 주로 천민들이 상여를 메었으나 근래에 와서는 친척, 인척, 친구들이 메어 가거나 동네의 청년들을 동원하는 경우가 많다.

상여를 메고 가는 길에 개로신(開路神)이 있는데, 이는 장례가 거행될 때 맨 앞에서 가는 길을 방해하는 나쁜 귀신들을 물리치는 역할을 한다. 다른 말로는 '방상두(方相頭)'나 '기두(魌頭, 기의 꼭대기)'라고 한다. 그리고 이를 필두로 하여 장례 행렬을 하면서 상여 놀이를 한다. 상여 놀이는 출상하기 전날에 빈 상여를 메고 소리와 발을 맞추면서 예행연습을 하는 것이다. 이는 유족들의 슬픔을 누그러뜨리고 망자를 위로함과 동시에 그가 극락왕생하기를 기원하는 의식으로 주로 호상(好喪)이나 부잣집에서 노잣돈을 바라기 위한 놀이이다. 이때 소리꾼이나 재인들을 불러 걸판지게 놀기도 한다. 일종의 해학놀이라 할 수 있으며 전라도(全羅道) 진도 지방에서는 '다시래기'라고 했다.

진도 '다시래기'는 국가무형문화재 제81호로 원래 죽은 이를 제대로 씻겨 원한에 찬 삶은 녹녹하게 풀어 저승에 잘 보내려는 의도가 담긴 제의였다. 그러나 이후에는 상중인 유족의 설움과 고통의 치유를 목적으로 하는 민속극으로 변화하면서 마을의 축제와 같은 양상을 띠게 되었다. 이로써 마을 내 갈등을 누그러뜨리는 비정기 축제와 같은 역할을 하게 되었다. 현재 한국에 현존하는 유일한 장례 때의 민속극이다. 장례 풍속과 민속극 연구에 중요한 가치가 있다.

장례 연습을 한 다음, 산역(山役)을 행하러 가는데 산역(山役)이란 시체를 묻고 뫼를 만들거나 이장하는 일을 말한다. 이때 산지까지는 몇 고개를 넘어야 하는 고난의 길이어서 많은 사람의 노동이 필요했다. 이때부터 상여꾼들의 해학이 시작되는데 상여를 메고 가면서 선소리꾼들이 먼저 노래를 시작하면 상여를 메고 가는 사람들은 후렴을 한다. 여기서 부르는 노래가 상여(喪輿) 소리(상옛소리)이다. 이 역시도 죽은 자와 산 자의 연결고리가 되며 망자 가족을 위로하는 역할을 한다. 이로 볼 때 우리의 장례문화는 다양하면서 엄숙하면서 해학적으로 무속적으로 영혼을 달래면서 극락왕생을 기원하고 남은 자들의 위로를 통해 행한다고 볼 수 있다. 이것이 상엿소리나 사령제(死靈祭, 죽은 사람의 영혼을 달래는 행사)의 무가(巫歌)라 할 수 있다.

제사(祭祀)도 마찬가지로 유교적 형식으로 했다. 제사의 봉사(奉祀, 조상의 제사를 받듦)의 범위를 계층에 따라 달리했는데 6품 이상은 3대까지, 7~9품은 2대까지, 일반 평민은 부모만 제사 지내도록 법제화하였다(『경국대전』). 그러나 이러한 제도는 조선 후기로 갈수록 무너졌으며 『주자가례』에 따라 제사 부담이 4대까지로 늘어났다. 조선 후기에는 가묘(家廟, 집안의 사당)를 집에 설치하여 신주(神主, 죽은 사람의 위폐)를 모시고 제사를 지내는 풍습이 생겨났다.

오늘날 지내는 차례(다례, 茶禮)는 가정마다 설날과 추석에 아침 일찍이 지내는 약식 제사를 말한다. 일반적인 제사와는 다르다. 가풍에 따라 정월 대보름, 초파일, 단오, 백중, 동지에도 차례를 지내는 집이 있다. 상 뒤로는 병풍을 둘러치고 지방(紙榜)을 병풍에 붙이거나 위패를 제사상에 세워 놓고 차례를 지낸다. 그러나 원래 차례라는 말은 사시제(四時祭, 설, 단오, 추석, 중구) 때에 절에서 부처에게 차를 올리던 예절이었다. 이것이 조선 시대에 와서 대상이 부처님이 아니라 조상에게 지내게 되었다. 이에 따라 차를 올리지 않고 고인이 좋아했던 술과 음식을 올리는 것이 오늘날까지 발전하게 되었다.

원래 제사는 인류 사회가 시작되면서부터 행하였던 의식이라 할 수 있다. 제사의 기원은 문명사회가 이루기 전에 행하였다. 왜냐하면, 우리를 위협하고 있는 자연이나 동물들로부터 보호를 받기 위한 일종의 주술 형태로 시작되었기 때문이다. 이를 위한 수단으로 하늘과 땅, 심수(深水), 거목(巨木), 높은 산, 바다 등에 절차를 갖추어서 빌었던 의식에서 비롯한 것이라 할 수 있다. 그것이 오랜 세월을 거치면서 자기의 조상들을 대상으로 평안함과 다복(多福), 안녕(安寧)을 빌기 시작하였다.

제사에는 오래 살고 싶은 인간의 욕망이 담겨 있다. 따라서 인간을 비롯한 모든 만물이 영혼을 가지고 있다는 영혼 불멸 사상(靈魂不滅思想)이 깔려 있다. 육체가 죽더라도 영혼은 사라지지 않고 남아서 인간 사회에 많은 영향을 미친다는 생각이다. 이러한 인식은 불교적 색채가 짙지만 무속 신앙과 유교 사상에도 공통되는 인식관(認識觀)이다. 이러한 관점에서 보았을 때 전 시대에 걸친 제사의 기본적 의미는 살아있는 사람들의 수복강녕(壽福康寧)을 기원하는 행위가 된다. 삶을 끝낸 사람은 조상신(祖上神)으로서 자손들의 번영과 안전을 위해서 사후에도 지대한 영향을 미치는 존재가 된다. 풍작을 거두고 자손이 번성하면 그 감사의 의미로 조상께 제사를 지내고 흉작이 들고 질병이 돌고, 가문이 몰락할 지경에 이르면 제사는 길운을 기원하는 의미가 있다.

조선 시대 제사의 의미를 찾는 데에 있어 선행되어야 할 것이 유교적 의례에 대한 이해이다. 『주자가례』에서 정한 예법의 절차는 현재 제사의 근간이 되기 때문이다. 유교 문화를 일컬어 의례 문화라 할 수 있을 만큼 의례는 유교를 구성하는 핵심적 요소이다. 인간의 일생이 투영된 관혼상제(冠婚喪祭)를 나누어 이를 각각 관례, 혼례, 상례, 제례로 일컬음은 인간의 모든 삶이 예(禮)에서 시작하고 예(禮)로서 끝남을 강조하는 것이라 하겠다. 예는 인과 더불어 유교의 기본 소양이며 사회 규범으로서 추구되었다. 이는 제사에도 적용되어 죽은 이에게도 예를 다하는 의식을 형성시켰다. 죽은 이에 대한 공경과 외경심은 살아있을 때와 똑같이 적용되는 것이며 이러한 의식은 자기 존재에 대한 근원적 뿌리를 갖게 했다. 아울러 조상을 기림으로써 가문에 대한 자긍심과 민족에 대한 애착심도 더불어 형성되었다고 볼 수 있다.

여기서 차례의 기원을 살펴보았으나 오늘날 제사에 익숙하지 않은 세대들을 위하여 차례상을 차리는 법에 대하여 간단히 설명하고자 한다. 우리가 알고 있는 차례상을 차릴 때 가정과 가문에 따라 다르다는 것을 염두를 해야 할 것이다. 음식을 놓는 엄격한 잣대는 오늘날에 생겨났다고 볼 수 있다. 조선 시대 『주자가례』에 따르면 과일 방향과 놓는 순서는 정해놓지는 않았다. 일반적으로 아래와 같다.

앞줄에는 과일과 한과를 진설하며 붉은 과일은 동쪽, 흰 과일은 서쪽에 놓고, 가운데에 한과를 놓는다(紅東白西).
둘째 줄에는 나물류를 놓되, 포(脯)는 왼쪽, 식혜 또는 어해(魚蟹)는 오른쪽, 마른 것은 왼쪽, 젖은 것은 오른쪽에 놓으며(좌포우혜, 左脯右醯), 해, 蟹) 나물류인 김치, 청장(淸醬), 숙채(熟菜)는 가운데에 놓는다.
셋째 줄에는 탕(湯)을 놓는데, 다섯 가지 맛을 갖춘 탕으로 단탕(單湯), 삼탕(三湯), 오탕(五湯), 칠탕(七湯) 등이라 하여, 어탕(魚湯)은 동쪽에, 육탕(肉湯)은 서쪽에, 소탕(蔬湯)은 가운데에 놓는다(어동육서, 魚東[肉西).

넷째 줄에는 적(炙 : 불에 굽거나 찐 것)과 전(煎 : 기름에 튀긴 것)을 벌어 놓는데, 어류는 동쪽에, 육류는 서쪽에 놓는다(어동육서). 이 경우 생선의 머리는 동쪽으로, 꼬리는 서쪽으로 향하게 한다(頭東尾西, 東頭西尾).

다섯째 줄에는 밥과 국을 놓는데, 밥은 왼쪽, 국은 오른쪽, 또 떡은 오른쪽, 면(麵)은 왼쪽에 각각 놓는다. 가풍에 따라 밥과 국 대신 설에는 떡국을, 추석에는 송편을, 단오에는 수리취떡을 올린다.

『주자가례』에 따르면 조선 시대에는 제사나 차례상의 순서는 없었고 전을 부치지 않았다. 현대 제사상은 1960년대 정부의 제사 지내는 법을 따른 것이다. 그리고 차례상 앞에는 조그마한 향로를 얹은 상을 놓는데, 상 가운데에 향로를, 오른쪽에 향합, 향로 왼쪽에 축문(祝文)을 놓으며, 그 상 아래에는 왼쪽에 모사 그릇과 퇴주 그릇을, 오른쪽에는 술병을 놓는다.

조선 시대의 임금이 돌아가셨더라도 조선의 안위를 보살펴 달라는 기원을 가지며 궁궐에 돌아가신 임금과 왕비의 위패를 모셔놓고 직접 예를 올렸다. 그 사당을 종묘(宗廟)라고 하고 제사를 지내는 것을 종묘제례(宗廟祭禮)라 한다.

종묘제례는 왕이 밤중에 지내는 격식 높은 제사로 왕을 비롯해 왕세자 제관 문무백관이 참가하는 국가적 행사였다. 조선왕조는 끊어졌지만, 종묘제례는 지금도 계속 이어지고 있다. 종묘는 '종묘사직'이라는 말이 있는 것처럼 유교 국가인 조선의 왕실과 나라 상징의 한 축이다.

사직(社稷)은 사극에서 '종묘사직'이라는 말이 흔히 등장하는 데 이 용어를 의미한다. 즉 '천년 사직을 망쳐 버린 비통'의 '사직'이 '나라'를 가리키는 용어이다. 사직의 의미를 해석하면 '사(社)'자는 '땅 귀신', 즉 '토지 신'(the god of land)을 나타내기 위해서 고안된 글자이니, '제사 시'(示)와 '흙 토'(土) 둘 다가 의미요소로 쓰였다. 토지 신에 대한 제사를 지낼 때는 많은 사람이 모여들었다. 그래서 '모임'(a gathering)이나 '단체'(a party) 같은 뜻도 이것으로 나타냈다. 직(稷) 자(字)는 '곡식의 신'(the god of grain)을 뜻하기 위한 것이었으니 오곡의 대표인 '벼 화'(禾)가 의미요소로 쓰였다. 나머지가 발음 요소임은 직(樱, 나무 이름 직)도 마찬가지다. 이를 연결하자면 사직(社稷)은 '토지 신(社)과 곡식 신(稷)'의 의미를 내포하고 있다. 고대 중국에서 새로 나라를 세울 때 천자나 제후가 먼저 토지 신과 곡식 신에 제사를 지냈기에 '나라'나 '조정'을 이르기도 한다. 이와 관련하여 송나라 주자(1130~1300)는 다음과 같이 말하였다.

> "나라는 백성을 근본으로 삼고,
> 사직도 백성을 위해 존립한다."
> 國以民爲本,
> 社稷亦爲民而立(朱子).

종묘사직을 정리하자면 유교의 예법에 따르면 나라를 관장하는 수고에는 세 곳의 공간이 마땅히 있어야 하는데 궁궐, 종묘, 사직단(社稷壇, 임금이 제를 지내는 제단)이다. 궁궐은 왕이 거주하는 곳이고 조상들에게 제사를 올리는 곳이고, 사직단은 신에게 제사를 지내는 곳으로 꼭 필요하다고 하였다.

따라서 궁궐인 경복궁을 비롯하여 왼쪽과 오른쪽에 종묘와 사직단이 위치한다. 종묘는 위에서 말하였듯이 역대 왕들의 위패(位牌)를 모신 사당(祠堂)을 말하며 여기에서 조상에게 제사를 올리는 의식이 행해졌다. 사직은 토지 신과 곡식 신을 모신 단이라고 보면 된다. 왕조의 발전과 백성의 편안한 삶 그리고 풍년을 기원하기 위해 신에게 제사를 지낸 것이다. 따라서 『조선왕조실록』을 보면 심한 흉년으로 백성이 기근에 헤매거나 홍수가 났을 때와 가뭄이 들었을 때, 큰일을 앞두거나 좋은 일이 생겼을 때 사직단에서 제사를 지냈다고 한다. 매년 종묘와 사직에 제사를 지내는 것은 매우 중요한 일이었다.

특이한 제사 가운데 하나는 여제(厲祭)라는 제사가 있었다. 여제는 여귀(厲鬼, 제사를 받지 못하는 귀신, 일종의 떠돌이 귀신)를 위로하기 위한 제사로서 권근의 주청을 받아들여 대명제례(大明祭禮)에 따라 처음으로 서울의 북교에 여단을 쌓아 여귀(厲鬼)에게 제사를 지냈다. 그 뒤에 각 주, 현에 명하여 여단을 만들어 여제를 지내도록 하였다.

『경국대전』에는 국가가 '여제'를 지냈다는 기록이 있다. 조선은 유교를 국가이념으로

했다. 유교만큼 신비주의를 배격하는 사상도 드물다. 그러하지만, 조선 시대에 여제를 지내지 말라고 말한 사람은 없었다. 조선의 위정자들과 지식인들은 여제가 전염병 확산을 막을 것으로 생각했을까?. 하지만 조선 정부가 여제를 지낸 목적은 전염병 차단보다는 다른 목적 때문이었다. 그들은 백성들이 믿는 방식으로 백성들을 위로했다. 조선 정부의 전염병 대응책은 『경국대전』에만 그치지 않았다. 정부의 대응에도 전염병 확산을 막을 수 없을 때가 많았다. 그럴 때 정부는 죄수를 석방하고 세금을 깎아주었다(『경국대전』, 『동국통지』, 『여제등록』, 『한국민족문화대백과』).

"전북일보"에 따르면 여귀란 여러 가지 사정으로 인하여 제사를 받을 수 없는 무사귀신(無祀鬼神) 혹은 불행한 죽임을 당한 원혼을 가리킨다. 이들 여귀의 원한을 제대로 풀지 않으면 호환, 마마, 역질 등의 '탈'이 난다고 여겨, 조선 초기부터 국가 제사 중 소사(小祀)로 여제를 시행하여 모든 '탈'을 미연 방지하거나 혹은 이미 일어난 '탈'을 잠재우고자 하였다.

여귀의 대상이 된 자를 살펴보면은 칼날에 쓰러진 자, 화재, 수재, 도적에 의해 죽은 자, 재물을 빼앗겨 죽은 자, 처첩을 강탈당하고 죽은 자, 부당한 처벌로 억울하게 죽은 자, 자연재해나 전염병에 의해 죽은 자, 맹수나 독충에 물려서 죽은 자, 굶주리고 얼어 죽은 자, 전쟁터에서 전사한 자, 위급한 상황을 모면하려다가 자살한 자, 담이 무너져 압사한 자, 분만 도중 죽은 임산부, 높은 데서 떨어져 죽은 자, 자손 없이 죽은 자 등이다. 여귀는 온갖 원통한 죽음의 총칭인 셈이다.

그래서 조선은 뭇 원혼을 해원하고 모든 탈을 방지하여 살아있는 사람들의 삶이 건강하게 지속되기를 기원하여 국가 제사 여제를 시행하였다. 서울과 지방에서 매년 봄, 청명일(淸明日)과 가을 7월 15일, 겨울 10월 1일 등 세 번에 걸쳐 지냈다. 각각이 조상 제사와 우란분회(盂蘭盆會) 등과 일치한다.

서울의 여단(厲壇)은 성북(城北)에 설치하였고, 지방에도 각각 여단이 있었다. 서울의 경우 제물로 양 세 마리와 돼지 세 마리를 쓰고, 반미(飯米)는 45두로 하였으며, 왕을 대신하여 개성 유후사(留後司)나 한성부 당상 이상이 제사를 주관하였는데, 이 경우 왕은 죽은 백성까지도 살피는 구제자이다. 지방의 경우 제물을 서울에 비하여 줄여 사용했으며, 왕을 대행하여 고을 수령이 제사를 지냈다.

1년에 세 차례의 정기적인 여제 이외에도 특별히 전염병이 창궐하거나 호환(虎患)이나 전쟁으로 죽은 이가 많은 경우 별도의 여제를 지내기도 했다. 그러나 조선 후기에 이르러 점차 여제 거행이 형식화되었고, 1908년에 이르러 폐지된 것으로 보인다.

온갖 신위(神位)에 정성을 다하여 드리는 각종 제사(祭祀)는 삶에 안녕을 비는 적극적이고 능동적인 행위이다. 그중에서, 모든 원혼의 원한을 달래는 국가 제사 여제(厲祭)는 구제자인 왕이 나서서 억울한 죽음을 달래는 일종의 해원 마당이었다(정윤숙, 전북일보, 2018에서 인용).

역대 시조로서 제사의 대상은 고려 시대에는 기자(箕子, 고조선에 기자조선을 건국한 것으로 전해지는 사람)와 동명왕(東明王) 두 사람이었으나 조선에 들어와서는 단군, 온조, 박혁거세 등에게도 추가로 제사를 지내기 시작하였으며 단군 제사 시에는 평양에 숭령전(崇靈殿)을 세워 먼저 참배하도록 한 후에 그 옆의 기자 사당인 숭의전(崇義殿)을 하였다. 이는 중국 사신에게도 그렇게 하도록 하여 우리 민족의 시조는 단군으로 분명히 하였다.

예부터 질병이나 흉년이 들면 삼성사(三聖祠)에 가서 제사를 지내는 풍속이 있는데 삼성(三聖, 환인, 환웅, 단군)을 모시고 황해도 구월산에서 기도하는 민간 풍습이었다. 이 같은 제사는 삼신이 생명을 창조하고, 곡식을 주관하고, 질병을 고쳐주고, 형벌을 내리고, 선악을 판단해 주어 인간을 이롭게 한다는 이른바 홍익인간(弘益人間, 단군의 건국이념)의 신앙에서 유래한 것이다(한영우 2). 단군 사당은 평양과 구월산에 생겨났으며 공식적이고 정기적으로 조선 시대부터 제사를 지냈다.

조선 초기 풍속 가운데 척석희(擲石戲, 돌팔매 놀이)가 성행했다. 이 놀이는 음력 정월 대보름날 각 지방에서 행하던 남성의 돌 던지기 놀이로 '편쌈'이라고 하며 한자어로는 '석전(石戰)' 또는 '편전(便戰)'이라고 한다.

석전놀이는 들판에서 한 마을 혹은 한 지방이 동편과 서편으로 나누어 수백 보의 거리를 두고서 돌팔매질을 하는 것으로 패하여 달아나는 편이 진다. 처음에는 먼 곳에서 던지다가 놀이가 점차 고조되면 서로 가까이서 돌을 던졌다.

석전에 대한 최초의 기록은 『수서(隋書), 고구려전』에 보이는바, "고구려는 매년 정초에 패수(浿水: 지금의 대동강) 위에 모여 좌우 두 편으로 나누고 서로 돌을 던지며 싸운다. 이때, 국왕은 요여(腰轝)를 타고 와서 구경한다."라고 하여 고구려에서는 석전이 하나의 국가적 연중행사로서 국왕의 참석하에 행하여졌던 사실을 알 수 있다.

석전은 고대 것이 전승되었을 것으로 보인다. 고려 시대의 기록 중 석전에 관한 내용은 매우 빈약하지만, 성행하였던 것은 명확하다. 고려 충목왕 원년(1354년) 5월 초에 "단오 척석희를 금지하다."라는 기록이 보이며, 『고려사』 우왕(1374~1388)에는 "단오에 무뢰한들이 큰길에 모여 좌우로 편을 가르고 돌이나 기와로 서로 치고, 단봉으로 승부를 결하는데, 이것을 석전이라고 한다."라는 기록이 있다. 고려 시대의 석전에 관한 기록은 주로 우왕 대에 집중되는데, 우왕은 신하의 만류를 뿌리치면서까지 석전을 구경할 정도로 관심을 가졌던 것으로 나타난다. 또 이색(1328~1396)의 『목은집』에 나타나는 단오날 석전에 관해 읊은 내용에는 "석전의 싸움 기세가 강한 바람일 듯하니 높은 데서 구경해도 가슴이 서늘하군," "바야흐로 조정에서 용사를 구하니 상처투성이의 얼굴이 호한일세" 등과 같은 내용이 있다. 이러한 내용은 고려 석전의 성격을 3가지로 규정짓는다.

첫째는 국속(國俗)으로서의 석전이다. 석전은 단오나 명절에 행하던 민속놀이의 성격이 있었다. 둘째는 무(武)로서의 석전이다. 군사훈련의 성격을 지녔다는 것이다. 셋째는 왕이나 양반들에게 구경거리를 제공하는 스포츠로서의 성격을 지녔다. 석전의 이러한 성격은 조선 시대로 가서 더욱 뚜렷하게 나타나게 된다(하남길, 2010에서 재인용).

여기에 대하여 한영우(『다시 찾는 우리 역사 2』)는 이렇게 기록했다.

> 조선 초기에는 군사훈련과 상무정신(尙武情神)을 기르기 위해 광화문 앞에서 임금이 관전하는 가운데 갑사(甲士, 조선 때 수도를 호위하기 위하여 각 고을에서 뽑혀온 의흥위(義興衛)의 군사)와 척석군(擲石軍)이 서로 싸우는 풍습이 있었다. 또 왜구 토벌을 위해 척석군을 싸움에 투입하기도 했는데, 안동과 김해의 척석군이 유명했다.

이러한 민간 풍속은 마을의 민속풍속으로도 널리 행하여졌지만 나라가 위급할 때 전투병으로서 군사적 일익을 담당하였다는 것이다.

참고문헌

강경표 외, 『한국 근현대사』, 진영사, 2015.

姜萬吉 外, 『韓國의 實學思想』, 삼성출판사, 1990.

강만길, 『고쳐 쓴 한국 근대사』, 창작과 비평사, 1994.

강만길, 『조선 후기 상업자본의 발달』, 고려대 출판부, 1973.

강만길, 『조선 시대 상·공업사 연구』, 한길사, 1984.

강명관, "조용한 아침의 나라를 뒤흔든 무뢰배들, 검계와 왈자", 『조선의 뒷골목 풍경』, 푸른역사, 2004.

강명관, 『조선 후기 여항 문학 연구』, 1997.

강범석, 『잃어버린 혁명:갑신정변 연구』, 도서출판 솔, 2006.

강승환, 『열왕 대전기』, 조크미디어, 2011.

강영수, 『조선 명탐정 정약용』, 문이당, 2011.

강위, 『강위 전집 1, 2 』, 아세아문화사, 1998.

강준만, 『한국 근대사 산책 1: 천주교 박해에서 갑신정변까지』, 인물과 사상사, 2006.

강준만, 『한국 근대사 산책 1』, 인물과 사상사, 2011.

강재언, 하우봉(역), 『선비의 나라 한국 유학 2천년』, 한길사, 2003.

강재언, 『근대조선의 사상』, 미래사, 1984.

『고려사』.

고미숙, 『열하일기, 웃음과 역설의 유쾌한 시공간』, 그림비, 2003.

고석규 외, 『암행어사란 무엇인가』, 도서출판 박이정, 1999.

고성훈 외, 『민란의 시대』, 가람기획, 2000.

고승제 외, 『전통 시대의 민중운동(하)』, 풀빛, 1981.

고순희, "가사 문학의 문화관광자원으로서의 가치", 『한국 시가 문화연구』 제37집, 한국 시가 문화학회, 2016.

『고종실록』, 1868년.

『광해군일기』.

구선희, "19세기 후반 조선 사회와 전통적 조공 관계의 성격", 『史學硏究 第80號』, 한국사학회, 2005.

구자균, 『조선평민문학사(朝鮮平民文學史)』, 민학사, 1974.

국방부 전사 편집위원회, 『임진 왜란사』, 1987.

국사편찬위원회, 『고등학교 국사』, 두산, 2004.

국사편찬위원회, 『조선 후기 민중 사회의 성장』, 탐구당, 1997.

국사편찬위원회, 『한국사 : 조선 중기의 외침과 그 대응』 29, 국사편찬위원회, 1995.

권내현, 『노비에서 양반으로, 그 머나먼 여정』, 역사비평사, 2014.

권오상, 『바로 보는 한 토막 임진 전쟁』, 삼진기획, 2002.

권태억, 『한국 근대사회와 문화』, 서울대학교 출판부, 2003.

김강식, "임진왜란 의병 활동과 성격", 부대사학, 1993.

김규섭 외 2명, "조선 시대 권율 장군 모역 주변 계획 설계", 한국전통조경학회, 2003.

김동진, 『파란 눈의 한국 혼 헐버트』, 참 좋은 친구, 2010.

김문길, 『임진왜란은 문화 전쟁이다』, 혜안, 1996.

김병연 지음, 황병국 옮김, 『김삿갓 시집』, 범우문고 44, 1988.

김상태, "근현대 지역 갈등의 양상과 그 추이", 한림대 인문학 연구소, 2003.

김선, 『암행어사 박문수』, 이화문화출판사, 1996.

김선주, 『조선의 변방과 반란』, 푸른역사, 2020.

"경제 거꾸로 읽기, 엥겔계수와 담뱃값 인상", 이코노미 21, 2006.

김영미, 『기간(奇簡)과 유몽인의 산문』, 태학사, 2008.

김영민, 『한국 근대소설의 형성과정』, 소명, 2005.

김영은, 『미술사를 움직인 100인』, 청아출판사, 2013.

김영호, "성호의 군주론", 경기일보, 2013.

김옥균, 박영효 외, 조일문 외 1명 역, 『갑신정변 회고록』, 건국대학교 출판부, 2006.

김용덕, 『정유 박제가 연구』, 중앙대 출판국, 1970.

김용숙, 『조선조 궁중 풍속연구』, 일지사, 1989.

김육훈, 『문명과 야만』, "살아있는 한국 근현대사", 네이버 지식백과, 2011).

김윤경, 『청소년을 위한 한국철학사』, 두리미디어, 2007.

김은신, 『이것이 한국 최초』, 삼문, 1995.

김은희, "담양의 장소성에 대한 일고찰-면앙정가와 성산별곡을 중심으로", 『한국시가문화연구』 제
          35집, 한국 시가 문화학회, 2015.

김은희, "가사 문학의 창의적 가치", 『한국 시가 문화연구』 제37집, 한국 시가 문화학회, 2016.

김인회 외, 『한국 교육 사상연구』, 집문당, 1989.

김종성, "'조선 천재' 박규수의 특별한 학습법", 오마이뉴스, 2012.

김호성, 『한국 민족주의론』, 문우사, 1989.

김창룡, 『한국의 가전 문학(하)』, 태학사, 1999.

김창룡, "存齋 朴允默과 文房의 四傳記", 『한성대학교 논문집』, 1992.

김평원, "정조 대 한강 배다리의 구조에 관한 연구", 『한국과학사학회』 39권 1호, 2017.

김태식, "유네스코 세계기록유산", 연합뉴스, 2011.

나종우, "영·호남 의병 활동의 비교검토", 원광대학교 사학과, 1998.

남상권, "북한 역사소설 〈홍경래〉와 서북", 반교어문학회, 2005.

노대환, 『이옥』, 역사의 아침, 2007.

내일을 여는 역사 모임, 『질문하는 한국사』, 서해문집, 2009.

도쿄대 교양학부, 『일본사 개설』, 지영사, 1998.

동국대학교 불교문화연구원, 『동아시아 불교 근대와의 만남』, 동국대학교 출판부, 2008.

망원 한국사연구실, 『한국 근대 민중 운동사』, 돌베개, 1989.

문일평, 『한국문화』, 을유문화사, 1969.

문일평, 『호암 전집』 제3권, 조광사, 1969.

민경배, 『한국 기독 교회사』, 연세대학교 출판부, 1995.

민족문제연구소, 『민족 문제연구』 9권, 민족문제연구소, 1996.

민태원, 이선아 역, 『불우지사 김옥균 선생 실기』, 한국국학진흥원, 2006.

민태원, 『갑신정변과 김옥균』, 국제문화협회, 1947.

박경신, 『울산지방 무가 자료집』 4, 울산대학교 인문과학연구소, 1993.

박문용, "조선 후기 탈춤의 생성 배경과 예능적 특성 연구", 중앙대학교, 2002

박영규, 조선 왕실 로맨스, 옥당출판사, 2019.

박영규, 『한 권으로 읽는 조선왕조실록』, 웅진지식하우스, 2014.

박은봉, 『한국사 100 장면』, 가람기획, 1998.

박은숙, 『갑신정변 연구』, 역사비평사, 2005.

박은숙 역, 『갑신정변 관련자 심문 진술 기록 : 추안급국안 중』, 아세아문화사, 2009.

朴允默, 임형택 편, 『存齋集』, 『이조 후기 여항 문학 총서』 4권, 여강출판사 1986.

박준규, 최한선, 『담양의 가사 문학』, 담양군, 2001.

朴趾源, 『燕巖集』, 渡江錄.

박재광, "6월의 문화 인물: 권율", 문화체육관광부, 1999.

박재광, "임진 왜란기 이순신과 권율", 순천향대학교 이순신 연구소, 2009.

박찬희, 『한 권으로 재미있게 읽는 에세이 조선왕조 오백 년 야사』, 꿈과 희망, 2009.

박형우 외, "제중원에서의 초기 의학교육", 『대한 의사학회지』 8(1), 1999.

"분수대, 담배꽁초", 중앙일보, 2008.

변승웅, 『건대 사학』 9집, "청일전쟁 후 일본의 대한 교육 침략에 관한 소고", 1997.

변태섭, 『한국사 통론』, 삼영사, 2015.

부르스 커밍스, 『부르스 커밍스의 한국 현대사』, 창작과 비평사, 2001.

불교신문, "후궁들 떼지어 비구니 되다.", 2012.

배항섭, 『조선 후기 민중운동과 동학 농민 전쟁의 발발』, 경인문화사, 2002.

백승종, 『문장의 시대, 시대의 문장』, 김영사, 2020.

백유선 외, 『청소년을 위한 한국사』, 두리미디어, 2004.

서대석 · 박경신, 『안성무가』, 집문당, 1990.

손인수, 『한국 교육 사상사 Ⅳ』, 문음사, 1989.

송건호, 『송건호 전집』 12, 한길사, 2002.

송건호, 『송건호 전집』 13, "서재필과 이승만", 한길사, 2002.

손승철, 『근세 한일관계사』, 강원대출판부, 1987.

송준호, 『조선 사회사 연구』, 일조각, 1987.

송찬섭 외, 『한국사의 이해』, 한국방송통신대학교 출판부, 2016.

송찬식, "이조 후기 수공업에 관한 연구", 서울대 한국문화연구소, 1973.

『승정원일기』

신병주, 『조선을 움직인 사건들』, 세문사, 2014.

신병주, 『역사 속 명저를 찾아서』, "이수광의 지봉유설", 매일경제, 2021.

신용하, 『초기 개화사상과 갑신정변 연구: 신용하 저작집』 3, 지식산업사, 2000.

손종섭, 『이두 시 논평』, 김영사, 2011.

송건호, 『송건호 전집』 12, 한길사, 2002.

신병주, 『이지함 평전』, 글항아리, 2008.

신복룡, 『전봉준 평전』, 지식산업사, 2006.

신복룡, 『한국사 새로보기』, 풀빛, 2007.

신승운 저, 박소동 역, 『고전 읽기의 즐거움』, 솔, 2004.

신용하, "유럽으로 간 고조선 문명 : 고조선 후예 '훈 제국' 세워…유럽 민족 대이동 '폭풍' 불러",
　　　　중앙 Sunday, 2020.

신윤복, 『한국사 새로보기』, 풀빛, 2007.

신익철, "새롭게 발굴, 소개 된 어우야담 40화", 『민족문학사연구』 28호, 2003.

신익철, 『유몽인 문학 연구』, 보고사, 1998.

신익철, 이형대, 조융희, 노영미 역, 『어우야담 세트』, 돌베개, 2006.

신흠, 『난적휘찬(亂蹟彙撰)』.

안계현, 한국 불교사 연구, 동화출판공사, 1982.

안병국, 『한국 전통문화의 이해』, 2007.

안병렬, "存齋 朴允默의 假傳作品『麯淸傳』考察", 『대동한문학』, 1988.

안영길, "조선 중인의 향기와 멋", 성균관, 2003.

안영길, "조선 후기 위항인의 풍류 활동과 문학", 2007.

야스카와 주노스케, 『후쿠자와 유키치의 아시아 침략상을 묻는다』, 역사비평사, 2011.

양재숙, "임진왜란은 우리가 이긴 전쟁이었다.", 『조산사회사총서』10, 가람기획, 2001.

역사비평 편집위원회, 『논쟁으로 읽는 한국사』, 역사비평사, 2009.

연갑수, "이필제 연구", 동학학보, 2003.

『연산군일기』

오길보, 『갑오농민전쟁』, 북한노동당 출판사, 1968.

오수창, "조선 후기 평안도 지역 차별의 극복 방향", 역사비평, 1996.

오수창, "18세기 평안도 저항 세력 성장의 사회적 배경", 한국문화, 1997.

오수창, "조선 후기 경상도, 평안도 지역 차별의 비교", 역사비평, 2002.

오주석, 『단원 김홍도』, 열화당, 1998.

오태호, 『황석영의 장길산 연구』, 한국문학도서관, 2007.

유영렬, 『개화기의 윤치호 연구』, 경인문화사, 2011.

유영렬, 『한국 근대사의 탐구』, 경인문화사, 2006.

유재건, 『이향 견문록』, 글항아리, 2008,

윤대원, "이필제 난의 연구", 서울대 대학원, 1984.

윤대원, 『한국사론』, "이필제난 연구", 서울대 국사학과, 1987.

이광린, 『한국 개화사 연구』, 일조각, 1974.

이덕일, 『당쟁으로 보는 조선 역사』, 석필, 2004.

이선주, 『인천지역 무속 Ⅲ: 재수굿·진굿』, 미문출판사, 1989.

이영례, 『한국 근대 토지 제도사 연구』, 보문각, 1968.

이이화, 『역사 인물 이야기』, 역사비평사, 1989.

이에나가 사부로 외, 『신 일본사』, 문원각, 1996.

『선조수정실록』 권 12, 선조 11년(1578) 7월 1일(경술) 2번째 기사.

『조선왕조실록』 숙종 31권.

안대희 옮김, 『소화 시평』, 성균관대출판부, 2019.

왕현종, 한국 근대 토지제도의 형성과 양안 : 지주와 농민의 등재 기록과 변화, 혜안출판사, 2016.

이관명, 『병산집』 권 11.

이광린, 『개화당 연구』, 일조각, 1973.

이기훈, 『전쟁으로 보는 한국 역사』, 지성사, 1997.

이경민 편, 『희조일사(熙朝軼事)』, 민족문화사 영인, 1980.

이경석, 『임진 전란사』, 임진전란사간행위원회, 신현실사, 1974.

이노, 『용사일기』, 금강출판사, 1979.

이덕무, 권정원(역), 『책에 미친 바보』, 미다스북스, 2011.

이덕일, 『송시열과 그들의 나라』, 서울: 김영사, 2000.

이덕일, 『당쟁으로 보는 조선 역사』, 석필, 1997.

이덕일, 『당쟁으로 보는 조선 역사』, 석필, 2004.

이문구, 『관촌수필』, 문학과 지성사, 2003.

이산해, 『아계유고』 권6, 숙부 묘갈명.

이상식 외, 『숙종 대 정국 운영과 대외관계: 조선의 변화를 생각한 숙종』, 한국학중앙연구원, 예스
        24시, 2020.

이상원, "문학, 역사, 지라·담양과 장흥의 가사문학 비교", 『한민족어문학』 제69집, 한국어문학회, 2015.

이상태, 『조선 역사 바로잡기』, 가람기획, 2000.

이수광, 『조선부자 16인 이야기 중에서』, 스타리치북스, 2015.

이월영, 시귀선 역, 『어우야담』, 한국문화사, 1996.

이재석, "한청 통상조약 연구", 『대한정치학보』 (2), 대한정치학회.

이용선, 『조선 최강 상인 3 불세출』, 동서 문화사, 2002.

이윤섭, "후금의 건국과 조선의 대응". 프레시안, 2009.

『월간 문학 바탕』, (주)미디어바탕, 2007년 5월 34호.

이이 저, 안외순 역, 『동호문답』, 책세상, 2005.

이이화, 『한국사 이야기 15 : 문화 군주 정조의 나라 만들기』, 한길사, 2005.

이익, 『성호사설』

이익, 『곽우록』

이을호, 『한국 개신 유학사 시론』, 박영사, 1980.

이현정, "조선 시대 폭력배의 실상과 처벌", 검찰전자신문, 2009.

이향순, "감로도에 나타난 조선의 비구니 승가", 규장각 한국학연구원 『한국문화』 49권, 2010.

李炫熙, 『한국의 역사』, 학원출판공사, 1988.

이현희, 『정한론의 배경과 영향』, 대광사, 1986.

이희근, 『한국사 그 끝나지 않는 의문』, 다우, 2001.

이정린, "강위의 인물과 사상", 『동방학지』 제17집, 연세대학교 동방학연구소, 1976.

이준구 외 편저, 『조선의 화가』, 스타북스, 2017.

『인조실록』.

원주용, 『조선 시대 한시 읽기』, 이담북스, 2010.

원주용, 『조선 시대 한시 읽기 (하)』, 이담북스, 2010.

임용한, 『난세에 길을 찾다』, 시공사, 2009.

임병준, 『조선의 암행어사(우리나라 고유의 감찰제도 이야기)』, 가람기획, 2003.

임병준, "암행어사 제도의 운영 성과와 한계", 『법사학연구』, 24권, 단일호, 2001.

임형택, 『한국 근대문학사론』, 한길사, 1982.

柳奇玉, "存齋 朴允黙의 假傳 硏究", 『우석어문』 권 8, 1998.

유몽인, 신익철 외 옮김, 『어우야담』, 돌베개, 2006.

유영렬, 『개화기의 윤치호 연구』, 한길사, 1986.

윤병석 외, 『개화 운동과 갑신정변』, 삼성문화재단, 1977.

유상종, 『일본을 바로 알자』, 학문사, 1997.

유재건, 최경흠 편, 『풍요삼선(風謠三選)』, 아세아문화사 영인, 1980.

유재건 편, 『이향견문록(里鄕見聞錄)』, 아세아문화사 영인, 1974.

유재건, 『이향견문록』, 글항아리, 2008,

유한준, 『권율 · 곽재우』, 대일출판사, 2002.

柳馨遠, 『磻溪隧錄』, 卷之十, 敎漢之制下.

윤희진, 『가장 한국적인 그림을 그린 천재 화가 - 김홍도』, 네이버캐스트, 2010.

윤효정 저, 박광희 역, 『대한제국아 망해라』, 다산초당, 2010.

『선조실록』.

장지연 편, 『대동시선(大東詩選)』, 아세아문화사 영인, 1980.

장지연 편, 『일사유고(逸士遺事)』, 회동서관, 1922.

전국역사모임, 『살아있는 한국사 교과서』, 휴머니스트, 2006.

전경일, 『남왜 공정』, 다빈치북스, 2011.

정기숙, 『회계 사상과 회계기준의 발전』, 경문사, 2002.

정민, 『한시 미학 산책』, 휴머니스트, 2010.

정석종, 『조선 후기 사회 변동 연구』, 일조각, 1983.

정석종, "홍경래 난의 성격", 한국사연구회, 1972.

정성철, 『실학파의 철학 사상과 사회정치적 견해』, 북한 사회과학출판사, 1974.

약용, 『경세유표(經世遺表)』, 田論.

정옥자, "시화(詩社)를 통해서 본 조선말기중인층(朝鮮末期中人層)", 『한우근박사정년기념사학논총』, 지식산업사, 1981.

정옥자, 『조선 후기 문학사상사』, 서울대출판부, 1990.

정옥자, 『조선 후기 역사의 이해』, 일지사, 1993.

정후수, "조선 후기 중인 문학 연구", 깊은샘, 1990.

조규익 외, 『연행록 연구 총서 1』, 학고방, 2006.

『조선왕조실록』, 선조 수정 실록 25권.

조윤민, 『조선에 반하다』, 글항아리, 2018.

조용헌, 『소설보다 더 재미난 조용헌의 소설』, 랜덤하우스코리아, 2007.

조중화, 『바로잡는 임진 왜란사』, 삶과 꿈, 1998.

조재곤, 『그래서 나는 김옥균을 쏘았다-조선의 운명을 바꾼 김옥균 암살사건』, 푸른역사, 2005.

조희룡, 『호산외사(壺山外史)』, 아세아문화사 영인, 1974.

주승택, "강위의 개화사상과 외교활동", 『한국문화』 12집, 서울대학교 한국문화연구소, 1991.

주승택, 『한문학과 근대문학』, 태학사, 2009.

중앙시사매거진, "연산군도 두려워한 사관(史官)", 2020년.

진동영 기자, "하반기 분양 앞둔 잠실 진주서 '문화제 발견' (…) 분양 밀리나", 서울경제, 2022. 02.18.

『懲毖錄』

차문섭, 『조선 시대 군제 연구』, 단국대출판부, 1973.

천경화, 『한국사의 이해』, 백산출판사, 2010.

최낙철, "도원수 충장공 권율 장군 실기", 권율장군사적연구소, 1982.

최성규, 『일본의 역사는 없다』, 아세아 문화사, 1987.

최완수, 『김추사 연구 초』, 지식산업사, 1976.

최영희, "임진왜란", 『교양 국사 총서』, 세종대왕기념사업회, 1974.

최용범, 『하룻밤에 읽는 한국사』, 렌덤하우스 중앙, 2004.

최정여·서대석, 『동해안 무가』, 형설출판사, 1974.

최제우, 『논학문』.

최항기, 『최항기 역사소설』, "홍경래의 난", 함께 읽는 책, 2006.

채만식, 『채만식 전집』 08, 창작과비평사, 1989.

케이넨 저, 신용태 역, 『임진왜란 종군기』, 경서원, 1997.

하겸진 저, 진영미, 기태완 번역, 『국역 동시화』, 아세아문화사, 1995.

한국문화예술진흥원, "충장공 권율", 한국문화예술위원회, 1999.

『한국민족문화대백과사전』 "서원시사(西園詩社)".

한국 역사연구회,『한국사 강의』, 한울아카데미, 1990.

한국 역사연구회,『조선 시대 사람들은 어떻게 살았을까』, 청년사, 2005.

한국 역사연구회,『모반의 역사』, 세종서적, 2001.

한국정치외교사학회, "갑신정변 연구", 한국정치외교사학회, 1986.

한명기, "홍경래, 헤이하치로 불사설, 그 씨앗은 집권층의 부패," 중앙일보, 2021.

한영우,『다시 찾는 우리 역사 2권』, 경세원, 2020.

한영우,『다시 찾는 우리 역사 3권』, 경세원, 2020.

한우근,『성호 이익연구』, 서울대출판부, 1980.

한우근,『기인제 연구』, 일지사, 1992.

한윤희, "이필제 난의 고찰", 영남대 교육대학원, 2000.

한정주,『한국사 천자문』, 포럼, 2007.

함석헌,『뜻으로 본 한국사』, 한길사, 2006.

황현(저), 허경진 역,『梅泉 黃玹 詩選』, 평민사, 2020.

황현(저), 정동호 역,『매천야록』, 일문서적, 2011.

황호덕,『근대 네이션과 그 표상들』, 소명출판, 2005.

허경진,『조선의 르네상스인 중인』, 랜덤 하우스 코리아, 2008.

허경진,『조선 위항문학사』, 태학사 1997.

허경진,『평민 열전』, 웅진북스, 2002.

허동욱,『한국사』, 박영사, 2019.

허정,『월간과학』, "지석영", 계몽사, 1993.

화랑세기(花郎世記).

홍태한,『한국의 무가』 1, 민속원, 2004.

저자약력

김숙복

강원도 삼척에서 출생하여 대구로 유학을 떠나 계명대학교 사범대학 교육학과를 졸업하고 동 대학교 대학원 교육학과 철학을 전공하여 석, 박사과정을 수학하였다. 또한 동 대학에서 교양 및 교직과목 강의를 시작으로 가톨릭 상지대학교, 계명문화대학교, 대경대학교, 영남외국어대학을 거쳐 현재는 경북과학대학교 겸임교수와 창원문성대학교에서 후학들을 가르치고 있다.

대표적인 저서로는 『학교폭력의 예방과 대책』, 『생명존중을 위한 자살 예방론』, 『고대, 중세로 떠나는 서양 철학사』, 『근대, 현대로 떠나는 서양 철학사』, 『대학생들을 위한 쉽게 풀어 쓴 손자병법』, 『국제사회와 인권』 등이 있으며 논문으로는 "R.S. Peters 교육철학에 있어서 자유와 교육", "다산 정약용의 교육사상연구", "조선후기에 있어서 실학과 교육", "간호대학생의 폭력에 대한 대처양식과 현장실습적응" 등이 있다.

정일동

연세대학교 대학원에서 정치학을 전공하였고, 계명대학교 대학원에서 교육학 박사과정 재학 중에 있다. 국회 국방위원정책토의에 참가하였고 다국적군 전투실험국제콘퍼런스에 참석하였으며 인성교육진흥협회에서 활동하였다. 한국연구재단위원으로 있었으며 현재는 경북과학대학교에서 군사학과장으로 재직하고 있다.

저서로는 『생명존중을 위한 자살 예방론』, 『근대, 현대로 떠나는 서양철학사』가 있으며 논문으로는 "작전실시간 대대급 전장상황파악수준 향상방안", "미래 보병부대 방어 작전간 기동수단을 활용한 전투수행", "적 상황에 대한 전장가시화 향상방안", "대대급 지휘통신운영의 효율성 증대방안" 등이 있다.

정윤화

계명대학교 대학원 간호학과 석, 박사과정을 수학하여 취득하였고 동 대학교 간호학과, 가톨릭 상지대학교에서 강의하였으며 현재는 경북과학대학교 간호학과 교수로 재직하고 있다. 칠곡군 정신건강심의(심사)위원회 위원, 칠곡군 정신건강복지센터 운영위원회 위원으로 활동하고 있다.

대표적인 저서로는 『정신간호학 및 실습지침서』, 『정신건강간호학 제2판』, 『간호정보학』, 『인간관계와 커뮤니케이션』, 『정신건강간호학 제2판』, 『정신간호학 및 실습지침서』, 『원리 및 실무 중심의 정신건강간호학』, 『국제사회와 인권』 등이 있으며 논문으로는 "간호대학생의 폭력경험, 대처양식 및 회복탄력성이 정서반응과 임상실습스트레스에 미치는 효과", "간호대학생의 분노표현, 우울이 대학생활 적응과 대인관계에 미치는 영향", "간호대학생의 분노표현방식, 회복탄력성이 대학생활 적응에 미치는 영향", "간호대학생의 폭력에 대한 대처양식과 현장실습적응", "간호대학생의 임상실습 폭력예방 프로그램의 개발 및 효과", "간호대학생의 폭력 예방 프로그램 중재 후 경험(포커스 그룹 인터뷰)", "간호대학생의 간호 전문직관 관련 변수의 경로 분석", "2020년 The development and effectiveness of a clinical training violence prevention program for nursing students(IJERPH)", "응급실 간호사의 요통에 따른 우울과 일상생활 활동 장애의 매개 효과(문화기술의 융합)" 등이 있다.

저자와의
합의하에
인지첩부
생략

자랑스러운 우리의 역사 1

2025년 2월 28일 초판 1쇄 인쇄
2025년 3월 4일 초판 1쇄 발행

지은이 김숙복 · 정윤화 · 정일동
펴낸이 진욱상
펴낸곳 (주)백산출판사
교 정 박시내
본문디자인 오행복
표지디자인 오정은

등 록 2017년 5월 29일 제406-2017-000058호
주 소 경기도 파주시 회동길 370(백산빌딩 3층)
전 화 02-914-1621(代)
팩 스 031-955-9911
이메일 edit@ibaeksan.kr
홈페이지 www.ibaeksan.kr

ISBN 979-11-6567-990-3 03900
값 20,000원